主　　编　王思斌　曾华源
执行主编　沈　黎

老人福利服务理论与实务

陈燕祯　著

华人社会工作丛书（第一期）

華東理工大學出版社
EAST CHINA UNIVERSITY OF SCIENCE AND TECHNOLOGY PRESS
·上海·

图书在版编目(CIP)数据

老人福利服务：理论与实务/陈燕祯著. —上海：
华东理工大学出版社，2018.6
(华人社会工作丛书. 第一期)
ISBN 978-7-5628-5320-6

Ⅰ.①老… Ⅱ.①陈… Ⅲ.①老年人—社会福利—研
究 Ⅳ.①C913.6

中国版本图书馆CIP数据核字(2017)第319947号

内容提要

老人福利服务是世界各国关注的重要焦点，也是社会工作发展的主流。本书将累积十多年的老人福利和服务工作及老人机构经营管理的实务经验转为文字，对其进行了系统的整理与介绍。书中内容以理论为经，以实务为纬，理论和实务并用。本书分为五篇十六章，每篇均附有中国台湾地区的个案和实例。对于教授老人问题或福利服务的教师、学生和实务工作者而言，本书是能全盘认识中国文化语境中老人问题与老人福利服务的重要书籍，具有重要参考价值。

策划编辑 / 刘　军
责任编辑 / 刘　军　赵楚月
装帧设计 / 徐　蓉
出版发行 / 华东理工大学出版社有限公司
地址：上海市梅陇路130号，200237
电话：021-64250306
网址：www.ecustpress.cn
邮箱：zongbianban@ecustpress.cn
印　　刷 / 山东鸿君杰文化发展有限公司
开　　本 / 710 mm×1 000 mm　1/16
印　　张 / 29.25
字　　数 / 458千字
版　　次 / 2018年6月第1版
印　　次 / 2018年6月第1次
定　　价 / 148.00元

丛 书 总 序

北京大学社会学系　王思斌

随着我国社会转型和现代化进程的加快，民生问题、社会治理问题更加突出地摆在政府和社会面前。社会工作作为帮助弱势群体解决其基本生活困难、走出困境，进而促进社会公平正义和社会进步的专业学科，其快速和稳步发展显得十分重要。《中共中央关于构建社会主义和谐社会若干重大问题的决定》做出“建设宏大的社会工作人才队伍”的战略部署，中央十九部委也制定了《社会工作专业人才队伍建设中长期规划(2011—2020年)》。此外，在政府、学术界和实务界的共同努力下，我国的社会工作事业得到了较快发展。但是，与解决上述问题的迫切性和社会工作学科发展的要求相比，我国大陆的社会工作发展还存在很多不尽如人意之处，其中一个重要原因就是社会工作专业化与本土化的结合还不到位。

社会工作产生于西方发达国家，其基本理念、工作方法带有浓厚的西方文化色彩，带有它产生于其中的社会结构的印记。在改革开放和走向现代化的进程中，我国要发展社会工作事业，需要借鉴西方社会工作的优秀成果，走专业化之路。但是，我们必须同时清醒地认识到，在此过程中照搬西方社会工作的既有成果有时并不恰当，因为我国的经济体制、政治体制、文化体制、社会体制与西方有很大差异。在这种情况下，社会工作本土化就显得尤为重要。关于社会工作本土化，学界有许多不同的理解。但是如果说来自西方的社会工作需要适应我国的基本国情和解决问题的具体环境，则是没有那么多争论的。来自西方的社会工作理论、工作方法必须在中国能落地，能与需要解决的现实问题相契合，这是问题的关键。正是在这种意义上，笔者曾经讨论过社会工作本土化问题，也提出了社会工作本土化的几种路径：第一，研究西方社会工作与中国国情的不相容之处，删去不适宜的部分，再应用于中国实践，并接受实践检验；第二，对从事实际社会工作的人员进行专业培训，促进国际社会工作经验与本土社会工作的比较和碰撞；第三，分析两种社会工作之异同，找出它们的相似之处，强化它们之间的亲和性；第四，在此基础上从事社会工作实践，扩大两者之间的相容性，以实现优势互补。在上述可能的实践中，笔者还提出过一种看法：本土社会工作学者在其中能发挥重要作用。因为，一方面，他们熟悉产生于西方的社会工作理论和方法；另一方面，他们长期生活于非西方社会之中，对何种社会工作理论、知识和方法有助于本地问题的解决有比较清楚的认识，从而能够进行选择性“过滤”。

回到当下我国社会工作的现实处境。虽然大陆的社会工作学科重建已有30年，但是在学术研究、经验总结、理论反思方面还相对滞后。相比之下，我国港台地区的社会工作专业发展较早，实践比较充分。在来自西方的理论与本地实践的磨合互动中，一些学者形成了自己的理论观点、经验模式、知识积累，这对同具华人社会文化的大陆地区来说具有重要的参考价值，也是华东理工大学出版社出版这套“华人社会工作丛书”的重要初衷。本丛书选择工作生活于世界各地（主要是欧美和我国港台地区）的资深华人社会工作学者的有分量的著述加以印行，在某些方面和一定程度上能缩短大陆地区社会工作本土化的进程，也有利于向读者提供一个参照——这些优秀的学者是怎样在专业化与本土化之间进行思考的。当然，这些学者工作、研究和进行专业实践的背景与大陆地区也不相同，政治制度、社会体制、社会福利体系和社会工作制度方面的差异也比较明显，因此对他们的理论、观点我们也不能照抄照搬。如果大陆读者能在这些华人学者的理论、经验与自己面对的现实之间进行比较、思考和反思，有了新见解，那就真正从深层次上达到出版本丛书的目的了。说不定这会对华人社会工作乃至世界社会工作的发展有所贡献。但愿如此。

推 荐 序

我们对老年人的关心一向以家庭为主要照顾场所，几乎全由子女一肩扛起照顾年老父母的责任。然而，面对急速高龄化的趋势，加上社会的变迁，以及家庭结构的改变，照顾长者的责任已不是子女一肩所能负担的，尤其在传统孝道文化下，照顾老人的压力已令子女倍感沉重。因此，认识老人、关怀老人已成为先进国家共同的趋势。

我国台湾地区过去对老人问题的认识多以西方国家的知识为基础，并将引进翻译后的书籍作为大学相关科系的教材，少有从中国文化和台湾本土出发的老人福利教科书，因而其对老人问题的探讨也就无法深入到社会的真实生活中。因此，几年前陈燕祯愿意从这个角度出发，撰写一本具本土意义的老人福利书籍，可以说是相当令人期待的一件事。果不其然，在第一版受到社会各界的赞许之后，这本书有了进一步更新改版的机会。这也为这本书的重要性写下了最好的注脚。

陈燕祯曾长期服务于台湾社政单位及老人机构，取得博士学位后执教玄奘、元智、育达等大学相关系所，其博士论文也在探讨具有百年历史的本土老人福利机构——仁济院。这样的背景的确能让陈燕祯将本土经验融入西方理论中，并进而建构台湾地区的老人福利服务。而在写作的取材过程中，陈燕祯除以理论为经、实务为纬外，还广纳海峡两岸暨香港老人问题的相关信息为其所用。本书不但是一本好教材，更是社工和产业界的重要资料，具有很大价值，故本人为之序，更期待各界的采用与指教。

古允文

于　台湾大学社会工作学系

前　　言

我国台湾地区的人口结构，已由二战后的“婴儿潮”转变为目前的“老人潮”，老人人口数量和速度的增加成为社会福利研究的显学，老人社会服务的相关产业将成为21世纪社会发展的新主流。在人类发展过程中，老年期是最长的阶段，从65岁到100岁以上都是老年期，因此老人的需求和问题也最复杂，异质性也比较高，但只要了解他们，并能因势利导，老年族群将成为高龄国家发展的重要资源。

现代老人的生活模式已和从前大不相同，他们对老化的相关问题更加重视，并对自己的晚年生活有所规划，希望能让自己健康老化、活跃老化，过上自主、充实且有尊严的老年生活。因此，提供老人福利的工作人员，必须对老化问题有深入的认识和了解，才能给老年人提供完善的福利服务。故作者再版本书的动机，除了长期关心老人福利工作外，更期待通过本书的再版，将自己所观察到的问题抛砖引玉，让关心老人福利的先进学者、专家、师长、社会工作者、学生和产业界等有更多讨论，希望读者通过对本书的研读，让社会各界对老化和老人问题有更多的认识：只有重视老人的需求，才能对老人福利的提供有更积极的投入。

老人福利要探讨的议题相当多，但限于篇幅，本书分为五篇十六章。第一篇为老人福利概论，首先探讨变动中的老人问题，再聚焦台湾老人问题与老人福利。第二篇为老化相关理论和老人身心发展的介绍，包括如何成功老化、老人生理发展、老人心理社会发展、老人常见身心疾病和需求。第三篇为老人与社会，以老人医疗、经济、社会参与、休闲教育、年金、居住安养等重要结构问题为主。第四篇为老人照顾和福利服务，包括老人长期照顾者的压力与调适、老人社区照顾与社会资源、老人保护、老人福利机构的管理与评鉴。第五篇介绍中国香港地区和中国大陆的老人福利，作为近年来关心海峡两岸及香港老人福利服务的社会工作者和老人事业经营管理者，笔者力图使自己对同属中国文化语境下的老人问题和老人福利的发展有更多的认识。

本书能够再版也历经了四年的时间，这一路走来要感谢很多人的相助。首先感谢许多采用本书的师长和学者，因为有你们的支持和鼓励，通过你们传递知识的力量，老人福利才能逐渐扎根，老人服务的专业工作才能越来越被社会重视；也要感谢帮忙提供香港地区社会福利相关信息的徐永德博士和大陆老人福利的丁华博士，因为你们的帮忙，本书才能呈现海峡两岸暨香港老人福利服务的现况比较；还要感谢帮我在本书进行漫画插图、增加本书活泼性的资深社工林哲丰先生，他在中国台湾地区漫画界和日本雕刻界都是享有盛名的。此外，要感谢长期以来一直支持我的恩师——台湾大学社工系古允文教授，是您一直给我出版本书的动力和鼓励；也要感谢我的工作团队——陈虹瑾、林紫菱、陈丽萍、吴雅芬、梁映君、黄美谊、赖玮玲、古玲华、陈雅琳、许涵茹等多位研究助理的协助，因为有你们的耐心、毅力，才能应对克服出书的琐碎工作；感谢昀敏社工督导和文满社工督导提供的案例讨论，还有许多社会福利机构和产业界好友提供的宝贵建议和照片等资料。最后，要感谢双叶书廊罗曼瑄小姐的协助，以及育达科大的同事和家人的全力支持。

陈燕祯

于　苗栗育达科技大学健康照顾社会工作学系

目　　录

第一篇　老人福利概论

第二篇　老化相关理论与老人身心发展

第三篇 老年与社会

第四篇　老人社区照顾与福利服务

I

第一篇

老人福利概论

第一章 变动中的老人问题

第一节　发达国家人口老化的趋势

一、各国/地区人口结构和人口老化

人口高龄化是全球化的问题，也是发达国家的普遍社会现象，而各国/地区人口结构的改变和人口老化速度所花费的时间大不相同。比较各国/地区人口老化的速度可以发现，人口老化由10%上升至20%所增加的1倍速度，在瑞典需85年、丹麦需36年，而美国、德国、瑞士、荷兰等需50年，就连世界最长寿的日本也需24年才能达到这个老化速度。然而，我国台湾地区将创下新纪录，预估只需21年就可以达到同样的老化程度。世界人口老化的速度节节攀升，而我国台湾地区人口老化的速度更是快得惊人（见图1－1）。

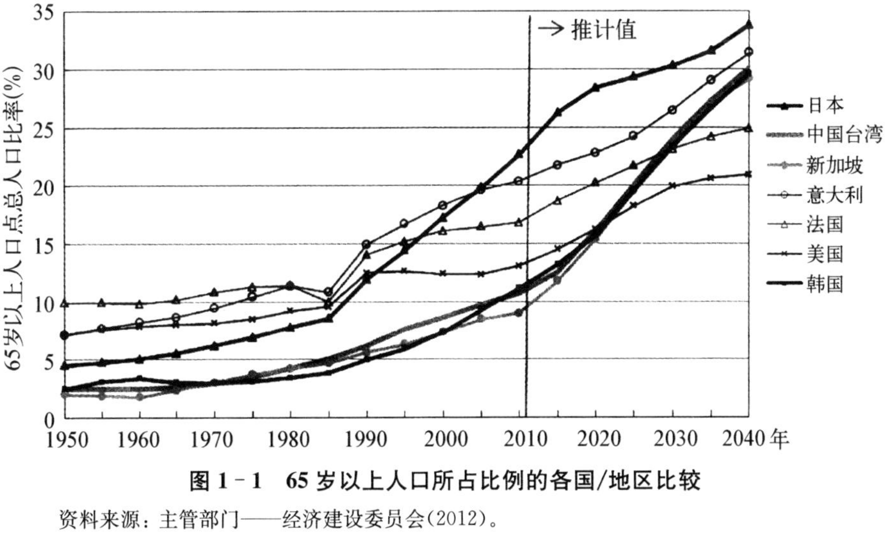

图1－1　65岁以上人口所占比例的各国/地区比较

资料来源：主管部门——经济建设委员会(2012)。

国际上将65岁以上人口占总人口比例达到7%、14%及20%分别称为高龄化(ageing)社会、高龄(aged)社会及超高龄(superaged)社会。目前西欧国家65岁以上人口占总人口的比例超过14%，已进入“高龄社会”；日本更高达24%以上，进入“超高龄社会”。不过各国/地区从7%的“高龄化社会”增加至14%的“高龄社会”的速度各有差异，例如法国需126年、瑞典需84年、美国需71年、英国需46年、德国需39年，预估我国台湾地区约在2025年成为65岁以上人口占总人口比例 20%的“超高龄社会”。换言之，从高龄社会到超高龄社会，台湾仅需约 7 年时间（2018—2025 年）就可达成，即平均每 5 个人中就有 1 位是 65 岁以上的老人（台湾卫生福利主管部门，2013）。人口老化的严重性已演变成人口海啸，因此，经济合作暨发展组织（OECD）或世界卫生组织（World Health Organization，WHO）都将人口老化问题列为近年来研究发展的重点。

二、世界各国/地区平均寿命明显增加

人口高龄化程度已随着时代发展而有明显的转变，亦即 65 岁以上的老人随着经济发展、医学技术的进步，平均寿命（平均余命）已越来越高：20 世纪初，人类的预期寿命约为 40 岁，但到了 2012 年，世界人口的平均寿命已达 77.2 岁（男 74.7 岁，女 79.8 岁），其中高收入国家及地区已达 79.8 岁，中等收入国家及地区达 69.1 岁（台湾卫生福利主管部门，2013）。不过男女平均寿命仍具有普遍性差距，即女性高于男性：以 2012 年为例，全世界最长寿的国家为日本，其女性平均寿命 87.4 岁、男性平均寿命 80.6 岁；其次为法国，其女性平均寿命 84.7 岁、男性平均寿命 78.4 岁；新加坡女性平均寿命为 86.2 岁、男性平均寿命为 81.5 岁；澳大利亚女性平均寿命为 84.5 岁、男性平均寿命为 79.5 岁；美国女性平均寿命为 81.1 岁、男性平均寿命为 76.1 岁；我国大陆女性平均寿命则为 77.1 岁、男性平均寿命为 72.8 岁；巴西女性平均寿命则为 76.5 岁、男性平均寿命为 69.2 岁；印度女性平均寿命则为 68.3 岁、男性平均寿命为 66.1 岁；而南非女性的平均寿命则比男性低，女性为 48.5 岁、男性为 50.3 岁（见图 1－2 及附录 1－1）。我国台湾地区人民的平均寿命从 2008—2012 年不断快速增加：2008 年，人民平均寿命女性达到 81.9 岁、男性达 75.6 岁；2012 年，人民平均寿命女性高达 83 岁，男性为 76.2 岁，合计已达 79.5 岁（台湾内政主管部门统计处，2013a；见表 1－1）。由此可见，世界各国/地区的平均寿命都在明显增加中，而我国台湾地区人口的平均寿命更是极速增加。

表 1－1　台湾地区人民寿命（2008—2012 年）

		2008 年	2009 年	2010 年	2011 年	2012 年
年龄（岁）	男	75.6	75.9	76.1	76.0	76.2
	女	81.9	82.5	82.6	82.6	83
	合计	78.7	79.2	79.3	79.2	79.5

资料来源：整理自台湾内政主管部门统计处（2013a）。

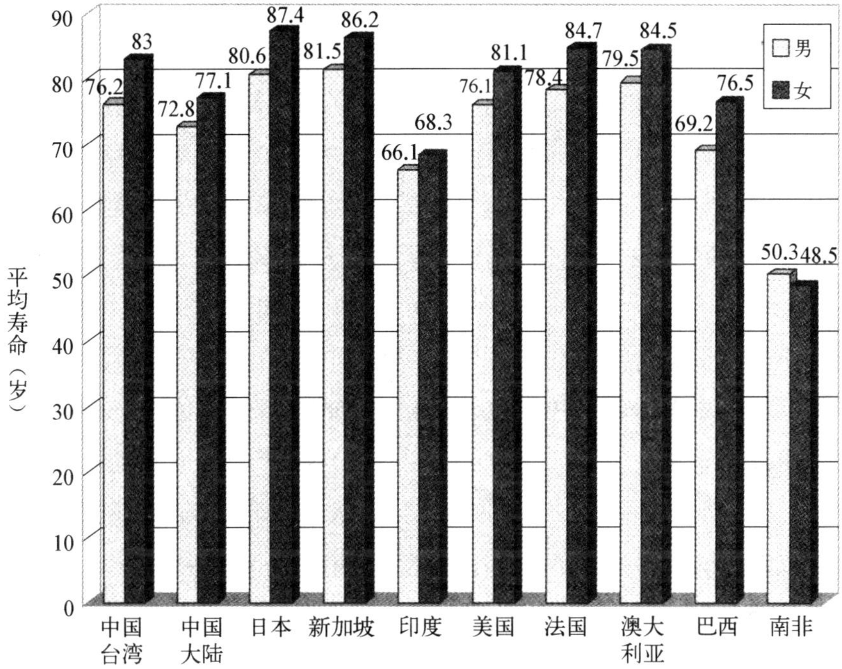

图 1-2　不同国家/地区的平均寿命

资料来源：整理自台湾内政主管部门统计处(2013a)。

我国是世界上人口最多的发展中国家。根据统计，2013 年，我国大陆 65 岁以上的老年人口已达到 1.31 亿，超过总人口的 9.7%，预估到 2020 年，我国大陆老年人口将达 2.4 亿(中华人民共和国国家统计局，2014)。而上海市更是我国大陆最早进入高龄化的城市：上海市自 2013 年起，65 岁以上老年人口已有 256 万人，占总人口的 17.9%；由此，上海市已进入“高龄化”人口老化阶段，并迈向“超高龄”人口老化阶段(上海市统计局，2011、2013、2014)。而香港的人口老化程度也相当惊人：2012 年，香港 65 岁以上老年人口占总人口的 13.3%，男性的平均预期寿命为 80.7 岁，女性则为 86.4 岁，香港也是世界上平均预期寿命较长的城市之一。这些数据都在显示，“人口增长率的趋缓”及“寿命延长”是人口老化的重要原因，因此，整个人口结构的改变已是大家必须共同面对的问题。

三、OECD 对人口老化研究的焦点

因人口老化的程度相当严重，且速度相当迅猛，经济合作暨发展组织

（Organization for Economic Cooperation and Development，OECD）对人口老化的研究主要有下列三项焦点。

1. **OECD 重视国家对人口老化问题及老化趋势的研究。** OECD 按基本人口假设做了持续性的研究，研究结果指出：65 岁以上老年人口比例，预期可能自 1980 年的 12.2％增加到 2010 年的 15.3％，到 2030 年增加到 20.5％。
2. **在老人族群中，越高龄、越老的老年人口群增加的比例将越高、越快。** OECD 预估：到 2030 年，80 岁以上老年人（或称“老老人”）的比例会增加得最大、最快，将为 1980 年的 2 倍多（由 2.1％增至 5％）。
3. **国家医药费用的支出和老人族群具有密切关系。** 许多发达国家已不断提倡和推出社区照顾及居家服务的相关政策方案，其目的就是希望能节省庞大的老人医疗和照顾费用的支出。换言之，政府希望通过社区和家庭系统所提供的照顾，以节省老人住在医院或机构的成本，并让老人在熟悉的社会网络达成“在地老化”的目标。

第二节　第二次世界大战后婴儿潮人口进入老人潮的新挑战

一、老年人口的定义

“老”是一个个体的概念，同时也是一个文化和国家社会的概念，它包含该年龄阶段内每个人的生活方式、健康状态、个人抱负和期望等。每一个国家或社会虽对老年人口或高龄人口都有自己的定义，但大都以“年龄”作为界定的标准。我国台湾在 1980 年首次颁布老人福利有关规定时，定义年满 70 岁的为老人（elderly），但至 1997 年老人福利有关规定首次修正后，就因应世界趋势而调降至年满 65 岁的即谓之老人。目前许多发达国家的预期寿命都在快速增加中，大部分国家的老人平均寿命已达 80 岁以上，所以传统社会所定义的 60 岁是老人，这在现代社会已不算是老人了，最多只能称为“中高龄人口”或称为“银发族”。因此，世界发达国家已依老人族群和中高龄族群的不同年龄层或身体状况，为老人提供各种健康管理计划与老人福利服务。

二、“婴儿潮”人口已进入“老人潮”

第二次世界大战后，婴儿潮（Baby Boom）的定义如下：

1. 《英国牛津简明字典》（*The Concise Oxford Dictionary*）对第二次世界大战后婴儿潮的名词注释为：第二次世界大战后，出生率突然而明显地增高的现象。
2. 《大英简明百科》（*Britannica Concise Encyclopedia*）则将战后婴儿潮定义为：美国 1946—1964 年间出生的世代（李瑞金，2010）。

目前在第二次世界大战后出生的婴儿潮人口，已成为 21 世纪世界人口中的重要年龄族群，这些人已由“婴儿潮”迈向“老人潮”。大部分研究指出，婴儿潮时期出生的人普通接受了更高的教育，也具有较充足的经济资源、生活水准和健康养生的概念，所以有较长的平均寿命。因此，在老化的过程中，婴儿潮时期出生的人，其生活方式、预期寿命、生活需求和老年生涯规划势必与他们的父母有很大差别。不过，战后婴儿潮的人口虽大多受过高等教育，拥有丰富的社会经验和财力基础，但对于自我健康照顾、营养饮食、运动等健康管理知识，大多数人仍缺乏“健康自觉”和“健康管理”，所以在老人服务和照顾产业的供需市场上，亟须专业的老年社会工作者提供照顾服务的规划与管理，才能让这些长者过上更健康且有尊严的老年生活。

第三节　高龄化与少子化问题

一、高龄化与少子化：依赖人口比例的变化

高龄化（65 岁以上）和少子化（未满 14 岁）的人口是有依赖性的人口，此两

大群体并无劳动能力，需要依赖劳动人口（非依赖人口，年满 14 岁且 65 岁以下）才能生存。所以人口结构变迁后，被依赖的人口将逐年减少，将造成社会资源的问题。

- “老年人口依赖比”公式如下：

老年人口依赖比＝65 岁以上人口÷15～64 岁人口×100

台湾行政主管部门经济建设委员会在 2004 年 7 月推估台湾地区 15～64 岁工作人口（劳动人口）到 2051 年时将大幅下降，只占总人口的 56.9％。

- 老化指数＝65 岁以上人口÷0～14 岁人口×100
- 扶养比＝（0～14 岁人口＋65 岁以上人口）÷15～64 岁人口×100
- 死亡率＝某年死亡人口数÷某年总人口数×1 000
- 出生率＝新生婴儿人数÷该年度总人口数×1 000

15～64 岁工作年龄人口数在 2015 年达最高峰，之后将持续下降。高龄化的趋势明显，这对劳动力将有不利影响。因此，台湾地区与世界各国/地区相比较，其生育率明显偏低（台湾行政主管部门经济建设委员会，2012），生育率的下降更促使老年人口比例相对上升（见图 1－3），使台湾地区加速进入“超高龄社会”。

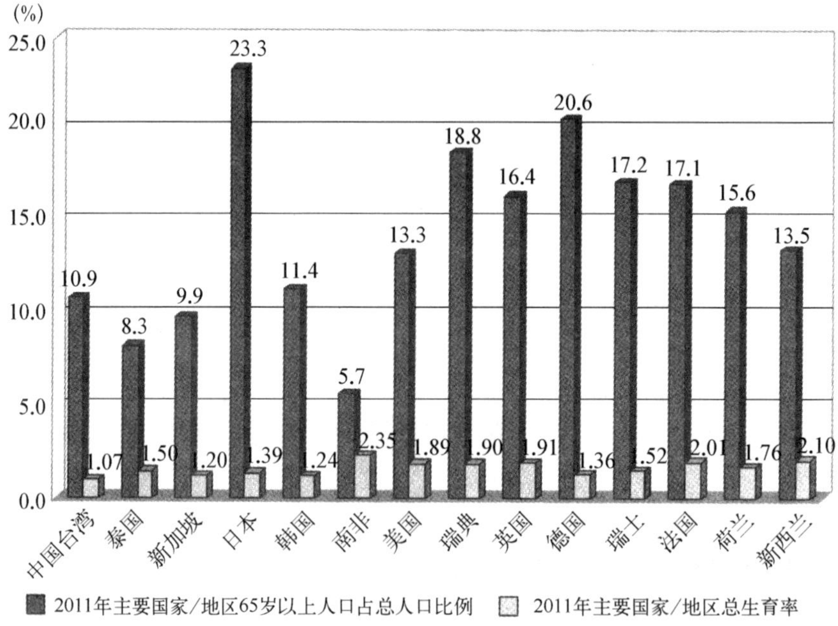

图 1－3　国际比较（生育率下降使老年人口比例相对上升）

资料来源：整理自台湾内政主管部门统计处（2013b）。

二、预期寿命和老年生活新挑战

预期寿命(life expectancy)是指在既定死亡率的年龄基准上，预测个体所能活着的平均年数。联合国资料显示，全球人口的平均寿命在1950—1955年为46.5岁；1995—2000年达到65.4岁；2010年，世界人口的平均预期寿命已高达69.6岁。换言之，世界人口的平均寿命在过去的60年间已整整提高了23.1岁，此外，发展中国家的平均寿命均低于发达国家，平均寿命最短的几个国家大多集中在非洲地区。

预期寿命的“性别差异”同样出现在老化过程中，例如女性能活得更长久，但罹患慢性疾病的概率也因此较高。根据世界卫生组织(WHO)的资料，女性和男性的预期寿命有很大差异(Cervantes et al.，1995)。尤其在发达国家，女性寿命要比男性平均寿命6～8年(台湾内政主管部门统计处，2013a)，目前至少有35个国家的女性预期寿命超过80岁，另外有几个国家正在接近这一数字。女性的预期寿命向来高于男性，而在不同发展水平的国家又存在显著差异(梅陈玉婵、齐铱，2004；Rowe & Kahn，1997)。由于女性寿命普遍较长，所以年老时很容易成为寡妇，生活上就更有可能出现健康照顾和经济安全问题。因此，我们必须清楚老年群体和女性老年群体的特殊需要，并制订相关政策和照顾计划。

随着医疗和生物科技的进步，未来人类的预期寿命将会不断提高。根据世界卫生组织的定义，主动与被动的预期寿命之区别在于老年生活是否长寿及健康。所以老人们越来越倾向于将老年生活观念分为两种，一种是保持身体健康，另一种是保持“体适能”，不受疾病困扰。因此，从事老年服务的社会工作者必须了解老年人的生理、心理和社会的变化过程，从预防、营养、复健和维持身体机能到老年学、长期照顾保健知识、老人福利和老人福祉科技的发展，须对很多专业知识做好最佳认识和准备，才能应付高龄社会服务市场的新挑战。

第四节　联合国的老人纲领

20世纪人类社会的最大成就之一，就是死亡率的降低与预期寿命的延长。

然而，在社会和家庭结构的变迁下，虽然银发产业供给市场兴起，但也意味着提供老人服务的事业将面临更多挑战。因此，如何提供优质的社会照顾和医疗护理，让老年人过上有意义的晚年生活，是当前社会必须面对的重要课题。联合国早在1991年就通过了“联合国老人纲领”，并提出五个要点（见表1－2），以维护老人的生活品质和权益，这也是老人获得尊严的五个重要指标。

表1－2 “联合国老人纲领”五要点

	内容
独立性	· 老人应有工作的机会 · 老人应有途径获得食物、水、住屋、衣服、健康照顾、家庭及社区的支持，自助 · 老人在工作能力减退时，能够参与决定退休时间的步骤 · 老人应有途径获得适当的教育及训练 · 老人应能居住在安全与适合的环境 · 老人应尽可能长久地居住在家中
参与	· 老人应能持续融合在社会中，参与相关福利政策的制订，并与年轻世代分享知识与技能 · 老人应能寻找机会来服务社区，并担任符合其兴趣及能力的志愿者 · 老人应能组织老人的团体或行动
照顾	· 老人应能获得符合社会文化价值及来自家庭和社区的照顾与保护 · 老人应有途径获得健康上的照顾，以维持身体、心理及情绪的水准，并预防疾病的发生 · 老人应有途径获得社会与法律的服务，以增强自治、保护与照顾 · 老人应能够在人性及尊严的环境中，适当利用机构提供的服务 · 老人在任何居住、照顾与治疗的处所，应能享有人权和基本自由，包含对老人尊严、信仰、需求、隐私及决定其照顾与生活品质权利的重视
自我实现	· 老人应有途径获得教育、文化、宗教、娱乐的社会资源 · 老人应能适当地追求充分发展的可能
尊严	· 老人能在尊严和安全感中生活，并自由发展身心 · 老人应不论年龄、性别、种族、失能与否，都能被公平地对待

第五节　老人生活需求与福利

联合国在1992年发表了一份“老化宣言”，希望共同创造一个“不分年龄，人人共享的社会”。为了达成这个目标，联合国又在1999年的国际老人年会上公布了“联合国老人法”，并定当年为“国际老人年”，定 10 月 1 日为“国际老年日”，宣扬老人福利与共享社会的理念。此外，联合国在 2002 年也提出老人问题国际行动战略，回应 21 世纪个人和人口老龄化的机会和挑战。因此，实施老龄问题国际行动战略，是社会各阶层的共同责任，而国家、区域和地方政府、国际机构、老人本身、各服务组织、其他民间团体，包括非政府机构，以及私营部门之间展开有效合作更是必不可少的。联合行动需要许多利益攸关者的参与和共同努力：专业组织、公司、工会、合作社、学术界和其他教育与宗教机构及新闻媒体等。老龄问题国际行动策略中的实际行动方案的设计，其最终目的就是保障老人的权益，并发展其资源。联合国鼓励所有国家/地区在发展老人政策的同时遵循这些原则和策略。中国台湾地区目前所推行的老人福利有关规定必然受到联合国理念的影响，因此，联合国的理念和工作纲领是值得我们重视的。

依据现代老人的生活环境和照顾需求之发展趋势，笔者归纳了提供老人服务必须考虑的四项基本元素（见图 1－4）：

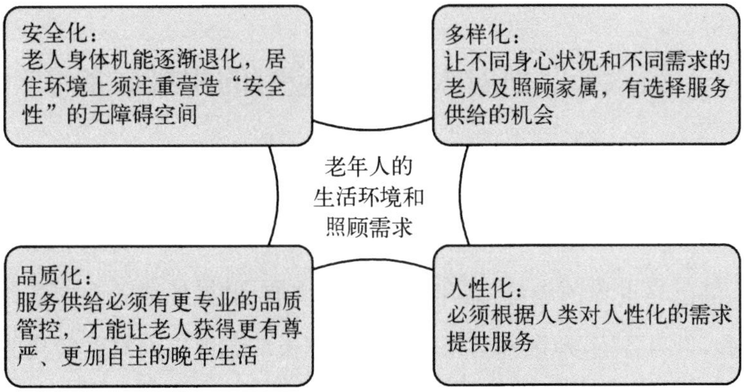

图 1－4　老年人的生活环境和照顾需求之趋势

1. **安全化**。因为老人的身体机能逐渐退化，所以在居住环境上须注重营造“安全性”的无障碍空间。环境心理学在评估居住环境时指出，必须注意下列五项范畴：(1) 空间；(2) 色光环境；(3) 照明；(4) 温度；(5) 噪声。尤其是老人的居住环境，更是必须细腻考量，才能有安全、安心的生活环境。
2. **多样化**。因老人健康状况不同，照顾需求也不同，所以老人服务的提供

者必须设计多样化的服务方案，让不同身心状况和需求的老人及照顾家属有选择服务供给的机会。

3. **品质化**。老人照顾服务已进入专业化和市场化时代，不再是昔日只针对贫苦无依者所提供的服务，因此服务供给必须具有更专业的品质管控，才能让老人获得更有尊严和更加自主的晚年生活。

4. **人性化**。老年期虽是人生的最后一个阶段，但老人对人类情感的依附需求却有增无减，尤其当老人身心遭受疾病侵袭时，更怕没人照顾、没人陪伴，更加渴望提供的照顾服务是温暖、用心、体贴的。因此，即使运用科技产品介入老人照顾的专业领域，仍必须秉持人性化的需求服务。

第六节　面对人口老化应有的积极准备

一、依老人需求发展不同类型的服务

老人潮已是世界的趋势，老年人口不断增加，世界各地的人均寿命也越来越长，因此，世界各国/地区都必须以主动且积极的态度来面对高龄化的人口问题。世界卫生组织预测，老年人口的分布将有两种模式：一大部分老人都较健康，纵使有小毛病但亦不会影响其日常生活；另一小部分老人则长期患病，而这些疾病很多是无法治愈的。换句话说，我们在生活中会看到非常健康的“年轻老人”，也会看到许多罹患慢性疾病和虚弱的“老老人”(oldest-old)，所以我们的社会必须制订老人服务的策略，并进行目标管理，同时须发展不同类型的老人需求服务，其目的是：

1. 可将老人视为志愿者团队的人力资源，并转换为社会的人力资源和社会资本；

2. 理解正常老化的可能原因，并及早预防和进行早期治疗，因为预防的成本将比治疗的花费更低；
3. 制订基本长期照护的保障政策及老人服务的方案规划；
4. 满足老人在经济、生理、心理和社会等各层面的需求，并提供有尊严可照顾的服务。

二、结合“福祉科技”提供老人服务

21世纪是高科技和云端运算的时代，不断创新的科技已为人类带来了更便利的生活，而这是先人们所无法想象的。当前战后婴儿潮的人口族群遇到新科技“.com”“e-mail”“facebook”“LINE”等云端科技的时代，科技及社群网络系统对老人日常生活的影响，将逐渐改变老人照顾服务的模式。战后婴儿潮的这群人口已迈入老年期，所以从事老人服务或提供服务的照顾产业迫切需要思考这个问题，即如何重新整合现有的老人产业和照顾服务的内容，以便以“同业整合，异业结合”的力量提供服务。而且在未来的照顾产业中，必须更同理地倾听老人内心的需求、重视老人的权益和声音，并将昔日老人服务从“以行政需求为导向”转向“以老人需求为导向”（need-led）和“以顾客为中心”（customer-led），这必然是老人服务专业发展的重要主轴。

老人福祉科技的英文“Gerontechnology”是结合“geron”（希腊文“old man”，老人之意）和“technology”（科技）两个词，而翻译为“老人科技”又似乎无法完整诠释这个领域的发展目的，因此，将“Gerontechnology”中文翻译为“老人福祉科技”是最适当的。Graafmans与Bouma两人正式将老人福祉科技定义为“老人福祉科技基于对老化现象的认识从事技术和科技产品的研究开发，希望能为高龄者提供较佳的生活与工作环境，以配合医疗照护”（Graafmans & Bouma，1993）。1997年9月，“国际老人福祉科技学会（International Society of Gerontechnology，ISG）”将老人福祉科技定义为“设计科技与环境，使得高龄者能够健康、舒适、安全地独立生活并参与社交活动”（徐业良，2008、2012）。因此，老人福祉科技的研究和发展包含七大架构（见图1-5）：

1. 老人福祉科技概要（overview on gerontechnology）；
2. 行动力（mobility）；

3. 运输和机动能力(transport and motor performance)；
4. 通信(communication)；
5. 信息处理和认知能力(information processing and cognitive performance)；
6. 住家(housing)；
7. 居家健康照护科技(home health care technology)。

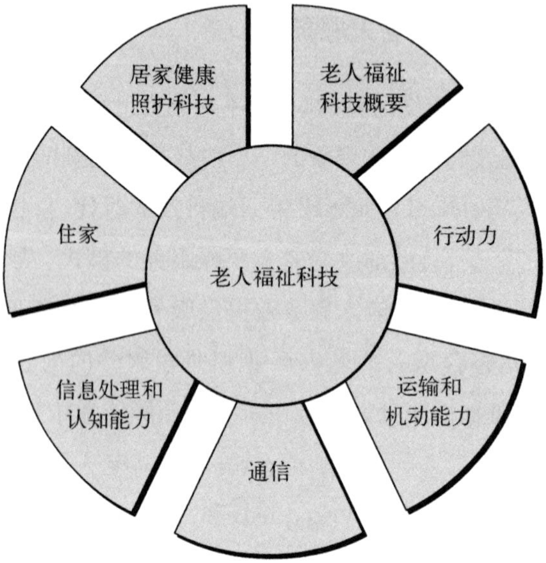

图 1－5　老人福祉科技的研究和发展之七大架构

老人福祉科技是整合老化(aging)和科技(technology)的发展研究，在人因工程、辅助科技以及医疗照护、社会工作等领域早已受到关注。

从老人福祉科技早期发展的目标和定义，这个领域有两个重要特征：

1. 老人福祉科技是一项应用研究，目的在于设计和开发产品、服务与环境，以提升高龄者的健康、完整的社会参与、独立生活的能力，进而增进其生活品质；
2. 老人福祉科技本质上是一项跨领域(interdisciplinary)的研究，包含的知识领域非常广泛，基本上包括老年学(gerontology)与现代科技两个截然不同的领域。

基于此，老人福祉科技着重于全方位地关心老人生活福利，包括健康、住家、行动力、通信、休闲和工作等领域，希望通过老化和科技的整合，让老人生活更加自主，更有尊严。

三、联结产业照顾资源

人口老化虽然使高龄化国家的健康医疗成本不断增加，不过照顾产业或照顾服务提供者已将老年机构、医院、药店、志愿者等和产业进行联结，形成了福祉科技的照顾体系，并已扩展成国际化的照顾系统。Robin（2000）就曾表示，在社会照护三角形（social care triangle）中，若以科技（technology）为核心，将产生所谓“三合一”的效果，亦即受惠者至少有正式照顾者（formal career）、非正式照顾者（informal career）及服务使用者（service user）等三方，并同时获益（见图1－6）。福祉科技的照顾体系除了可减轻照顾者的压力与负荷之外，也可增进老人使用照顾服务时的尊严。由此，甚至相关的照顾产业和部门也将成为国家建设发展的主流。

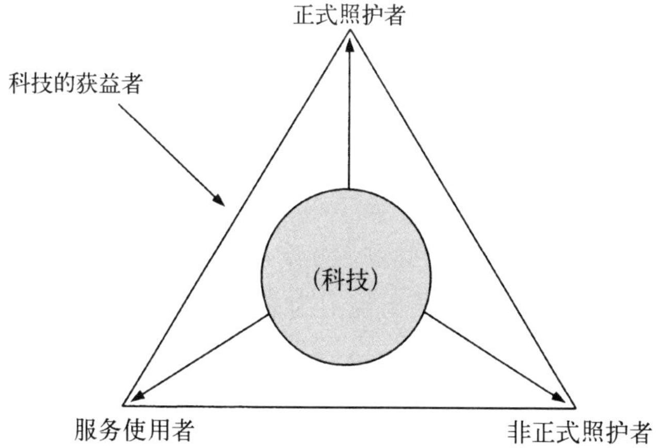

图1－6　社会照护三角形

中国台湾地区关于老人福利需求的研究发现，不同人口族群和年龄层的老人有不同的生活状况和使用服务需求（陈燕祯，2012、2013），老人身心状况的差异性也很大，因此，如何面对及协助老人生活，并运用跨领域的老人福祉科技不断创新研发适合老人使用的新科技产品，以减轻照顾者的压力，已是少子化和高龄化社会的一项新挑战（陈燕祯，2011a）。换言之，目前老人智慧型生活福祉科技的出现，已使得老年人独立自主养老的生活更为便利，而且相关科技产业的发展与健康福利之间，更具有相辅相成的密切联结关系。智慧型的生活系统功能不仅影响老人的社会参与，更影响其生活及生命的品质，所以积极倡导老人和照顾者学习使用生活科技，提供学习科技的环境，将可创造老人融入社会的更多机会（陈燕祯、黄国维，2012），并达成“世代融合”和“友善关怀”老人的目标。

第七节　助人专业：老人社会工作的兴起

助人专业和社会工作除了解决现在发生的问题、预防该问题的再产生、预防新问题发生外，还包括恢复案主的功能，增强案主的能力。因此，如何协助老年人解决问题，并培养和促进他们的适应能力，是当前老年社会工作的主要焦点。老人福利和老人照顾工作的前途是光明的，老人照顾市场将是活络且庞大的，老年社会工作也将是最有前途的专业服务领域（陈燕祯，2011b、2012）。因此，老年社会工作必须做好万全准备，笔者就下列五个问题和建议作为基础面的思考。

1. **老年社会工作者的专业培养**。面对不断增加的老年人口，各个大学或研究所设置相关学科培养老年照顾和产业服务的专业工作人员是极为重要的。各机构须使受过老年学或老人照顾训练的专业工作人员的能力变得更强，使其更有能力为老人安排服务计划，并帮助有需要的老年人。
2. **老人研究和专业服务必须朝向“跨学科”“跨专业”的合作**。老人研究应考虑到老人的生理、心理、社会压力和社会支持等多元因素及需求。因此，老年学的发展需要各方面专家的携手合作，而为了让老人适应科技社会的生活，必须发展老人福祉科技，整合老化和科技，让老人照护获得更便利和周延性的发展。
3. **积极开展人类“体适能”和“适运动”的健康管理计划**。根据人类生命历程的发展观点，人类的发展历程是由健康到高龄化，之后再进入疾病的过程。因此，人类健康的计划重点应放在保持“体适能”的终极目标上，并选择自己适应、适合的“适运动”健康管理计划。而越早对老人有所认识，对老人疾病预防和提高健康促进的活动就越具效果。
4. **关心高龄妇女的生活**。从各种数据资料中可以得知，女性老人相对于男性老人，其平均寿命普遍较长，因此就性别而言，老年问题的研究必须就长寿的高龄妇女照顾进行探讨。老年问题是高龄妇女的重要问题，乃因高龄妇女拥有的经济资源相对较少，往往不能满足其老年时的生活需求，所以应该更加关注老年妇女的生活规划和需求，使其生活得更长久，也更健康快乐。

5. **善用老人福祉科技的力量**。老年期的生活越来越长，所以失能、失智的概率就会越来越高，老人、家属和工作者三方必须重视老人福祉科技的发展和运用，因为善用科技力量能让老年人过上独立自主且有尊严的日子。

新闻视窗

高龄化时代"陪伴商机"崛起

某商业研究院发表的最新调查指出，退休生活幸不幸福，健康、互动和所得是三大重要因素，其中互动对健康的影响最大。网络社群和陪伴商机有望成为银发商机中的下一波主力。

台湾已迈向高龄化社会，2012 年 50 岁以上人口占比上升至 31.6%，未来 20 年这一占比将持续增加。由于医疗技术的先进，平均寿命跟着延长、身体多处于健康状态，加上退休年龄延后，工作所得提高，退休后这群有钱、有闲、有健康的消费者，将成为内需市场的重要动能。

根据对 50 岁以上退休族群的调查结果和商研院副院长吴师豪的分析认为，影响退休生活是否幸福的原因中，健康、互动和所得是三大影响因素；其中又以互动良好对健康的影响较大，明确显示了老年人对心理健康的需求。顺应这种需求，西方国家开始盛行陪伴服务，预计台湾也将掀起这一风潮。

这次调查也发现，退休者网络使用量逐渐增加，吴师豪建议，相关网络从业者可针对 50 岁以上对象建立网络社群平台，以对方最感兴趣的健康、旅游、休闲活动、娱乐为主，搭配其他信息服务，并提供旅游规划与安排，促进彼此交流。

由于50岁以上退休族群需要更多与人互动的机会，商研院也建议，可以仿效home stay或民宿的概念，让年轻人到退休族群家里住一晚，并提供特色菜或一日游的安排，体验不同的生活。

根据调查，在老人退休生活的主要经济来源方面，近五成来自老人的退休金和社会保险，其次是儿女或家人奉养，占20%。此外，调查还发现，受访老人的平均退休年数近9年，在体能和外表年龄上均希望年轻10岁以上。商研院认为，退休族群希望外表年轻，因此健身、美容等的需求将加大。此外，健康商品也将走俏，如有机食材、健康食品、居家保健用品等需求将持续增加。退休族群九大商机策略如下：

1. 健身、美容商机需求大；
2. 国内外旅游及休闲活动服务；
3. 健康商品走俏，如有机食品、蔬果、健康食品、居家保健用品；
4. 行动装置、载具使用简易化；
5. 建立专属信息网络；
6. 推出客制化乐游营；
7. 提供“去乡下住一晚”服务；
8. 陪伴商机涌现；
9. 退休生活提早安排与规划。

资料来源：叶小慧.高龄化时代“陪伴商机”崛起[N].经济日报，2013-12-19.[2014-02-20].http://www.sencare.com.tw.

问题与讨论

1. 全球人口老化问题和严重性为何?
2. 战后婴儿潮所带来的老人照顾问题和挑战为何?
3. 人口老化国家应有的积极准备有哪些?
4. 老人社会工作的专业服务应有的思考与准备为何?
5. 老人照顾产业兴起的行业有哪些?

参考书目

一、中文部分

上海市统计局. 上海市老年人口和老龄事业监测统计. 上海：上海市统计局，2014.

上海市统计局. 中华人民共和国 2012 年国民经济和社会发展统计公报. 上海：上海市统计局，2013.

中华人民共和国国家统计局. 2013 年国民经济和社会发展统计公报[EB/OL]. 北京：国家统计局，2014. [2014 - 2 - 24]. http：//www. stats. gov. cn.

李瑞金. 婴儿潮世代经济生活安全准备：老年安养信托[C]. 2010 年两岸社会福利学术研讨会，2010.

徐业良. 老人福祉科技与居家照护技术[M]. 台中：沧海书局，2008.

陈燕祯. 传统轮椅使用障碍分析与对"i 轮椅"功能期待之研究[J]. 国家与社会，2011(10).

陈燕祯. 社区照顾新策略：建构社区老人跌倒社会支持系统之探讨[M]//洪泉湖. 社区、文化与产业. 桃园：元智大学，2011.

陈燕祯. 银发照顾产业之发展趋势：整合的观点[M]. 台北：威仕曼文化实业股份有限公司，2012.

陈燕祯. 彰化县主管部门：2012 年彰化县长期照顾十年计划服务需求调查[M]. 彰化县委托研究计划，2013.

陈燕祯，黄国维. 老人福祉科技：推行普及化通用设计与实务发展之研究[C]. 2012 福祉科技与服务管理国际研讨会暨大师级讲座. 南开科技大学，2012.

梅陈玉婵，齐铱. 老年学与老人工作面面观[M]. 香港：香港教育研究中心，2004.

二、英文部分①

Birren, J. E., Butler, R. N., Greenhouse, S. W., Sokoloff, L., & M.R. Yarrow (Eds.). (1963). Human aging: A biological and behavioral study. Pub. No. (PHS) 986. Washington DC: US. Government Printing Office.

Cervantes, E., Heid-Grubman, J., & C. K. Schuerman (1995). The paraprofessional in home health and long-term care: Training modules for working with older adults. The Center for Applied Gerontology. Baltimore: Health Professions Press.

Chen, Yen-Jen (2010). A Study of the Acceptance of Technology Products among the Elderly People in Urban Taiwan. Paper presented at the Age-friendly Cities with

① 为方便读者查阅，本书按原版复制英文部分参考文献。

Cooperation & Participation, The Asian Pacific Perspective Regional Conference. 2010/11/19-2010/11/20.

Graafmans, J. A. M., & H. Bouma (1993). Gerontechnology, fitting task and environment to the elderly, *Proceedings of the Human Factors and Ergonomics Society*, 1, pp.182-186.

Robin, B. (2000). Housing aid care for the silver revolution. UK and Singapore Seninar on Health Care for the Elderly UK Slide Presentations.

Rowe, J.W., & R. L. Kahn (1997). Successful aging. The Gerontologist, 37, 433-440.

附录1-1 主要国家/地区历年的平均寿命

国家/地区	2008年		2009年		2010年		2011年			2012年		
	男	女	男	女	男	女	合计	男	女	合计	男	女
中国台湾	75.6	81.9	75.9	82.5	76.1	82.6	79.2	76.0	82.6	79.5	76.2	83.0
日本	78.7	85.6	78.8	85.6	78.9	85.7	82.3	79.0	85.7	83.9	80.6	87.4
韩国	75.3	82.2	75.5	82.2	75.6	82.3	79.1	75.8	82.5	79.3	76.1	82.7
菲律宾	67.9	73.9	68.2	74.2	68.5	74.5	71.7	68.7	74.7	71.9	69.0	75.0
新加坡	79.3	84.7	79.4	84.8	79.5	84.9	82.1	79.5	85.0	83.8	81.5	86.2
马来西亚	70.3	75.9	70.6	76.2	70.8	76.5	73.8	71.1	76.7	74.0	71.3	77.0
印度	66.9	71.9	65.1	67.2	65.5	67.6	66.8	65.8	68.0	67.1	66.1	68.3
印度尼西亚	68.0	73.1	68.3	73.4	68.5	73.7	71.3	68.8	74.0	71.6	69.1	74.3
中国大陆	71.4	75.2	71.6	75.5	72.5	76.8	74.7	72.7	76.9	74.8	72.8	77.1
美国	75.3	81.1	75.7	80.7	75.8	80.8	78.4	75.9	80.9	78.5	76.1	81.1
加拿大	78.7	83.8	78.7	83.9	78.7	84.0	81.4	78.8	84.1	81.5	78.9	84.2
巴西	68.2	75.5	68.4	75.7	68.7	76.0	72.5	69.0	76.3	72.8	69.2	76.5
奥地利	76.5	82.4	76.6	82.6	76.7	82.7	79.8	76.9	82.8	79.9	77.0	83.0
丹麦	75.8	80.6	76.0	80.8	76.1	81.0	78.6	76.3	81.1	78.8	76.4	81.3
法国	77.7	84.2	77.8	84.3	77.9	84.4	81.2	78.0	84.5	81.5	78.4	84.7
德国	76.1	82.3	76.3	82.4	76.4	82.6	80.1	77.8	82.4	80.2	77.9	82.6
意大利	77.1	83.2	77.3	83.3	77.4	83.5	81.8	79.2	84.5	81.9	79.2	84.6
芬兰	75.3	82.5	75.5	82.6	75.6	82.8	79.3	75.8	82.9	79.4	75.9	83.0
挪威	77.2	82.6	77.3	82.7	77.4	82.9	80.2	77.5	83.0	80.3	77.7	83.1
瑞典	78.5	83.1	78.6	83.3	78.7	83.4	81.1	78.8	83.5	81.2	78.9	83.6
英国	76.4	81.5	76.5	81.6	77.8	82.1	80.1	78.0	82.3	80.2	78.1	82.4
荷兰	76.7	82.0	76.8	82.1	76.9	82.3	79.7	77.1	82.4	80.9	78.8	83.1
澳大利亚	79.2	84.0	79.3	84.1	79.3	84.3	81.8	79.4	84.4	81.9	79.5	84.5
新西兰	78.3	82.3	78.4	82.4	78.5	82.5	80.6	78.6	82.7	80.7	78.7	82.8
埃及	69.3	74.5	69.6	74.8	69.8	75.1	72.7	70.1	75.4	72.9	70.3	75.7
南非	49.6	48.2	49.8	48.1	50.1	48.3	49.3	50.2	48.4	49.4	50.3	48.5

资料来源：USA "The World Factbook"估计数。

资料来源：台湾内政主管部门统计处. 主要国家历年平均寿命. 台北：内政主管部门统计处[2014-02-17]. http://www.moi.gov.tw.

▶▶ 第二章

中国台湾地区老人问题与老人福利

不论在发达国家/地区或新兴的工业化国家/地区，人口快速老化都是必须面对的问题和挑战，台湾地区亦如此。台湾在1993年9月底正式进入高龄化社会，亦即年满65岁的老年人口比例已突破总人口的7%。高龄化的人口结构对国家、社会、家庭和企业来说是一个危机，但也是一个转机，因为任何社会的改变都可能创造许多机会，都可能促进市场发展。因此，要“老有所养，老有所乐，老有所终”就必须提早研修“高龄学分”(杨欣洁，2014)，越早了解高龄者的问题和社会福利服务，就能越早规划自己的老年生活，让自己过上有尊严和有品质的晚年生活。因此，本章将对目前台湾人口结构的现况、未来趋势，以及和老化相关的概念进行介绍，进而探讨老化的政治经济考量、老化所带来社会资源的问题、不同世代老人的价值观和老人福祉科技，最后介绍台湾为因应老化社会所提供的老人福利服务。

第一节　中国台湾地区人口结构和平均寿命的变动趋势

一、老年人口的急增

截至2014年10月底，台湾65岁以上的老年人口已有2 786 531人，占总人口数的11.9%(台湾内政主管部门，2014)。而台湾从1984年起，生育率(fertility)已低于替代水准，逐渐步入低出生率的阶段，使得16～64岁工作人口快速减少。再加上医疗科学的进步使得死亡率逐渐下降，老年人口快速增加，社会已明显感受到人口结构改变所带来的巨大压力与冲击，寿命延长所带来的健康医疗和生活照顾问题更是迫在眉睫。

二、出生人口的急降

除了老年人口的大量增加及平均寿命的延长外，高龄化国家/地区出生率的急速降低也是造成人口结构改变的主要原因。根据居民健康主管部门的统计资料显示，近十年来，台湾各年龄层已婚女性的生育率没有下降，但是各年龄层妇女的“已婚率”则大幅滑落，例如25～29岁女性结婚的比例仅有23.8%，即使30～34岁的女性，其结婚率也仅有52.6%(台湾内政主管部门，2014)。因此，台湾女性的“晚婚”与“不婚”，才是台湾少子化的主要原因。2013 年，台湾的生育率在全世界持续创新低。“经建会”的资料显示：台湾战后婴儿潮时期(以 1964 年计算)的家庭平均出生人口数为 5.1 人；而至 2004 年家庭人口的出生率平均每户 1.71 人，已急速下降至少子化时代；2012 年，台湾总生育率更降为 1.3 人，已属于世界“低生育率”的国家/地区。依行政主管部门估计，至 2022 年，台湾人口出生率将为“零增长率”，届时人口将出现“负增长”(台湾“经建会”，2012a)。这种人口年龄结构改变所带来的社会问题，将成为整体社会资源的提供问题。换言之，当一个社会有越来越多的老人出现，但却有越来越少的下一代出生时，不知未来还有谁来养我们？老人的社会资源在哪里？这些都是我们需要认真面对和思考的问题。

三、工作年龄人口抚养负担沉重

高龄化的人口结构使得劳动人口对扶养“幼老”的负担沉重。台湾在 1956 年的“扶老比”为 4.55％，即每 21.98 个工作年龄人口扶养 1 个老年人口；2013 年，这一数据上升至 15.55％，即每 6.43 个工作年龄人口需扶养 1 个老年人口；依据“经建会”的预估，到 2030 年，台湾的“扶老比”将达到 37.3％，即每 2.68 个工作年龄人口需扶养 1 个老年人口；而到 2060 年，这一数据更是将达 77.7％，届时每 1.29 个工作年龄人口需扶养 1 个老年人口。而台湾的“抚幼比”则持续走低：1956 年，“抚幼比”为 81.82％；1971 年代末期，这一数据开始递减，至 2012 年，“抚幼比”已达到最低点 34.93％。过去 40 年，整体的扶养比持续下降，而 2013 年将开始反转，从此扶养比(尤其是“扶老比”)快速提升，而“抚幼比”则下降非常有限，预估至 2060 年，整体扶养比将高达 97.1％(台湾卫生福利主管部门，2013)。换言之，随着少子化的趋势，工作年龄人口对幼年人口的负担将逐渐减缓；但随着高龄化趋势，对老年人口的负担将愈趋沉重。此外，15～64 岁工作年龄人口也非完全就业，故当家庭成员逐年减少，照顾老人的人力和资源就越来越少，扶养幼老的责任已很难完全由家庭承担，必须通过有关部门的社会福利措施和民间团体的帮助，才能建构完善的老人照顾安全网。

四、台湾地区的“人口红利期”即将结束

“人口红利”(population dividend)是指总扶养比在 50％以下，即工作年龄

人口占总人口 66.7%以上。在人口红利期间，虽总扶养比较低，但劳动力却较为充沛。依台湾人口结构来看，台湾在 1990—2026 年间为“人口红利期”。然而，因高龄化速度加快，老年人口中所谓的“老老人”（75 岁以上或 80 岁以上）比例会不断地提升，亦即“扶老比”的权重将提升，因此可采取较严谨的“人口红利期”定义——工作年龄人口占总人口 70%以上。此狭义“人口红利期”在台湾为 2000—2022 年（见图 2-1）。据此，台湾还有 10 年的时间就会结束人口红利期（台湾卫生福利主管部门，2013）；如今已还有 5 年时间便会结束人口红利期。而“经建会”亦评估，至 2027 年，台湾将结束“人口红利期”，每 2 个青壮年就要抚养 1 个小孩，即 3 年后，台湾婴儿潮退去，青壮年将更累（姜兆宇，2012），届时将面临另一波的人口海啸和照护问题。

五、台湾地区未来的老年人口结构

台湾地区未来老年人口结构的变化及发展趋势，可从图 2-1 及图 2-2 中清楚看出。图 2-2 显示台湾地区的“扶养比”呈现逐年下降的趋势，而出生率

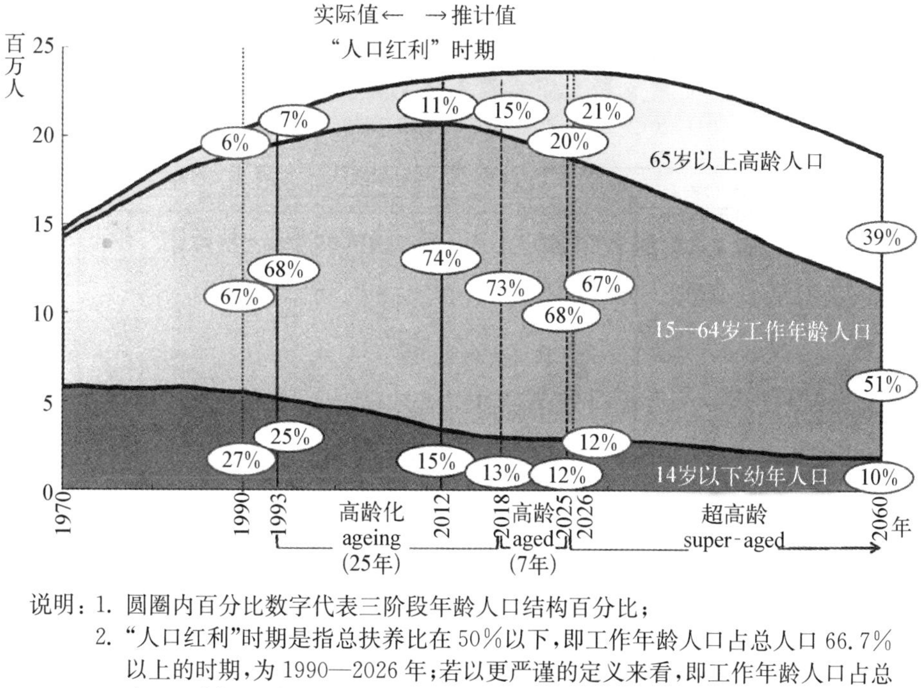

说明：1. 圆圈内百分比数字代表三阶段年龄人口结构百分比；
2. “人口红利”时期是指总扶养比在 50%以下，即工作年龄人口占总人口 66.7%以上的时期，为 1990—2026 年；若以更严谨的定义来看，即工作年龄人口占总人口 70%以上为人口红利期，则为 2000—2022 年。

图 2-1　三阶段人口年龄结构变动趋势

资料来源：台湾卫生福利主管部门(2013)。

的下降也导致了扶养比的下降。“经建会”公布的资料显示，未来65岁以上老年人口将大幅增加，而由于人类寿命的延长，老年人口中，又以年龄超过80岁以上者的增长速度最快。2012年，80岁以上人口占老年人口的比例为25.1%，到2060年将大幅上升至41.4%（台湾“经建会”，2012a）。再根据内政主管部门的统计资料，近年来台湾地区老年人口的数量逐年大量增加，老化程度明显增快，老年人口的依赖比例逐年上升。尤其在老年人口的增长中，未来将以80岁以上的老人增长最快。由此可见，各方面资料均显现台湾地区人口老化的情形。

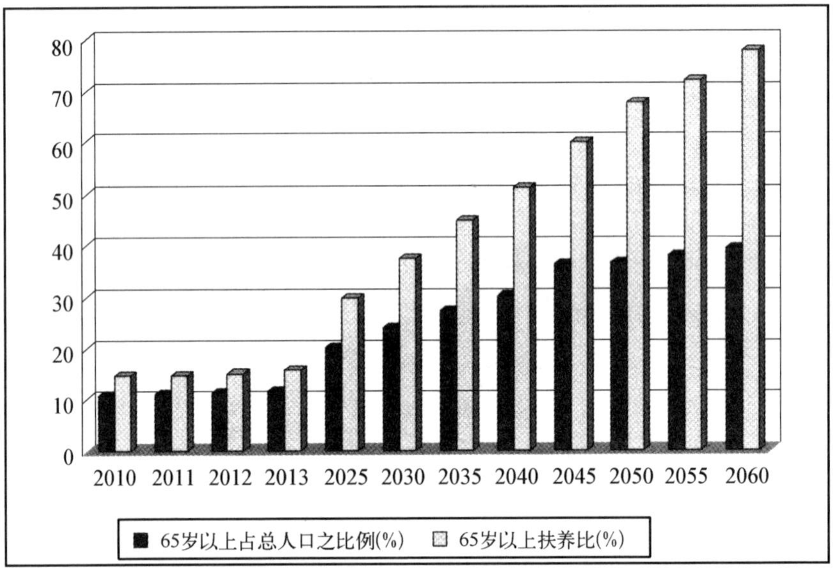

图2-2　台湾未来65岁以上人口比例及65岁以上扶养比

资料来源：整理自台湾“经建会”(2012a)。

新闻视窗

5年后，台湾人口负增长

台湾人口负增长5年后来临。根据最新人口推计显示，台湾人口零增长的时间点将再提前3至4年，估计2019年后即呈负增长。若趋势不变，2061年，台湾人口可能仅剩1 660万人，将仅为目前人口的七成。

银发海啸来袭。根据有关部门推估，台湾人口结构正快速老化，预计2018年迈入“高龄社会”，届时65岁以上人口将超过14%；预计2025年将进入“超高龄社会”，65岁以上人口逾20%。

另外，15至64岁的工作年龄人口将在2015年达到高峰期，但之后将逐渐降低。2060年，台湾将列入工作年龄人口比例最低的地区，工作年龄人口将不到总人口的一半。相关部门工作人员表示，这将严重影响台湾地区的竞争力和生产力，并将衍生各种社会问题，如老人照护和资源分配等。故整体人口对策将朝“建构友善婚育环境”“善用高龄人力资源”“提升劳动参与及生产力”三大方向努力，特别是台湾人平均寿命增加，保健、医疗、照护费用将快速增加，让高龄者更活跃且具备生产力，应是未来策略重点。台湾地区的人口推计每两年进行一次，相关部门会依据出生、死亡及迁徙等户籍统计资料进行推算，以作为人口、人力资源、产业发展、都市住宅、社会及医疗等相关措施的规划依据。

资料来源：黄诗凯.5年后，台湾人口负增长[N].联合报，2014-10-02.[2014-10-06]. http://udn.com.

第二节　人口老化带来的政治、社会、经济问题

一、老化带来的政治和经济问题

人口老化带来的不只是个人家庭和社会问题而已，其背后还有更多的政治和经济问题(political economy of aging)(蔡文辉，2004)，所以必须特别关注下列问题：

1. 老年人口的问题不应只被定义为“社会问题”而已，应有更多的经济或社会结构问题同时被考量；
2. 老年人口的问题是个别产生的，其异质性相当高，需要个别化的服务计划，而最好的预防和解决方法，就是让老人有自我的健康、照顾规划与行动；
3. 人人会面临老年阶段，这种生理功能的衰退及障碍是不可避免的，所以应关心其所带来的昂贵医疗及服务支出问题；

4. 老年人口问题因老年人群居住的生态环境和文化、习惯等因素不同而有所不同，故无法借由统一方案解决，应鼓励地方政府和民间服务机构依各地区的老年人口生态提供不同的服务方案，以满足地区性的需求；
5. 公共政策应鼓励商业部门成为“老人事业”的重要角色，对非中低收入的一般老人可以提供更多可购买、可选择的服务。

二、制订老人福利政策应考虑的因素

对老年人口及他们自己的家庭来说，其差异性需求和问题是很复杂的。在制订老人公共政策上，应考虑的因素有以下几点：

1. 个人与社会价值观的信念；
2. 经济、社会及政治结构；
3. 国家/地区内与国际性问题的结构；
4. 强势的利益团体(interest groups)。

上述这些问题都是足以影响社会政策的社会因素，所以老人福利政策的形成过程是极其复杂的，至少应该考量政治、社会、经济三个重要因素及其所形成的交互影响(见图 2-3)，尤其在中国家庭，老年父亲的地位取决于政治、经济权利的行使。

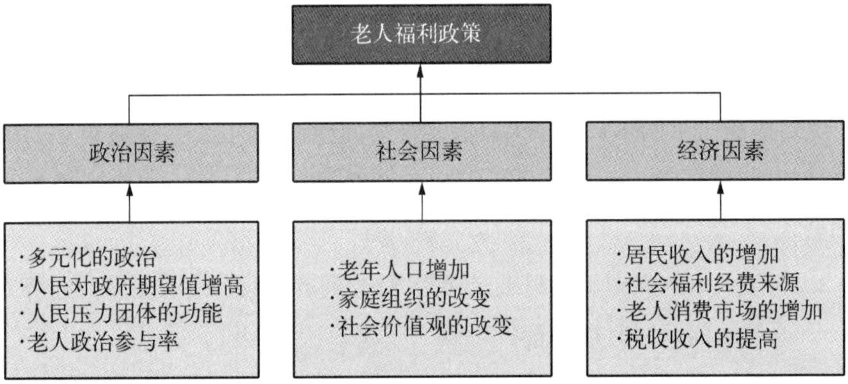

图 2-3 老人福利政策的政治、社会、经济因素和问题

三、老人福利服务的供给部门

当前老人福利(elderly welfare)服务的供给部门已趋向多元化部门供给的

模式，多元化的供给部门有：(1) 政府相关部门；(2) 商业部门；(3) 志愿部门；(4) 社区(家庭)部门。每一个部门有其服务供给系统，而四大部门共同扮演着老人服务供给者的角色(见图 2-4)，所以政府已不再是唯一的服务供给者。由此，完善的老人服务供给系统必须借助此四大部门的共同努力，才能满足复杂的老人服务需求。

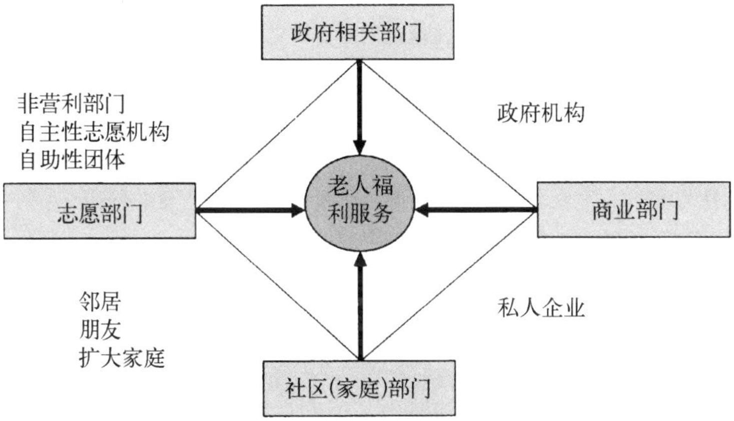

图 2-4　福利菱形图：老人福利服务的多元供给部门

第三节　老人福利需求和服务输送

一、老人的福利需求

需求(need)是一种价值判断，是指一群人有了生活问题，而这些问题是可以被解决的，所以 Mckillip(1987)提出需求必须具有下列三个特点：

1. 它是一种价值判断；
2. 在某种情境下，一群人认为其为主要人口群；
3. 是被期待要处理的。

社会福利服务对需求的定义向来是多层面的，Bradshaw(1972)就将福利需求分为四种(见表 2-1)。

此外，老人的福利需求项目曾被归纳为六大项，其中又以健康医疗和经济安全为迫切需求(谢高桥，1994)。老人的需求虽然随着寿命的延长、家庭结构

表 2-1 Bradshaw 的社会福利四大需求

规范性需求	· 此种需求的认定主要来自专家的经验和知识，或其他现存标准，并且是在特定情境中才需要相关服务
比较性需求	· 此种需求是针对案主或标的人群的某些特征加以比较而产生的需求。例如甲和乙皆有相同的特性和需求，但乙接受了某一种服务，而甲却没有获得，甲就会产生此种比较性需求
感觉性需求	· 一种从案主观点出发所界定的需求，当个人被问到对于某一种特定服务是否有需要时，其反应即是一种感觉性需求，所以是个人依其欲望所感觉的需要
表达性需求	· 当个人把自身的感觉性需求转换为具体行动时，即为表达性需求。例如申请服务时大排长龙，就是案主在展示对某一特定服务的等待时间太长

的改变和科技社会的进步而有所不同，但基本上仍以此六大需求为基本的福利需求。

1. **健康医疗需求**：包括健康促进、健康管理、免费健康检查，免费医疗、健康医疗服务，设置疗养机构或中心，医疗补助与优待、巡回医疗、保健或复健服务、健康保险、长期照护保险等。
2. **经济安全需求**：增加扶养老人亲属，增加所得税宽减额，减免税金，对贫困老人进行家庭补助、经济救助或扶助，为老人提供就业或职业介绍，增加老年年金或居民年金等。
3. **教育及休闲需求**：包括休闲娱乐活动，提供并增设老人活动中心或社区关怀照顾据点，鼓励老人进行社会参与、休闲旅游活动，提供乘车、船优待（公车半价），举行老人俱乐部、老人体育活动、老人社团，并推广文教活动（老年大学）、文艺活动、交谊活动、邻里服务。
4. **居住安养需求**：包括设立自费老人安养设施，提供养护、长期照顾服务，提供住屋，提供日间照顾、居家服务、居家护理、老人公寓、家庭托顾，营造高龄者友善环境等。
5. **心理及社会适应需求**：包括建立老人咨询或访谈中心、提供关怀访视、电话问安、情绪慰藉等服务，为老人提供节庆礼物。营造受人敬重、友情、归属感和自我实现的环境。

6. **家庭关系支持需求**：包括子孙或年轻世代对老人的尊重、关怀、照护和陪伴，以及老人对子女的希望与重视等。

二、老人福利服务输送的问题

从老人的需求检视老人福利服务的输送。我们发现，当前所提供的老人福利服务产生了下列社会现象，均为服务供给单位必须面对及克服的问题：

1. 服务输送及信息渠道常不易获得或不易接近(inaccessibility)，缺乏服务的沟通平台；
2. 在不同的服务供给者、机构之间，服务无法连续(discontinuity)，服务呈现片断性的状态；
3. 服务输送的对象、地点及内涵等，常常出现遗漏或疏忽(neglect or indifference)的状况；
4. 服务的品质或给付水准高低不一致(inconsistency)，老人的权益受损；
5. 服务供给有重复或过度的现象(duplication)，造成了资源浪费，无法有效使用；
6. 服务体系网络零散(fragmentation)，缺乏完善的服务管理机制和系统网络；
7. 服务供给的目标和机构的品质绩效存在"责信"危机(unaccountability)。

三、社会对老人的刻板印象与迷思

长久以来，社会对老人的刻板印象是贫、病、失能、无权、无角色等负面角色的综合体，尤其家庭结构变迁后，老人的家庭支持和照顾资源系统更为匮乏，社会也未能赋予现代老人新的角色，因而造成独居老人剧增，对老人问题的迷思日益严重。因此，要从社会结构造成老人依赖的角度来分析，才能破除迷思并重新出发(见表 2 - 2)。为此，社会工作者必须认识到以下几项人口老化所带来的问题。

1. 人口老化使医疗费用增高。
2. 退休或依赖人口的增加，致使劳动率降低。
3. 社会组织及法律、政治、教育、经济与家庭等各种制度也都连带受到冲击与影响。

表 2-2　对老年人的迷思与再出发

	社会大众的迷思	社会结构性的依赖	破除迷思的重新出发
身体上	· 年纪大了身体变差了 · 记忆力退化了，得了阿尔茨海默病 · 无法照顾自己，要靠专业护工	· 老人自觉需要日常生活的协助	· 自我健康和照顾的促进 · 知识的传递与普及，和日常生活的结合 · 专业照顾与福利服务是协助，而不是造成更多依赖
心理上	· 孤单寂寞 · 老小老小，哄着就好 · 含饴弄孙最幸福 · 可怜、落寞	· 老人自觉需要同情与安慰	· 自立 · 自尊 · 自重 · 自由
自决上	· 帮老人决定 · 为老人设想	· 老人期待政府经济保障或更多制度性的保护措施	· 给老人一个限制最小、自主性最大的生活空间和环境

资料来源：修改自万育维(2001)。

4. 面临高龄、虚弱老人的长期照护、保险问题和生活的新挑战。

第四节　老人社会价值观的转变

在社会的急剧变迁下，传统养儿防老、儿孙同堂、含饴弄孙的价值观已受到冲击，即现代老人的社会价值观相较于传统已有极大的转变(见表 2-3)。因此，社会工作者在处理老人问题时必须随着老人价值观的改变而做调整，才能适合现代老人的需求。尤其当老人照顾问题已由家庭责任转向社会共同责任时，则应由国家和社会共同规划及推动福利政策的发展。

表 2-3　传统老人社会价值观与现代老人社会价值观之比较

传统老人的价值观	现代老人的价值观
1. 养儿防老	1. 儿孙自有儿孙福
2. 儿孙同堂，含饴弄孙	2. 自立门户、休闲旅游
3. 注重静养与进补	3. 注重运动及营养饮食的控制

（续　表）

传统老人的价值观	现代老人的价值观
4. 男女有别	4. 男女平等
5. 态度保守、含蓄、内敛	5. 态度开放、自然、坦诚
6. 刻苦耐劳，清心寡欲	6. 把握青春、珍惜人生
7. 宿命论	7. 存在论
8. 金钱管理以保值为主	8. 金钱管理以投资为主
9. 对子女的教育，持权威方式	9. 尊重子女，持民主沟通方式
10. 不需要老年生涯规划	10. 极需要老年生涯规划

资料来源：陈燕祯(1993)。

第五节　老人福利服务的内涵

高龄化社会的快速变迁将引发新的需求与问题，这些需求与问题更是国家和社会必须积极关注的焦点，立法、政策、服务合而为一，才能有效满足老人福利服务。因此，如何让老人过上尊严且自主的生活是一项挑战，也是整个社会，包括老人本身、家庭、政府部门和民间机构的共同责任。Moxley(1989)曾提出5As的服务输送原则(见图2-5)：

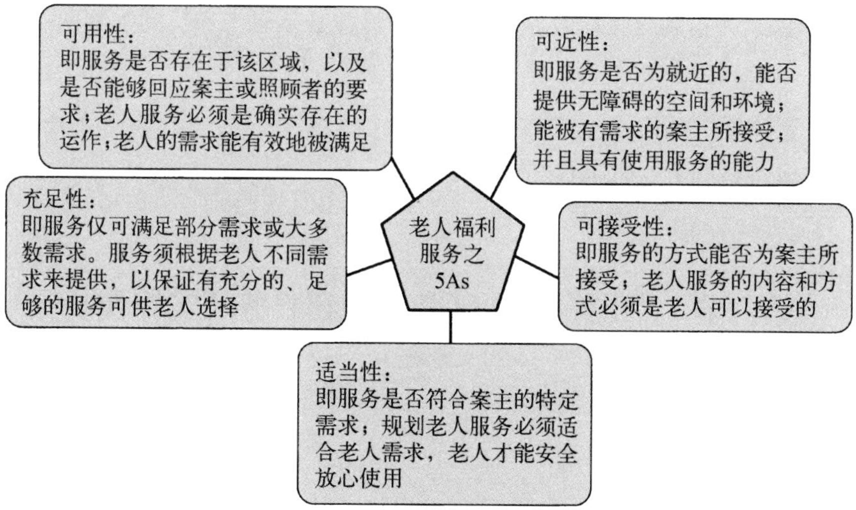

图2-5　老人福利服务的输送原则

因此，就台湾老人福利服务的发展和内涵而言，必须将服务资源的供给者（或分配者）和使用者（或消费者）联结在一起。除上述 Moxley（1989）提出的“5As”原则外，依笔者实务经验，在本土所提供的服务方案或内涵上还必须考虑到下列因素，才能使老人产生温馨、满意的感受。

1. **可责性（accountability）**：政府、民间或社会机构等的服务品质、绩效都必须清楚、明确、公开，以便对社会有所“交代”。
2. **可负荷性（affordability）**：所提供的付费服务，如家属必须支付的费用必须是家属负担得起的。
3. **整合性（integration）**：需是连续性的服务，即案主多元的需求通常无法只由一个单位或机构给予满足，需要机构之间就其功能任务相互协调。
4. **品质性（quality）**：所提供的服务必须是具有品质、有尊严、有人性的，而非是无奈或是不甘愿的服务供给。

此外，老人的基本生活需要和保障可分为下列五项。

1. **经济保障**：以老有所养为前提的经济保障，如台湾地区的年金保险制度。
2. **健康保障**：以健康为先的医疗保障，如长期照顾保险制度。
3. **社会保障**：以福利服务为重点的社会保险，如老人福利服务输送体系。
4. **自我保障**：以生涯规划为要求的自我保障，如老人终身学习教育。
5. **安全保障**：以老人人身和环境安全为要求的安全保障，如老人保护和友善生活环境。

此外，老人福利政策和服务方案规划的目标必须思考和反问下列两个基础问题：

- 谁需要（who need）？
- 谁供给（who provide）？

第六节　中国台湾地区老人福利服务的实施现状

一、老人福利规定方面

面对高龄化社会，台湾当局在 20 年前已将老人问题列入相关规定议程，并提出因应老人问题的策略。1980 年制订的老人福利有关规定就是第一个社会策略的架构，该规定于 1997 年首次做大幅修正，以因应社会环境变动的需要，之后陆续亦有小幅修正，后又于 2007 年大幅修正，而 2009 年、2012 年也都有小幅修正，于 2015 年 12 月再次大幅修正，希望使老人的各种福利服务与保护更具完整性与前瞻性。

另外，从台湾历年重大的老人福利措施和服务方案的发展（见附录 2－1）来看，服务方案的覆盖范围已由低收入户的贫困老人服务扩大至一般的老人服务；而且服务的方式也由集体式的机构照顾，转为“在地化”的居家服务；服务部门由原先单一的部门供给，发展至多部门合作；照顾服务由原本的以社会福利导向，转向照顾产业化发展，力图通过多元化、多层次的部门（例如商业部门、志愿部门、当局有关部门、社区、家庭部门）合作，让老人服务迈向有更多选择的市场化发展，以建构完整的老人福利措施（陈燕祯，2010）。

台湾为因应国际老化政策的发展趋势，以“活跃老化、友善老人、世代融合”的三大主轴作为发展老人福利措施的核心理念。除了老人福利有关规定的修正之外，有关老人安养服务的方案亦陆续推出，经济主管部门为因应人口老化市场趋势、需求，亦将健康照顾产业列入六大重要产业内，并秉持“在地长寿”“社区互助”及“积极预防”的原则因应国际发展趋势，提出五大目标：(1) 提倡预防保健，促进健康老化；(2) 建构友善环境，促进在地老化；(3) 引进民间投入，促进智慧老化；(4) 推动社会参与，促进活力老化；(5) 鼓励终身学习，促进乐学老化。希望借由有关部门与民间的合作共同提升老人友善服务，落实在地老化的措施（台湾卫生及福利主管部门，2013），有效纾解老人问题、提升老人的生活福祉。

二、推动老人福利措施

为了提供老人“完善服务”与“全人照顾”，除了加强倡导“活力老化”观念之外，台湾当局的卫生、福利、交通、营建及劳工等相关机关，都有责任促成老人福祉，检视卫生福利主管部门推动老人福利现状及未来发展方向。其推动

老人福利措施可分成下列七大项(见附录 2-2)：

1. 健康维护；
2. 经济安全；
3. 教育与休闲；
4. 生活照顾；
5. 老人保护；
6. 心理及社会适应；
7. 其他福利措施。

三、发展完善的长期照护机制

随着老年人口的快速成长，慢性病与功能障碍的发病率已急剧上升，相对地，失能人口也大幅增加，导致老人长期照护的需求也随之剧增。因此，必须发展完善的长期照护机制。目前在台湾当局审议的长期照护服务有关规定的草案，民间团体仍有许多意见和批评，例如：长期照护服务内容不够创新、弹性，无法满足多样化的照护需求；当服务不够用、不好用时，只会加速民众对外籍护工的依赖等等(朱芳瑶，2013)。但这对高龄化国家和地区而言，已跨出一大步，未来对失能长者的照护将更趋完善。

第七节　老人照护产业的兴起

老人照护产业(台湾经济主管部门的六大新兴产业之一)的主要对象是高龄者，其服务包含旅游休闲、照顾、辅具系统等相关产业。

老人养生照护产业是“跨行业”的新兴服务产业，市场现有的服务模式已无法满足中高龄者的需求，因而该产业必须从银发族的使用需求角度进行推动，“以需求为导向”“以顾客为中心”的服务专业，是老人福利服务专业发展的主轴；而整个养生照护产业创新发展模式的概念，是在“需求端”和“供给端”之间建立服务体系和信息平台，以提供优质生活的模式(台湾经济主管部门工业局，2012；陈燕祯，2007；陈燕祯、黄国维，2012)(见图 2-6)。故在此趋势下，需积极推广中高龄者养生照护的各式产品与服务，一来可满足台湾内需市场，满足台

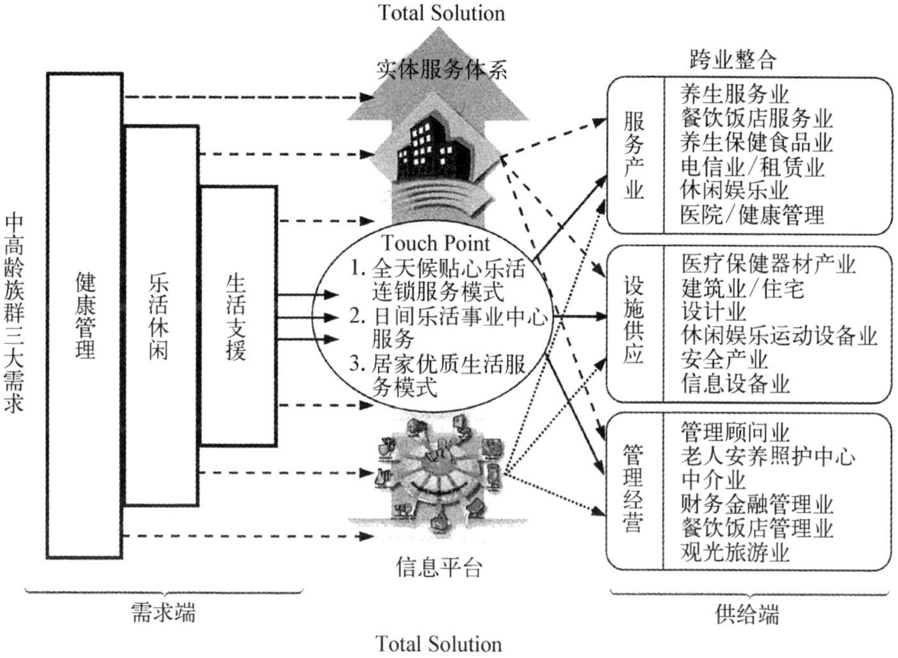

图 2－6　养生照护产业创新发展模式的概念

资料来源：台湾经济主管部门工业局(2012)。

湾中高龄者的各项需求，以提升台湾群众的生活品质；二来则可以在未来进一步将产品与服务输出、拓展至国际市场，以增加台湾养生照护产业的产值。而为了积极促进台湾养生照护产业的发展，经济主管部门遂推动“养生照护产业发展推动计划”(台湾经济主管部门工业局，2012)。

老人福利需求复杂且牵涉层面广泛。除了社会福利的基本安全保障外，推行的措施或福利均能适应高龄化社会照护市场的产业需求。老人照护产业的从业者的创新观念，整合各主体的资源，重新洗牌，试图设立一个新的老人福祉单位和跨领域团队，以解决老人福利推进过程中所遇到的复杂问题。

新闻视窗

银发族幸福商机报你知

为了促进台湾内需市场发展，经济主管部门商业司委托商业发展研究院进行“退休族群幸福商机调查”。该项调查主要针对已退休的族群进行消费商机探索，包括退休后的资源评估、退休调适、退休幸福等方面，试图从饮食、健康、休闲、网络及旅游等各方面提出消费商机建议，以为厂商及商业措施制订提供参考。

此次退休族群调查样本分布中，男性占52%、女性占48%；年龄以60～64岁为最多(30.6%)；受访者每月可支配所得主要在20 000元以下(51.3%)。“退休族群”最担心的事，主要以体力衰退(31.2%)与生活经济问题(24.3%)为主，其中，64岁以下主要担心生活经济问题，65岁以上主要担心体力衰退问题。

在“退休饮食消费”部分，有六成左右的退休族群在饮食上与以往没有太大差异，但有17.6%的受访者表示会增加蔬菜水果的消费。另外有21.8%的受访者表示，会减少在外上餐馆吃饭的频率。该研究推论退休族群更关注自身健康，因此，清淡饮食及在家自行料理的安全饮食会是退休族群未来的主要餐饮消费形态。

在“退休健康消费”部分，有30.5%的退休族群表示会增加健康消费，且会增加健康消费的族群中，有71.8%选择购买健康食品，有21.2%的受访者表示会采购居家保健用品(例如血压计、血糖计、体脂计等)。随着退休族群的年纪越大，其健康状况也随之下降，因此健康消费部分会随着退休年资的增加而增加。该调查也发现，大多数退休族群期待自己的体能状态能年轻12岁，外表方面则希望比实际年龄年轻11岁，这显示退休族群对自己身体状态与外表都相当在意，都希望能回到壮年时的体力与外表状态。

在“网络使用状况”部分，有29.2%的退休族群表示会增加网络使用频率，主要用来搜集信息(60.6%)及网络娱乐(15.7%)等，且网络使用比例提升较高的族群以刚退休1～5年的退休族群为主。有许多退休族群在闲暇时会学习使用网络，用来观察或规划退休金投资相关事项，或是应用相关通信软件、网页，与亲友、儿孙分享信息或联系。另外，有许多年轻族群会在特殊节日购置相关3C商品给父母长辈使用，使退休族群上网人口也在逐渐增加。

在“退休旅游与生活休闲活动”部分，有44.4%的受访者表示退休后会增加旅游活动；会增加旅游活动的退休族群中，以境内旅游为主(60%)，其次为境外旅游(40%)；另外61.6%的受访者表示将规划增加自己的休闲活动，比较青睐参加社区活动(44.2%)及登山活动。

根据以上调查结果，商业发展研究院提出了相关商机策略建议。

第一，打造"人老心不老"系列商品，例如针对不同年龄层的退休族设计体能训练套装、旅游及登山活动及相对应的抗老健美商品等。

第二，研发提升退休族群生活成就感的相关设计商品，例如动脑训练商品、退休族群专属网站、行动载具，增进软件易用性、界面优化等。

第三，退休族群陪伴及互动需求涌现，退休族群需要更多能提供陪伴或与其互动的相关商品。如钟点计价的打扫或购物陪伴、客制化的多日游或一日游旅游活动、宠物伴侣等。

资料来源：黄淑姿，许淑玉.银发族幸福商机报你知[N].经济日报，2014－01－19.[2014－02－20].http：//udn.com.

问题与讨论

1. 人口老化所带来的社会问题有哪些？
2. 老年人的需求和问题为何？老人福利需求有哪些？
3. 老人服务的内涵有哪些？
4. 老人福利服务输送的问题为何？应如何克服？
5. 社会对老人看法转变，造成这种改变的因素有哪些？
6. 老人福利服务的规划原则是什么？
7. 台湾老人福利服务的实施现状和发展状况是什么？

参考书目

一、中文部分

姜兆宇.三年后台湾婴儿潮退休，青壮更累了[N].联合报，2012－10－20(A2).

陈燕祯.老人养护论丛[M].彰化：台湾省立彰化老人养护中心，1993.

陈燕祯.老人福利理论与实务：本土的观点[M].台北：双叶书廊有限公司，2007.

陈燕祯. 两岸老人服务之内涵与照顾产业发展趋势之探讨[C]. 2010两岸养老服务与福祉产业发展研讨会，2010.

陈燕祯，黄国维. 老人福祉科技：推行普及化通用设计与实务发展之研究[C]. 2012福祉科技与服务管理国际研讨会暨大师级讲座，2012.

万育维. 社会工作概论：理论与实务[M]. 台北：双叶书廊有限公司，2001.

杨欣洁. 老有所养提早修高龄学分[N]. 联合报，2014-02-24.

蔡文辉. 社会老人学[M]. 台北：五南图书出版股份有限公司，2004.

二、英文部分

Bradshaw, J. (1972). The concept of social need, in Gilbert, Neil & Specht (ed.), 1974, *Planning for Social Welfare*, pp.290-296. Clayton: Susan.

McKillip, J. (1987). *Need analysis: Tools for human services and education*. Beverly Hills, Calif.: Sage.

Moxley, D. P. (1989). The Practice of Case Management. Newbury Park, CA: Sage.

附录 2-1　中国台湾地区老人福利有关规定的发展历史

年份	规定名称	规定内容
1970	公布老人福利有关规定	• 1970 年将老人界定为年满 70 岁。1997 年，老人福利有关规定首次修正，将老人改为年满 65 岁以上，并增订老人保护专章等。2007 年大修正，以在地老化的社区照顾、居家服务、多元化的服务输送、持续性的照顾服务为原则，并订有老人信托等内容
1981	老人福利机构设立标准	• 设定老人福利机构设置标准、老人住宅服务、咨询服务、户外活动等
1998	加强推进居家服务实施方案	• 确定居家服务对象、服务项目与相关训练
1998	加强老人安养服务方案	• 统一制订长期照护需求评估标准，设定各类长期照护服务指引，办理长期照护相关机构督导考核及分级认定 • 规划办理长期慢性病和生活自理能力缺乏的低收入户老人的特别照顾津贴 • 研拟附加长期照护保险，以减轻全民健保财政压力并普及老人照护
1998	老人长期照护三年计划	• 建立长期照护管理规范，开启单一窗口制度 • 建立整合性服务网络，普及机构式照护设施 • 加强长期照护人力培训与服务品质，重新检讨评估护理机构设置标准
1999	建构长期照护体系先导计划	• 促进长期照顾资源的开发与相关服务体制的整合
2002	照顾服务福利及产业发展方案	• 以建构长期照顾体系，扩充服务对象，提升服务品质，开发服务人力为目标 • 将各主管部门长期照护计划的关键内容予以整合，并朝产业化方向发展
2007	长期照顾十年计划	• 通过民间部门的参与，增加居家式与社区式的长期照护服务供给，提升机构服务品质
	老人福利有关规定修正公布	• 老人福利有关规定大幅修正，之后有陆续的小幅修正
	老人福利机构设置标准	• 大幅修订老人福利机构的设立标准，并有 5 年的缓冲期给予改善

（续 表）

年份	规定名称	规 定 内 容
2010	研拟长期照顾保险有关规定	• 整合长期照顾服务资源，健全长期照顾措施 • 除了“长期照顾服务有关规定草案”之外，自2009年起已规划长期照顾的另一重要规定是“长期照顾保险有关规定” • “经济建设委员会”自2009年初，开始进行长期照顾保险制度的规划研究，并于当年底完成了长期照顾保险制度初步规划报告
2011	长期照顾服务有关规定草案	• 2011年3月31日，经行政主管部门通过后，报请其上级部门审议
2013	长期照顾保险	• 2013年7月23日，卫生福利主管部门成立后，设置社会保险主管部门，统整规划年金相关规定、全民健康保险，并规划长期照顾保险，完备台湾重要社会保险相关规定
2014	长期照顾服务有关规定	• 2014年1月8日，“社会福利及卫生环境委员会”完成审议，并送出该委员会 • 内容涵盖人员管理、机构管理、受照护者权益保障、服务发展奖励措施四大要素
	长期照顾保险有关规定	• 长期照顾保险有关规定草案出炉，草案送行政主管部门审议
2015	长期照顾服务有关规定	• 2015年6月3日，制定公布全文66条；并自公布后两年施行
	老人福利有关规定	• 2015年12月9日，修订第1.3－5、12－14、16、21、23、29、33、41、49、52条条文，并增订第12－1条条文 • 本次修正条文重点，如： 增订第12－1条，依本规定，居民有请领各项现金给付或补助的权利，各单位不得扣押、让与或供担保…… 修订第14条，金融主管机关应鼓励信托业从业者及金融业从业者办理财产信托、提供商业型不动产逆向抵押贷款服务……
2016	长期照顾服务有关规定	• 长期照护2.0模式，服务对象将扩大纳入：50岁以上失智症患者、55～64岁失能平地原住民、49岁以下失能身障者、65岁以上衰弱(frailty)老人

资料来源：整理自台湾卫生主管部门(2010)；社会主管部门(2012)；护理及健康照护主管部门(2014)；社会保险主管部门(2014)；台湾法规资料库(2016)；卫生福利主管部门(2016)等。

附录 2－2　中国台湾地区老人福利的措施

健康维护	老人预防保健服务	• 各县市依据卫生主管部门"老人健康检查保健服务及追踪服务准则"，详细规定老人健康检查保健服务项目及办理方式，予以推动办理
	中低收入老人装置假牙补助	• 依卫生主管部门调查推估，65 岁以上全口无牙老人比例高达 21.5%，因为假牙系属健保不给付项目，为保障老人口腔健康，减轻老人经济负担，维护其生活品质与尊严，行政主管部门已于 2008 年 12 月 31 日核定"中低收入老人补助装置假牙实施计划" • 针对经医师评估缺牙需装置活动假牙之列册低收入户、领有中低收入老人生活津贴，或经各级主管部门全额补助收容安置的老人，依其装置假牙类别，提供每人 1.5 万～4 万元不等的补助
	中低收入老人重病住院看护补助	• 为使机构内老人在重病住院期间能获得妥善照顾并减轻其经济负担，补助以内政主管部门委托于财团法人老人福利机构之低收入老人为限，每人每日最高补助看护费 1 800 元，每年最高补助 21.6 万元
	补助老人参加全民健康保险的保险费	• 为减轻老人缴纳保险费的经济负担，2011 年 7 月 1 日，修正社会救助有关规定中低收入户成员（含老人）的保险费，由卫生福利主管部门全额予以补助。中低收入户成员（含老人）应自付的保险费，由卫生福利主管部门补助一半 • 另卫生福利主管部门依老人福利有关规定第 22 条第 2 项规定，制订老人参加全民健康保险无力负担费用补助办法，全额补助中低收入 70 岁以上老人的保险费；65 岁至 69 岁的中低收入老人则由地方主管机关依财政状况拟定补助基准并予以补助
经济安全	中低收入老人生活津贴	• 凡年满 65 岁，生活困苦无依或子女无力扶养的老人，且未接受主管部门收容安置者，其家庭总收入按全家人口平均分配，在最低生活费用标准 1.5 倍以下者，每人每月发给生活津贴 7 200 元，介于 1.5 倍到 2.5 倍之间者，每人每月发给生活津贴 3 600 元
	中低收入老人特别照顾津贴	• 配合老人福利有关规定的修正公布，特拟定"中低收入老人特别照顾津贴发给办法"，针对领有中低收入老人生活津贴且未接受机构收容安置、居家服务、未雇用看护（佣）、未领有当局提供的日间照顾服务补助或其他照顾服务补助者，其失能程度经地方主管机关指定或委托的评估单位（人员）做日常生活活动功能量表评估为重度以上，且实际由家人照顾的，补助家庭照顾者中低收入老人特别照顾津贴每月 5 000 元，以弥补因照顾家中老人而丧失的经济来源
	敬老福利生活津贴	• 为落实加强照顾老人生活的方针，协助保障老人的经济安全，于 2002 年 5 月 22 日公布实施"敬老福利生活津贴暂行条例"，并于 2003 年 6 月 18 日扩大发放对象 • 该项津贴自 2008 年 10 月 1 日配合年金保险开办，已并入老年基本保证年金，原领有敬老福利生活津贴的长者，于年金开办后，符合请领资格者，改依年金相关规定，按月发给老年基础保证年金 3 500 元

（续　表）

教育与休闲	长青学苑	· 为增进老人退休后生活安排与适应，鼓励其积极参与社会，充实精神生活，提升自我实现与自我价值，卫生福利主管部门每年度均补助民间团体办理长青学苑，课程内容兼具益智性、教育性、欣赏性、运动性等动静态性质，内容丰富而多元 · 为因应数字科技快速的发展，避免老人因不懂电脑或网络而成为科技弱势族群，卫生福利主管部门已修正补助规定，将长青生活信息训练列为优先补助项目
	老人福利服务（文康活动中心）	· 为充实老人精神生活、提倡正当休闲联谊、推动老人福利服务工作，各县市有关部门积极鼓励乡镇、市区兴设老人文康活动中心，以作为办理各项老人活动暨提供福利服务的场所 · 配合老人福利服务需求，老人文康活动中心也成为福利服务提供的重要据点，如办理日间照顾、长青学苑、营养餐饮、居家服务支援中心等服务
	行动式老人文康休闲巡回服务	· 为平衡各地信息及福利服务的取得，卫生福利主管部门于2004年专案报请行政主管部门同意办理“推展行动式老人文康休闲巡回服务实施计划”，由卫生福利主管部门补助县市购置多功能、美观、行动力十足的多功能巡回服务专车，并统一设计代表温馨关怀的标志及彩绘外观图案，由县市有关部门结合民间团体定期定点办理社区巡回服务，取代定点补助兴建老人文康活动中心的功能，扩大服务输送的渠道，让偏远地区因信息不足、交通不方便的长辈享受到当局提供的福利服务 · 巡回服务专车自2006年4月交付县市有关部门后，各县市有关部门积极办理相关服务。巡回服务行动车展现了当局共创多元文化社会价值的精神，达到了整合当局及社会资源的目的，利于建构多元照顾措施 · 各县市运用巡回关怀专车深入社区，在各地老人聚集的社区公园或庙口提供福利服务、健康咨询、生活照顾、休闲文康娱乐等服务，协助乡村地区老人就近接受服务，鼓励社区老人走出家门与社区居民互动，了解各项社会福利服务措施、参与公共议题
	休闲育乐活动	· 办理各项老人福利活动：鼓励老人参与社团或社会服务活动，增进老人与社会互动并充实精神生活，卫生福利主管部门积极补助民间单位办理各项研习(讨)会、观摩会及敬老活动等，满足老人休闲、康乐、文艺、技艺、进修及联谊等需求，以增添老人生活情趣，提升银发族身、心、灵之乐，达到健身、防老的双重效果 · 对即将退休者亦提供相关研习活动，增强民众规划银发生涯的能力，增进银发族对相关规定、福利的了解，协助心理、生理及社会的适应 · 各类优待措施：为鼓励老人多方参与户外活动，对老人搭乘台湾省内公、民营的水、陆、空大众运输工具、进入康乐场所及参观文教设施等，老人福利有关规定已明定应提供半价优惠 · 为丰富老人精神及文化生活，鼓励老人积极参与社会，2012年8月8日，修正老人福利有关规定，新增“文教设施为公立或行政法人为经营者，平日应予免费”的规定

（续　表）

教育与休闲	重阳节庆祝活动	· 为表达卫生福利主管部门对于老人的关怀与祝贺之意，并倡导“活力老化”的主轴，卫生福利主管部门 2010 年度举办“金龄超级偶像选拔大赛”，2011 年度办理“阿公阿嬷青春大擂台”，展现银发族充满活力与自信的一面，并引发社会上“活力老化”的风潮，鼓励许多长者开始重视、思考、积极经营自己的老年生活 · 2012 年度，卫生福利主管部门特别加入新的活动主题——“世代融合”，举办“老少相招来　i-Show 尬擂台”活动，呈现跨世代合作的创意与默契，增进不同世代的相互认识与传承，并建构友善高龄的幸福社会
生活照顾	居家及社区式照顾	· 居家服务： 1. 为满足老人居家安养需求，减轻家庭照顾负担，2002 年 6 月 1 日起将居家服务补助对象扩大到一般户 2. 该项服务措施自 2008 年度起，已纳入台湾长期照顾十年计划“照顾服务”范畴，依服务对象的失能程度核给不同补助额度，轻度失能者每月最高补助 25 小时、中度失能者每月最高补助 50 小时、重度失能者每月最高补助 90 小时 · 日间照顾： 1. 日间照顾服务主要提供给轻、中度失能、失智老人，方便其定期或不定期往返日间照顾中心，维持并促进其生活自立，消除社会孤立感、延缓功能退化、促进身心健康 2. 目前由各县市有关部门结合民间资源提供个案照顾管理、生活照顾服务、复健运动及健康促进活动、咨询服务及家属服务等 · 营养餐饮： 1. 高龄化社会中，居民平均寿命不断延长，生活自理能力随年龄增长或健康状况变差而下降，故须提供营养餐食以减少老人做饭的危险及购物的不便 2. 各县市有关部门最高补助低收入户及中低收入的失能老人每人每餐 50 元的餐费，由服务提供单位送餐到家，一方面可以解决老人的饮食问题，另一方面可以加强老人与社会接触，使其获得情感支持 · 辅具购买、租借与居家无障碍环境改善： 1. 为使失能者享有尊严、安全、独立自主的生活，各县市有关部门会补助失能老人购买、租借辅具，并改善居家无障碍环境等 2. 以 10 年内每人最高补助 10 万元为原则，但经评估有特殊需要者，可得专案酌情增加补助额度 · 长期照顾机构服务： 1. 对于确有进住长期照顾机构需求的失能老人，长期照顾 10 年计划将机构式照顾的补助对象，从低收入户老人扩展到家庭总收入未达社会救助有关规定最低生活费用 1.5 倍的重度失能者，并由县市有关部门全额补助 2. 至于家庭总收入未达社会救助有关规定（最低生活费用 1.5 倍）的中度失能者，则由照顾管理专员评估其家庭支持功能，如确有进住机构的必要，也可以得到补助 · 创新服务项目： 为提供给有需求的民众多元且周延的照顾服务，卫生福利主管部门规划推动“家庭托顾”及“交通接送”等创新服务项目

（续　表）

<table>
<tr><td rowspan="2">生
活
照
顾</td><td>居家及社区式照顾</td><td>1. 家庭托顾：家庭托顾指照顾服务员于住所内，提供失能老人身体照顾、日常生活照顾与安全性照顾服务，并依失能老人的意愿与能力协助其参与社区活动
2. 交通接送：补助重度失能者使用交通接送服务，每人每月 4 次（来回 8 趟），每次最高补助 190 元，以满足失能老人就医与使用长期照顾服务的交通需求，提高各项医疗与服务措施的可近性与运用。2010 年将补助对象由重度失能者扩大至中度失能者</td></tr>
<tr><td>机构式照顾</td><td>· 依据行政主管部门 2000 年人口及住宅普查结果显示，目前至少有 31 万余名老人需要长期照护，其中有一部分老人因日常生活活动能力的丧失，而无法生活自理
· 虽然绝大多数老人希望与自己的家人同住，但仍有部分老人必须依赖机构式的照顾，且机构式的照顾模式随着社会的发展而更显重要，此一服务模式整合家庭、民间机构、团体及当局的力量，为老人提供完善的安养、长期照顾等福利服务措施，以补充家庭照顾功能的不足
有关机构式照顾的福利措施如下：
· 持续补助民间参与老人福利机构的经营：为适应高龄化社会，老人长期照顾需求殷切，卫生福利主管部门自 1989 年起，每年均编列补助经费，鼓励民间单位积极兴设老人养护、长期照护机构，辅导安养机构转型扩大办理老人长期照顾服务，以满足老人长期照顾的需求另补助机构充实设施设备、服务费及教育训练等相关经费，强化照顾功能，提升服务品质
· 加强办理机构的评鉴，促进机构业务健全发展：依老人福利的第 37 条规定，主管机关对机构应予辅导、监督、检查、评鉴及奖励。为加强老人福利机构的监督及辅导，保障老人权益，促进老人福利机构业务发展，提升服务品质，卫生福利主管部门制订“老人福利机构辅导查核表”，各县市有关部门对每个机构每年最少应查核 1 次。另依据老人福利机构评鉴及奖励办法规定，卫生福利主管部门每 3 年至少举办 1 次评鉴，上次评鉴为 2010 年。相关部门评鉴前会公告“老人福利机构评鉴实施计划”及“老人福利机构评鉴指标”
· 每年办理老人福利机构联系会报：卫生福利主管部门每年办理老人福利机构联系会报，邀请公私立老人福利机构及直辖市、县市代表等共同参加，让机构更加了解未来的服务模式，同时增加机构的创新服务能力，以提升整体机构照顾的品质
· 持续加强未立案机构辅导：为保障老人就养安全与权益，卫生福利主管部门责请地方持续加强查核、取缔工作，并依据老人福利的第 45 条规定处理，对已停（歇）业者，应将其招牌拆除，如不拆除，应请报主管机关强制拆除
· 应定期清查，请村里干事注意查报，如发现有新增未立案机构，除依老人福利相关规定处理外，还应将相关资料函送财政主管部门及各地方税捐稽征机关，以缉查违规营业、逃漏税的依据，以维护社会公平正义原则，且将各县市有关部门辅导成绩列入每年社会福利绩效考核项目
· 补助机构团体办理各项训练、研习及休闲、娱乐活动和机构社会工作人员在职训练等计划</td></tr>
</table>

（续　表）

生活照顾	机构式照顾	• 办理公共安全文件实施计划：配合台湾“灾害防救委员会”所编撰的“公共安全管理文件”执行各项策略措施，责成各县市主管机关加强查核机构防火避难设施安全作业以及建筑物公共安全申报作业
	多元照顾中心（小规模多机能）	• 2015 年推进多元照顾中心（小规模多机能）服务计划：（初期设置）以 6 县市有关部门为优先补助县市，每一县市成立 2～3 处小规模多机能服务单位先行试行，预估全省成立 22 处。2016（全面推广）：2016 年依试行成效再行评估，县市有关部门依福利资源配置、城乡差距及区域福利需求普及设置，以利未来衔接长期照顾保险有关规定 • 服务以日间照顾为基础，提供全人多元整合性服务，依个别家庭状况，辅以提供临时住宿或居家服务，建置社区整合性、支持性服务体制。并结合照管中心等相关服务资源，建立社区整体照顾体系
	建立社区照顾关怀据点	• 为促进社区老人身心健康，落实在地老化及社区营造精神，行政主管部门于 2005 年 5 月 18 日核定“建立社区照顾关怀据点实施计划”，结合有意愿的村里办公处、社会团体，参与设置社区照顾关怀据点，由当地人力、物力资源，提供老人关怀访视、电话问安咨询及转介服务、餐饮服务、办理健康促进活动等，以延缓长者老化速度，发挥社区自助互助的照顾功能，并建立连续性的照顾体系 • 为了解各据点实际推动情形及办理成效，卫生福利主管部门拟定考核（评鉴）指标及注意事项，由县市有关部门据以办理实地考核评鉴，卫生福利主管部门及各县市依据考核结果提供奖励与辅导
	失智症老人多元服务方案	• 为顺应失智症老人照顾需求的急速增加，卫生福利主管部门积极建构多元连续的失智症老人照顾体系，现阶段推行的服务措施，包括失智症居家服务、失智症日间照顾服务、失智症老人团体家屋，鼓励老人福利机构设置失智症专区，推展早期轻度失智症服务方案，并培训优质专业人力，提升工作人员的专业知识及照顾品质，并同步加强教育宣传，增进社会大众对失智症照顾的认识 • 推动失智症老人服务方案纳入公益彩券回馈金的主轴补助项目，推广地方性团体办理社区宣导、志愿者训练、早期介入服务及家庭照顾支持服务等，以扩大发展服务资源 • 为建立家庭照顾者支持系统，设置补助家庭照顾者支持中心及关怀专线（0800－580097 我帮您，您休息），提供咨商服务及家庭支持服务；并设置“失智症社会支持中心”（http://www.tada2002.org.tw/）及咨询专线（0800－474－580 失智时，我帮您），提供全国失智症相关信息及服务
老人保护	设置相关信息及资源单一窗口	• 各县市有关部门均已设置“单一窗口”，主动掌握相关信息及资源，以落实老人保护、安善照顾服务 • 结合民间单位建设老人保护信息平台，提供老人保护的各项信息、各县市有关部门通报专线、专案人员案例讨论区等，借以提升社会大众对老人保护工作的认知，并强化县市有关部门的专业技能

（续　表）

<table>
<tr><td rowspan="3">老人保护</td><td>强化独居老人的关怀服务</td><td>· 2012年度列册需关怀的独居老人计有45 004人，各县市有关部门针对独居老人除提供生活照顾服务、紧急救援连线外，亦结合民间单位、志愿者、社区资源及社会役人力等，加强关怀与协助</td></tr>
<tr><td>提供紧急救援连线服务</td><td>· 为加强独居老人安全网的建立，安装紧急救援连线系统。各县市有关部门通过医疗系统（生命救援连线）、消防局或警察局（警民连线或安全警铃）办理紧急救援连线，或由民间团体承办的方式办理紧急救援连线服务</td></tr>
<tr><td>成立“失踪老人协寻中心”</td><td>· 卫生福利主管部门于2001年10月借由行政部门与民间单位合作的模式，成立“失踪老人协寻中心”，通过教育宣导、佩戴预防走失手链、协寻通报、后续比对、追踪服务及社会福利咨询等整体措施，并整合警政、社政、医疗卫生单位、传播媒体的力量，有效协助家属寻找不慎走失的老人</td></tr>
<tr><td rowspan="2">心理及社会适应</td><td>老朋友专线</td><td>· 为增进老人生活适应，保障老人权益，卫生福利主管部门专案补助绩优民间团体，于北、中、南3区设置老人咨询服务中心，并于2002年5月3日开办0800－228585“老朋友专线”，通过社会上对老人心理、医疗护理、卫生保健、环境适应、人际关系、福利与救助等方面具有丰富知识及经验或专长人士参与，对老人、老人家庭或老人团体提供咨询服务，协助解决或指导处理老人各方面的问题</td></tr>
<tr><td>老人咨询服务中心</td><td>· 随着科技产业的蓬勃发展，民众对各项信息获得的管道渐趋多元化，致使三区老人咨询服务中心面临效益检讨及存废或服务转型的困境，经2009年度聘请专家学者实地评估后，自2010年度起整合由中区办理咨询服务，继续提供老人及其家属心理及社会支持功能</td></tr>
<tr><td colspan="2">其他福利措施</td><td>· 卫生福利主管部门亦依据推行的老人福利服务提出检讨，所检讨的问题和未来需努力的方向为：
1. 整备长期照顾服务体系
2. 强化社区照顾关怀据点功能
3. 检讨修正人口措施相关文件
4. 推动“友善关怀老人服务方案”第2期计划
5. 提升老人福利机构服务品质，加强安全及经营管理
6. 推动不动产逆向抵押贷款制度试辨方案等（卫生福利主管部门，2012），以落实“在地老化”的目标</td></tr>
</table>

资料来源：整理自台湾卫生福利主管部门社会及家庭署（2012、2015）。

II

第二篇

老化相关理论与老人身心发展

第三章 成功老化

第一节 何 谓"老 化"

老年学认为40岁是生命的分界线。人类从出生到20岁为发育期,身体器官日益发育,趋于完善;20～40岁为成熟期,生长缓慢或停止,维持在恒定水准;40～65岁为渐衰期,或称为衰老期,器官功能逐渐转向退行性变化;65岁以后称为衰老期,其衰退变化更为明显快速。因此,在人生的整个发展过程中,老化的概念牵涉到个人、生理、心理、社会结构等各种因素的互相影响,而老年期的行为特征大致在以下几点:

1. 身心衰退;
2. 角色丧失;
3. 收入减少;
4. 性能力退化或丧失;
5. 社会参与减少;
6. 亲友凋零,社会支持系统减弱;
7. 个人自主的能力减弱或丧失等。

一、老化的概念

老化(aging)有很多种,它并非是"衰退"或"疾病"的同义词。人的老化是一个自然形成,且必经的正常过程。基本上,人类的老化可分为自然老化、生物老化、心理老化、社会老化四种(见表3-1)。

表3-1 老化种类

自然老化	一个人活着的年数,人从一出生就开始进行老化的过程
生物老化	身体量表测量的"衰老"
心理老化	随着人们逐渐变老,其智力、脑力、知觉、智力、记忆力、个性、反应力、竞争力以及面对社会的压力等都会发生变化,心理上有力不从心、时不我与之感
社会老化	人老时,社会对老年人的刻板印象使老人逐渐与社会脱离,不想参与社会性的活动,导致社会老化的现象发生

新闻视窗

另类财富，活出老年尊严

许多老人因子女陆续外出成家立业或遇变故而一蹶不振，若能找出一条人生出路，例如绘画、做手工艺品、当义工等，想办法使自己忙碌起来，从中找出乐趣，就能让人生过得更正向，生活过得更快乐。

苗栗县75岁的吴女士，15年前遭逢经商失败、丈夫车祸行动不便等变故，这一连串的打击曾让她走不出阴影，后来靠着自学绘画来解压，没想到越画越有心得，至今已创作了近百幅作品。她有感而发地说，挫折来时不要自暴自弃，特别是银发族，可培养兴趣放开心胸，帮助自己走出难关。

乐观、勤奋向学，老年也可以活得很阳光。101岁的李洪女士，走路不用拐杖、个性直爽又好学，会说中日英三种语言，每天一定要看电视新闻、报纸，日本舞、交际舞、土风舞都难不倒她。近期她更拜师学艺，挑战高山族舞蹈，日前在台北市一项比赛中大方秀舞艺，成为全场最吸睛的亮点，可说是“活到老、学到老”的典范。

资料来源：竹君. 另类财富，活出老年尊严[N]. 人间福报，2013-05-21. [2014-03-04]. http://www.merit-times.com.tw.

二、年龄的新定义

首先探讨中国文化对老人的定义。“老”在中文的象形文字为“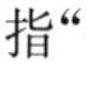”，意指“像一老人戴发偻扶杖貌，乃老之初文”。至于老人的年纪，老人是寿者，“老人”之年龄，在《礼记·曲礼》中为“七十曰老”；《皇疏》中为“老谓五十以上”；《文献通考》的户口记载中，“晋以六十之岁以上为老，隋以六十为老，唐以五十为老，宋以六十为老，其间差距为十岁。”总之，老人的年龄虽历代未有一致标准，但大多是在60岁以上(Chen，2006)。但随着平均寿命的增加和老化过程的多样性，人口学上原本定义老年的“65岁”门槛开始产生变化，现在的65岁似乎已不再算是“老人”了。在确定个人健康状况时，生理功能的年龄比实际年龄更为重要；换言之，“功能性”的年龄(例如日常生活能力)比实际年龄对所提供的服务更具决定性。

人生百岁的规划应在退休前就做好，越早规划老年生活，每一个老人老年阶段的生活品质和生命品质就越佳。老人时期可依其身心状况的转变分为前老期、初老期、中老期、老老期、终老期五个阶段(陈庆余，2009)。此五个阶段依年龄和身心变化分类如下。

1. 前老期：55～64岁，指人生的中年晚期阶段(又称人生转变期)。

2. 初老期：65～74岁(又称金色年华期)。

3. 中老期：75～84岁(又称安养就医期)。

4. 老老期：85～94岁(又称心灵平安期)。

5. 终老期：95～104岁(又称人生庆典期或人瑞期)。

而人类随年龄的不断增长，老化的特征越来越明显，需要依赖他人协助照顾的程度也越来越高，故依老化过程分为：(1) 金龄一期(65～74岁)；(2) 金龄二期(75～84岁)；(3) 金龄三期(85岁以上)(林宗义，1995)。而在高龄社会，金龄三期(85岁以上)老年人口将快速增加，老人医疗和长期照顾的需求就更显迫切(见表3-2、图3-1)。

表3-2　金龄老化的分期和特征

金龄老化分期	特　　征
金龄一期：初老 (65～74岁)	• 指健康、活动力充足的身体状况，能完全独立处理自己的日常生活者 • 此期的老年人口比例占约70%
金龄二期：中老 (75～84岁)	• 指患有慢性疾病或身体衰弱，活动力较差的，有时需要他人协助才能处理自己的日常生活者 • 此期的老年人口比例占约25%
金龄三期：老老 (85岁以上)	• 指患有严重疾病或已经失能的，日常生活完全无法自理者 • 此期的老年人口比例占则约5%

金龄老化理论认为，老化的健康水准应依照生理、心理、社会、经济、日常生活五项综合的健康指标来认定，并划分老年金龄生活分期，亦即此五个评估指标才是决定分期的关键(见图3-1)。

1. **身体健康度**(physical health，PH)。

2. **心理健康度**(mental health，MH)。

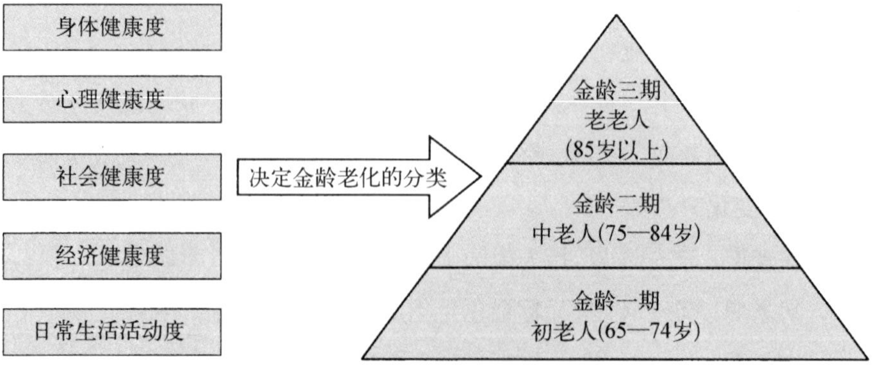

图 3-1　金龄老化的健康指标和分期

3. **社会健康度**（social health，SH）。

4. **经济健康度**（economic health，EH）。

5. **日常生活活动度**（active daily living，ADL）。

人的寿命越来越长，联合国世界卫生组织确定了新的年龄分段，其分段方式为：44岁以下为青年人，45～59岁为中年人，60～74岁为年轻老年人，75～89岁为老年人，90岁以上为长寿老人（李纯恩，2013）。其分段方式和中国文化对年龄的认定大为不同，中国人对年龄的定义是："三十而立，四十而不惑，五十而知天命，六十而耳顺，七十而从心所欲，不逾矩。"而不论何种分类，只要心态上不认老，保持健康生活及年轻心态，就是抗衰老、保健康的不二法门。

三、老化对老年生活模式的改变

老化问题一直是人类最感到困扰的问题。老化的定义为："生物个体在生命后期导致最终死亡的变化，其特征包括生命机体功能的衰退，以及某些疾病易感性的增加。"所以老人应积极发展"内心生命圈"（inner life cycle），因为内心生命圈和外在年龄所代表的生命圈，可以完全不一致；一个人可能外在年龄已到晚年的老年期（即80岁以上），但他的内心生命圈仍可维持在初期的老年，即65～75岁（徐丽君、蔡文辉，1985）。这种内心生命圈的动力，能够提供给老人自我适应的能力或不服输的学习精神，使其晚年生活更具有生命活力。

新闻视窗

47岁才到中年，别太快认老

人生大计统统有迟无早，当然不会少了人生下半场最重要的退休。近年，全球各地相继延迟退休年龄，如今一般期望是60多岁便可退下来，但最近英国政府已预告，2050年后，退休要等到70岁后，荷兰甚至预计2060年后延长至71.5岁。

活到老，便要做到老，人的预期寿命因为医学进步及生活质量改善而递增，人生路变得更漫长，不同阶段的步伐无可避免地也要改变。什么才是中年？多少岁才算老？是否仍适合以年龄定义呢？若可保持健康的生活模式并自我调整心态，即使年岁增长，但活力体魄也可媲美年轻小伙子，否则怎会有"50 is the new 30"的说法？

奥地利有学者最近提议，对于老年要做出新定义，一改以实际年龄一刀切的做法，而是以预期寿命、健康及认知能力等判断。无论步入中年或老年，即使迟来了，也始终会来，唯有心态上不认老，保持健康生活及年轻态境，才是抗衰老的不二法门。

资料来源：沈帅青. 47岁才到中年，别太快认老[N]. 经济日报，2014-01-08. [2014-02-26]. http://www.hket.com.

人类会怕老，是怕老了生病并没人照顾。人类的老化对其生活方式有很多影响，对当事者而言，更是会产生前所未有的感受，其一举一动都面临诸多风险，对其生活模式产生影响与改变。老化对老人生活模式的改变如下（见图3-2）。

1. 疾病增加（多病、易病、久病）；
2. 应对能力减弱；
3. 反应力降低；
4. 生活压力增加；
5. 社会风险提高。

由于人类生理的自然衰老，因此，老年人的疾病通常具有下列三大特性。

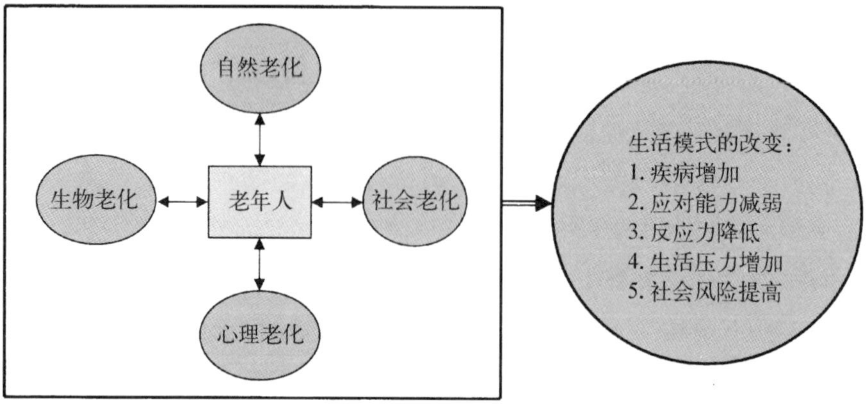

图 3－2　老化对生活模式的影响

1. **多病**：老人常同时患有几种疾病，具有多样性。
2. **易病**：老人的疾病，极易引发并发症，具有连锁性，故安全顾虑较高。
3. **久病**：老人一生病就易拖很久，且易发生生活功能上的障碍，病后需长期的调养与复健才能恢复。

个体的健康就像一个银行账户，越早保持“最适体能”，其活力就越能延长；但若不知如何自我保养和自我照顾，提早将健康银行的积蓄用尽，那就将提早被关闭账户。因此，人们必须学习如何保持健康，并尽可能早地开始在自己的健康银行账户“存线”，养成健康储蓄的良好习惯，才能减缓老化的速度，预防老化带来的疾病。

第二节　正常老化的过程

一、正常老化：自然的衰老

老化泛指有机体一生中的所有变化，这些阶段的变化有的好、有的坏，也有的无伤大雅。儿童少年阶段称作“发展”或“成熟”期，因为一个人从出生到青春期，社会角色及外观都还在不断发展，最后再迈向个体的成熟和衰退。人过了30岁，个体开始经历身体器官功能的下降，但这些都是正常现象。因此，老化被定义为“身体组成会随着时间自然改变的过程”，这种改变的过程是“渐进”的，这是所有生命有机体面对个人功能和外界反应时都会产生的现象，这种改变还会影响和社会环境的互动。也就是说，老化并不能算是一种疾病，它是一种自然的、正常的过程，如自然界春、夏、秋、冬四季的运作，因而老化的这一过程被称为“衰老”。因此，自然“衰老”这个现象会逐渐遍及整个个体，到最后降低其体内不同系统的功能，也降低人体对疾病的抵抗力，这便是有机体发展的最后阶段。

在传统社会中，社会的同质性高，家族或宗族成员之间的互动频繁，情感浓厚，且老人社会地位崇高，所以“家有一老，如有一宝”，老人问题较少发生。如今，由于工业化的结果，社会的异质性增高，家庭形态由大家庭转变为核心家庭，传统的价值观也受到挑战。在传统社会里，女性很少外出工作，家庭中的妻子、儿媳妇和女儿负起照顾老人的主要责任。现在越来越多的妇女投入就业市场，成为职业妇女，于是当家中有老人需要照顾时，就面临人手短缺的局面，其结果或让老人孤单在家，乏人照顾，或使老人成为“游牧民族”，必须“轮流居住”在儿女家中。因此，老年人口的照顾问题可依其身体健康类型、依赖程度加以细分。

新闻视窗

杏林笑谈，养儿防老

某日，我在产后病房巡房回诊时，一位我接生的产妇问：“人家说养儿防老，您觉得呢？”我回答她说：“应该是啊！”那位产妇接着说：“可是我的4个小孩都是你接生的，我养了这4个小孩，还是老得这么快啊！”

过去的人们普遍有“养儿防老”的观念，但先决条件是，孩子个个都很孝顺，父母年纪大时才有依靠。不过以现代的观念来看，孩子普遍生得少，为人父母者避免给孩子增加负担，应该有下列的新观念才是。

1. 老身要保养好：身体健康，老年生活才能很惬意。
2. 老伴要照顾好：老伴，就是老来做伴，年纪大了，孩子们离去自组家庭，二老当然要互相照顾。
3. 老本要保管好：留住一些钱以备急用，才不会远不救急。
4. 老居要安置好：有个安身立命的老屋，可以住得惯、住得舒服，以免奔波于孩子们的家，有空孩子们回家探视二老，其乐也融融。

5. 老友要联系好：远亲不如近邻，老友也要多联系，有事互相帮忙，有空相聚同乐，甚至一起出游。

6. 老狗要养得好：养只忠诚的老狗在家，看门、做伴两相宜。

以上谈的“防老经”是否可以与“养儿”相比呢？不知您意下如何？

资料来源：徐弘治，台安医院妇产科主治医师。

二、老年人口的健康分类

依笔者多年的实务经验，老年人口根据其身体健康状况及需要他人照顾的程度，可区分为四种类型（陈燕祯，1994a、1994b、2012）。

1. 第一类型：完全健康的老人。
2. 第二类型：患有慢性病，但生活仍可自理、自我照顾的老人。
3. 第三类型：患有慢性病，但部分生活必须依赖他人的照顾协助（例如洗澡、下床、喂食），此类型的老人如罹患中风或失智等的老人。
4. 第四类型：有严重的慢性疾病，生活完全无法自理，必须依赖他人全天候（24 小时）照顾协助，此类型的老人为长期卧床或全瘫的老人。

在上述四种老人健康类型中，无论哪一类型的老年人，都有必须面对的社会适应问题（见表 3-3）。

表 3-3　老人的健康分类和生活需求

	特　征	需　求
第一类	· 完全健康的老人	· 社会参与和健康活动
第二类	· 有慢性病，但生活仍可自理、自我照顾的老人	· 社会参与和健康活动
第三类	· 有慢性病，但部分生活需依赖他人照顾的老人	· 生活已经需要依赖他人照顾 · 医疗支出 · 心理适应（情绪的安抚与沟通）
第四类	· 有慢性病，生活完全无法自理，并必须完全依赖他人全天候（24 小时）照顾的老人	· 医疗照顾需求最多（医疗、长期照护）

三、老人必须面对的共同问题

随着年龄的增长，人在整个社会结构中的位置、角色一直都在改变。而社会都是以“年龄分级”（age-graded）的，亦即不同年龄的人在社会上都有不同的角色扮演、期待、机会、地位及限制。随着年龄成长，每个人都会历经人生的各个发展阶段，而每个阶段都有其社会规范及角色期待。换言之，“年龄”是一个社会概念，具有社会的表面意义及内涵，并且随着社会文化及人类历史阶段的不同而有所差异，即使处在同一种文化中，现在的老年人拥有的老化经验，也与过去或未来的老年人的大不相同。

海威哈斯特（Havighurst，1972）曾列举老人必须勇于面对的六个问题，他认为虽然每个年龄段的老人所面临的问题类型及程度不同，不能一概而论，但这六个问题却具有共通性，都牵涉老人切身的问题，必须特别注意（见图3－3）：

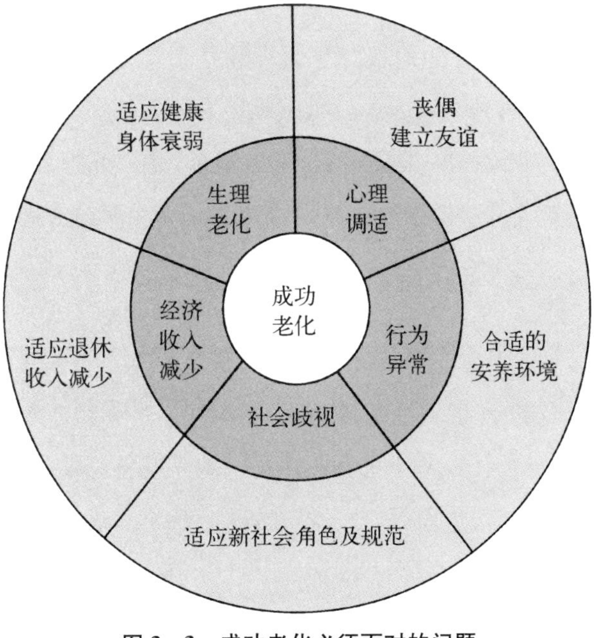

图3－3 成功老化必须面对的问题

1. 适应健康和身体衰弱的问题；
2. 适应退休和收入减少的问题；
3. 适应丧偶后的问题；
4. 与同年龄的老年人建立友谊的问题；

5. 适应新社会角色及规范的问题；

6. 找到合适的居住安养环境的问题。

上述六个问题，显示出老人问题的范围涉及生理老化、心理调适、行为异常、社会歧视、经济收入减少等各方面的多重面貌问题。因此，努力追求成功老化为当务之急。

新闻视窗

活过一百岁很容易

很多人问我，行医多年来，最自豪的事情有哪些。其中有一项大喜，就是在家人与我的照顾下，我的外婆在2010年欢度了她100岁的生日。

外婆是辛亥革命那一年生，中年后就患有甲状腺亢进、糖尿病，70岁左右重度听力障碍，90岁左右中风，下肢行动不佳，需外劳照顾，也同时有心衰竭。2006年起，我接手了她的医疗照顾。她原本需要看3个不同科别的医师，一天服用10多种药物，我进行调整，近年来一天只吃3种药。

她每天过得相当规律，半夜睡觉、中午起床，坐在我们为她买的摇椅上看1天的电视，由外劳为她准备3餐，每餐都是1个小碗的量，含主食及配菜，再加上1碗汤，1盘水果。外婆是一个卫生习惯非常好的人，每餐后，她会花5～10分钟的时间好好地清洗假牙。重度听力障碍的她不大说话，又加上她不识字，我常常怀疑她怎么看得懂电视在演什么。不过看到鬼片她会害怕，看到影片中的庙宇，她会一直念阿弥陀佛……感觉她又是真的在看电视。问她："每天只看电视什么都不做会无聊吗？"她总是摇摇头。从我有记忆以来，她总是笑口常开、无忧无虑、知足常乐，从来没有看过她心情不好或乱发脾气。

老年医学强调，一个老人家要做到成功老化，需要符合以下四个条件。

1. 远离疾病与疾病造成的身心障碍：外婆虽然有多重慢性病，也有下肢行动障碍，但她一直保持规律的作息，饮食均衡、不抽烟、不喝酒、慢性疾病也都控制得很好，在外劳及家人的照顾下，生活起居看起来相对顺利。

2. 高度的身心功能：外婆每天都很快乐，也很努力地从电视及家人的互动中与社会相结合，由于行动不便，活动量相对不足，但每天坐在椅子上还是会抬抬脚、动一动。
3. 积极地投入生活：通常我们希望老人家能够退而不休，但是102岁的人瑞，可能就不要太强求了，我们是个四代同堂的家庭，至少外婆每天都会与1岁半的小曾孙比手画脚，弟弟不乖，她还会小小打手心几下，含饴弄曾孙，也是种生活乐趣。
4. 正向的灵性：外婆长期念佛，又有乐观的生活态度，大家一致认为这是她最重要的长寿秘诀。

大部分的老人家可能就像笔者的外婆一样有着多重疾病，甚至有一些生活功能障碍，但笔者相信，只要努力掌握成功老化的四大原则，活过100岁不是遥不可及的梦想。

资料来源：詹鼎正. 活过一百岁很容易[EB/OL]. SOS救命网财团法人台北市生命线协会. [2014-03-04]. http://www. sos org. tw.

第三节　成功老化的基础模式

正常老化过程如老花眼、行动减慢、头发灰白、皱纹等，都是正常的生理变化，且不受疾病和环境因素的影响。与年龄有关的生理变化不一定都与慢性疾病有关。绝大多数与年龄有关的变化都发生在人的外表上，许多老人认同了社会的偏见，错误地认为年轻的外貌是最重要的，便设法要使自己看起来年轻，所以他们也就成为许多抗老化化妆品、整形回春手术的主要顾客。患病是非正常的老化过程，患病的过程受环境、生活方式和疾病状态的影响很大，患病与老化有关，但不是因为衰老引起的，也有很多老人是无疾而终的。人口老化对许多企业而言是新的商机，当前市面上充斥着许多抗老化的回春保养品或化妆品，每当百货公司低价促销时，简直就是“人潮吸尘器”。因此，人类的“怕老”和“抗老”已成为生活中的重要部分，而如何延后老化、健康老化、成功老化也是当前医疗科技努力的目标。

一、成功的老化：由“长寿”迈向“长健”

成功老化(successful aging)可以靠个人的选择和努力来实现，但当要求去区别成功和失败的老化时，绝大多数人会以疾病和健康作为指标。然而，真正的健康被世界卫生组织定义为“一个人生理(身体)、心理和社会三者均能保持均衡和谐的状态”，所以健康不只是没有生理疾病和身体不适而已。这个定义也指出，单靠“没有疾病”一项因素，对于定义健康而言是不足够且不充分的，必须追求更高层次的社会健康和精神健康(见图 3－4)。因此，一个人若能在没有疾病和身心障碍的情况下，又能保持心理和社会的健康，以积极的人生态度过着有意义的生活，才能算是具有成功老化的正确观念。成功老化是下列各项的结合：

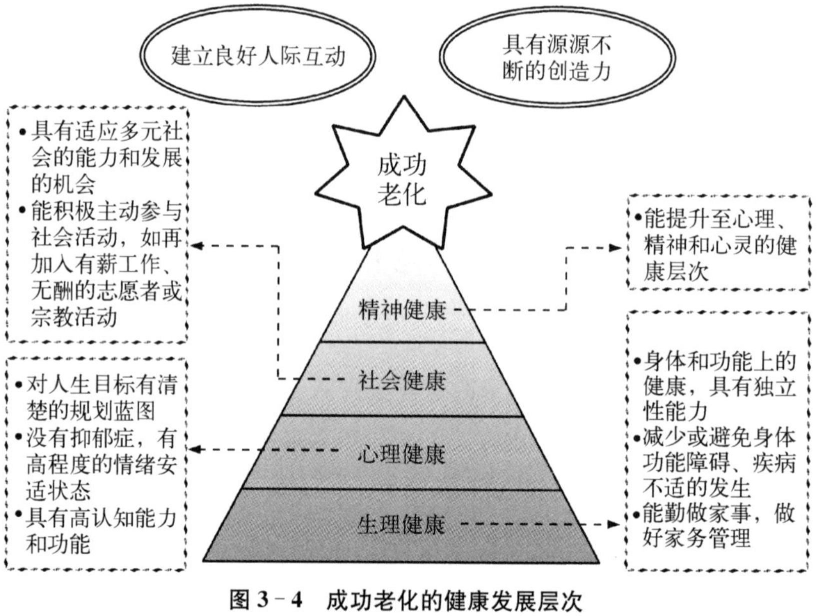

图 3－4　成功老化的健康发展层次

- 对人生目标有清楚的规划蓝图；
- 身体和功能上的健康，具有独立性能力；
- 较少或避免身体功能障碍、疾病不适的发生；
- 没有抑郁症，有高程度的情绪安适状态；
- 能提升至心理、精神和心灵的健康层次；

- 具有适应多元社会的能力、具有发展的机会；
- 具有高认知能力和功能；
- 能积极主动参与社会活动，如再加入有薪工作、无酬的志愿者或宗教活动；
- 能勤做家事，做好家务管理。

而积极人生态度和成功老化最被关注的焦点为：

- 建立良好人际关系和社会互动；
- 必须具有源源不断的创造力。

“乐活”(Lifestyles of Health and Sustainability，LOHAS)是指一种健康和永续的生活形态，也是一种生活态度的提倡。提升生活品质的态度，而所指的生活是指：内在生命力所表现的活力。乐活是一个双关语，代表的是“健康(身)”“永续(环境)”“快乐(心)”和“生活(社会)”等四种含义(陈庆余，2011)。因此，乐活的成功老化模式是以健康、正向、活跃达成老年身、心、社会和人生意义的生活目标。

二、成功老化的基础模式

Rowe 和 Kahn 研究指出，成功老化的模式必须有下列三个因素的同时存在(Rowe & Kahn，1987、1997、1998a、1998b)(见图 3－5)：

1. 能避免疾病和身心障碍；

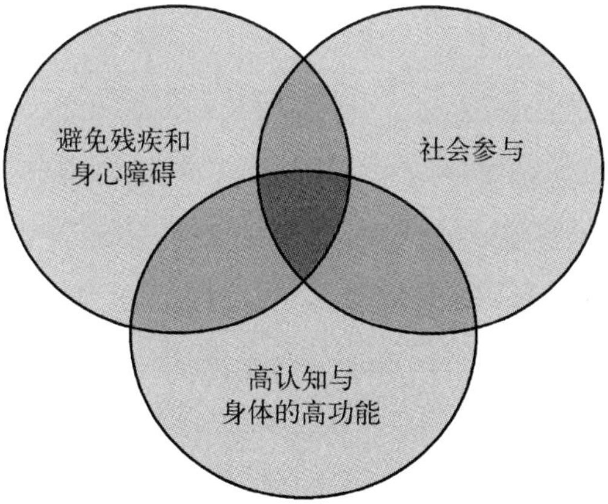

图 3－5　成功老化的模式

资料来源：引自 Rowe & Kahn(1997)。

2. 主动积极的社会参与；

3. 高认知和身体高功能的发挥。

心理学家 Balte 夫妻于 1990 年提出，达成成功老化的具体做法（SOC 模型）。

1. **选择**（selection）：适度地选择符合本身能力的活动，可以保持老年人自我控制的能力。

2. **最佳化**（optimization）：利用过去的经验，实现所选择之活动的程度。

3. **补偿**（compensation）：当老年人执行特殊活动的能力下降时，可以应用不同的技巧让老年人心理上觉得自身能力没有降低（石泱，2010）。

Crowther 等人于 2002 年在 Rowe 和 Kahn 的成功老化模式中加入第四个因素——正向灵性（positive spirituality），Crowther 认为应该纳入宗教与灵性对老人健康的正向影响。

此外，探讨成功老化不能忽略“文化”对成功老化的影响力。台湾的客家高龄妇女认为成功老化的五大必要元素为：(1) 身体健康；(2) 足够的经济能力；(3) 被孝顺的感受；(4) 家庭圆满；(5) 善终（郑钰静，2011）。身体健康是最常被提及的成功老化要素，但人随着年纪的增长，身体自然衰退、出现疾病都是常态，只要能保持独立生活、行动自主和自我照顾，就算是一个健康的老人，也是一个成功老化的老人。

由于医学技术的进步，加上目前有越来越多的人重视自我健康的管理，采用“健康养生”的生活模式，因此在此种健康养生的生活模式下，人们的预期寿命将会更长。故政府决策者和老人社会工作者，必须具有老年相关专业的知识，才能掌握人类老化的过程，制订完善的老人福利政策和服务，创造一个成功老化的生活环境。

新闻视窗

如何延缓老化

有人说：“吃得好，人慢老。”要身体健康，首先要注意饮食，许多日常食物都富含有益健康的成分，多加留意，就能帮助我们增加体力、防止疾病，使我们心情舒畅、容光焕发。因此延缓老化的秘诀有以下几种。

1. 防止肥胖：注意少吃脂肪，吃浅色肉。
2. 防止疾病：多吃蔬果，深绿色比浅绿色含更多的维生素。
3. 增强骨本：多喝牛奶，多吃小鱼干等含丰富钙质的食物。
4. 增进体力：储备碳水化合物(例如饭、面包或马铃薯等)，它能给肌肉补充能源；多吃维生素B群，它能帮助碳水化合物在体内分解。
5. 保护心脏：多吃大麦、燕麦，可降低胆固醇。

三、成功的老年生活

成功老化的概念不应该建立在否定老年期身心功能的真正损失之上。许多文献在探讨成功老化的策略概念时，都设法排除“年龄基础之老年”的刻板化错误印象，认为老年并不代表脆弱、老迈及快速的衰退。其重要观念在于鼓励老人尽量乐观地发挥其本身能力，补偿日渐失去的身份地位和身体活动能力(李宗派，2003；曾野绫子，2007；余红柑，2010)。一个老年人要过上有意义而成功的晚年生活，首先必须排除生理、心理及社会上的各种冲击与障碍，整合其生活目标，才能丰富自我的生命。成功老化、生活整合的主张有以下几点(Clark & Anolerso，1967)(见图3－6)。

1. 面对和接受老化的事实：老人应认清本身生理、心理及社会等方面的变化。
2. 重组老年生活的空间：老人退休后许多原本的社会角色会改变，所以老人必须重组和规划建立新的社会关系和支持网络。
3. 寻找可替代老年生活的新资源：例如培养个人新的兴趣和爱好，并在可能范围内追求新的生活目标，依其“个别需求”进行目标管理，以充实老年生活的内容。
4. 重新调整自我的评估标准：老人应针对自我概念加以评估，做适当的修正、调整，所以必须认同新的角色而保持个人的价值观。
5. 个人价值和生活目标的重新整合：老年人的生活目标应配合社会情况的变化与需求而重新调整，使其生活和行动具有社会的意义和价值。

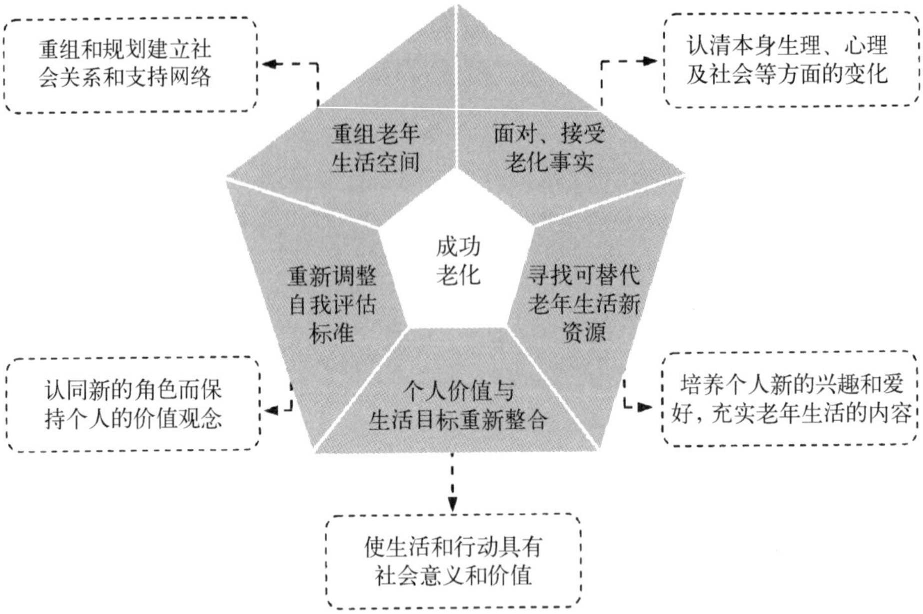

图 3-6　成功老年生活的整合指标

第四节　老年生活品质测量

幸福感（well-being）经常被视为是主观的感受，所谓的主观幸福感（subjective well-being）包含老人对其生活经验之回应的评价，以及对其一生之生活品质感受的评估。主观幸福感的对应词是客观幸福感（objective well-being），指的就是个体功能性能力、健康状况、社会经济地位等。在老人学的文献中，老人生活品质、幸福感或生活满意程度的测量方式，可以以主观幸福感（或称主观生活福祉）和客观幸福感（或称客观生活福祉）来认定。

1. **主观幸福感**：以老人对终身生活品质感受的评估为准则。这些方法及测量指标已具有共同特性，并且有高度相关性（Lohmann，1997）。
2. **客观幸福感**：以个体的功能性能力、健康状况、社会经济地位等为准则。因老人怕退休后没有收入，所以老年的幸福也经常是以客观的所得收入和所得的资产净值或消费能力等作为评量标准的（Espenshade & Braun，1983）。

人类生活品质的概念可追溯到西方的哲学家亚里士多德(Aristotle),他认为生活品质就是一种幸福快乐的感觉,是上帝的慈悲,它给予人类善良的灵魂,并且使之健康快乐地生活与工作。“生活品质”是个人的生活经验,并且需要个人本身来做评量。但是 Ferrans 和 Powers(1985)却认为,生活品质是个人对“幸福感、安适状态”的一种“主观”感受,与个人对生活中自觉重要的各个部分的生活满意度有关。

世界卫生组织(WHO)于 1991 年展开了生活品质的研究计划,并将生活品质定义为“个人在所生活的文化价值体系中的感受程度”。这种感受包括个人生活的目标、期望、标准、关心等面向,即一个人的生理健康、心理状态、独立程度、社会关系、个人信念及社会环境等六大范畴。Meeberg(1993)曾主张,生活品质应由“主观”和“客观”的指标来检视,这样才能同时了解个人所处的环境及个人对当前生活情境的主观感受。

Levin 与 Chatters(1998)指出,心理幸福感一直被视为老人生活品质的指标。Larsen 与 Eid(2008)指出,个体主观幸福感同时包含快乐及满足两个因素,幸福感与生活满意度具有中高度的相关性。事实上,幸福是每个人的终身希望与追求,心理幸福感(psychological well-being)这个名词包含情感与认知层面的伞状架构,其具体的内涵包括正向与负向的情绪、快乐、生活满意、生命目标的期待与达成度、身心调和及心情满意等,另外也包括自尊、自我效能、个人自主程度(Levin & Chatters, 1998)。

幸福感所涵盖的层面相当广泛,目前研究探讨的与幸福感有关的因素,包括个体主观认定的社会支持、家庭支持或自我健康状况、婚姻状况、宗教信仰及社会经济背景等(Patrick, Cottrell & Barnes, 2001; Ryff, 1989;教育部乐龄学习网,2010)。幸福感并非只有在西方社会才被探讨,中国早在春秋时期,老子的《道德经》就在谈幸福感,谈安逸人生之道,主张个体的目标为能在大环境中求得生存及获得个人内在的平和。Thing (2004)也根据老子的学说,将幸福感分为六个层次,包括物质条件的满足、情绪感受、自我概念、生活目标、智慧及灵性。

人类随着年龄的增长,即使正常的老化过程也常会伴随着各种不同程度的功能退化,身体的病痛也会造成日常生活的功能障碍,而这些功能的退化和障碍,就会使得老人生活品质变差(Asakawa et al., 2000)。因此,对老人而言,生活品质应是指个人生活的主观经历中，一种自我的感受、感觉，从生理、心理到心灵都有关的状态，所以保持个人自尊、维持生活的意义及安适状态是老人生活方式和幸福感的重要来源。

总之，要拥有一个成功的老年，一个“长寿”而“非长病”的老年，就必须自我保养，在心理、生理和社会各方面均有良好的反应力及适应力，才能排除各种可能的障碍，即老人本身要有“认知”“自律”“自助”与“持恒”的态度及行为，才能显现老人的道德风范、优雅气度，过上具有自我生命尊严的晚年生活。

在学习积极开放的老人生活中，积极的态度是“长寿”和“长健”的一个重要指标。一个人保持着积极的人生态度，就能带来更长寿、更健康和更快乐的生活。因为开放的人生(open mind)有助于保持一个人的身心健康；换言之，纵使一个人患病在身，但具有健康积极的思想，仍能帮助老年人去面对身体日渐衰弱的状况。正常老化可以是一个很好的经历和体验，而且取决于人们在老化过程中如何处理生活压力和人生得失。在人类的生活经验中，我们不能改变别人、违反自然或避免生活中的某些压力事件，但是我们能改变自己、转换心境，并选择以积极的人生态度去面对老人生活的压力事件。一个老年人可以选择以积极或消极的态度活着，这完全取决于其生活哲学及对生命的期待反应。当老人感到对生活有更多的权力和控制，且能在生活中找到意义，从事有价值的目标活动时，就不会感到自己是家庭的负担、社会的包袱，并能对自己的生活感到更满意。

新闻视窗

健康长寿 DIY，告诉您十种长寿的自我保健方法

如何活得健康，活得长寿？现代人注重生活品质，谁也不希望下半辈子在病痛中度过。您有没有想过，事实上人生有大半时间是在退休之后才开始的？那如何才能活得健康愉快呢？除了要及早进行退休后的生涯规划与退休金的筹措，更重要的是学习活得健康的知识。而活得健康就是从日常生活的小习惯与营养保健上开始做起的。

- 健康的心脏：心血管疾病一直是发达国家的第一号杀手，如果有高血脂、高胆固醇、抽烟又没有运动习惯，就要特别注意饮食与运动方面的保健，女性尤其要注意更年期之后的心脏病危险，让医师好好诊断是不是必须进行更年期的荷尔蒙补充来保护心脏。
- 运动：这里所说的是规律的运动，每周至少 3 次、每次 30 分钟以上且出汗的有氧运动，而不是短期、剧烈而不规律的运动。
- 脂肪的摄取：尽量减少动物脂肪摄取，每天的热量来源中来自脂肪的不要超过 30%，这样会让您从里到外地苗条与健康。
- 骨质疏松：30 岁以上女性最好每年进行 1 次骨质密度检查，而钙片与高钙食品的补充必须从年轻就开始，运动与多接触阳光可以预防骨质疏松。
- 压力：学习如何正面地接受生活压力；情绪的控制与人际关系的建立也有益压力的纾解，不要过度靠咖啡和茶来提神，当然更不要依赖药物入眠。
- 心情：检视反省自己的内在，看清生命的本质与目标，并体会活着的意义。
- 烟酒：香烟对于健康百害而无一利，是各种癌症的促进剂；适量的酒可以让您的动脉年轻，防止心血管方面的疾病，过量的酒则是肝硬化的导火索。
- 抗氧化与均衡营养：有多少人能够每天吃 5 种以上的蔬菜水果？抗氧化物除了在维生素 C、维生素 E 中，更丰富地存在于各种天然蔬果之中。天然的抗氧化物更有效、更容易被人收吸收。

资料来源：崴达健康网. 健康长寿 DIY，告诉您十种长寿的自我保健方法[EB/OL]. 银发族健康天地. [2006-04-16]. htutp//www. sfit. org. tw.

问题与讨论

1. 何谓老化？老化的类型有哪几种？
2. 老年人口的分类为何？老化必须面临的问题有哪些？
3. 成功老化的概念和基础为何？
4. 老化对生活模式的影响是什么？
5. 请为自己规划一个老年的生活蓝图（内容包括健康、经济、心理、社会参与、学习、进修、居住生活、休闲娱乐、后事处理等）。

参考书目

一、中文部分

李纯恩. 好好过日子：最新年龄分段[N]. 头条日报，2013 - 05 - 15. [2014 - 02 - 26]. http：//news. stheadline. com/dailynews/.

余红柑. 婴儿潮世代老人如何实践成功老化的路径刍议[J]. 社区发展季刊，2010（132）：325 - 339.

林宗义. 台湾老人的处境与希望：二十一世纪都市的主要嘉乐题[J]. 老人学学术年鉴，1995：441 - 449.

徐丽君，蔡文辉. 老年社会学[M]. 台北：巨流图书公司.

陈燕祯. 老人养护问题之实证研究（上）[J]. 社会福利，1994（111）：30 - 41.

陈燕祯. 老人养护问题之实证研究（下）[J]. 社会福利，1994（112）：43 - 53.

陈燕祯. 银发族照顾产业的发展趋势：资源整合的观点[M]. 台北：威仕曼文化实业股份有限公司，2012.

陈庆余. 谈老年人养生保健之道[J]. 台湾养生保健杂志，2009（1）.

陈庆余. 人生以乐活老化为目标[J]. 台湾养生保健杂志，2011（2）.

曾野绫子. 晚年的美学[M]. 台北：天下杂志股份有限公司，2007.

郑钰静. 客家高龄妇女之成功老化感知探讨[D]. 成功大学老年学研究所硕士论文. 台南：成功大学，2011.

二、英文部分

Asakawa, T., Koyano, W., Ando, T., & H. Shibata (2000). Effects of functional decline on quality of life among Japanese elderly. *International Journal of Aging and Human Development*, 50:319-328.

Chen, Y. J. (2006). Study of elderly care model changes in Taiwan based on confucian filial piety, *Filial Piety International Conference. Global Impact: Concerns for An Aging Population*. US : San Diego . Chinese Service Center.（11 月）

Clark, M., & B. Anderson (1967). Culture and aging. Springfield. IL: Charles C. Thomas.

Crowther, M. R., Parker, M. W., Achenbaum, W. A., Larimore, W. L., & H. G. Koenig (2002). Owe and Kahn's model of successful aging revisited: Positive spirituality, the forgotten factor. *The Gerontologist*, 42(5), 613-620.

Espenshade, T. J., & R. E. Braun (1983). Economic aspects of an aging of population and the material well-being of older persons, in B. H. Beth & B. Kathleen (eds.), *Aging in Society*：*Selected White*. New Jersey: Lawrence Erlbaum.

Ferrans, C. E., & M. J. Power (1985). Quality of life index：Development and psychometric properties, *Advances in Nursing Science*, 8:15-24.

Havighurst, R. J. (1972). *Developmental tasks and education*. New York: David McKay Company.

Lohmann, N. (1997). Correlations of life satisfaction, moral and adjustment measures, *Journal of Gerontology of Gerontology*, 32：73-75.

Larsen, R. J., & M. Eid (2008). Ed Diener and the science of subjective well-being. In Eid. M. & R. J. Laser (ed.), *The Science of Subjective Well-being*. New York: The Guilford Press.

Levin, J. S., & L. M. Chatters (1998). Religion, health and psychological well-being in older adults-findings from three national surveys. *Journal of aging and health*, 10 (4), 504-531.

Meeberg, G. A. (1993). Quality of life: a concept analysis, American Journal of Advanced Nursing, 18:32-38.

Patrick, J. H., Cottrell, L. E., & K. A. Barnes (2001). Gender, emotional support and well-being among the rural elderly. *Sex Roles*, 45, 15-29.

Rowe, J. W., & R. L. Kahn (1987). Human aging: Usual and successful. *Science*, 237 (4811), 143-149.

Rowe, J. W., & R. L. Kahn (1997). Successful aging. *The Gerontologist*, 37(4), 433-440.

Rowe, J. W., & R. L. Kahn (1998a). The structure of successful aging. In J. W. Rowe & R. L. Kahn (Eds.), *Successful Aging* (pp. 36-52). New York: Random House.

Rowe, J. W., & R. L. Kahn (1998b). Usual aging. Successful aging. In J. W. Rowe & R. L. Kahn (Eds.), *Successful Aging* (pp. 53-58). New York: Random House.

Ryff, C. D. (1989). Beyond ponce de leon and life satisfaction: new direction in quest of successful aging. *International Journal of Behavioral Development*, 12, 35-55.

Thing, B. L. N. (2004). *The Tao of Psychological Well Being- A Chinese Way of Looking at Psychological Well-being via Taoism*. Retrieved on Feb. 20th, 2008 from http://www.cnsd.org

第四章 老年人的生理发展

第一节　符合生理老化的标准特性

老年期生理改变程度及速率的个别差异性很大。个体老化的过程大部分是由人体的基因、营养、饮食、身体活动、生活习惯和社会环境所共同决定的。因此，了解这些生理变化的方式，就是检视身体器官老化的相关理论。Strehler(1986)曾提出，一个生理上的老化理论必须符合下列四个标准或特性，才能成为被接受的老化理论。

1. **普遍性**：过程必须具有普遍性，各种生物体都必须经历同样的现象。
2. **有害性**：此过程的发生必须是有害的，会造成生理功能的衰退。
3. **渐进性**：此过程必须是渐进的，也就是功能的丧失是随着时间而逐渐发生的。
4. **自发性**：功能丧失必须是内因性的(自然发生)，无法被有机体本身所矫治或更正的。

这四点有助于我们辨别自然老化和疾病的不同。虽然到目前为止，关于老化现象的理论甚多，但仍然不够完备。本书就介绍以下六种老化理论，并以这六种生理老化理论来检视上述四个老化的标准特性(见图 4－1)。这六种生理老化理论将于下一节进行说明。

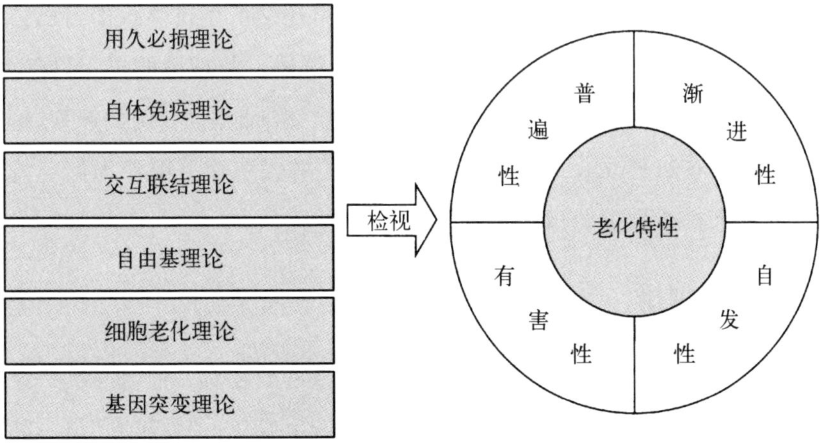

图 4－1　老化理论与特性

第二节　生理老化的六大理论

一、用久必损理论

“用久必损理论”(wear and tear theory)(或称磨损理论)指出人类的身体器官如机器一样，会随着时间的流逝而逐渐耗损(Wilson，1974)。此模式认为，老化是已被事先设定的过程。也就是说，每一个物种都有其生物时钟，能够决定其最长的寿命，以及器官受损老化的速率。例如蜉蝣的生命只有几小时，而蝴蝶最多可活数周，狗最多可活 20 年，而人类的寿命可长达 120 年。但随着基因科技和生物科技的发达，未来人类的寿命将更为延长。人体老化的过程受外界环境压力所影响，例如一个人若营养不良，将造成其机体的细胞持续损坏，而其身体又无法自行修补受损的细胞，所以此人会随着年龄的增加，身体功能愈发衰退。

二、自体免疫理论

“自体免疫理论”(autoimmunity theory)是生理老化最常见的理论之一。自体免疫问题就是正常的免疫能力下降，异常的免疫能力却突显。此理论相信，人之所以会老化，是由于体内免疫系统随着时间的演变而产生缺陷，因为自体免疫系统不仅要长期抵抗外来的细菌和病毒，还会产生抗体攻击自己体内的组织。因此，老年人是较容易受到病毒感染的群体。此理论的提出，能够解释为何随着人类年龄的增长，许多疾病的发生率会逐渐地增加(例如癌症、糖尿病及风湿性关节炎)(Finch，1990)。然而，此理论并没有充分解释为何免疫系统会随着时间而产生缺陷，只解释了免疫系统的变化。

三、交互联结理论

“交互联结理论”(cross-linkage theory)的重心放在对一种“骨胶原”组织的探讨上，因为这种胶原蛋白质组织随着年龄而产生变化。“骨胶原”是一种重要的结缔组织，可在人体大部分系统中发现，例如在人体内就有三分之一的蛋白质是骨胶原。当一个人的年龄逐渐增加时，骨胶原就会产生明显变化，例如皮肤产生皱纹，血管、肌肉组织、皮肤、水晶体及其他器官失去弹性。另外，骨胶原明显可见的外在变化，是鼻子和耳朵会随时间而慢慢地变大、变长（Bjorksten, 1974）。此理论认为，这些变化是细胞经由交互联结，经由化合物的累积，在细胞中产生必要分子间的联结，而这个过程会影响细胞功能的运作，而显现老化的征兆。

四、自由基理论

“自由基理论”（free radical theory）是上述交互联结理论的延伸（Harman, 1981; Finch, 1990）。“自由基”是高度活跃的分子，它会从细胞中断裂分离，且拥有一对不成双的电子。自由基通常是在细胞氧化时产生，会和其他细胞的分子产生互动，而且会造成 DNA 的变异、结缔组织的联结，并且改变蛋白质的行为，而造成其他损害。“自由基”这种危险的氧化物，对于人体的伤害是与时俱进的，它不仅会妨碍细胞合成，还会夺走能使人体保持精力的抗氧化剂。由于“自由基”造成的细胞伤害会在人体自然的老化过程中不断发生，因此会造成癌症、心脏疾病、阿尔茨海默病及帕金森病的发生。要克服“自由基”对人体细胞的损害，就必须服用有助于体内抗氧化剂合成的食物或使用营养素。“自由基理论”在未来对于延缓老化的过程应是最具潜力的理论，因此，我们常会听到医学专家建议大家多摄取含抗氧化剂的食物，以防止自由基对人体的损害，延缓或防止老化的相关病痛（例如心脏病、癌症、中风、白内障等），不过，Hayfilck（1996）指出，即使增加含抗氧化剂的食物的摄入，也仅可使人们达到理想的平均寿命，而非延长人类的极限寿命。

五、细胞老化理论

“细胞老化理论”（cellular aging theory）提出老化会使身体细胞的复制过程变得缓慢，亦即人越老，细胞分化的速度就越慢。因此，杂质累积而导致细胞的死亡，终致人类生命的结束。Hayfilck 和 Moorehaed（1961）发现，细胞大约经过 50 次的复制后便会停止复制，且较为衰老的细胞其复制次数更少，所以细胞在一定的复制次数后会停止复制。此外，每个细胞具有一定程度的 DNA，而 RNA 也是合成不可或缺的物质，“酶”本身可调节细胞的正常功能，因此失去

DNA或造成RNA减少，最后都会造成细胞死亡（Goldstein & Reis，1984）。然而，不可以因为了解细胞老化的过程，就轻易做出老化过程具有“可逆性”的假设，而且认为它在生物和基因科技之下可能会很快达到目标。近几年来，科学家们仍然针对饮食控制对寿命长短的影响做了许多精密性的研究，但到目前为止，科学家们还无法明确地解释为何控制饮食的老鼠会比较长寿，因此，有些老化的生物学理论还在针对这种现象寻找更合理的解释和答案。

六、基因突变理论

一般而言，人体有很多细胞是因为发育而制造出来的，年轻时各有其功能，可是当年纪一大，这些细胞就变成坏细胞，损害其他细胞而导致老化和死亡。因此，**“基因突变理论”**（genetic mutation theory）主张，人类生理的老化是身体细胞经过长久时间之后呈现不正常特质的结果。身体的基因各自有其功能，如果某些基因突变，变成不正常状态或产生问题，就会导致身体功能的适应困难，而年龄越大，这个现象发生的机会就越大。

表4-1　生理老化的理论

理　论	理论假设	结　果
用久必损理论	• 老化是已被事先设定的过程，人类的身体器官如机器一样，会随着时间的流逝而逐渐耗损	• 基因科技和生物科技将会使人类的寿命更为延长 • 人体老化的过程受到外界环境压力所影响
自体免疫理念	• 人类会老化是因为体内免疫系统随着时间的演变而产生缺陷，不仅要抵抗外来的细菌和病毒，也会产生抗体攻击自己体内的组织 • 因此老年人通常是较容易受到病毒感染的群体	• 此理论的优点在于，能够解释为何随着人类年龄的增长，许多疾病的发生率会逐渐增加 • 此理论并没有解释为何免疫系统会随着时间而产生缺陷
交互联结理论	• 是指“骨胶原”组织 • 这种胶原蛋白质组织随着年龄而变化	• 这些变化是由于细胞经由交互联结、化合物的累积，而在细胞中产生必要分子间的联结 • 这个过程会影响细胞功能的运作，而显现老化的征兆

（续　表）

理　论	理论假设	结　　果
自由基理论	· 自由基是高度活跃的分子，它会从细胞中断裂分离，拥有一对不成双的电子 · 自由基通常是在细胞氧化时产生，会和其他细胞的分子产生互动，而且会造成 DNA 的变异、结缔组织的联结，并且会改变蛋白质的行为，进而造成其他损害 · 人体的自由基越多，细胞的变异性越大，越容易引发身体疾病	· 由自由基造成的细胞伤害，会在人体自然老化的过程中不断发生 · 要克服自由基对细胞的损害，必须合成抗氧化剂 · 一旦老年人体内所自然产生的抗氧化剂不足时，就应该服用可以帮助他们体内抗氧化剂合成的食物或使用营养素
细胞老化理论	· 老化会使身体细胞的复制过程变得缓慢；亦即人越老，细胞分化速度就越慢 · 老化过程因杂质的累积，而导致细胞的死亡，终致人类生命的结束	· 每个细胞具有一定程度的 DNA，而 RNA 是合成酶不可或缺的物质。“酶”本身可调节细胞的正常功能 · 失去 DNA 或造成 RNA 减少，最后都会造成细胞死亡
基因突变理论	· 人类生理的老化是身体细胞经过长久时间之后呈现不正常特质的结果	· 身体的基因各有其功能，如果某些基因突变，变成不正常状态或产生问题，会导致身体功能的适应困难 · 年龄越大，产生这种现象的机会越多

总而言之，生理的老化过程可以同时受到许多不同理论的支持，而且任何一个理论都无法完全解释老化的现象。就最基本的层次而言，生理老化必定会牵涉细胞的流失，组织和器官的运作效率降低，生理修复的过程也会自动减缓。而自体免疫功能的逐渐衰退，会使得我们的身体更容易受到病菌的感染，身体免疫反应也会因此更加频繁。

第三节　老年人的生理发展与改变

人体有可见和不可见的自然变化过程，这些明显可见的变化大体可分为十一大类（Hooyman & Kiyak，2007）：

1. 肌肉骨骼组织、脂肪组织、水分等改变（身体组成的部分）；

2. 皮肤的改变；

3. 毛发的改变；

4. 呼吸系统的改变；

5. 心血管系统的改变；

6. 泌尿系统的改变；

7. 消化系统的改变；

8. 内分泌系统的改变；

9. 神经系统的改变；

10. 感觉系统的改变，包括视觉、听觉、触觉、味觉和嗅觉；

11. 牙齿的改变。

诚如古人所言"发苍苍、视茫茫、齿牙动摇……"，因此，人类进入老年期时，其外在的改变最为明显，至于看不见的内脏器官部分，则"不知老之将至"地发生着内在改变。

一、肌肉骨骼的改变

（一）骨骼的改变

人进入老年阶段身高常会缩短，即所谓的"老缩"，当然这也因个体差异而不同。而身高的缩短是逐年累计的，大约在30岁即开始，以每年约减少0.16厘米的速度在进行。骨骼的老化在性别方面有所区别，即骨质密度的减少在老年女性方面归因于"动情激素"的减少，而在老年男性方面，"睪酮"（素）也会有相同的减少现象，它虽然不像女性会急剧地减少，但也会缓慢地减少（Rudman et al.，1991），所以男性一样有更年期问题，这是不可忽视的。

骨质密度的减少会使得人体脊髓产生弯曲现象，即俗称的"驼背"

(kyphosis)。这是由于脊柱椎间盘的韧带及软骨随着时间而退化，而使关节产生僵硬现象，造成两个关节间的软骨越来越薄，关节之间的润滑液也越来越少，最后导致整个身高有缩减，老年人身高平均约减少 3 英寸，就形成所谓的“骨质疏松症”(osteoporosis)(Hooyman & Kiyak, 2007)(见图 4-2)。骨质疏松是老人健康的“隐性杀手”，只要稍有外力压迫就可能造成骨折，导致行动不便，甚至生活无法自理或死亡；经常久坐不动，也会造成椎间盘突出，压迫神经而造成疼痛。

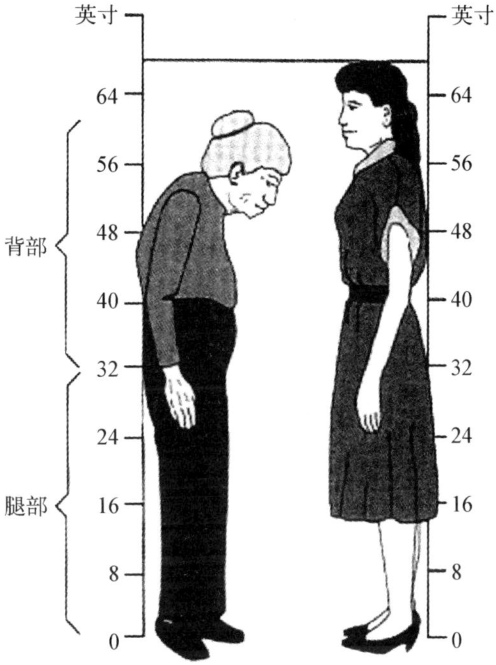

图 4-2　骨质疏松：老人身高会比年轻时缩减

资料来源：Hoyer & Roodin(2003)。

骨质密度的流失会造成骨质疏松症，但这并非老化过程中才会发生，只是易发于老年人身上，尤其是中年妇女的骨质流失速度更为明显。骨质流失会造成肌力衰弱及韧带失去弹性，使得肩膀宽度日益狭窄而出现下塌，形成所谓的“垂肩”(Hooyman & Kiyak, 2007)。因此，应趁年轻时储存骨本，在骨骼形成速度佳时就开始保养，并改善不良生活习惯，老年时才能保有健康的体魄。

知识视窗

保有骨本的秘诀

1. 摄取牛奶、乳制品、酸奶和小鱼干等食物。
2. 养成运动的习惯。
3. 多晒太阳，阳光含维生素 D。
4. 忌烟少油。
5. 限制咖啡因的摄取。

新闻视窗

中老年人的骨骼保健

中老年人的骨骼和关节保健是多层面的工作。人生难免生老病死，但是适当保健可使人们延后罹病的时间，即使发生各种疾病，也可使症状大为改善。此外也应避免病急乱投医，使病情延误；若保健得宜，可有效使病情得到缓解，此时更必须持之以恒，才可使保健效果更持久。近年来，人们出国旅行的风气盛行，许多人都忍痛出国游山玩水，或是一窝蜂地赶流行，从事不合适的运动，结果反得其害，应当三思。下列各项应多加注意。

1. 戒饮食不当：应维持均衡的饮食，不要使体重直线上升而增加负担，也应注意饮食的节制，应戒除抽烟、酗酒、喝大量咖啡等不良习惯。
2. 戒晚睡熬夜：早睡早起，最好全家皆可如此，且最好从小养成这种好习惯。
3. 戒整日惯坐、鲜少室外运动：应从事适量的运动，健强骨骼和肌肉，且保证关节活动范围，但若关节炎发作时应适当减量。
4. 戒不当生活习惯：应改善不良生活习惯，例如在关节疼痛时，应减少家中的清理工作，也应减少运动量。
5. 戒运动方式或运动量不当：应避免不合适的运动，避免带伤做应酬式运动，在退休后也不宜突然增加过多运动量，应循序渐进，量力而为。
6. 戒讳疾忌医：及早检查并治疗可能会合并发生骨骼或关节疾患的疾病，例如痛风、血友病、类风湿性关节炎等，且应定期追踪检查，使病情得到适当控制，若情形严重应与医师讨论，必须手术时不可延误，积极配合复健。
7. 戒擅服药物，迷信偏方：应谨慎选用药物来治疗疾病，对于成分不明的药物不可随便服用，以免发生副作用。
8. 戒过犹不及，应“适可而止，量力而为”：应适当保护身体，避免受伤。

资料来源：杨荣森. 中老年人的骨骼保健[EB/OL]. [2014－03－05]. http://www.ntuh.gov.tw/orth/default.aspx.

(二) 肌肉的改变

不同个体之间的体重和生理组成皆有很大的差异，然而不论男女，体内的水分均随着年龄的增长而逐年降低。由于人体纤维性物质的增加，肌肉组织便会逐渐失去弹性和延展性，50 岁之后的肌肉纤维会明显逐步减少。根据研究，在 30 至 80 岁之间，肌肉质量已减少约 40%(Kohrt & Holloszy, 1995)。一般而言，人到了中年时期就会开始不自觉地发胖，体重逐渐增加，但到了晚年，体重及卡路里的摄取则有下降的趋势，且原有脂肪被燃烧，因此，80 至 90 岁的老年人几乎不会有肥胖问题，老年人和年轻人相比，虽然需要的卡路里较少，但他们需要摄取更高比例的蛋白质、钙及维生素 D(Blumberg, 1996)。笔者在临床实务工作中也发现，人瑞都是“瘦”的，当然这还和老年人的饮食有关，因此，独居老人在饮食上必须特别注意，他们常有营养不足或不均衡的情形，故其对维持基本生理健康的餐食服务方案是极为迫切的，例如老人送餐服务的提供(陈燕祯、谢儒贤、施教裕，2005)。

人的所有活动都需要肌肉的带动，如果肌肉量不够或肌力不足，很直接就会反映在体力差、肌肉容易疲劳酸痛上。肌肉量不足，也会影响血糖的调节，进而增加患糖尿病的概率，也容易因基础代谢率降低导致虚胖。近年来，越来越多老年医学的研究显示，肌肉流失与一个人的身体健康、行动能力、跌倒风险及生活品质有很大的关系。最近的研究结果更显示，行走速度变慢会增加未来死亡的风险。因此，出现了一个新的医学名词——“肌少症”(sarcopenia)。肌少症是一种症候群，定义为骨骼肌质量的流失和力量或功能性的下降(翁佩瑄，2013；吴雅汝、詹鼎正，2012)。在老化的过程中，肌肉流失的速度比其他器官功能的退化更加惊人。过了 30 岁高峰之后，大部分人的肌肉量就以每年 1%～2%的速度逐年下降，过了 60 岁之后流失更快，尤其是下肢大肌群的肌肉，从 20 岁至 70 岁可能会丧失高达 40%的肌肉。

肌少症应是老年个体多重变化加乘所引起的：(1) 年龄造成的肌肉神经组织变化，加上相关荷尔蒙量(testosterone, growth hormone)的减少；(2) 营养相关的变化——主因是蛋白质和能量的摄取不足或吸收不良，加上胃肠道及用药等问题；(3) 相关疾病造成的发炎、器官损伤、卧床等；(4) 活动量减少，甚至不活动造成的肌肉流失。和其他器官功能退化不同的一点是：肌肉的流失是可逆的，可以靠自我的努力而有效改善。运动训练搭配适当的营养补充(主要为蛋白质)，被认为是具成效的(翁佩瑄，2013；林佩欣，2012)。

临床上常可见到年长者因急性疾病而卧床的，探病的亲友习惯挂在嘴上慰问的话多半是“好好躺着静养别下床，身体才能快点复原……”然而，卧床的老人若不需使用肌肉，平均每 10 天就会流失 1 千克的肌肉量，流失的速度非常快。所以很多长辈生了一场大病后，急性的病症纵然好了，整个人四肢的肌肉却明显变得消瘦松垮，体力更比病前虚弱很多，甚至都没办法自己下床，这被称为因少活动造成的“废用症”(deconditioning)，需要花一段时间好好复健，才能恢复原有的身体功能。

在快速高龄化的现代社会，人们不只希望要活得长，更希望可以活得健康，最好能行动自如，不需仰赖别人照顾，拥有更好的生活品质。因此，达到这个目标最重要的方法之一，就是积极维持或提升肌肉量。

老年人的运动除了选择舒缓的走路、散步、健行或练气功等外，还可以加入低强度、高频率的肌力训练，例如使用哑铃、弹力带、装水的塑料瓶等来提升身体肌肉量，并可有效地强化肌力的平衡感。物理治疗师指出，老年人参加激烈的有氧课程反而更容易闪到腰，更容易关节疼痛，其实只要运用简单和缓的动作，就能锻炼平衡感，训练大肌群，舒畅筋络，对于舒缓腰酸背痛也有相当大的帮助。因此，对于老年人易发生的居家跌倒及运动伤害等意外，若能定期做养生操锻炼核心肌群，避免过于激烈的运动，就可以有效预防(蔡容乔，2012)。另外，老人必须注意充分的营养补充，需要观测每日热量和蛋白质的摄取，钙质和维生素 D 是否足够等(翁佩瑄，2013)，这样才能达到延缓老化的目标，拥有朝气蓬勃的人生下半场。

二、皮肤的改变

皮肤的外观如产生皱纹、变得粗糙或产生老人斑等改变，也是老化极为明显易见的特性之一。人类的皮肤因直接暴露于外界，且不像其他动物有足够的毛皮能够帮助阻隔阳光，所以肌肤会产生皱褶、干燥及硬化的现象，这称为外在的老化。

由于紫外线照到皮肤上，黑色素细胞中的酪氨酵素被启动，刺激酪氨基酸转化为黑色素（melanin），以抵御紫外线对皮肤造成的伤害。“紫外线”是国际公认的造成肌肤老化的元凶，所以常暴露于阳光下的工作者，其皮肤发生老人斑的机会就特别高。老人皮肤变化中占极重要地位的“光老化”，主要是阳光照射所致，使得皮肤发皱、泛黄、变粗呈现点状色素沉淀、瘀血、细微血管淋巴管整束浮现等。近年来，医学美容蓬勃发展，例如除皱的化妆品、皮下植入剂或激光手术等，其产值惊人也是因为“光老化”会导致人类皮肤老化。

除了这些社会环境因素影响之外，人体本身也会随着年龄的增加而产生皮肤上的变化。皮肤的含水量、含脂量及细胞量均明显减少，最外层的表皮通常会再生新的表皮细胞，以取代老去的表皮细胞，但当人们逐渐老化时，细胞新陈代谢的过程变得缓慢，尤其真皮的皮下组织也会随着年龄的增加而受到损害。皮下组织内的改变通常会随着血液循环的减少，使得皮肤对温度调节的功能受到明显影响，自律神经的老化会造成温度调节功能的失衡。温度变化 1℃时，一般人即有感觉，但是老年人对高达 4℃的变化才会有所察觉（林季纬，2010），因此，老年人面对极为炎热或极度寒冷的环境时，他们比一般人需要更多的时间调节，否则会造成老年人“体温过低”（hypothermia）或“体温过高”（perthermia），导致脑部受伤甚至死亡（Hooyman & Kiyak，2007）。所以当老年人突然暴露于极冷或是极热的情况下，便容易发生意外死亡的事件。2003 年，新闻报道法国夏天热浪侵袭，造成上万名老年人丧生，此因法国养老院在夏天的气候一向温和，且欧洲原本就未设有电风扇或冷气设备所致。因此，老年人如要避免体温过低或过高，除了由工作人员随时替老人增减衣服之外，还要注意室温和湿度的调节，如此才能保持老人最佳体温，而不致发生意外事件。

三、毛发的改变

毛发的改变在不知不觉中受到老化的侵袭。就人类的头发来看，在年轻成人时期是最粗、最强壮的；但随着年龄的增加，毛发会逐渐地变细、变稀疏。一直到70岁左右，头发直径已经减少了约20%（Hooyman & Kiyak，2007）。此外，随着年龄的增加也会开始掉发，此乃体内睪酮（素）及动情激素的改变所致。当人老化时，每天的落发若超过60根，又无法得到适当的营养补充时，落发的速度就快于长发速度，有些男性会经历快速的落发，导致他们在40岁时即面临"电火球"的毛发稀疏或"童山濯濯"秃头的窘境。有关于头发掉落的原因目前仍然不清楚，不过遗传因素可能扮演着很重要的角色。此外，头发的颜色也会变灰或变白，这是由毛囊中的黑色素丧失所致。当人类年老时，大部分发根制造的黑色素会变少，最后使我们的头发没有色素，所以就会显现出灰发或白发。而值得一提的是，在中国传统社会，女性的头发若是变灰或变白，通常会比男性受到更多的社会压力和眼光，因此许多女性会将头发染黑。

新闻视窗

预防掉发的方法

1. 减少烫发或染发的频率。
2. 避免摄取过多的糖分、盐分或动物性脂肪，以免阻塞血液循环。
3. 纾解压力、多运动。
4. 选择适合自己发质的洗发精。
5. 常吃富含蛋白质和维生素的食物，例如豆类、核桃、菠菜、深海鱼等。
6. 常吃富含碘的食物，例如海带、海藻、紫菜等。
7. 选用木质发梳、负离子梳子或利用指腹每天梳头。

四、呼吸系统的改变

许多老人都有呼吸系统的毛病，而几乎所有的器官或系统在人类老化时，其功能及保存的能力（functional capacity）都会产生退化。肺脏是人体内老化相当早、相当快速的器官。随着老化，肺的弹性会逐渐下降。由于驼背和肋软骨的钙化，胸壁会变得僵硬。结构上的变化使肺部通气量下降，比较容易引起肺部感染，运动能力亦相对减弱（台北市立阳明教养院跨方小组，2009）。

呼吸系统掌管通换气体（ventilation），是身体与外界做气体交换的窗口。呼吸系统还可调节血液中氢离子浓度、对抗微生物、屏障保护身体、经肺部移除或增加某些化学物质。肺部是保护身体的屏障之一，肺的防卫机制包括咳嗽、黏膜细胞纤毛清除运动、肺泡吞噬细胞的噬菌等，是保护身体的重要屏障。老化时，咳嗽功能减退，气管的黏膜细胞纤毛清除异物效率降低，对抗病毒能力下降，肺泡吞噬细胞的功能产生缺陷，使老年人容易罹患肺炎及慢性支气管炎。老年人口主要死因排序中，“肺炎”“支气管炎”“肺气肿”“气喘”分列于不可轻忽的地位，而老人的重大伤病医疗照顾花费中，慢性呼吸问题的每人平均费用永远名列前茅，这显示了老人呼吸系统问题的严峻性。

老年人若想避免肺部功能的丧失，就要保持“动态性”的生活习惯（例如散步），而非“惯坐性”的生活习惯（例如看电视、听收音机），每日多步行，多参与户外活动，但必须避免在白天空气质量不佳时从事动态性的活动，例如勿在车辆来往频繁的马路上散步，不仅空气不佳而影响肺部和呼吸系统，还容易发生意外事故。

五、心血管系统的改变

因老化而产生的心脏血管改变会使得血管失去弹性，血管壁变得衰弱，易导致“静脉曲张”（varicosities）。虽然在正常老化的过程中，脂肪与磷脂或多或少会在血管壁堆积，但有些人由于平常的饮食已吃下含有大量饱和脂肪酸（例如鱼肉）的食品，导致易形成心脏病的“高危险因子”。“血压”正是测量心血管疾病的重要指标，老人每日“量血压”是自我健康管理的重要功课。

血压可分为“收缩压”（systolic blood pressure）和“舒张压”（diastolic blood pressure）。血压的高低通常用毫米汞柱（mmHg）表示。由于是指心脏收缩阶段的血压，因此称为“收缩压”。而“舒张压”是指心房充满血液（心脏放松）时的血压。血压通常以“120/80”来表示“正常”，它代表心脏压缩血液出心脏时，血压以毫米汞柱测量可达 120 毫米（mm）的高度；而当血液流至心房时，血压可达 80 毫米的高度。若收缩压超过 140 则为高血压，舒张压低于 80 则为低血压，此为血压的高危险患者。在正常的老化阶段中，若无任何心血管疾病，收缩压会稍微增加，但是舒张压并不会增加。随着心脏的变化，血压急剧增高则不能视为正常的现象。血压增高通常与饮食、肥胖和生活形态有关，而这些都是日积月累形成的。

研究发现，不论是高或低强度的运动计划，都可明显地增加老年妇女身体的耗氧量，并降低血压；老年人多运动，并进行体能训练，将能降低血压，并且增加其身体的“带氧能力”(O'Brien & Vertinsky, 1991)，所以老年人保持规律的运动习惯能预防心血管疾病。

由于老年人的心脏储备功能随着年龄增高而降低，因此一旦遇有疾病、受伤，老年人的心脏循环往往无法应付，较年轻人更容易休克、昏迷(林季纬，2010)。一般情况下，当老年人心脏收缩功能减弱时，大脑就出现缺氧现象，造成老年人神经系统紊乱，“嗜睡”就是其表现之一。因此，老年人如果经常出现嗜睡、头昏、爱打哈欠、心悸、多汗等症状，应警惕可能是心脑血管疾病的预警信号，需及时到医院就诊，尽早预防各种疾病的发生(秦红群，2013)。老化带来心脏及肺脏的改变，使得老年人在运用氧气上较没有效率，这是老年人无法维持长时间运动的原因，所以散步、走路对老年人而言都是极佳的运动。当然，只靠运动可能仍然无法降低血液中胆固醇及甘油三酯的含量，所以老年人在饮食上仍要特别注意，减少摄取动物性脂肪、油脂及经过提炼的碳水化合物。

总之，随着年龄增加，老年人患病的时间会增长，进而造成久病的状况，因此进行有氧运动计划，例如五行健康操、太极拳或健行、走路以及保持健康的生活和饮食习惯，才可以增长老年人“健康”的寿命，并且可压缩因老化过程所产生的疾病时间。尤其要积极培养良好的健康生活形态，这对中老年人的生涯规划而言是首要任务，因为不良的生活习惯是导致心血管疾病的重要因素。

六、泌尿系统的改变

肾脏系统最易受到老化的影响。肾脏帮助人体过滤血液及尿液，具有调节人体的化学作用。当血液通过肾脏时可得到净化，但随着老化，肾脏的重量及体积都会逐渐缩小，肾丝球也会减少。因此，肾脏功能(renal function)，也就是肾脏过滤血液的速度和功能，会随着年龄而降低，而这些改变会使得老年人在服用药物上受到显著影响。在膀胱方面，有些老年人膀胱的容量会减少约一半，同时排尿感也会迟钝，这是由于老年人中枢神经系统的运作已有所失常，而非由肾脏引起的，因此，“尿失禁”(unary incontinence)也成为老年人当中很普遍的困扰。研究指出，约有15%至30%居住在社区的老年人，以及50%居住在养老院的老年人有膀胱的疾病问题，若是老年人本身曾经罹患中风、失智或帕金森病等疾病，还会使尿失禁的问题更加恶化(Thom & Brown, 1998)。

治疗尿失禁最好的方法就是改变日常生活习惯，以适应膀胱退化的问题。由于肾脏和膀胱的改变，老年人对于酒精及咖啡因会变得更加敏感，而酒精与咖啡因又都会阻碍尿液中荷尔蒙的制造，所以老年人最好不要喝含有酒精或咖啡因的饮料，总之，泌尿系统的衰退是许多老年人尽量避免外出或参加社交活动(例如外出购物、旅游活动)的原因，因为老年人会担心上厕所的问题。

七、消化系统的改变

人类的消化系统包括食道、胃、小肠、大肠、肝脏及胆囊等。食道外观虽未因年龄而产生变化，但是在实质功能上却已改变，例如老年人在打开贲门时需要更多的时间才能将食物送入胃部，所以有许多老年人很快就感觉自己已经吃饱了。人在中年之后，胃分泌消化液的能力逐渐减弱，使钙、铁及某些药物不易在小肠被吸收，尤其老年人可能会面临“萎缩性胃炎”(atrophic gastritis)的问题，萎缩性胃炎可说是整个胃部有“慢性发炎”的现象，所以胃溃疡在中年时期较容易发生，而老年人较中年人通常容易患上胃癌、直肠癌等疾病。因此，当老年人抱怨其肠胃不适时，就应该立刻就医，彻底检查。另外，在中年时期，小肠与大肠的重量也会逐渐减少，产生功能上的变化，例如小肠内的酵素种类会减少，吸收单糖的速率变慢，这也是造成年龄越大消化能力越差的原因。大肠肌肉活动方面也会随年龄而减少，所以老年人“便秘”的概率就会大为增加。关于老人便秘问题，笔者在实务工作中发现：除了老人没有牙齿，咀嚼功能不佳，而导致无法吃下足够含有纤维的食物之外，多半是不敢多喝水，害怕频尿等因素所导致。

另外，肝脏问题也是许多老年人共同关心的问题，俗语说：“肝好，人生就是彩色的；肝坏，人生就是黑白的。”肝脏会因老化而缩小，不过并不会明显影响其正常功能。肝脏是人体具有解毒功能的器官，但长期服药者，肝脏能力会受到伤害，此外，摄取酒精过量的老年人，将会使其肝脏增加额外的负担，因此，老年人要注意正确用药，千万勿乱吃成药及酗酒。笔者在实务工作中发现，老人机构中需要洗肾的老人，往往是生病时习惯吃成药和听信民间偏方所导致。

八、内分泌系统的改变

内分泌系统由能够制造各种荷尔蒙的组织和细胞所组成。在老化的过程中，妇女最明显的改变就是“停经”，也就是所谓的“更年期”(menopause)的到来。更年期会造成女性体内两种激素的减少：

1. 动情激素(estrogen)；
2. 黄体激素(progesterone)。

许多研究显示，动情激素能够使妇女免于受到心脏病及阿尔茨海默病的侵袭，亦即患有阿尔茨海默病妇女的体内，若补充适当的动情激素，将可以增强其认知功能(Henderson et al.，1994；Paganini-Hill & Henderson，1991，1996，Henderson，1997)。此外，荷尔蒙的浓度也会随着人体的老化而下降，例如睪酮(素)(tes-tosterone)、甲状腺素、生长激素及胰岛素等。而胰岛素老化、衰退的现象，会使得老年人代谢饮食中葡萄糖(glucose)的能力降低，造成血糖浓度的升高(林欧贵英、郭钟隆 译，2003)。目前并不确定体内荷尔蒙的改变是导致老化的原因还是结果，然而有研究指出，荷尔蒙随着年龄增长而减少的现象若能给予控制，将“可逆”或“延迟”老化(Hayfilck，1996)。

九、神经系统的改变

大脑生理性老化包括大脑重量减轻、大脑血流量减少、脑细胞和神经元的树突减少。一个人的智商在18至25岁达到高峰，之后便慢慢下降。老年人的短期记忆力和记忆重现的能力均会下降，甚至出现失智症等疾病(台北市立阳明教养院跨方小组，2009)。随着老化，人体会逐渐丧失神经元及神经胶质细胞。在30岁之后，人体的神经元便开始损失。若是酗酒、抽烟、吸入受污染等有毒的气体，也会造成人体神经元的伤害。不过，适度的神经元损失并不会造成大脑功能的大幅衰退，因为研究指出，人体只要运用少量的神经元，便能执行生活的日常功能，神经元的丧失并非老年人“健忘”的主要原因，它并不会影响人类老化后的大脑功能，例如解决日常生活的问题、记忆日期、记住姓名等能力，即使是对阿尔茨海默病及其他老年失智症(dementias)患者来说，严重的神经元丧失仍比不上大脑组织、血液和器官改变所带来的影响严重(Thomas et al.，1996)。

脑波图的记录显示，老年人大脑的反应会较年轻人慢，这是因为，随着年龄增长，反应时间会增长。事实上，人类从中年开始，反射或反应的时间自然会增长。中年人对于电话、门铃、过马路，甚至进行纸笔测验及做报告，或是面对各种不同的可能性问题而需要做选择时，都需要花费较多的时间进行反应(林欧贵英、郭钟隆 译，2003)。大多数的老年人为了因应自己生理功能的退化，会花多一点时间来完成需要完成的工作，例如原本需要 15 分钟就能到达的约会地点，老年人往往会提早至少半小时。因此，老年人若能面对自己身体老化的事实，借由多方留意而调整，就可减少许多意外事故的发生。

一个人即使没有任何疾病，但随着老化的自然发生，许多人的脑波都会开始变慢，而且每一个阶段，其睡眠时间的长短也会有所改变，即老年人较年轻人容易受到环境的刺激而醒来(例如噪声)，且使得睡眠较浅的老年人容易惊醒(Vitiello & Prinz，1991)。老年人由于夜间睡眠品质欠佳，因此为了补偿睡眠，在白天时可能就会打瞌睡，而这又会使得夜间睡眠品质更差，陷入恶性循环。研究发现，老年人是使用安眠药或有助于睡眠的镇静剂的“高使用群”，老年人这个年龄层用掉的安眠药或有助睡眠的镇静剂，占了所有使用量的一半。不过，这样的处方并不见得对他们的睡眠有帮助，尤其是当长期服用时，药物对睡眠并不会有改善。尤其女性老人的睡眠障碍或是使用安眠药物的比例都较男性老人为高(Ohayon & Caulet，1995)。老人睡眠的困扰可以经由个人良好的“睡眠卫生”(sleepy hygiene)加以改善，而建立良好的睡眠卫生和习惯便是重中之重了。

十、感觉系统的改变

感觉系统会随着老化逐渐衰退，感觉功能的变化会影响老人的社交能力。一般人会认为，当一个人年纪增大，视觉、听觉、感觉、嗅觉或触觉等感官能力便会退化。随着老化，感觉功能的退化是正常的。但事实上，感觉功能退化发生的时间相当早，即在生命的早期。感觉系统的功能在二十几岁时就达到顶峰，然后维持几年，随后便慢慢地开始退化。感觉系统随年纪增长而退化，当然个体间的差异性仍大不相同。例如一个人可能听觉衰退得较为严重，但是视觉功能却完好如初，又如七十几岁的老婆婆已患严重“耳背”，但眼力却仍能穿针缝衣。至于味觉及触觉的感觉器官，一直到了老年时期，改变仍然相对较小。随着岁月的消逝，感觉系统的功能会影响到老年人的整体社会功能，不过这些改变通常是“渐进式”的，所以老年人通常可以适应，也可使用某些辅具来减轻感觉功能丧失的影响而正常生活。

虽然有些感觉器官退化得非常严重，或多种感觉系统同时严重退化，但这些问题通常发生在“老老年”(85 岁以上)或“中老年”(75～84 岁)阶段。而个体在正常老化的过程中，感觉系统皆会有某种程度上的衰退，其分述如下：

(一) 视觉的改变

视觉的退化会随着年龄的增加而日趋严重，所以老年人在日常生活中，包括在车上阅读较小字体的书报、纸张，或看电脑、手机，或适应突然变化的灯光时，常常都会有所困难。“白内障”或“青光眼”可能造成视力受损，其对生活造成的影响，远比听力受损更大(Rudberg et al.，1993)。许多与年龄有关的视力变化都可以归因于眼睛组织的改变，此改变会影响视觉及知觉的改变。在某些老人个案中，会产生“脂质的黄斑”，称为“老人环”(senile arcus)，其与年龄有关，是常见的周边角膜混浊，不过老人环并不会影响视力，若在 55 岁以下有老人环产生，就要注意是否胆固醇过高，注意老人是否有“流目油”的问题。

随着老化的发生，瞳孔会逐渐变小，而且其大小会愈趋固定，因此，瞳孔张开至最大的能力也会随着老化而变弱。年龄的增长也使得眼睛的晶状体失去弹性，无法对近物产生聚焦，因而看不清楚近物，这就是所谓的“老花眼”(presbyopia)。晶状体的功能是聚光和调视，它就像照相机的镜头，位于眼球前部，负责将外部的光线传递聚焦于视网膜上，是视觉结构的一个重要部分。中年时期开始，晶状体就会慢慢失去弹性和调节能力(accommodation)，渐渐无法看清近物(刘荣宏、林伯刚，2003)。60 岁之后，晶状体的调节能力恶化得更加明显，给老年人从近看远时造成更大的困难，所以老人上下楼梯、阅读书报、看见他人或上课时看着黑板写笔记时，都会发生困难。

由于视觉的改变对老人的生活影响很大，因此常见的有三大类视觉问题：白内障、黄斑部病变、青光眼。

1. 白内障

正常的晶状体会呈现“透明状”使光线容易通过，但经过数十年的使用，在自然老化过程中，晶状体会变得较混浊且不透明，尤其当晶状体的位置或形态发生异常，并呈现大理石般的花纹时，其聚光调适功能就会受到影响。因此，老年人的晶状体若发生严重混浊，使得光线无法通过，则被称为白内障(cataract)，这也是人类失明的首要原因(Sperduto, 1994)。有研究指出，老年人会产生白内障，和其本身缺乏抗氧化剂及维生素 A、C、E 等有密切的关系(Jacques, Chylack & Taylor, 1994)。白内障的发生概率，会随着年龄增加而升高，老年人中的盛行率甚高。

白内障早期可以佩戴远视或近视眼镜，改善视力以应付日常生活。目前药物治疗没有确定的疗效可以根除白内障，手术摘除是唯一有效的治疗方法。传统白内障手术伤口约 1 厘米，新式手术伤口仅 2.0 至 2.2 毫米，较不需要缝线，可减少术后异物感。新式小切口手术比传统手术迅速、少疼痛，可及早恢复正常生活，大幅减少手术疼痛感。另外，新式小切口手术的时间比传统手术短，在患者可配合的情况下，甚至只需局部麻醉即可(林靖洋，2012)。然而，并非所有的白内障都需要摘除，手术的时机依个人需要而定，除非已经大大影响到日常生活、阅读和工作，且无法用眼镜矫正视力时，方可考虑开刀。手术是将混浊的晶状体摘除，并置放人工晶状体，可帮助病患恢复极佳的视力(郑硕方，2012)。

2. 黄斑部病变

由老化造成的“黄斑部病变”(age-related macular degeneration, ARMD)也是老年人常见的眼疾之一。这种病变是因为眼睛的脉络膜产生了不正常的新生血管，长到黄斑部下方；这些新生血管很脆弱，容易反复出血或渗水，破坏了黄斑部的感光细胞，造成视力急速的减退。此病变会使老年人看东西时，影像的中心变暗且模糊不清，尤其是在近距离看东西时会产生困扰，严重者会无法阅读或是辨识人的脸孔。老年性黄斑部病变致病的危险因子包括：(1) 高龄；(2) 家族史；(3) 高血压；(4) 高血脂；(5) 抽烟；(6) 长时间强光照射(台大医院护理部，2012)。黄斑部病变的发生是一种“渐进性”疾病，通常易发生在 50 岁以上的人身上，且随着年龄而增加，此种病变的发病概率较白内障高(李凤利、刘荣宏、熊梦年，2003)。目前有研究指出，黄斑部病变是基因遗传或环境中的危险因子所造成，例如抽烟、手机电脑荧幕蓝光的强光照射。若能多摄取富含类胡萝卜素的食物，或是多服用含“锌”(zine)的补充剂，可对黄斑部病变患者的视力有所改善(Seddon et al., 1994; Blumberg, 1996; Allikmets et al., 1997)。

老年性黄斑部退化病变可分为干式和湿式两种疾病型。干式通常对视力的影响不大，合并有脉络膜新生血管的湿式黄斑部病变才会造成视力严重减退。可用“激光”“经瞳孔热治疗”或“光动力疗法”来治疗。若视力已永久性受损，低视能辅视器可以有所帮助。目前预防老年性黄斑部病变的方法有：(1) 日常生活中避免强光直接照射眼睛；(2) 外出时应佩戴隔绝紫外线的太阳眼镜；(3) 平常可食用富含抗氧化功能的食物，例如维生素 A、C、E，锌和类胡萝卜素；(4) 控制血压、血脂，不要抽烟(台大医院护理部，2012)。平日在家中也可使用“阿姆斯勒方格表”(AMSLER GRID)进行自我检测(见表 4-2)。

表 4-2　陛姆斯勒方格表(AMSLER GRID)

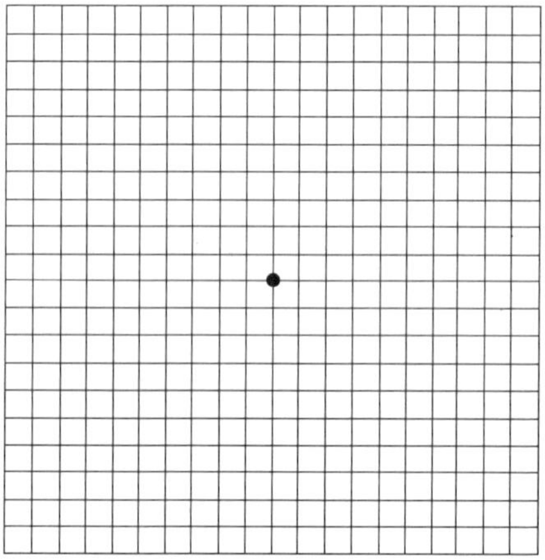

使用方法

1. 把方格表放在眼前 30 厘米处，光线要清晰且平均。
2. 如有老花或近视，须佩戴原有的眼镜进行测试。
3. 先用手盖住左眼，右眼凝视方格表中心的黑点。
4. 重复步骤 1 至 3 检查左眼。

注：当受测者凝视中心黑点时，若发现方格表中心出现空缺或曲线，就可能是眼底出现毛病的征兆，请尽快找眼科医生做详细检查。

资料来源：台湾卫生福利主管部门国民健康署健康九九网站。[阿姆斯勒方格表(AMSLER GRID)]。

3. 青光眼

青光眼(glaucoma)又称为“绿内障”，已成为人类失明的三大主因之一，它是“眼压过高”所导致。青光眼依其隅角情况分为“隅角开放性青光眼”(open angle glaucoma)与“隅角闭锁性青光眼”(angle closure glaucoma)。一般而言，90%的青光眼均为隅角开放性青光眼，其特点为“眼压”慢慢升高，压迫视神经，视野逐渐缺损，但患者却仍“无自觉症状”，到疾病恶化到相当程度，患者觉得视力模糊才会寻找医师协助。导致此病症的因素为：年龄超过 35 岁、有家族病史、糖尿病、高度近视、血压不稳定等(周清光，2007)。因此，建议 40 岁以上的中年人至少每半年找眼科医师“量眼压”，评估视神经凹陷是否有异常。此外，还有“类固醇性青光眼”(steroid induced glaucoma)，不论局部点用或长期口服类固醇，均有可能诱发眼压上升，因此，各年龄层均不可乱点类固醇的眼药水(台中市向阳眼科提供)。一旦诊断罹患青光眼，可以利用药物、激光和手术来控制眼压，防止视力进一步恶化（郑硕方，2012）。

一个人若视力退化或不佳，日常生活就会有许多不便和障碍，因而被迫放弃他们所喜欢的社会活动。为了维持老年人与社会环境的和谐及心理的安适，要多鼓励老年人持续进行他们的社交活动，而这个任务应由照顾者予以协助，例如改善老年人的物理环境，尤其是提供辅具，如帮助老人佩戴适当的眼镜等。不过，老年人有时会抗拒这样的改变，所以工作人员或家属应让老年人一起参与和决定生活上的改变，如此，老人可能因被尊重而比较容易接受环境的改善，进而配合使用辅具（张朝凯，2002）。

（二）听觉

听觉是人类沟通的重要感官。随着老化，高频与低频听力皆变差，尤以高频听力下降更明显，在中年即已出现；低频听力通常到 70 岁左右才开始衰退，且全身性疾病或长期用药可能使衰退加速进行。若老年人面临听力丧失的状况，就会改变平日的行为和减少与社会的互动。听觉系统由三个部分所组成：外耳、中耳、内耳。有些老年人的外耳会稍微变长、变硬，外耳的改变虽不会影响听觉的准确性，但也会随着年龄增加而退化。随着老化，“耳蜗”可能发生最大的退化，这种构造上的改变，便会造成老年人常见的“失聪”“耳背”(presbycusis)等问题。

研究指出，美国 39％的 65 岁以上老年人有听力丧失的问题，约有 13％发生严重的“老年性失聪”(Gordon-Salant，1996)。研究也发现，老化产生的大脑退化，是造成人类听觉系统受损的主要原因，这可能是由于听觉到大脑间路径的细胞受损，以及血管改变的关系。老化与疾病所产生的病理学改变也会对听力系统造成损伤，当一个人一生都暴露在充满“噪声”的环境下，就更容易造成老年性失聪(Gordon-Salant，1996)。此外是“耳鸣”(tinnitus)问题的发生。从年轻到老年时期，耳鸣频率会增加 4 倍，而且会因其他听力的丧失而导致耳鸣的加剧(Rosenhall & Karlsson，1991)。研究也指出，对于某些老年人而言，听力障碍程度的增加会影响其功能性的能力，造成老年人社交上的退缩和临床上抑郁症状的出现(Walihagen et al.，1996；Strawbridge et al.，2000)。

避免老人听力丧失的方法，除了让老人戴助听器之外，更重要的是替他们选择噪声较小的生活环境，如在居住环境加装隔音的设备或种植树木，以减少噪声的干扰。另外，老年人可使用特殊设计的电话，这种电话可将音量增大，也可利用科技辅助老人接电话，例如使用具有来电灯光闪烁设计的电话等。此外，笔者在临床工作中发现，还有一些日常生活的沟通小技巧，例如和老年人说话时速度要“放慢”，尽量不要使用太高、太快的语调。因为太高频率的语调是老年人难以接收的。亦可善用肢体语言协助沟通，例如接触老年人的手、手臂或肩膀等，以达到增进沟通和互动的效果。

（三）触觉

人类的触觉随着年龄的增加而变差。触觉敏感度的降低最常发生在离身体最远处的指尖、手掌及下肢等部位。“痛觉”是触觉中很重要的一部分，老年人通常无法如年轻人般敏感地感受痛觉刺激，这是由于他们的皮肤神经细胞随着年龄增长而变得迟钝、没有效率，所以当老年人发生烧烫伤的意外事件时，受伤程度通常会较年轻人来得严重，因为当他们发现热源及火焰而欲做反应时，常常已经太迟了，而这种情况在社会新闻事件中屡见不鲜。

通常当老年人对身体疼痛的抱怨增加时，就会造成日后的沮丧，也表示老人已有更多的身心需求。大多数老年人都没有将他们真正经历过的疼痛表达出来，而家人也因为听老年父母诉说这里痛、那里酸已成为家常便饭，而忽略了老年人的病情。所以从事老人福利服务的工作者或照顾家属，千万勿低估老年人的疼痛感受。老年人也应学习将早期的症状“表达”出来，告诉家人或照顾者，这对于个人追求健康是具有重大意义的。

新闻视窗

老奶奶敷着热水袋，隔天一醒来脚已烫伤

根据临床的实务工作经验，老人的触觉反应的确较年轻人慢。在某一老人机构中，有一因跌倒而脚踝骨折的长者，因肿胀疼痛，医师建议必须局部热敷，这位老奶奶敷着热水袋，觉得脚很舒服，就睡着了。结果隔天一醒来，已经红肿一大片，再去看医生，医生说是烫伤了。原本老人的触觉就比较差，加上在肢体末梢部位受伤，更容易一时不注意，导致老人更大的伤害。因此，老人在使用热敷保暖或是冰敷时，因为皮肤的感觉较迟钝，需特别注意正确使用，避免造成永久性伤害。

资料来源：笔者临床的实务案例整理。

(四) 味觉和嗅觉

随着老化，判断味觉强度的能力亦会降低，老化会使得舌头上的味蕾减少，导致味觉的迟钝(Mistretta，1984)，使得老年人较无法感受食物的美味。虽然老年人味觉功能的感觉强度并不一定会改变，但的确会有特定的变化(Weiffenbach，1990)。老年人在"甜、咸"两方面的味觉下降得最明显，全部味蕾的数目可能减少三分之一以上，往往造成老年人不自觉地摄取过多的糖和盐，进而导致高血压和糖尿病等的控制不佳(林季纬，2010)。笔者在实务工作中会发现，大多数老年人会"越吃越咸"，任何食物已有咸度但都还要再蘸酱油吃即是明证。老年人的味觉能力通常较年轻人差，但是有些人却仍然很好。

人对于食物的感受并非只有依赖味觉，嗅觉也是非常重要的。老年人对空气所传导的气味不如年轻人来得反应敏锐，他们也可能较无法辨别气味上的不同。所以当我们评估一个人的嗅觉及味觉时，会发现嗅觉的退化比味觉来得快而明显。因此，当我们要增加老年人享用食物的乐趣时，就应该要增加食物的香气，所以，对于正在经历味觉与嗅觉改变的中老年人，学习中药、草药及香料的烹饪是非常重要的，此类烹饪班可以使得老年人嗅觉与味觉的感官变得更加敏锐，让老年人也能享受食物的美味。

十一、牙齿的改变

口腔疾病是老年人常见的健康问题，口腔疾病如龋齿、牙周病等一直是人类罹患率最高的疾病。近期更发现，口腔疾病是重大慢性病的元凶，是世界各国目前所关注的公共卫生议题。素有"隐形杀手"之称的流行病牙周病不仅是口腔疾病，更是破坏全身健康的杀手，将影响糖尿病人血糖的控制，也会增加心脏病、脑中风、吸入性肺炎等的罹患率。有鉴于口腔问题的严重性，世界卫生组织公告，未来将投入更多精力在口腔卫生保健上，其方向将着重在加强口腔卫生的保健工作(苗栗县卫生局，2012)。

30 岁以后，蛀牙的发生逐年减少，但是牙周病的发生却逐渐增加，发达国家人民的蛀牙发生率比发展中国家人民来得高；相反地，牙周病的发生则易见于发展中国家。若是比较城市和乡村的学童，会发现城市的学童有较高的蛀牙率，但乡村的孩子有较高比例患有牙周病，其原因或许是城市的学童多食精致的食物与糖，而乡村孩子的医药常识有待加强(卢俊泰，1999)。在正常老化的情况下，常见的老人牙齿问题和治疗、预防方式如下。

1. **珐琅质磨损**：这是老人正常老化下最常发生的牙齿问题，此乃因长期刷牙的不正确或嚼槟榔而造成对牙齿冷热的敏感。预防方式：正确刷牙，刷牙时使用软毛的牙刷，并以上下的方式刷牙(或称贝氏刷牙法)，以及避免吃槟榔。
2. **牙龈萎缩**：简单地说，即牙根露出，此乃因老化的关系，造成牙龈随着岁月不断萎缩。治疗方式：用抗过敏性牙膏刷牙，刷牙时除要正确外，牙根一有磨损或外露就必须填补。
3. **牙周病**：牙龈萎缩、牙齿摇动、牙龈出血。治疗方式：定期清洗牙结石，使用冲牙机冲牙，严重时必须进行牙周病手术，装活动假牙者必须定期调整并保持干净，否则会感染其他疾病。
4. **无牙**：此乃老人对牙齿的保健及早期的牙科医师治疗时未有足够保护牙齿的观念所致，亦即痛一颗牙齿就拔一颗牙，以为就能一劳永逸。目前针对无牙根者已有植牙的科技引进，只是费用高，一般人难以支付(台中市王弘志牙医诊所提供)。

依临床牙医师的经验，现在 70 至 80 岁的老人，有三分之一无牙者的出现主要归因于对牙周病的认识不足，以及牙齿治疗的方式不正确。虽然目前有些地方主管部门已有帮低收入户做假牙的补助，但若保护牙齿的观念不正确，一样会造成牙齿出血、疼痛、萎缩而无法发挥假牙的功能。老年人的牙齿要健康，就是越早预防越好，要有正确的观念来保健。日本是世界上最长寿的国家，他们经常开展“8020 运动”，即 80 岁必须还拥有 20 颗牙齿，才能拥有健康长寿的生活。所以日本对牙齿的保健和资源的投入特别重视，例如政府补助业者的牛奶经费，让民众在市面上购买饮料时因牛奶价格较低而容易被选用，无形中就增加了民众补充钙质的机会，长期下来，对牙齿和骨骼自然有治本的效果，这是值得我国学习之处。

第四节　老年人的生理衰退

一、老人身体衰弱循环

老化是正常的过程，在老年阶段，身体器官和生理发展会逐渐衰退，因此，健康的自我照顾是非常重要的。而在专业上，学者对老化与身体虚弱(frailty)的循环有一套评估的模式，此模式也是对人体老化和虚弱的定义，老化会对内分泌、骨骼、肌肉等各种身体组织产生影响，并进而造成老人活动能力的降低(见图 4-3)。

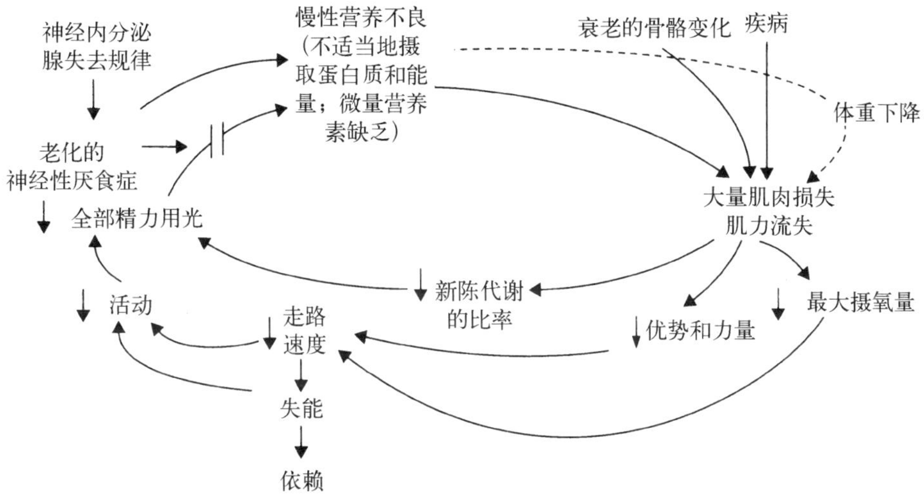

图 4-3　老人身体衰弱循环

资料来源：引自 Hoyer & Roodin(2003)。

二、老年生理衰退的特性

“老”虽是自然而正常的过程，但是老化的速度却因人而异，所以每个人在老年时，所得的疾病也不尽相同。一般而言，老化在 40 岁以后开始，但真正明显地出现老化现象则是在 60 岁以后。以临床复健医学观点而言，65 岁以上才算老人，但也有些人已七十几岁了，看起来却像五十几岁的人，“神采飞扬”“精神奕奕”“宝刀未老”，但也有些人则“未老先衰”“死气沉沉”。虽然这些老化现象因人而异，但生理机能的全盘衰退，则是人人相同的。因此，将生理上的衰退特性简单归类如下。

1. **知觉功能降低**：知觉功能的降低对老年人影响颇大，痛觉更是影响生理机能，而老人因较迟钝，所以如果老人觉得身体某一部分“很痛”时，其病情已相当严重且绝不容忽视。尤其老人的跌倒，常导致骨折而不自知，这是相当危险和麻烦的事，家属必须特别留意。

2. **体温调节功能的衰退**：人年纪大了之后，各种机能都在退化之中，除了皮肤、内分泌、自主神经等功能退化外，其体温调节功能也相当明显地退化，例如冬天怕冷、夏天怕热，不得不依赖一些电器（电热水袋、电扇、空调），也因此天气稍有变化，老人就无法适应，易发生严重伤风、感冒，甚或引起其他并发症而导致死亡。因此，气候的转变对老年人的生命是一项极大威胁，必须加以注意。

3. **对陌生环境适应力减弱**：由于老年人的生理反应较为迟钝，所以对生活环境的适应力也较差。例如老人若需转换新环境时，事先如未与其沟通或未征求其同意，让其心理稍做准备与调适的话，转换新环境后，老人极易因适应不良而产生严重后果，所以帮老人换新的居住环境时，必须小心谨慎地处理。

4. **应变能力降低，生理安全幅度小**：我们身体的器官有"功能上的保留"，即我们的器官，很少有百分之百使用的情形，例如年轻人的胃割掉三分之二也没关系，可以照常上班、生活愉快。但上了年纪的人，器官功能的保留范围则越来越窄，有时甚至降为"零"，即器官已百分之百地被使用，毫无功能上的保留。因此，稍微超过用量即可能发生问题，老人因洗热水澡而暴毙的情形即是，所以老人身体器官要特别保护，以免受伤害而发生不幸。

5. **智能减退、判断力差**：有些老人虽外表正常，但实际上已相当老化，例如记忆力差、判断力弱、反应迟钝，且常时光倒错、答非所问，计算事物的能力慢、混淆不清、易跌倒等，这些情形的发生都易引起严重的疾病，进而导致生活不便，所以必须特别关怀。

除了上述之外，老人还经常因为抵抗力差而容易生病；生病时易发生其他并发症；因体能的衰退，患病后恢复时间较长、较慢。因此，工作人员和家属必须特别留意。预防重于治疗，培养正确的保健观念，提升免疫系统，才能常保身体健康。

问题与讨论

1. 生理老化理论有哪些？各有哪些看法？

2. 试举出老年人生理发展的改变，至少举出五项。

3. 一般老人常见的三大类视觉问题为何？应如何预防？

4. 老人生理上的衰退特性归类为何？请讨论。

5. 请以自己的亲人为例，说明该位长辈的身心退化情形。

参考书目

一、中文部分

台大医院护理部. 老年性黄斑部病变之护理指导[EB/OL]. 台北：台大医院，2012. https：//www. ntuh. gov. tw/nurse/default. aspx.

吴雅汝，詹鼎正. 息息相关的骨松症与肌少症[N]. 台大医院健康电子报，2012(54).

李凤利，刘荣宏，熊梦平. 视网膜[M]//许纹铭. 临床实用眼科学. 台北：合记图书出版社，2003.

周清光. 青光眼[M]//许纹铭. 临床实用眼科学. 台北：合记图书出版社，2007.

林佩欣. 老年衰弱症及肌少症[J]. 长庚校讯，2012(104).

林季纬. 老年人的生理变化[J]. 义大医讯，2010，6(4)：4－6.

林靖洋. 白内障开刀 不必忍到熟了[N]. 联合报，2012－06－26. [2014－02－13]. http：//mag. udn. com.

Nancy R. Hooyman，H. Asuman Kiyak. 社会老人学[M]. 林欧贵英，郭钟隆，译. 台北：五南图书出版股份有限公司，2003.

苗栗县卫生局. 银发族口腔照顾的新趋势[EB/OL]. [2014－04－01]. http：//www. mlshb. gov. tw/web/Home/Home. aspx.

秦红群. 老人嗜睡 当心患心血管病[N]. 旺报，2013－06－30. [2014－02－13]. http：//www. chinatimes. com/.

翁佩瑄. 我不要老态龙钟：谈肌少症[J]. 台安医讯，2013(188)：6－7.

张朝凯. 漫谈常见的眼科疾病[M]. 台北：财团法人联合医学基金会，2002.

陈燕祯，谢儒贤，施教裕. 社区照顾：老人餐食服务模式之探讨与建构[J]. 社会政策与社会工作学刊，2005，9(1)：121－161.

台北市立阳明教养院跨方小组. 身心障碍者老化照顾服务(上)[J]. 福利社会季刊电子报，2009(127).

刘荣宏，林伯刚. 水晶体[M]//许文铭. 社会政策与社会工作学刊. 台北：合记图书出版社，2003.

蔡容乔. 老人预防受伤 先练核心肌肉[N]. 联合报，2012－04－23.

郑硕方. 中老年人视力保健[J]. 台安医讯，2012(173)：12－13.

卢俊泰. 牙齿动摇[M]//群医谈百病：财团法人彰化基督教医院百周年院庆纪念特刊，1999：264.

二、英文部分

Allikmets, R., Shroyer, N. F., Singh, N., Seddon, J. M., & R. A. Lewis (1997). Mutation of the stargardt disease gene (ABCR) in age-related macular degeneration, *Science*, 277:1805-1807.

Bjorksten, J. (1974). Crosslinkage and the aging process. In M. Rockstein, M. L. Sussman & J. Chesky (eds.), *Theoretical Aspects of Aging*. New York: Academic Press.

Blumberg, J. B. (1996). Status and functional impact of nutrition in older adults. In E. L. Schneider & J. W. Rowe (eds.), *Handbook of the Biology of Aging* (4th ed.). New York: Van Nostrand.

Finch, C. E. (1990). *Longevity, Senescence and the Genome*. Chicago: University of Chicago Press.

Goldstein, S., & R. J. S. Reis (1984). Genetic modifications during cellular aging, *Molecular and Cellular Biochemical*, 64:15-30.

Gordon-Salant, S. (1996). Hearing. In J. E. Birren (Ed.), *Encyclopedia of Gerontology*, Vol. 1. San Diego: Academic Press.

Harman D. (1981). The aging process, *Proceedings of the National Academy of Science of the USA*, 78: 7124-7128.

Hayfilck, L. (1996). How and why we age. New York: Ballantine Books.

Hayfilck, L., & P. S. Moorehaed (1961). The serial cultivation of human diploid cell strains, *Experimental Cell Reaserch*, 25:285-621.

Henderson, V. W. (1997). The epidemiology of estrogen replacement therapy and Alzheimer's disease, *Neurology*, 48:S27-S35.

Henderson, V. W., Paganini-Hill, A., Emanuel, C. K., Dunn, M. E., & J. G. Buckwalter (1994). Estrogen replacement therapy and in older women, *Archives of Neurology*, 51:896-900.

Hooyman, N. R., & H. A. Kiyak (2007). *Social gerontology-A multidisciplinary perspective* (8th ed.). Boston : Allyn & Bacon.

Hoyer, W. J., & P. A. Roodin (2003). *Adult development and aging* (5th ed.). Mc-Graw Hill.

Jacques, P. F., Chylack, L. T., & A. Taylor (1994). Relationships between natural antioxidants and cataract formation. In B. Frei (ed.), *Natural Antioxidants in Human Health & Disease*. San Diego: Academic Press.

Kohrt, W. M., & J. O. Holloszy (1995). Loss of skeletal mass with aging: Effect on glucose tolerance, *Journals of Gerontology: Biological and Medical Sciences*, 50: 68-72.

Mistretta, C. M. (1984). Aging effects on anatomy and neurophysiology of taste and smell, *Gerodontology*, 3:131-136.

O'Brien, S., & P. Vertinsky (1991). Unfit survivors: Exercise as a resource for aging women, T*he Gerontologist*, 31:347-357.

Ohayon, M. M., & M. Caulet (1995). Insomnia and psychotropic drug consumption, *Progress in Neuro-psychopharmacology*, Biology and Psychiatry, 19:421-431.

Paganini-Hill, A., & V. W. Henderson (1991). Estrogen deficiency and risk of Alzheimer's disease in women, *American Journal of Epidemiology*, 140(3):256-261.

Paganini-Hill, A., & V. W. Henderson (1996). Estrogen replacement therapy and rick of Alzheimer's disease, *Archives of Internal Medicine*, 156:2213-2217.

Rosenhall, U., & A. K. Karlsson (1991). Tinnitus in old age, *Scandinavian Audiology*, 20:165-171.

Rudberg, M. A., Furner, S. E., Dunn, J. E., & C. K. Cassel (1993). The relationship of visual and hearing impairments to disability, *Journals of Gerontology*, 48: M261-M265.

Rudman, D., Drinka, P. J., Wilson, C. R., Mattson, D. E., Scherman, F., Cuisinier, M. C., & S. Schultz (1991). Relations of endogenous anabolic hormones and physical activity to bone mineral density in elderly men, *Clinical Endocrinology*, 40:653-661.

Seddon, J. M. , Ajani, U. A., Sperduto, R. D., Hiller, R., Blair, H. N., & T. C. Burton (1994). Dietary carotenoids, vitamins A, C, and E, and advanced age-related macular degeneration, *Journal of the American Medical Association*, 272:1413-1420.

Sperduto, R. D. (1994). Age-related cataracts: Scope of problem and prospects for prevention, *Preventive Medicine*, 23:735-739.

Strawbridge, W. J., Wallhagen, M. I., Shema, S. J., & G. A. Kaplan (2000). Negative consequences of hearing impairment in old age: A longitudinal analysis, *The Gerontologist*, 40:320-326.

Strehler, B. L. (1986). Genetic instability as the primary cause of human aging, Exp. Gerontol, 21:283-319.

Thom, D. H., & J. S. Brown (1998). Reproductive and hormonal risk factors for urinary incontinence in later life : A review of the clinical and epidemiological literature, *Journal of the American Geriatrics Society*, 46:1411-1417.

Thomas, T., Thomas, G., McLendon, C., Sutton, T., & M. Mullan (1996). Beta-amyloid-mediated vasoactivity and vascular and vascular endothelial damage, *Nature*, 380: 168-171.

Vitiello, M. V., & P. N. Prinz (1991). Sleep and sleep disorders in normal aging. In M. J. Thorpy (eds.), *Handbook of Sleep Disorders*. New York: Marcell Decker.

Wallhagen, M. I., Strawbridge, W. J., & G. A. Kaplan (1996).6-year impact of hearing impairment on psychosocial and physiologic functioning, *Nurse Pract*, 21(9):11-4.

Weiffenbach, J. M. (1990). Assessment of chemosensory functioning in aging: Subjective and objective procedures. In E. L. Schneider & J. W. Rowe (eds.), *Handbook of the Biology of Aging*. San Diego: Academic Press.

Wilson, D. L. (1974). The programmed theory of aging. In M. Rockstein, M. L. Sussman & J. Chesky (eds.), *Theoretical Aspects of Aging*. New York: Academic Press, 11-21.

▶▶ 第五章

老人的心理社会发展

健康长寿是人人所追求的目标。健康指的是一种“良好的生命品质”，长寿则是“绵长的生命时间”，若能两者兼而有之，才可称为真正的“幸福”人生。因为如果活得长寿而不健康，凡事都需要依赖他人协助，这不仅是个人的痛苦，同时也会连累家人。因此，老人问题常会延伸为家庭问题，甚至发展成其他的社会问题，所以有许多不同理论被提出。本章从社会心理的角度看老化的议题，最后提出社会工作“充权”的理念。

第一节　老年社会化理论

本节主要提出老人在退出职场之后，在老年期的生活中所表现出的与社会互动的情形，一般有以下几个理论常被用来探讨老年社会化现象：(1) 活动理论；(2) 撤退理论；(3) 持续理论；(4) 亚文化理论；(5) 社会交换理论；(6) 角色转换理论；(7) 家庭网络理论；(8) 心理社会发展理论；(9) 生命四季理论等。除了对于理论内容的了解外，在此应特别留意的是：任何理论都未考虑到老人异质(heterogeneous)的特性。

一、活动理论

“活动理论”(activity theory)在许多方面都认为老年时期是中年时期的延伸。活动理论认为，面对老龄化最好的方法，就是必须保持与中年时期一样的生活方式；保持不间断的社会参与，能使一个人获得许多不同的社会地位及社会角色，并且能使人实际参与各式各样的社会活动。换句话说，要享有快乐的老年生活且适应良好，最重要的就是保持活动，并且试图去寻回从前你所渴望获得的社会地位或社会角色。

二、撤退理论

“撤退理论”(disengagement theory)是以发展的观点来看高龄化的过程，此理论和“活动理论”持相反观点，认为老年是一个独立的生命发展阶段，而不是中年时期的延续，因为老人会受到不同价值观和社会规范的约束，且随着年龄的增长，老人也会脱离社会活动。除此之外，由于生理机能的逐渐衰退，老人也势必丧失一些社会角色或社会地位。

三、连续理论

“连续理论”(continuity theory)相当强调老人人格的多样性，而且认为老化是无法由单一理论来加以解释的。连续理论认为，个人人格的特性其实并不会因进入老年期而有太大的改变，老人即使在退化之后，人格一如往昔并未有转变；或许这种简单的解释已经非常足够，但是对于从事临床实务工作或研究的人员而言，这个理论其实是相当难验证的。

四、亚文化理论

“亚文化理论”(subculture aging theory)认为，老人必须借由亚文化中的同侪团体力量，来维系他们的自我概念和获得社会认同(Rose，1965)。亚文化理论认为，当老人产生自我群体认同时，会和年轻人的社会产生疏离，并发展群体意识，进而影响政治或社会。当然，也有人认为老人并不是一个亚文化的群体(subculture group)，他们认为老人在世代的传承中扮演一个相当重要的角色，根据过去的事实得知，人们在年老之后，仍然能够从事多样化的社会参与和活动。因此，我们没有理由将老人看成一个亚文化的独特群体，只有当老人的身体逐渐衰老或染上疾病时，他们的生活才会受到拘束和限制。

五、社会交换理论

“社会交换理论”(social exchange theory)是将社会互动视为交换的社会学理论，它认定人与人之间的互动，是利润与成本的计算与交换的过程，相信个人的交换行为是自私、自利的，以自我为中心的，人们会去计算以维持有利润的交换报酬，也会去回避成本太高的人际互动关系。交换理论的观点虽然可以应用在各个年龄层，然而 Dowd(1975)却认为交换理论更适合用来解释为什么老人会与整个社会脱离。Dowd 还认为，老人无法在人际关系上投资许多资源，是造成老人与年轻人互动逐渐减少的主要原因，而年轻人以老人的功能或酬赏作为交换，以维持平衡，一旦双方失去平衡关系，互动就会减少，所以人老之时反而要握有更多的资源和筹码，以获取人际互动的机会。

六、角色转换理论

“角色转换理论”(role theory)认为,与其说老年是一个角色丧失的时期,还不如说是一个“角色转换”的时期。在老化的过程中,我们有充裕的时间来卸下过去的社会角色和社会地位,同样,我们也有充裕的时间去适应新的社会角色和社会地位,所以老人都会有相当充裕的时间去做好心理准备。举例来说,从中年时期开始,老人们就会逐渐感到身体机能的衰退,而他们也看过其他老人如何适应生活上的各种转变。除此之外,老人对于生活都有相当高的适应能力,因为已经看过太多人事间的变化,所以他们大都能轻而易举地适应各种老年生活的转变,而在原本丧失的社会角色外找到新角色。

七、家庭网络理论

社会学家认为,探讨老化就必须了解个人在社会里的角色地位,因为社会结构对老化现象的影响是相当大的。“家庭网络理论”(family network theory)探讨父母与子女之间的关系和老年人在家庭的地位,并且由家庭网络和两代之间的互动频率、关系来了解家庭关系,尤其成年子女结婚离开原生家庭之后,老年父母的婚姻关系会大大影响老年人在老年期的生活及适应。

八、心理社会发展理论

Erikson 着重研究“心理社会发展理论”(psychosocial development theory)对个人生命周期的影响与发展。Erikson 将个人的自我发展分为八个阶段,每一个阶段个人都会有需要完成的主要任务,并且会经历冲突,而克服每个阶段的冲突是此阶段成功的基础。根据 Erikson 的心理社会发展阶段所示,人类在最后一个阶段(第八阶段: 老年期)的任务是“自我统整或绝望”(egointegrity vs. despair)。在此阶段的老人若回顾其一生是努力付出的,则可以接受死亡的来临,因而获得超脱的智慧,以更乐观的方式安排有意义的晚年;反之,若是回顾一生是零散的,则会无法支配死亡及缺乏自我统整,进而产生人生的绝望危机。此阶段的主要任务是整合早期的经验,并体认一个人的生命价值,不论其是否符合外在社会的成功定义。达到自我统整的老人，对年轻一辈产生联结感，并能通过非正式的会谈、咨商扮演亦师亦友的顾问角色，以帮助年轻人或年轻人的团体，并可以通过写回忆录等方式，与年轻人分享他们的经验与智慧（林欧贵英、郭钟龙，译，2003）。

九、生命四季理论

“生命四季理论”（the seasons of life theory）由 Levinson 及其同事所提出，该理论将焦点放在自我发展的分期上。生命四季理论将人类的生命结构分为四个时期（如大自然的春、夏、秋、冬四季），每一个时期持续约 20 年，而每一个时期中又约有 5 年的转型期。转型期通常发生在自己的个人感觉改变，或者是有如生产、退休等外在大事件发生时，转型等大事件使得个人在关系的发展上有了新的需求。例如成年晚期是指 60 岁以上，其主要特征是体认体力的明显衰退，对老化感到焦虑，因此，个人必须“接受”老化是不可避免的过程才能顺利度过移转阶段，若“否认”老化或不能接受生理改变，这部分老人在生活形态及移转阶段就会有适应上的困难产生。Hoyer 和 Roodin（2003）将 Levinson 的生命四季理论和 Erikson 的心理社会理论（在成人发展阶段）进行比较（见图 5－1）。

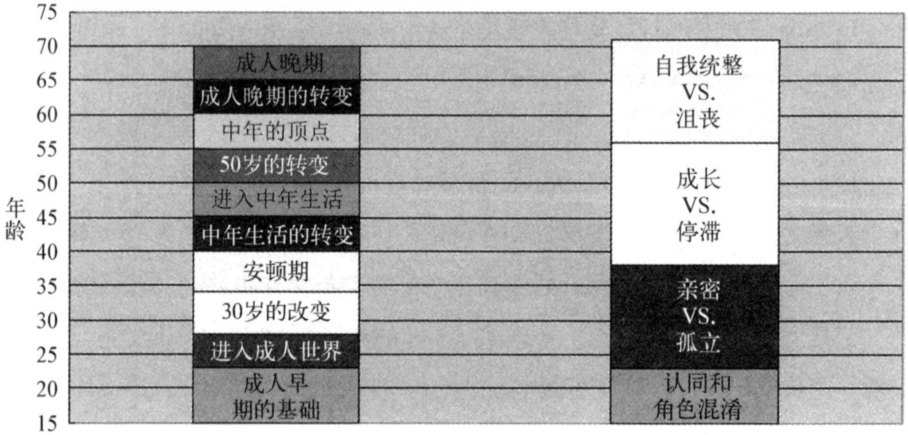

图 5－1　Levinson 与 Erikson 的成人发展阶段比较

资料来源：引自 Hoyer，W. J. & P. A. Roodin（2003）。

第二节　老人的心理社会发展

一、老年人的心理社会发展问题

老人由于生理功能的退化和某些慢性疾病的发生而造成心理压力，加上社会上对老年人的观感，大多持一种负面的“刻板印象”，认为老人就是“老废”“老花”“老伙仔”（台湾方言），因此造成老年人更退缩至社会的角落。作者整理归纳了老年人常见的心理社会发展问题，如表 5－1 所示。

表 5－1　老年人的心理社会发展问题

问　题	内　　容
个人与社会的疏离	· 因身体功能的老化和社会互动的减少，信息获取和流通能力明显降低 · 社会的冷漠带来更多的疏离感
寂寞和孤独感	· 退休后，失去职场网络 · 家庭成员重组，如家人迁移或死亡等 · 配偶的死亡
焦虑感	· 担心疾病和死亡的来临 · 担心生病乏人照顾 · 担心生病是家人沉重的负担
认知和情绪的变化与反应	· 自我中心较强：老人偏向固执、食古不化 · 保守性高，冒险心降低 · 好猜疑：常往不好的方面想事情 · 嫉妒心较强 · 缺乏坚韧和灵活度 · 环境适应力差，如对住进老人机构较难接受 · 怨天尤人较多：病多、话多、时间多但经验也多 · 悲伤：配偶、子女及亲友的分离和死去 · 忧郁：因为身体功能退化、社会对老人的排斥、子女离开家庭，而产生忧郁的心理，而且老人的忧郁通常是不易被察觉的 · 无助：因为离开职场、身体功能衰退、疾病增加和社会变迁，容易让老人产生无助感 · 愤怒：老人在许多生活形态急剧转变时，容易有生活适应不良现象，引发过度焦虑、神经质、极端暴躁、易怒等状况
依赖性增加	· 因为疾病与退化造成身心方面必须依赖他人的协助照顾

（续　表）

问　题	内　　容
经济的依赖	· 因为没有工作能力，需要仰赖亲友的经济协助，或依靠政府的津贴补助
老年期不断的失落与悲伤交错	· 因为寡居、独居、退休，或者对第二段婚姻关系的适应，面临人生角色和价值的转变以及死亡的威胁

二、社会环境与老人生活适应

Lawton 和 Nahemow 于 1973 年提出环境压力与个人能力的胜任模式(competence model)（见图 5－2）。所谓环境压力指的是社会、社区、邻居或家庭等个人所处的社会和物理环境，它需要个人的调适、回应或改变。当个人的胜任能力强时，能有效解决各种问题，例如有能力适应环境压力，包括健康、学习技能、工作表现及日常生活的打理，所以个人胜任能力越高，承受环境的压力也越大。而当老人罹患慢性疾病或行动不便或生活无法自理时，个人的胜任能

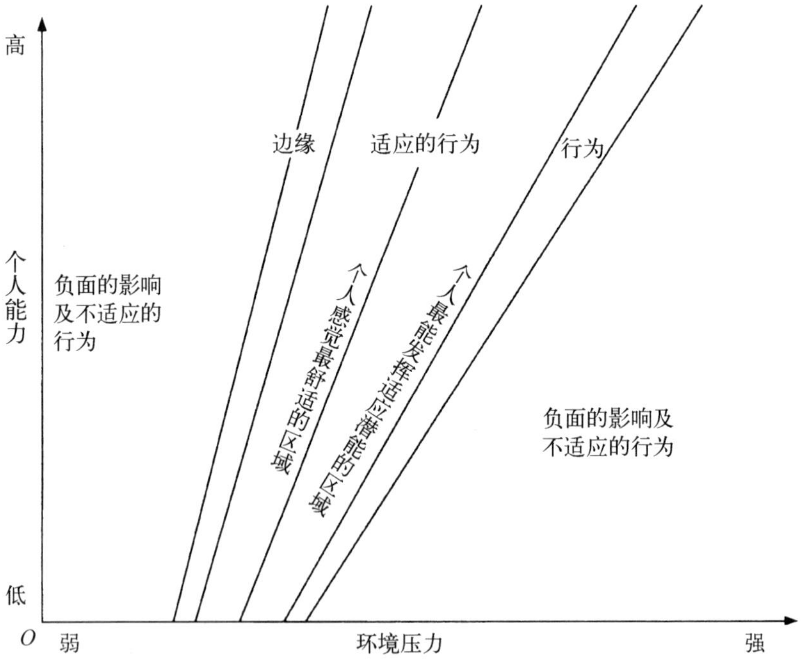

图 5－2　环境压力-个人能力模式

资料来源：Lawton & Nahemow(1973)。

力就会受限，生活品质就会大受影响。因此，亟须物理环境的介入，以协助老人适应新环境并减少日常生活的不便，例如无障碍生活空间的设计、老人送餐服务、交通接送服务等。

第三节　老人人格和社会适应

一、人格的定义

人格（personality）是心理学上最复杂的研究主题之一。人格的形成是指在个体和环境交互作用的过程中所形成的一种独特的身心组织，这一缓慢的动态组织使个体在适应环境时产生需要、动机、态度、价值、信仰、气质、性向、外形、生活习惯以及行动等方面所显示的独特个性。心理学家将人格视为个人行为的固定倾向，其对人格的解释是（彭驾骍，1999）：

1. 人格是个体与环境交互作用所组成的；
2. 人格的形成是独特的，也是持久的；
3. 人格在适应环境时，决定与众不同的行为模式及身心各方面的特质。

社会心理学则用“镜中我”（looking glass self）强调社会互动对个人本我概念形成的重要性，是经由别人的眼睛才知道“我是谁”，就如同我们从镜中看到自己一样，所以老年人的人格发展不只受到主观概念的影响，也深受社会周遭人的影响。

一个人从出生后，就开始展开他独特的一生，终其一生也找不到一个完全一样的人。人格是一个人与生俱来的特质，也决定了一个人与环境互动的方式与品质。例如有些人热情活泼，有些人则含蓄内敛，然而，我们虽然无法选择先天性人格的类型，但却可以通过后天的学习控制、改变自己的行为。从长远来看，人格有某种程度的稳定，所以它是一种结构，它也会为了应对环境而改变，因而也是一种过程。一般而言，孩童时期、少年时期、青年时期的人格较具弹性，在成年之后，人格变得成熟、稳定，因此较不易被改变（Kogan，1990），所以老年时期的人格模式是最不容易被改变的。

二、老人人格的类型

基本上老人是相当孤寂的，其孤寂的感觉来自社会的歧视和老人本身心理的调适不当。心理学家 Reichard 等人(1962)研究老人的人格类型时，归纳出五种类型：(1) 成熟型；(2) 摇椅型；(3) 防卫型；(4) 愤怒型；(5) 怨叹型。Neugarten 等人(1968)则将老人人格分为四个类型。

1. **整合型人格(intergrated personality)**：这类老人内心生命丰富，充满活力、干劲，且有能力处理好自己的日常生活事务。
2. **被动、依赖型人格(passiue-dependent personality)**：这类老人常依赖别人，有如坐在摇椅上的老人，只指望别人来满足自我。
3. **冲动型人格(armored personality)**：这类老人常过分追求成就，不仅想控制自己的命运，甚至也想控制周遭的一切。
4. **散乱型人格(unintergrated personality)**：这类老人常无法控制自己的情绪，而且又无法做好自己的事情，生活极为散乱无章。

不论如何，在老人人格类型中，以"整合型"(或称成功型)人格的老人最能适应社会生活；然而这种适应良好的人格，其实早在"年轻时"就已定型，并非等到老年时才发展出来(陈燕祯，2000)。

三、老人社会适应的模式

由于社会环境的快速变迁，上述这些类型尚不足以涵盖所有老年人的人格类型或社会生活模式。就此，有研究依当前社会的老人实际生活，将老人适应社会的模式概分为九种类型(彭驾骍、彭怀真，2012)，有些老人是属于单一的类型，但也有同一个老人会同时具有多种类型的特征。这九种类型为：(1) 永不服老型；(2) 怡然自得型；(3) 傲看江湖型；(4) 隐居独处型；(5) 健保常客型；(6) 得过且过型；(7) 冷漠人生型；(8) 自怨自艾型；(9) 恨天老翁型。通常在年轻时生活较满足的人，其老年的生活也较满足，所以要有成功的老年生活，就必须从"年轻时候"开始做起。《佐贺的超级阿嬷》一书，反映了在当时物资匮乏的年代，虽然阿嬷没受过什么教育，但总能说出"人到死都要怀抱梦想！即使不能达成也无妨，因为终究是梦嘛！"这样的话，阿嬷即使生活很艰苦，但却具有穷得很开心的人格特质，这是值得我们学习的。

第四节　老人常见的心理疾病

老人常见的心理疾病主要因老人的脑部退化、疾病而导致其心理、情绪、行为、社会适应等困难，本节主要对老人常见的心理疾病，包括老人失智症(Dementia)、帕金森病(Parkinson's Disease, PD)、抑郁症(Depression)等加以探讨。

一、老人失智症

(一) 失智症的问题

老人因一种脑部退化性病变，导致记忆及心智逐渐丧失，称为失智老人。2013年，台湾65岁以上失智人口推估为217 855人(汤丽玉，2014)。另台湾失智症协会曾预估：到2060年，失智人口比例将上升至4.2%(台湾失智症协会，2012a；见图5-3，附录5-1)。失智症(Dementia)不是单一的疾病，而是一群症状的组合(症候群)，它的症状不只是单纯的记忆力减退，它还会影响到其他认知功能，包括语言能力、空间感、计算力、判断力、抽象思考能力、注意力等，同时可能出现干扰行为、个性改变、妄想或幻觉等症状，这些症状的严重程度足以影

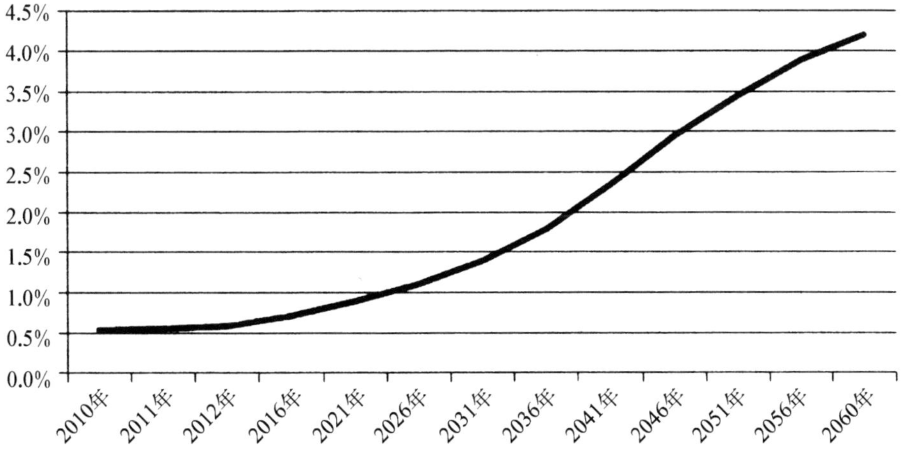

图5-3　台湾65岁以上社区失智人口成长

资料来源：引自社团法人台湾失智症协会(2012a)。

响其人际关系、工作能力。因此，失智和正常老化是不同的、是有区别的（见表5－2）。临床上失智症患者常会忽略其自身的初期症状，发现异样的多为亲友，因此可通过“AD－8级早期失智症筛检量表”来掌握失智症的早期症状（邱铭章、汤丽玉，2009）。AD－8量表用于民众自我评估，专业人员可亲自询问也可通过电话询问，以便让失智患者能尽早发现并接受治疗。

表5－2　失智症与正常老化的区别

老化	· 可能突然忘记某件事，但事后会想起来 · 若做记忆测试，可能会无法完全记住测试中的物品
失智	· 对于自己说过的话、做过的事，完全忘记 · 无法记住记忆测试中的物品，甚至完全忘记自己做过测试

资料来源：邱铭章、汤丽玉（2009）。

世界卫生组织（WHO）发布的全球失智症报告指出，失智并非正常老化的一部分。2010年，全球约有3 560万的失智症患者，且以每年增加770万人的速度迅速成长，也就是平均每4秒钟就会有1名新罹病者，这一数字将在2030年倍增，因此需立即采取因应措施，特别是在资源缺乏的国家。全球每年花费在失智症的相关支出高达604亿美元，而且在未来，其攀升速度将比罹病率的增加还要快，因为目前被确诊为失智症后，其存活年限还很长，这对照顾者来说是很耗费心力的照顾工作，所以需要医疗、社会、经济和法律等支持体系，以团队合作的方式导入服务支持系统，才能达到照顾效果（社团法人台湾失智症协会，2012a）。为了建置失智症照顾服务体系，卫生福利主管部门将失智照顾纳入包括居家服务、日间照顾及其他多元服务模式等在内的重点项目，并鼓励老人机构设置失智症专区，以因应失智者对机构式照顾的需求（筒慧娟等，2013）。此外，当局也推进家庭照顾者支持系统、培训专业照顾能力及教育宣导。

（二）失智老人的定义

失智老人的病情进展伴随着脑部细胞逐渐被破坏，由不正常生成物取代脑细胞而日渐严重，症状及病程常因人而异，但绝大多数从发病到完全失智，时间进展缓慢，在5～10年。引起失智的原因很多，临床上失智症可分为三大类型（叶炳强、刘珣英，1993；刘景宽，1997a，1997b；卓良珍，1998；邱照华，2010）：

1. 退化性失智症(大部分患者属于此类型)

- 阿尔茨海默病(Alzheimer's Disease，AD)：俗称"老年失智症"，是最常见的失智症，占失智老年人口的40%～50%。
- 阿尔茨海默病为大脑神经细胞退化所造成的失智症，通常以大脑皮层为主。它是一种原发性、逐渐产生的疾病，病因至今仍不清楚，可能是先天体质或是遗传基因，加上后天生活环境等因素累积所造成，年龄增高为最明显的危险因子。
- 早期病征以记忆力衰退最为明显，对时间、地点和人物的辨认出现问题。是以两种以上认知功能障碍，会导致大脑缓慢且逐步退化，退化的过程是不能恢复的。其脑部神经受到破坏，过世后解剖可发现脑部有异常老年斑和神经纤维纠结。其临床病程为8～10年。

2. 血管性失智症

- 为脑血管疾病所引起的失智症，特性是认知功能突然恶化、有起伏现象、呈阶梯状退化，在东方人身上的发生比例甚高。
- 常见临床特征：情绪及人格变化、尿失禁、假延髓性麻痹(吞咽困难、构音困难、情绪失控)、步履障碍(失足跌倒)。
- 通常合并出现小脑梗死，容易发生在多次中风之后。

3. 其他原因引起的失智症

此类型多为可逆的，若能找出导因并对症治疗，即能获得缓解。这类型失智症的病因有以下几种。

- 营养失调：例如缺乏维生素 B_{12}、叶酸等营养素。
- 颅内病灶：例如常压性水脑症、脑部肿瘤、脑部创伤等。
- 新陈代谢异常：例如甲状腺功能低下、电解质不平衡等。
- 中枢神经系统感染：例如梅毒、艾滋病等。
- 中毒：例如药物、酗酒等。
- 其他。

(三) 失智老人的特殊性

失智症其实属于一种脑部功能的退化病态，它是以记忆力损伤为主要症状的一组症候群。心智能力在许多方面的退化，严重影响到一个人的日常生活功能，此退化状态表现为数学能力、文字、抽象思考、判断力、说话或身体协调等方面能力的丧失，有时也包括性格的改变（刘景宽，1997a；刘秀枝，1997），通常需经专业医疗人员的判断，才能确认是否为失智症。也因为此症易发于老年阶段，且随着年龄增长，得病率越高，心智及认知功能持续且广泛衰退。是否患有失智症，通常应由公立医院或经卫生主管部门评鉴合格的区域级以上医院、精神专科医院诊断为准，并载明“临床失智症检测”（Clinical Dementia Rating，CDR）（见附录 5－2），检测项目有六项：

1. 记忆力；
2. 定向感；
3. 解决问题能力；
4. 社区活动能力；
5. 家居嗜好；
6. 自我照料能力。

根据 CDR 评估结果和分数，判定失智程度有以下几种。

1. 轻度失能：CDR 达 1 分者；
2. 中度失能：CDR 达 2 分者；
3. 极重度失能者：CDR 达 3 分以上者。

虽然每位老人所呈现的症状不尽相同，但大致可分成认知、精神、行为问题等三大类（叶炳强、刘珣英，1993）。

1. 认知方面的症状：记忆丧失、判断能力障碍、思考能力丧失、不认识亲朋好友、迷失方向、无法处理日常生活事务、失语或是失用症。
2. 精神方面的症状：妄想、幻觉、抑郁症、躁症症状、睡眠不安。
3. 行为问题方面的症状：躁动不安、攻击性行为、游走、多话、多吃、异常的性行为。

从失智老年人的行动能力来看，轻度及中度失能的老年人其行动能力较强，所以除了生活的照顾，失智老人的走动、游走所产生的问题，常令照顾者感到更困扰。失智症是一个进行性退化的疾病，从轻度时期的轻微症状，逐渐进入中度，甚至重度、末期症状，其疾病退化的时间不一定，也因不同病因造成脑部病变不同，产生障碍程度也不同。失智症的病程依退化程度可分为轻度（初期）智能障碍、中度（中期）智能障碍、重度（晚期）智能障碍。因此，失智症通常经历三个病程。

1. 健忘期：病患会忘记熟悉的人和事物，特别是近期记忆，会忘了刚刚有没有吃饭，简单的计算能力也会降低。
2. 混乱期：病患记忆力显著衰退，注意力无法集中，明显的思考障碍，会诬赖别人拿他的东西，或是迷路，无目的的徘徊，忽略个人卫生，更进一步可能会出现幻听、幻视的情形。
3. 失智期：严重度更为明显，功能退化得更为严重，日常生活需要他人完全协助。

由于并不是每位老人都经历相同的失智过程，因此每位失智老年人的状况需要专业人员给予个别化评估，并进行“照顾管理”计划(Care Management Plan, CMP)，才能延缓其失智程度，并协助家属渡过难关。

(四) 机构式的失智照顾

失智老年人的照顾必须依据老人的疾病状态、身体功能及认知功能加以区分。对于疾病进入中、后期，其身体功能及认知能力退化，而致无法独立生活的老人，他们此时需依赖他人的协助。基于某些因素，失智老人无法留在家中照顾，接受机构照顾的方式是常见的选择。机构式照顾是指经过专业训练的人员提供24小时的照顾，所以机构的整体服务设计必须包括诸多项目，最重要的是要创造一个免于被约束的生活环境，以降低失智老人对环境的压力和面对生活改变所需的调适(陈明珠，1991；张文芸，1997；施丽红，2003；Peppard, 1991；叶瑷婵等，2010)(见表5-3)。而失智老人住在机构中必须有活动设计，其活动目标为：

表5-3 机构整体的服务设计

环境、设备的塑造	• 布置或创造一个像家、似家(homelike)的温馨居住环境 • 建筑与环境的设计，需兼具个别隐私性、社交活动、刺激性、独立性及具有复健功能等特质 • 空间设计需活泼，但不能失其安全性及功能性，且需容易辨识、舒适及动线顺畅 • 室内或户外均需规划安全的游走步道，且需有无障碍环境的完善设施 • 提供舒适及合适的座椅及活动支撑物，避免老人从椅子上“滑下”或“跌下”，使老人愿意坐在椅子上 • 紧急呼叫铃需放在老人可以按得到的地方，当呼叫铃响时，工作人员必须马上回应

（续　表）

安全防护	• 任何可能对失智老年人产生危险状态的情形，均予以避免并增加防护的功能
生活照顾安排	• 观察失智老人问题行为发生的原因并给予分析，且设计改善个别行为的方法，协助其日常生活的进行 • 运用各种职能治疗，通过各类团体活动的办理满足失智老人心理上及社会性的需求
人力配置训练	• 机构全体工作人员均需接受有关失智症专业知识和照顾技巧的在职训练 • 对于照顾失智老人的人力提供和安排必须足够，以预防发生意外
照顾理念的落实	• 机构仍需适时尊重失智老年人的自主权及独立性 • 营造机构有“家”的气氛 • 工作人员必须和失智老人有更多的互动、交流 • 工作人员需努力联结失智老人与家属之间的互动

1. 提升老人生活品质；

2. 促进老人的健康，发挥老人的特殊技能、功能；

3. 营造一个丰富、支持的活动环境。

而适合的活动性质为：

1. 鼓励表达、鼓励参与分享情绪、感受的活动；

2. 提供机会了解他人如何面对老化或身心障碍；

3. 培养兴趣、发掘才能等。

社工人员提供适当的团体活动，是为了避免老人觉得整天生活很无聊，机构也可以播放柔和的音乐，以舒缓长者焦躁不安的心情，但工作人员需定时带老人上厕所，并随时询问长者的需要，让长者有“像家”“似家”的感觉。

失智人口的急速增加是未来医疗体系庞大疾病支出的一大挑战，各国/地区必须将失智防治列为公共卫生优先议题，且必须进行跨国/地区、跨区域、跨领域，以及跨单位的合作和持续行动。因此，针对失智症的发展趋势，台湾决心以“防、治、照、护”（Prevention, Treatment, Care, Protection, PTCP）为方向，以为“失智海啸”的来袭预做准备（台湾失智症协会，2012a）（见表5－4；见附录5－3）。

表 5-4　台湾失智症防治照护计划(PTCP)简表

目标	预防 (Prevention)	治疗 (Treatment)	照顾 (Care)	保护 (Protection)
策略层面	1. 减缓失智人口增加速度 2. 降低失智症对个人、家庭、社会的冲击	1. 失智者可获得所需医疗照护 2. 失智症家庭照顾者可获得即时咨询与资源转介	1. 失智者能获得可负担的优质照顾服务 2. 失智症家庭照顾者可获得所需支援及喘息服务	1. 失智者及家属权益获得保障 2. 服务及法规具有实证基础
社区化	宣导与监测社区健康	提供正确诊疗	提供多元服务	检视现有相关规定
资源整合	整合预防教育宣传资源	加强医疗网络成员合作	发展社会资源网	整合各层面资源
研究与培训	发展本土化预防策略	培训第一线专业人员	研发多元服务	转化研究成果并执行

资料来源：引自台湾失智症协会(2012a)。

二、帕金森病

帕金森病(Parkinson's Disease, PD)是一种持续性的“退化性疾病”，是一种因神经退化导致行动失去控制的疾病。此症一开始是失去对肌肉活动的控制，开始“发抖”，随着病程演进和加重，就会只剩下缓慢而受限的活动能力，在之后的阶段中，帕金森病患者会显现出类似失智症的症状。此病症通常易发于60岁以上的人，并有研究指出牙周病(病菌)会导致帕金森病。

(一) 病因

此病在公元1817年由帕金森医师首先提出报告，因此以他的名字命名，此病的形成有以下几种情况。

1. 典型的帕金森病是由于大脑黑核神经细胞退化，不能制造“多巴胺”(do-pamine)而致。因缺乏这种神经传导物质，使得一些协调运动的神经不能进行传导，进而引起运动失调。也有人认为，是由于多巴胺的接收器减少或退化，而不能接受多巴胺以传递信息。

2. 脑血管病变：脑中风及脑炎也会引起上述变化，当然还会引起其他神经系统的异常症状，这种情况被称为帕金森症候群，而不称为帕金森病。

3. 因为先天性铜代谢异常而有早期类似帕金森症候群的症状。

（二）症状

帕金森病的症状为：手脚抖动不停，睡觉时才停止；眼皮很少眨动，脸部油光，头皮屑很多；行动迟缓，换穿衣服不便，洗澡亦需家人帮忙，否则可能在浴室耗上2小时仍未洗完；走路时身形佝偻，两手僵直，没有正常摆动，早期身体会向前倾，重心在身体前面，走路像在追逐自己重心似的，虽起步慢，但越走越快，直往墙壁撞上去；晚期不只不能走，连在床上亦不能自己翻身，躺着不能起床，整个身子像块木头，不能动弹，所以又称为“手足震颤僵直症”，既会震颤又会僵直。

帕金森病大多发生在中老年人身上，年纪越大，得此症的概率越大。依据美国波士顿区的调查报告，发现症状像帕金森病的病患，65岁以上者约占15％，75岁以上者约占35％，85岁以上者则占55％以上（林欣荣，2011）。依帕金森病临床症状严重程度，可分为五期（见表5－5）。

表5－5　帕金森病临床的五大分期和症状

第一期	单侧肢体先产生症状	· 若发生在右侧，病患第一个感觉是右手写字或做精细的动作会较差，手会有些颤抖，也较僵硬，字写起来会有些扭曲，若发生在左侧，也会感觉到手部的精细动作会显得较笨拙 · 这些颤抖、僵直症状会越来越严重，若连续写自己的姓名，会越写越小，且越来越困难
第二期	两侧肢体皆有症状	· 脸部表情僵硬，双手皆会有颤抖、僵直或动作缓慢的现象，行走时躯体及两下肢皆较僵直、迟缓 · 此阶段仍然有能力从事较轻便的工作，日常生活也可自我照顾
第三期	两侧肢体的症状皆加重，无法工作，部分日常生活需依赖他人帮助	· 走路相当缓慢，步态老态龙钟，步伐很小，以小碎步方式行走，且动作很缓慢；由座椅站立或坐下时，皆相当困难 · 脸部表情更为呆滞，说话声音较小，语音结构也较不清楚，但病患神智及记忆力仍然正常

（续　表）

第四期	肢体症状更严重	· 病患行走时相当不稳，举步维艰，需要他人帮助才能走动 · 日常生活如吃饭、洗澡、如厕等均需他人照顾
第五期	病患已无法行走，完全卧床	· 病患连吞咽、咳痰、翻身皆相当困难，因此容易产生褥疮、肺炎及营养不良，以致死亡 · 由于帕金森病患者行动僵直、迟缓、步态不稳，很容易产生跌倒，再加上晚期的长期卧床，易产生感染，因此其死亡率是同年龄老人的2倍

帕金森病的治疗方式有药物治疗、手术治疗、物理治疗、语言治疗、病友团体与社区的心理照顾（李彦亭、赵瑜玲，2012）等，因此帕金森病患者的日常生活护理是不可忽视的。

（三）日常生活护理

帕金森病是一种渐进性的疾病，其病程发展缓慢，目前有很多辅具可以协助患者日常生活（林瑞慧，2009；台大医院，2014）。

1. 食的方面

- 手部灵活度变差，可到医疗器材店选择手柄大一点或有勾环的餐具。
- 需要足够的时间及安静的环境用餐，可以采取少量多餐的方式。
- 若吞咽困难，则需准备营养均衡、湿软的食物，可适时补充具有抗氧化性的维生素E，或是粒线体维生素 Q_{10} 等。
- 后期因左旋多巴胺的吸收会受到吃太饱或蛋白质吸收过多的影响，所以建议患者多食用高糖、纤维质成分多的食物，减少氨基酸（蛋白质）和脂肪的摄入等。

2. 衣的方面

- 患者起床后的动作会较僵硬，所以下床穿衣前应先服用第一副药剂。
- 每日尽早准备简单的衣物、配件。
- 衣服鞋子改用魔术贴或拉链，以免穿脱困难等。

3. 住的方面

- 患者的活动空间不要经常更换家具位置，地面不宜有随意散乱的物品等。
- 在浴室加装扶手、防滑垫，并保持地面干燥，以免滑倒；因患者容易频尿，所以必须加强夜间照明。

- 置物架高度要适中，马桶、座椅与床的高度应便于患者起坐等。

4. 行的方面

- 患者要学习尽量站挺，两眼直视前方，朝自我设定的目标前进。
- 从容迈开大步，尝试加大双臂均匀摆动，轻松调整走路姿势及步调，时时提醒自己注意走姿。
- 起床时身体先转向床缘，膝盖微弯，双腿从床上移动到地上，再用手撑着床起身等。

5. 育的方面

- 患者写字会越写越小，可以使用粗笔书写，或改用打字方式。
- 说话前先深呼吸，练习朗读或唱歌，或在电话筒上加上扩音器等。

6. 乐的方面

- 旅行时一定要事先详细规划，避免行程太紧凑而过于劳累。
- 药物要多带几份，并随身携带药物处方，携带小饼干、果汁。
- 行动不便时，可要求坐靠走道的座位。
- 长期外出旅游必须先和医师讨论行程等。

帕金森病和上述的阿尔茨海默病是不同的疾病。帕金森病主要由脑细胞衰退或损失导致，而且最常发生在大脑中央的黑质区（substantia nigra），这个区域制造多巴胺，此大脑区域内的化学物质主管引起自主运动，所以“左旋多巴”（Levodopa，L-Dopa）也是治疗帕金森病的最好药物，因为它可以取代“多巴胺”，不过在有些病患身上，左旋多巴可能会产生幻觉、不安及无法控制动作的副作用。新的已知药品如多巴胺促效药已经发展出“替代疗法”，以供那些易对左旋多巴产生副作用的患者使用。另有研究发现，可在帕金森病患者脑部的黑质区域植入干细胞，而此细胞会活化受损部位，使他们恢复制造多巴胺（林欧贵英、郭钟龙，译，2003）。由于帕金森病是持续进行的退化性疾病，到末期药物常会无效，且合并失智症出现使得患者躺在床上不能动，因此患者身体常会有“褥疮”（bedsore）出现，进而使患者易死于败血症、肺炎等，所以照顾上极为辛苦。当然，每个患者的病程是不一样的，尤其早期帕金森病诊断不易，医师多依赖临床的动作、症状判断，但典型症状出现时，神经退化已至一定程度，这时恐怕早已延误了用药的时机。

新闻视窗

阿尔茨海默病、帕金森病，病症大不同

	阿尔茨海默病	帕金森病	脑　　瘤
病因	大脑颞叶类淀粉蛋白堆积	大脑基底核退化，无法制作足够的多巴胺	原因不明，可能与遗传环境有关
症状	· 健忘 · 认知功能障碍 · 语言能力降低 · 行动能力降低	· 手脚颤抖 · 肌肉僵直 · 行动迟缓 · 语言能力降低	视肿瘤大小、位置、种类而定，可能有呕吐、走路不稳、语言障碍、人格改变等症状
特色	智力衰退为主	行动衰退为主	智力与行动皆可能衰退
治疗	药物、认知训练、怀旧疗法等	药物、深脑部刺激术	手术、化疗、放疗等

资料来源：黄文彦. 阿尔茨海默病、帕金森病，病症大不同[N]. 联合报[2013-12-21]. http://mag.udn.com.

三、抑郁症

抑郁代表一种情绪、症状、症候群或疾病，是指个人对生活事件总是抱着“负向”的看法，且产生不当的诠释而引起认知上的症状，例如无法专注、悲观、无助，且曾想到死亡等负向的心理评价。抑郁也是老年人口最常见的心理问题(Anderson，2001)。根据估计，美国将近40%的社区老人曾有过抑郁症(Depression)的经历(Martin & Haynes，2000)，在老人安养机构或护理之家的老人，罹患比例则高达12%～50%(Bell & Goss，2001)。研究指出，台湾社区老人抑郁的盛行率为31.1%(吕淑妤、林宗义，2000)和57%(Wang，2001)。台湾的十大死亡原因中，“自杀”问题向来严重，尤其65岁以上长者的自杀死亡率高居各年龄层之冠，自杀原因以“身心疾病”为主，且大多因老人的“抑郁情绪”最容易被忽略所致(邱俐颖，2011)。抑郁问题在老年人口族群中属于高盛行的心理问题，而且因为发生老年人身上，常被视为晚年变化的自然反应，所以特别容易被忽略。因此，社会各界必须重视这一问题，而从事老人工作的相关工作者更须加强认识，如此将对老人照顾服务的提供有莫大助益。

(一) 认识抑郁症

1. **抑郁状态测量**：美国流行病学中心（National institute of Mental Health）研究出一个测验抑郁的工具，可以根据过去一周出现沮丧感觉及抑郁行为的频率，快速进行自我测试，并可测量抑郁的程度。抑郁症患者或压力过大的人通常会出现睡眠障碍，所以保持健康睡眠是非常重要的，尤其老人群体更在注意。

2. **抑郁症的评估**：造成老年人抑郁的原因有很多，包括身体功能衰退、丧失自尊、失去有意义的角色功能、失去生命中的重要他人、社会互动的减少、经济来源的缩减、家庭结构的变迁、居住环境的迁移，以及个人人格特质或调适的能力的不足等（Reker，1997）。最明显的差异是老年人抑郁症患者较会出现身体上的变化，例如慢性疼痛和虑病症状（廖以成等，1995；Doris，2002）。老人抑郁症患者有下列特性：

    (1) 被迫住进机构的老人、丧偶或罹患慢性疾病者，通常是属于"高危险群"；

    (2) 当老年人易表现更多对身体症状的抱怨，也常表现出激动、低自尊、妄想等特质时，也为"高危险群"；

    (3) 自杀的可能性会随着年龄的增长而明显增加；

    (4) 除了评估老人症状、区别抑郁症与失智症外，还需评估药物史、家族史、婚姻史、住家情况、照顾者、社会福利及社会支援系统等。

3. **失智症与抑郁症的区别**：一般人通常不易区别抑郁症与失智症患者，但两者有不同的生理、心理、行为和预后的状况，专业工作者必须加以观察和分辨（见表 5-6）。

表 5-6　抑郁症与失智症的不同症状

	抑郁症（Depression）	失智症（Dementia）
开始（Onset）	快速的，通常可以确认一开始的时间	隐藏的，疾病难以被解释
行动（Behavior）	平稳、忧郁、无感情，通常都是退缩	不稳定的，时而正常、时而退缩、时而无感情
心理能力（Mental competence）	通常不受影响，然而偶尔会出现精神错乱、抱怨记忆等问题	始终是受损的，结果隐藏认知缺损

（续　表）

	抑郁症(Depression)	失智症(Dementia)
心理特征 (Somatic signs)	焦虑、失眠、饮食混乱	偶尔睡眠混乱
自我形象 (Self-image)	缺乏的	正常的
预后 (Prognosis)	治疗后是可逆的(可能恢复)	慢性病，缓慢的、逐渐的衰退

资料来源：Hoyer & Roodin(2003)。

（二）抑郁症与睡眠障碍

研究发现，有抑郁症病史的老人若一年内有持续性的失眠，就比较有可能持续抑郁。另一个研究显示，即使无抑郁症病史，尤其是年老女性病人，只要罹患慢性失眠，就可能比没有失眠者有更高的概率罹患重度抑郁症。这个发现显示，失眠不只是症状而已，它可能也是造成抑郁的原因。研究者指出，一般而言，年老病人有持续性失眠者，比容易入睡者多 6 倍的危险性罹患新发的抑郁症。他们也发现，在 12 位抑郁症病人中有 10 位是女性，持续失眠且并发抑郁症者也都是女性(Mozes，2005)。目前台湾老人的自杀死亡率高居各年龄层之冠，卫生主管部门研判，这与年长者久病厌世、抑郁症倾向息息相关。而 65 岁以上的长者因具低通报、高自杀率特性，且自杀原因以身心疾病为主，再加上老人抑郁情绪容易被忽略，所以应引起社会各界的足够重视(邱俐颖，2011)。因此，卫生福利主管部门宣布将“老人心理健康”列为自杀防治工作的重点，除了推行老人抑郁症筛检之外，还着力加强高龄且罹患重大伤病的住院长者的心理健康照护，并呼吁子女多关怀家中老人，“每周一通电话问候，每月一次探访聚餐”，呼吁子女多陪伴、多倾听。此外，由于老人自杀涉及层面较广，因此需要各部门加强合作，由此才能建构完善的保护网。

四、其他

1. **震动性谵妄症(delirium)**：又被称为“可逆性失智症”或“假性失智症”，它是一种突发性的意识障碍，是一种短暂的器官性紊乱，发作症状像是精神失常，也和失智症有些相像，但如果找到发病原因，是可以医治的、可逆的。谵妄症与失智症最大的不同：失智症是不可逆的、渐进式的；谵妄症是“突发的”“可逆的”的（梅陈玉婵、杨培珊，2005；余政颖，2009）。

2. **焦虑症**：晚年发病的较少，常是年轻时广泛性焦虑症的持续或恶化，例如恐慌症状、创伤后压力症候群。

3. **妄想症**：妄想出现在抑郁之前或之后。老人最常出现的是被害妄想症、过度妄想等。

4. **器质性病变造成的抑郁症**：主要由于脑退化萎缩而引起的失智症，可能缺乏维生素 B_{12}、叶酸等。

5. **虑病症**：基本特质是病人全神注意他的身体状况和恐慌想象中的病，未达妄想情形，但非常坚持，难以改变其想法。老人常见的症状为隐约觉得全身不舒服，症状以头痛最多。

笔者在老人照顾的临床实践中发现，很多老人的疾病其实很不容易被诊断出来，必须在老人就医时，借由各项医疗生化检验或精密仪器的检查，才能诊断出是否为“脑部退化”的结果。在生活方面，老人常会合并出现上述各种心理疾病，包含睡眠障碍、幻觉、幻听、妄想、不自主地躁动喊叫、记忆不全或混乱、失禁抓便等，这些疾病都很像是失智症退化阶段会出现的行为特征及精神症状。因此，除了加强对疾病的诊断与了解外，对有上述症状的长者，还应加强日常生活照顾和安排。而对助人的专业社会工作者而言，对有心理疾病的老人，更应加强对其应有权益的重视。

第五节　老人与宠物的心理依附关系

由于老年人的心理疾病易被忽略，因此，可鼓励老人养宠物或从事园艺工作，让老人有心理依附的对象。有研究探讨拥有宠物对老人健康状况及生活品质的影响，研究发现，两组老人在生活品质得分上呈现出显著差异。该研究显示：拥有宠物的老人其自觉健康状况为“好”及“非常好”者占 51. 1%；没有宠物的老人其自觉健康状况为“好”及“非常好”者占 30. 1%。另外，在社会健康和生活品质健康方面，拥有宠物的老人心理健康和生活品质的表现也都较佳（刘清华，2001；游家翔、陈燕祯，2009)。由此可见，宠物和园艺都能促进老人的身心健康和生活品质。

台湾动物辅助活动及治疗协会也表示，台湾“狗医生大使”会定期到医院、老人养护中心、特殊教育中心进行义务的采访活动，不只让患者及身心障碍人士都能感受到动物无条件的爱，同时社区也可以见证和认同人类最好的朋友——狗儿，所带给人们身、心灵上的医疗奇迹。

发达国家因非常重视情感依附需求的寄托和相关权益，所以在养老院里也鼓励老人养宠物，例如鼓励老人在院内养鱼、养狗、养鸟、养鸡、养猫之类，认为这有助于帮助老人满足其心理需求。至于台湾，一般老人机构早已相当重视老人户外身心活动，例如种花、种菜、园艺、寺庙参拜、自强活动等，且目前也有些老人机构允许老人养宠物，以增加其生活的意义和情趣、满足其心理需求。此外，一些老人机构还会由社工设计老人团体活动，这也显示了对老人心理需求和老人权益的逐渐重视。台湾自1997年颁布社会工作师有关规定后，已进入“助人专业”的新时代，所以必须确实关心老人心理的情感需求，并推广园艺治疗、宠物治疗、怀旧治疗或团体活动等，将这些治疗融入老人的日常生活中，让老人的社会心理发展更健康。

新闻视窗

老人园艺治疗，体能好了、忧郁少了

园艺治疗不只对健康长者有效，对失智症患者也有帮助。失智老人“拈花惹草”，注意力更集中，人际互动变好。多项研究发现，老人接受园艺治疗，学习播种、移盆、收成等课程后，体能及手指灵敏度更好，且较不易忧郁。

为顺应全球高龄化，亚东医院举行园艺疗法国际研讨会，会中发表了多篇园艺疗法与高龄照护研究的论文。一项针对113位65至95岁台中社区老人关怀据点的老人研究，在控制了年龄、性别、婚姻状况等条件后，将意识清楚的老人分为实验组与对照组。实验组接受每周2小时的认识种子、水耕、压花等治疗性园艺活动，对照组则无，12周后，两组老人的身体状况出现显著差异。

台大医院新竹分院护理师丁于倩说，接受园艺治疗的老人下肢肌力、心肺耐力、手指抓握精细度、走路步态稳定及身体敏捷性均大幅改善，且忧郁程度降低，自我感受社会及家人的支持增加，对人生未来感到希望。但无园艺治疗组则无变化，显示治疗性园艺活动有助于老人身心健康。

园艺治疗不只对健康长者有效，对失智症患者也有帮助。台北市大安区健康服务中心护理师钟青芸针对17名75至94岁的轻、中度失智症长者，提供每周2小时、连续12周的园艺治疗课程，分别于活动开始与结束测量他们的智能、日常功能及人际互动情形。结果发现，接受园艺治疗后，他们的注意力较集中，人际交往、活动能力、课程参与及投入心情变好，均较未治疗者显著提升。值得注意的是，园艺治疗也能改善失智照顾家属的心理健康。失智症长者情况变好，照顾者负担也会减轻。

资料来源：张嘉芳. 老人园艺治疗，体能好了、忧郁少了[N]. 联合报新闻网，2012-05-26. http://udn.com/.

问题与讨论

1. 老年社会化理论有哪些？
2. 老年人的人格类型有哪些？
3. 老年人常见的心理疾病为何？
4. 老年抑郁症与失智症的区别是什么？
5. 如何倡导老人社会工作？
6. 阐述未来老人与宠物的新关系。

◎ 认识老人失智症，作者建议可观赏《长路将尽》(*Iris*)(茱蒂·丹契、凯特·温斯蕾主演)及《明日的记忆》(*Memories of Tomorrow*)电影，观赏后，并进行影片的讨论。

参考书目

一、中文部分

台北市卫生局. 台北市失智症服务网[EB/OL]. [2014－04－03]. http://210.69.108.227/index.aspx.

台大医院巴金森氏症暨动作障碍中心. 巴金森氏症有什么症状？该如何治疗[EB/OL]. [2014－03－07]. http://www.pdcenterntuh.org.tw.

李彦亭，赵瑜玲. 巴金森的基本治疗与照护[J]. 台湾巴金森之友，2012(17)：22－24.

卓良珍. 如何预防老人痴呆症[J]. 社会福利，1998(134)：42－48.

林欣荣. 巴金森氏症的最新诊断及治疗方法[M]. 花莲：花莲慈济医学中心，2011.

林瑞慧. 认识巴金森氏症[J]. 马偕院讯，2009(299). [2013－12－21]. http://www.mmh.org.tw/mackayinfo2/article/B299/330.htm.

Nancy R. Hooyman，H. Asuman Kiyak. 社会老人学[M]. 林欧贵英，郭钟隆，译. 台北：五南图书出版股份有限公司，2003.

邱铭章，汤丽玉. 失智症照护指南[M]. 台北：原水文化，2009.

邱照华，精神科实习手册[M]. 台北：华杏出版社，2010.

邱俐颖. 久病、忧郁 老人自杀死亡人数增 7%[N]. 中时电子报[2011－07－05].

施丽红. 台湾地区老人安养及养护机构照顾失智老人之现况调查研究[D]. 台中：私立东海大学，2003.

张文芸. 痴呆症老人问题行为的护理处置[J]. 护理杂志，1997，44(1)：77－83.

陈明珠译. 日本特别养护老人复健及空间设计[J]. 社区发展季刊，1991(55)：178－195.

陈燕祯. 台湾地区公立安养机构老人婚姻生活品质之研讨[J]. 玄奘学报，2000(2)：23－44.

梅陈玉婵，杨培珊. 台湾老人社会工作：理论与实务[M]. 台北：双叶社，2005.

游家翔，陈燕祯. 高龄者田园耕种休闲生活之研究[M]//陈燕祯. 老人生活福祉与社区休闲教育. 台北：威仕曼文化实业股份有限公司，2009：167－204.

彭驾辟，彭怀真. 老人学概论[M]. 台北：威仕曼文化实业股份有限公司，2012.

彭驾骍. 老人学[M]. 台北：扬智文化事业股份有限公司，1999.

叶炳强，刘珣瑛. 痴呆症的诊断[M]//叶炳强，等. 痴呆症患者的认识与照顾. 台北：健康世界，1993.

叶瑷婷，林盈岑，范翠芸，等. 失智症之安养式照护：以美国经验为例[J]. 长庚科技学刊，2010(12)：27－35.

廖以成，叶宗烈，柯慧贞，等. 老年忧郁量表：中译版信、效度初步研究[J]. 彰基医志，1995(1)：11－17.

刘秀枝.老年痴呆阿兹海默氏症[J].健康世界，1997，140(260)：79-81.

刘景宽.忘了我是谁：失智症及其在台湾的现况(上)[J].健康世界，1997(262)：123-124.

刘景宽.忘了我是谁：失智症及其在台湾的现况(下)[J].健康世界，1997(263)：122-125.

刘清华.社区老人拥有宠物对其健康状况及生活品质影响之相关性探讨[D].台北：台北护理学院，2001.

简慧娟，庄金珠，杨雅岚.台湾长期照顾十年计画现况与探讨[J].社区发展季刊，2013(141)：6-18.

二、英文部分

Anderson, D. N. (2001). Treating depression in old age: The reasons to be positive, *Age and Ageing*, 30:13-17.

Bell, M., & A. J. Goss (2001). Recognition assessment and treatment of depression in geriatric nursing home residents, *Clinical Excellence for Nursing*.

Chen, Y-J. （2013）.Advocate a technology-friendly environment for older adults: A study in Taiwan. The 20th IAGG World Congress of Gerontology and Geriatrics. Korea :Seoul.

Doris, N. U. (2002). Elderly womens explatation of depression, *Journal of Gerontological Nursing*, 7:23-29.

Dowd, J. J. (1975). Aging as exchange: A preface to theory, *Journal of Gerontology*, 30: 584-594.

Hoyer, W. J., & P. A. Roodin (2003). Adult development and aging (5th ed.). NY: McGraw Hill.

Kogan, N. (1990). Personality and aging. In J. E. Birren & K. W. Schaie (eds.), *Handbook of the Psychology of Aging* (3rded.), pp.330-346. San Diego, CA: Academic Press.

Lawton, M. P., & L. Nahemow (1973). Ecology and the aging process. In C. Eisdorfer, & M. P. Lawton (Eds.), *Psychology of Adult Development and Aging*. Washington, DC: American Psychological Association.

Martin, J., & L. C. Haynes (2000). Depression, delirium and dementia in the elderly patient, *AORN Journal*, 72(2):209-217.

Mozes, A. (2005). Insomnia linked to depression in elderly, *HealthDay Reporter*. http://

consumer.healthday.com/senior-citizen-information-31/misc-aging-news-10/insomnia-linked-to-depression-in-elderly-526528.html

Neugarten, B. L., Havighurst, R. J., & S. S. Tobin (1968). Personality and patterns of aging. In B. L. Neugarten (ed.), *Middle Age and Aging*. The University of Chicago Press.

Peppard, N. R. (1991). Setting up a special needs dementia unit in a long-term care setting. In M. S. Harper (ed.), *Management and Care of the Elderly：Psychosocial Perspectives*. Newbury Park, CA: Sage.

Reichard, F. L., & P. G. Peterson (1962). *Aging and Personality*. New York: Wiley.

Reker, G. T. (1997). Personal meaning, optimism, and choice: Existential predictor of depression in community and institutional elderly, *The Gerontologist*, 37(6).

Rose, A. (1965). The subculture of the aging: A framework for research in social gerontology. In A. Rose & W. Peterson (eds.), *Older People and Their Social.*

Wang, J. J. (2001). Prevalence and correlates of depressive symptoms in the elderly of rural communities in southern Taiwan, *The Journal of Nursing Research*, 9(3):1-12.

附录 5－1　中国台湾地区社区失智症人口推计数

公元年	2010	2011	2012	2016	2021	2026	2031	2036	2041	2046	2051	2056	2060
全省总人口(千人)	23 161	23 202	23 240	23 338	23 333	23 187	22 875	22 358	21 627	20 682	19 541	18 267	17 190
65岁以下	20 675	20 674	20 644	20 223	19 330	18 240	17 019	15 796	14 498	12 976	11 619	10 371	9 349
65～69岁	8 832	8 664	8 952	13 344	17 676	19 452	20 352	19 548	19 560	21 564	19 380	17 904	17 940
70～74岁	14 256	14 696	14 916	14 498	22 550	30 074	33 308	35 002	33 748	33 902	37 510	33 748	30 866
75～79岁	21 371	21 414	21 844	24 811	24 768	39 216	52 847	58 996	62 393	60 544	61 103	67 768	64 371
80～84岁	30 576	31 332	31 836	32 760	38 808	39 648	64 344	87 696	99 036	105 504	103 068	104 664	116 340
85～89岁	28 525	30 644	33 089	41 239	44 988	55 583	58 028	96 985	134 312	153 383	165 282	162 837	160 555
90岁以上	20 703	23 175	25 956	40 170	58 401	71 997	90 846	102 588	158 208	233 913	289 842	324 141	333 411
社区失智总人口	144 938	150 599	157 237	187 045	226 521	274 210	336 744	416 611	521 755	621 786	687 804	721 433	732 832
社区65岁以上失智人数	124 263	129 925	136 593	166 822	207 191	255 970	319 725	400 815	507 257	608 810	676 185	711 062	723 483
社区65岁以上失智人口占总人口比例	0.5%	0.6%	0.6%	0.7%	0.9%	1.1%	1.4%	1.8%	2.3%	2.9%	3.5%	3.9%	4.2%

注：依据失智症流行病学研究学者Jorm以曲线估计所做的成长评估模式，再利用台湾四个不同地区调查所得的盛行率平均值，经回归分析计算得出台湾社区失智症盛行率：65～69岁为1.2%、70～74岁为2.2%、75～79岁为4.3%、80～84岁为8.4%、85～89岁为16.3%、90岁以上为30.9%。

老人年龄	65～69岁	70～74岁	75～79岁	80～84岁	85～89岁	>90岁
每5岁失智症盛行率	1.2%	2.2%	4.3%	8.4%	16.3%	30.9%

资料来源：社团法人台湾失智症协会(2012a)。

附录 5－2　CDR 临床失智评分量表

CDR 临床失智评分量表

患者姓名：　　　病历号码：　　　CDR＝　　分　填表日期：　　年　　月　　日

分数	项目						
	记忆力	定向感	解决问题能力	社区活动能力	家居嗜好	自我照料能力	小项计分
无（0）	没有记忆力减退，或稍微减退，没有经常性健忘	完全能定向	日常问题（包括财务及商业性的事务）都能处理得很好；和以前的表现比较，判断力良好	和平常一样能独立处理相关工作、购物、业务、财务，能参加义工及社团的事务	家居生活、嗜好、知性兴趣都维持良好	完全能自我照料	
可疑（0.5）	经常轻度遗忘，事情只能部分想起，“良性”健忘症	完全能定向，但涉及时间关联性时稍有困难	处理问题上，在分析类似性及差异性时稍有困难	这些活动稍有障碍	家居生活、嗜好、知性兴趣稍有障碍	完全能自我照料	
轻度（1）	中度记忆力减退；对尤其不容易记得最近的事；会影响日常生活	处理时间关联性时有中度困难。检查时，对地点仍有定向力；但在某些场合可能仍有地理定向的障碍	处理问题上，在分析类似性及差异性时有中度困难；通常还能维持社会价值判断力	虽然还能从事某些活动，但无法单独参与；对一般偶尔的检查，外观上还似正常	居家生活确已出现轻度障碍，较困难的家事已经不能做了；比较复杂的嗜好及兴趣都已放弃	需旁人督促或提醒	
中度（2）	严重记忆力减退，只有高度重复学过的事物才会记得，新学的东西都很快会忘记	处理时间关联性时有严重困难；对时间及地点有定向障碍	处理问题上，在分析类似性及差异性时有严重障碍；社会价值判断力已受影响	不会掩饰自己无力独自处理工作、购物等活动的窘境；被带到外面活动时，外观还似正常	只有简单家事还能做，兴趣很少，也很难维持	穿衣、个人卫生及个人事务的料理都需他人要帮忙	

（续　表）

CDR临床失智评分量表

患者姓名：　　　病历号码：　　　CDR=　　分　填表日期：　　年　　月　　日

分　数	项　目						
	记忆力	定向感	解决问题能力	社区活动能力	家居嗜好	自我照料能力	小项计分
严重（3）	记忆力严重减退，只能记得片段	只能维持对人的定向力	不能判断或解决问题	不会掩饰自己无力独自处理工作、购物等活动的窘境；外观上明显可知病情严重，无法在外活动	无法做家事	个人照料很大程度上仰赖别人的帮忙；经常大小便失禁	
深度（4）	说话通常令人费解或毫无关联，不能遵照简单指示或不能了解指令；偶尔只能认出其配偶或照顾他的人。吃饭只会用手指头不太会用餐具，也需要旁人协助。即使有人协助或加以训练，还是经常大小便失禁。有旁人协助下虽然勉强能走几步，通常都必须坐轮椅；极少到户外去，且经常会有无目的的动作						
末期（5）	没有反应或毫无理解力。认不出人。需旁人喂食，可能需用鼻胃管。吞食困难。大小便完全失禁。长期躺在床上，不能坐也不能站，全身关节挛缩						

备注：A. 临床失智评估量表3级以上的失智症认定标准虽然还没有订出来，但面对严重的失智障碍程度时，可以参考深度(4)及末期(5)的规则

B. 如于两格中无法决定选那一格，请圈选严重者

医院名称		医生签章（签名及盖章）	

附录 5－3　中国台湾地区失智症协会提出十大警讯

1. 记忆衰退到影响日常生活	一般人偶尔会忘记开会时间、朋友电话，但是过一会儿或经过提醒会再想起来。但失智症患者忘记的频率较高，而且即使经过提醒也无法想起该事件。因此，患者常常重复发问
2. 无法胜任原本熟悉的事务	失智症患者常会对原本熟悉的事务遗忘既定步骤，而难以顺利完成，例如数学老师对于加减算数却常出错、英文老师不知"book"是什么、年轻就开车的司机伯伯现在却经常开错路、银行行员数钞票有困难、厨师不知如何炒菜等
3. 说话表达出现问题	一般人会偶尔想不起某个字眼，但失智症患者想不起来的情况更频繁，甚至会用其他说法来替代简单的用字，例如"送信的人（邮差）""用来写字的（笔）"等
4. 丧失对时间、地点的概念	一般人偶尔会忘记今天是几号，在不熟的地方可能会迷路。但失智患者会搞不清年月，分不清白天或晚上，甚至会在自家周围迷路而找不到回家的方向
5. 判断力变差、警觉性降低	失智症患者常会有不适合气候温度的穿着，丧失正确判断力的结果是使得他们听信保健品等推销广告而付出大量金钱，或者买不新鲜的食物、借钱给陌生人、开车易发生交通事故或出现惊险情况，过马路不看左右红绿灯等
6. 抽象思考出现困难	在言谈中对抽象概念无法理解而有错误反应，在日常生活中对电器如微波炉、遥控器、提款机的操作指示说明无法理解
7. 东西摆放错乱	一般人偶尔会任意放置物品，但失智症患者却更频繁及夸张，将物品放在不合常理或不恰当的位置，例如水果放在衣橱里、拖鞋放在被子里、到处塞卫生纸等
8. 行为与情绪出现改变	一般人都会有情绪起伏，但失智患者的情绪转变较大，或易怒或亢奋或忧郁；另外也可能出现异于平常的行为，例如随地吐痰、拿店中物品却未给钱、衣衫不整就外出等
9. 个性改变	一般人年纪大了，性格也会有些许改变，但失智患者可能会更明显，例如：疑心病重、口不择言、过度外向、失去自我克制或沉默寡言、特别畏惧或依赖某个家庭成员等
10. 丧失活动及创造力	一般人偶尔会不想做家事、不想上班工作，但失智患者会变得更被动，常在电视机前坐好几个小时，睡眠量比平常大，需要许多催促和诱导才会参与事务，而原本的兴趣嗜好也不想去做了

资料来源：台湾失智症协会，认识失智症，2014。

第六章 老人常见的身心疾病和依附需求

第一节　认识老人的慢性疾病
第二节　老人常见的慢性疾病类型
第三节　慢性疾病的自我照顾模式
第四节　老人的自杀问题
第五节　老人的情感需求
附录 6-1　2013 年中国台湾地区十大死因
附录 6-2　巴氏量表(日常生活功能量表,ADL)
附录 6-3　工具性日常生活活动能力量表(IADL)

第一节　认识老人的慢性疾病

慢性病的发展过程涵盖了多重的层面和意义，常成为中老年人的重大疾病，所以不能忽视其对老人身心的损害。慢性病就是指"慢慢来"的疾病，罹患慢性疾病的老年人在这漫长不确定的病程中，个体的身、心、社会将随着疾病发展而有所改变，所以老人照顾服务亦应随之做调整。老人的慢性疾病很多，最早的一本老人学教科书《生死史》(*The History of Life and Death*)，是13世纪时由Roger Bacon所著述。该书认为，要增加寿命，就先要改善健康的条件，例如改善个人生活习惯和公共卫生。事实上，所处的社会环境和对健康生活概念的不足或身心保养工作不够，常会导致老年时期慢性病的产生。在台湾，恶性肿瘤和心血管疾病一直是老人十大死因排名的第一、第二名(见附录6-1)。而社会各界对慢性病也有诸多定义和描述，因此，老人照顾服务亦应随着慢性疾病类型的变化而做服务调整。

一、慢性病的定义

美国慢性病委员会(Commission of Chronic Disease)将慢性病定义为"正常状态受到损害或已偏离常态，并具有下列一种或一种以上的特性：永久性、不可逆的病理变化、残留失能、需复健治疗或需要长期的监控、观察与照顾"。美国国家长期照顾会议(National Conference on Care of the Long-Term Patient)则以"时间"来定义慢性病，"当病情需持续或长时间的照顾，至少达30天的急性住院天数，或在不同医疗机构需3个月的照顾或复健"(引自Curtin & Lubkin，1995)。而美国疾病管制局(Centers for Disease Control and Prevention)对于慢性疾病的定义则是"疾病的状态会持续地存在，不仅不会自动恢复也不太可能完全治愈；慢性疾病具有患病率高、致残率高、死亡率高的三高特点，以及防治知识知晓率低、患病服药率低、病情控制率低的三低现象"(引自张启昌，2008)。Eliopoulos(1999)曾统整慢性病的相关定义，并归纳出下列五点特性：

1. 疾病是无法根治且为不可逆的过程；

2. 为一种长期疾病；

3. 需要长期的指导、观察或照顾；

4. 需执行自我照顾，例如自我监测症状、服药或遵从医嘱等治疗活动；

5. 疾病已潜在地影响了个案的身、心、社会及灵性的整个层面。

二、慢性病的特征

疾病可简易分为“慢性病”与“急性病”，主要依其发病原因、时间、疾病导因的确认、预后等四个层面来划分(Burish & Bradley，1983)(见表6-1)。

表6-1 “慢性病”与“急性病”的不同特征

	慢性病	急性病
发病原因	个人生活形态所致	多因病毒感染
时间特性	潜伏期及持续时间较长	发病迅速，且疾病持续时间较短
疾病导因之确认	导因极为复杂，症状表现也不明确	导因与症状表现较明确
疾病预后	长期性疾病，无法治愈	在短时间内会复原

资料来源：引自 Burish & Bradley(1983)。

台湾卫生福利主管部门2013年老人状况调查报告显示，老人(65岁以上)的健康状况以还算好者最多，占34.20%；其次为普通者，占25.5%；再次为不太好者，占21.6%。罹患慢性疾病情形方面，有81.1%的65岁以上居民罹患慢性疾病，以高血压最多，占54.5%；其次为骨质疏松，占32.9%；再次为糖尿病，占24.7%。通常罹患慢性病的治疗方法，以定期积极看诊者最多，占85.9%；其次为不定期看诊者，占8.7%；再次为几乎未做治疗者，占2.1%(卫生福利主管部门，2014)。慢性病的发展过程涵盖多种层面，且常形成中老年人的重大疾病，尤其住进老人机构的长者，罹患多种慢性疾病是普遍现象，因此照护工作极其辛苦，但若有家属支持系统的协助，照护工作就能达到事半功倍的效果，而老人的生命品质也会跟着提升。

三、老人慢性病的发展过程

慢性病不仅单指生理上的疾病，更是包含了个体的身、心、社会三个层面，对人们日常生活的影响甚巨；它也不单指一个动态过程，更是指个体状况会随着慢性病的发展而变动。导致老年人身心功能衰退的原因，可以是自然老化，也可以是疾病，或是两者交互影响，其原因不容易被判别或区隔。不过，随着年龄的增加，罹患慢性疾病的机会会越高，这可能与环境中的致病因子累积有关。因此，寿命越长，累积的致病因子就越多，越易罹患慢性病，所以老化与疾病是相互牵连相互影响的。

而从整个慢性病的发展过程来看，疾病的进行轨道可划分为八个阶段：预防期(pretrajectory)、发病期(trajectory)、危机期(crisis)、急性期(acute)、稳定期(stable)、不稳定期(unstable)、衰退期(downward)、死亡期(dying)，每个阶段的症状起伏不定(Corbin & Strauss，1988)(见表6-2)。

表6-2 慢性病的发展阶段

第一阶段	预防期	在疾病发生前，无症状表现
第二阶段	发病期	症状表现，包括疾病的诊断期间
第三阶段	危机期	生命受到威胁的状况
第四阶段	急性期	慢性病急性恶化或并发症出现，急需医疗处置
第五阶段	稳定期	在遵从医疗处置下，疾病的进展或症状得到控制
第六阶段	不稳定期	遵从医疗处置，仍无法控制疾病的进展或症状表现，但尚不需住院治疗
第七阶段	衰退期	因疾病的症状增加或失能，导致个体身心状况逐渐衰败
第八阶段	死亡期	由上述阶段可发现，随着慢性病的进展及病程变动，其对个体冲击和影响亦随之不同

资料来源：引自Corbin & Strauss(1988)。

四、维护老人健康的三要领

在高龄化社会中，人们不但要活得久，更要活得好、活得健康。因此，维护老人健康必须掌握以下几个要点(徐弘治，2005)。

1. **预防与延迟老化**：适当的工作及身体的活动可以让心肺功能保持较好的状态；充分的休息、均衡的营养摄取、体重的控制，且时常保持阅读及思考的习惯，可以延迟老化的产生。
2. **预防疾病和意外的发生**：定期接受健康检查，及早发现疾病，提早加以治疗，方可确保健康。注意水分的摄取，以防脱水及便秘；居家、外出要小心，避免发生意外事件；因老人抵抗力差，若有身体不适或感染要提早接受治疗，以免拖出大病。

3. **治疗各种慢性疾病、及时复健**：老人所患的多半是慢性病，需长期接受医疗照顾，以免发生并发症。如患有残障疾病如脑中风，应尽量及时复健。

第二节　老人常见的慢性疾病类型

上一节探讨老年人慢性疾病的特征和现状，本节则将针对专家学者的研究，或是老年人实务工作常会遇到的慢性疾病中较易影响老人自我生活照顾的几种疾病进行讨论：(1) 中风；(2) 退化性关节炎；(3) 骨质疏松症；(4) 糖尿病；(5) 痛风。

一、中风

血管中动脉硬化及动脉粥状硬化的改变，使得大脑受到的养分滋润减少，形成大脑组织中血流的阻碍，因而运作不良，甚至导致死亡。大脑组织循环的能力受损，就称为“脑中风”(stroke)或脑血管意外，此为急性脑血管疾病，即当一部分大脑的血液流动完全受到阻碍，脑血管疾病(Cerebro-vascular Accident，CVA)的症状便容易发生。中风的严重性完全视大脑中特定面积受损的程度而定。最常造成老年人中风的原因即为“脑血栓”的形成，一个血栓便可能阻碍大脑及颈动脉血液的流通；另一个造成中风的原因就是“脑血管出血”，即大脑中较为脆弱的部分爆裂出血，此现象在老年人中较不常见，然而一旦发生了，便可能造成死亡。

中风的危险性与社会及个人有关，最明显的莫过于是否罹患“高血压”，而高血压又是引起心脏病的原因之一。老人常见的心脏病包括狭心症、心律不齐、瓣膜性心脏病、心衰竭等，这些疾病与下列四点有极大的关联性：

1. 年龄；
2. 发病之前的生活形态；

3. 饮食习惯；

4. 身体活动状态。

中风也会造成大脑大面积受损，进而影响其所支配的身体功能，包括：

1. **失语症(aphasia)**，若大脑中的语言中枢死亡，则中风患者无法说话或了解语言意义；

2. **半身不遂(hemiplegia)**，身体有一边麻木；

3. **偏盲(hemianopsia)**，中风患者有一半视野的视力缺失。

脑中风后，患者的功能障碍是系统性的，不限于单一器官。后遗症除了一般所熟知的半身麻痹(一手一脚)外，智能退化、情绪不稳定、认知功能变差(不知好歹)、沟通(说话)有问题、吞咽障碍、大小便失常也很常见；若是较严重的患者，可能有更多的并发症，包括肺炎、泌尿道感染、褥疮、关节挛缩等。脑中风所带来的冲击会波及整个家庭，不单是患者自己一人。脑中风患者年纪通常较大，本身照顾自己的能力较差，通常多少也有内科疾病，需依赖家人的照顾，种种情况都会使得患者成为小家庭的负担。

脑中风患者的治疗还需要多个团队的合作，因为患者通常功能上具有多重障碍，除了医师、护士之外，可能还需要物理治疗师、职能治疗师、语言治疗师、心理治疗师、支架师、社工师、社区健康人员及患者环境上的支持(包括家属、职业、社会)，团队共同决定患者的失能或障碍程度。近二三十年来，由于电脑断层扫描及核磁共振扫核检查的发展，中风的类型能在很短的时间内被确定和诊断，进而可以在最短的时间内做出相应的处置、治疗。

中风的治疗与治疗心脏病突发及高血压相似，可经由个人活动状态、受监控的活动及药物来控制。中风患者通常需要生理的、职业的、语言的治疗。对家属来说，患者的复原过程可能很缓慢，且令人充满挫折感，甚至心力交瘁想要放弃，所以必须要仔细评估中风所带来的影响，以及决定可恢复的功能为何，才能有效协助复健计划的进行。而对复健计划的认知，可促成许多社区成立中风患者的支持团体，以协助中风患者及家属度过生命中的危机。完整的复建计划应包括下列几项评估：(1) 身体的评估；(2) 心理的评估；(3) 社会的评估；(4) 服务需求的评估，如提供喘息服务、居家服务等。

事实上，某些肥胖、脾气急躁、缺少运动、吸烟、酗酒的个体，在寒冷的冬季尤其容易罹患中风。总之，保持每日运动、低脂饮食及良好作息习惯者，可减少阻塞血管的脂肪微粒，预防中风的发生。

新闻视窗

老人防三高，把握饮食 357 原则

冷飕飕的天气，最需要靠吃来补充身体热量。很多人总是无时无刻都想吃进热乎乎的东西来保暖，然而这样胃口大开的情形，若是发生在家里的老年人身上就要多注意了，若是没有适当选择吃下肚的食物，很容易造成老年人健康上的风险，只要记得遵守“357 原则”就能避免吃得不健康。

三高：高蛋白、高新鲜度、高纤维

蛋白质是人体氨基酸的重要来源，所以老年人多摄取优质蛋白质可预防多种慢性病，也可延缓老化。然而，蛋白质又分为动物性蛋白质与植物性蛋白质，动物性蛋白质通常含有较高脂肪，因此不宜摄取过多。植物性蛋白质来源为豆类、杏仁等，可适当摄取。

食物的新鲜度也很重要，如果吃进不新鲜的肉类或海鲜，很容易会有肠胃不适的问题，每天摄取新鲜蔬果也能维持身体新陈代谢；至于高纤维的食物，已有研究证实其可有效预防某些特定癌症（如大肠癌），食物中如燕麦、香菇、芹菜等都是高纤维食物，可促进肠胃蠕动，使得排便更加顺畅。

五低：低胆固醇、低脂肪、低盐、低糖、低酒精量

高胆固醇与高脂肪都是老年人健康的天敌，容易增加罹患心血管疾病的风险，且高胆固醇的食材通常也都偏重口味烹调，自然也容易摄取过多的盐与糖等，因此老年人不宜吃太多油炸、糖醋、油煎的料理，以免造成高血压与高血脂等问题。

七分饱：吃饭只吃七分饱

许多百岁人瑞在讲到长寿秘诀时，都会提到吃饭不可吃到撑，六七分饱才能控制食量，避免暴饮暴食的情况产生，不吃过饱也要养成自己“细嚼慢咽”的饮食习惯，这样对营养吸收及肠胃都有益处。

资料来源：罗诗桦. 老人防三高，把握饮食 357 原则[EB/OL]. 华人健康网，2013－01－14. [2014－03－08]. http://www.toplhealth.com.

二、退化性关节炎

退化性关节炎(degenerative joint disease, DJD)又称为骨关节炎(osteoarthritis, OA),通常在45岁以后发病,每3个60岁以上的人就有1人患病;退化性关节炎因关节软骨损伤造成,关节互相摩擦,关节的形状与排列改变,骨骼末端增厚,软骨及骨骼碎片散落在关节腔内,造成疼痛、发炎及僵硬(洪立维,2013)。退化性关节炎并不会造成死亡,但却是最影响老年人生活的慢性疾病,也是限制老年人自主活动的主要原因。大多数70岁以上的老年人皆患有退化性关节炎,由于退化性关节炎是老人很常见的慢性病,其症状很容易和老化过程中所产生的现象混合出现,所以不易分辨。退化性关节炎大部分是关节承受外界压力而逐渐退化的结果,这些关节包括手、髋骨及肩膀,而遗传、环境及生活形态等因子都被认为是造成骨关节炎的因素,特别是肥胖、职业压力。由于退化性关节炎患者会感到持续性的疼痛及不舒适感,所以对他们主观评估的健康状况会有很大的影响。老人主观评估健康状况欠佳的原因包括:退化性关节炎、视力不良、心脏疾病、低教育程度、心理健康状态不良、缺乏社会资源等(Quinn, Johnson, Poon, & Martin, 1999)。

多数的关节炎患者由于生理疼痛常减少身体的活动,最后肌肉周围未活动的部位将会逐渐失去弹性,进而造成关节无法弯曲、活动,这种情况被称为“挛缩”(contractures)。因此,专业工作者及家属应多鼓励老年人活动,尽管活动会感到疼痛,但仍要维持适度活动。笔者在实务工作中发现,老年人常因打麻将坐得过久,而造成关节的僵硬、疼痛。此外,也需要积极改善环境,让关节炎患者能四处行走、保持活动,但绝非过度的压力及要求。目前台湾一般住家中普遍未见无障碍环境的完善设施,因此,当家中有人迈入老年时,就会发现生活的障碍及居住环境中的不便之处,到处都是老年人最后只能被关在自己的房间,或是被送到设有完善无障碍设施的老人照顾机构。

三、骨质疏松症

长久以来,“骨质疏松症”(osteoporosis)一直被认为是女人的疾病,其实无论男女都会罹患骨质疏松症。据估计,台湾男性一生当中发生脊椎、髋部或腕部骨折的概率高达五分之一,且男性一旦发生大腿骨折后,其死亡率比女性还高。由于骨质疏松症没有明显症状，如果发现家里的年长者有以下这些状况，就要特别重视了：(1) 有驼背、身高变矮的现象；(2) 常常觉得腰酸背痛；(3) 骨架比较小的人；(4) 体重比较轻的人，例如 BMI＜20；(5) 家族中有骨质疏松病史者；(6) 运动比较少的人；(7) 长期服用类固醇者等(廖培涌，2005)。

骨质疏松症通常在中年时期(40 岁过后)就开始发生，到老年期就会更明显地表现出来。有关脊椎的“压迫”或“松垮”都是造成驼背的主要原因，也会使人们联想到是因老化而引起的。罹患骨质疏松症的真正原因并不清楚，但高危险的因素有下列七种：

1. 决定骨质密度的遗传因素；
2. 摄取不当的氟化物；
3. 女性更年期的钙质及动情激素的丧失；
4. 摄取过多的酒精、咖啡、茶及香烟；
5. 长期不当饮食习惯(例如缺乏钙质摄取)；
6. 惯坐式的生活形态(长时间看电视)；
7. 缺乏运动及维生素 D(例如没有适度晒太阳)。

骨质疏松症是老人重要的慢性病之一。骨质疏松症并无明显的临床症状，但会因轻微创伤而引发骨折及相关并发症，进而造成许多症状与功能障碍，严重时甚至会影响病患的心理自尊或引起死亡，其中又以脊椎骨折和髋部骨折为最，髋部骨折常会使骨折者在 1 年内死亡。依据台湾居民健康主管部门的统计资料，男性髋部骨折病患在 1 年内的死亡率为 22%，女性则为 15%，而未死亡者常因未能完全自立生活且需长期照护，而再度发生骨折(台湾居民健康主管部门，2011)。骨质疏松常易造成“髋关节”骨折，台湾地区的髋关节骨折率排行亚洲第一(陈秋萍，2013)。

老人罹患骨质疏松症的危机是“跌倒”，老人常因跌倒造成大腿“髋骨”骨折，导致老人长期卧床（陈燕祯，2011，2014）。许多在老年时期发生的髋骨骨折皆和跌倒有关，这代表着大腿因无法承受重量而造成身体的跌倒。另一个较不严重的症状称为**“骨质缺乏症”**（osteopenia），也就是丧失钙质及骨质密度降低，不过还不至于造成骨折。许多老年人从未被诊断出罹患骨质疏松症或从未检测过骨质密度，又由于此症状必须到跌倒或是骨折事件发生时才被诊断发现。骨质疏松症虽然在银发族身上常见，然而一些小动作就可以帮助促进症状改善（廖培涌，2005）。

1. **饮食调节**：补充含钙食物，如牛奶、紫菜、黑芝麻、鱼干等。
2. **运动强身**：运动可以对抗地心引力，让骨头受到刺激，增加肌肉的抗压力，且能把钙留在骨头中。
3. **药物治疗**：药物是最直接治疗骨质疏松的方式，可帮助增加骨质密度。

“一把老骨头，小心骨质疏松症”，老人一摔，骨头就散了，而且“一人骨折，全家挫折”，老人一旦跌倒后全家都会留下心理阴影，严重者就不敢走路或外出了（陈燕祯，2012），所以必须做好防范工作，建立避免老人跌倒和再次跌倒的生活环境。预防老人“跌倒”可由下列条件获得改善。

1. 老年人居住环境中的无障碍设施；浴室必须保持干燥，减少跌倒而造成骨折的概率。
2. 留意鞋子是否具有防滑功能，注意使用拐杖、助行器或轮椅者的安全。
3. 必须特别注意居家的防滑安全处理，尤其下雨天，必须保持室内干燥、设有防滑垫或穿上止滑拖鞋等。
4. 老人居家走动的路线勿堆积物品，必须保持畅通，以避免因碰撞桌椅或杂物而跌倒。
5. 老人的房间必须有夜灯，避免夜间起床因光线不足和视线不良而跌倒。
6. 注意不要使用会影响精神状况的药物，因为药物会导致老人精神恍惚、神志不清。
7. 公共环境必须迈向高龄友善化建设，让老人外出时有安全的走路空间、无障碍的设施和适合高龄者使用的友善厕所等。
8. 设计训练老人平衡力、稳定度和反应力的“适运动”（即适应的运动）。

新闻视窗

女性多骨松，跌倒易骨折

骨科主任郑裕民指出，统计显示，台湾60岁以上的人中，16%患有骨质疏松症，其中80%是女性；骨质疏松症患者若跌倒，发生骨折的概率大增。髓部骨折必须长期卧床，产生并发症的概率极高，有四分之一病患会在1年内死亡，四分之一的患者将终身卧床或倚赖助行器，比癌症还可怕。

骨科医师陈崇桓也说，有些中老年人，只是轻跌一下或搬重一点的箱子，髋部或脊椎就骨折了；更年期女性更须预防跌倒，因为停经后5年内，是骨质流失的高峰期。

居民健康主管部门2005年调查两千多名中老人跌倒情况，发现跌倒事件44%发生在自家住宅，其中又有26%在浴室；女性因担负大部分家务劳动，跌倒的概率约为男性的1.5～2倍。

"保命防跌"备忘录

环境

- 浴室地板保持干燥，铺设止滑垫，加装扶手。
- 足够的照明设备，避免因视线不良而摔跤。
- 活动区域及行动路线上不要堆放杂物，避免绊倒。

疾病

- 服用脑科药物或止痛药者，必须注意是否出现晕眩或影响平衡感。
- 老人病患半夜上厕所必须有人陪同。

个人

- 平日训练：提升肌耐力、平衡感。根据研究，练太极拳可有效提升肌力。
- 认识跌倒的严重性及高危险群，平日活动才会更加小心。

资料来源：蔡客乔. 女性多骨松，跌倒易骨折[N]. 联合报，2011-08-01(A2).

四、糖尿病

世界卫生组织(WHO)发现糖尿病一直无法得到控制，而且随着饮食西化和精致化的现象，罹患糖尿病（diabetes mellitus）的人口比例更是逐渐增加，年龄也偏向“低龄化”。根据统计，2012 年，台湾因糖尿病就医的民众高达 130 多万，且位居台湾人十大死因第五名（陈佳佳，2013）。糖尿病代表着体内代谢碳水化合物的能力减弱，特征是体内血液中与尿液中具有超出正常浓度的糖分（葡萄糖），这是由糖类代谢不完全所引起的。

（一）糖尿病的类型和成因

糖尿病主要分为两类：

1. 第一型糖尿病（Type Ⅰ）；
2. 第二型糖尿病（Type Ⅱ）。

糖尿病可能发生在任何年龄，但在老年时期会特别严重。当糖尿病患者的血糖浓度非常高时，可能会产生糖尿病患者昏迷的现象，低血糖患者也会陷入不省人事的状态。老年人罹患糖尿病者可能有以下原因：

1. 在年轻时即罹患第一型糖尿病（Type Ⅰ）；
2. 在中年时期发生，通常是 40～50 岁，且与心血管疾病有关，此为第二型糖尿病（Type Ⅱ）；
3. 在老年时期发生，此时期通常会有中度的病理症状，此为第二型糖尿病（Type Ⅱ）。

许多糖尿病个案和体重过重有关，特别是由于脂肪与肌肉比例改变，进而引起老化时的新陈代谢能力降低。糖尿病的临床症状有过度口渴、衰弱、胃口大增、体重下降、多尿、伤口愈合速度减慢、疲倦、复视等，虽然糖尿病的症状不一定只在老年人身上出现，但临床诊断以 60 岁以上的人最多。

（二）糖尿病患者的自我照顾

一般来说，糖尿病患者的寿命比非糖尿病患者的寿命少 15 年。糖尿病不能被治愈，最好的医师便是“患者本身”，自己必须确实进行自我照顾，例如：(1) 减少饮食中糖类及热量的摄取；(2) 保持经常性的规律运动；(3) 加强足部、皮肤、牙龈及眼部的护理；(4) 已需要进行胰岛素治疗者必须定期监测。至于晚年才罹患糖尿病患者的老年人，为了避免他们由于健忘而出现处理上的错误，照顾工作者及家人必须注意：(1) 饮食与营养均衡的重要；(2) 每天检查患者的皮肤；(3) 进行尿液测试；(4) 服用正确剂量的胰岛素及其他药物。

(三) 糖尿病患者的饮食原则

1. 请教营养师：遵循营养师处方的饮食计划，养成定时定量的饮食习惯，并熟记食物的分量及替换方法。
2. 均衡摄取五大类食物：依据饮食计划，适量摄取主食类，水果类，油脂类，奶类和肉、鱼、豆、蛋类。
3. 多选用富含纤维质的食物，和未经加工的天然食物。
4. 少吃油炸、油煎、油炒和油酥的食物，少吃猪皮、鸡皮等高油脂量的食物。
5. 饮食尽量清淡、不可过咸，避免摄取过量加工或腌制的食物，烹调食物改采用炖、烤、烧、清蒸、水煮、凉拌等方式。
6. 尽量少吃富含精致糖类的食品，例如糖果、炼乳、蜂蜜、汽水、罐装或盒装的果汁、加糖蜜饯、蛋卷、中西式点心、加糖罐头等。
7. 尽量避免喝酒等。

五、痛风

自古以来，许多帝王将相都受到“痛风”(gout)的折磨，乃因“吃太好”所致，所以痛风又可称为“帝王病”。此病好发于 40～60 岁的男性与停经后的妇女身上，有遗传及家庭发病的倾向。痛风是因为体内“普林”(purine)代谢异常或肾脏排出尿酸的功能出现障碍，导致血中尿酸过高，尿酸盐沉积在关节内，造成关节疼痛、肿胀和变形。因此，血中尿酸浓度越高，持续时间越久，发生痛风的机会也就越大。但也并非所有尿酸高及有关节炎的人皆有痛风，所以正确的诊断非常重要。尿酸正常值每 100 毫升应为 7，若超过即表示尿酸代谢出了问题，因此“痛风”又被称为高尿酸血症引起的痛风性关节炎。过去痛风是富贵病，代表吃得起大鱼大肉，如今痛风年龄层往下降，十七八岁就可能出现尿酸代谢问题。90%的痛风是代谢不良造成的，脂肪与酒精都会降低尿酸代谢，所以应少吃油炸类、肉类、动物内脏、带壳海鲜等食物，以及少喝啤酒或酒精饮料等。

严重的痛风将导致关节疼痛、变形，甚至无法行动。痛风将提高心肌梗死的概率：长庚医院研究团队分析了 70 多万份健保资料，发现痛风患者发生急性心肌梗死的概率比一般人高出 23%，一旦检查出尿酸过高，就要减少摄取肉类、海鲜和酒(陈映竹，2014)。痛风患者可能会同时罹患多种疾病，例如高血压、高血脂、糖尿病、肾脏病、心血管疾病等，这些疾病都有可能成为心肌梗死的危险因子，因此，容易罹患痛风的高危险群必须留意痛风发生的过程，痛风患者也应注意治疗与自我照顾。

（一）痛风发生的过程

1. **急性痛风**：常常发生于半夜，发作部位出现红、肿、发热及严重的疼痛，此时任何轻微的碰触都会使疼痛加剧。痛风大多侵犯大脚趾关节，其他如足背、足踝、膝、腕、手掌关节都可能发生，且80%的人血中“尿酸”均高。

2. **慢性痛风关节炎**：患者的关节、耳轮、皮下组织，甚至内脏器官，因为尿酸的沉积形成粒状或球状的突起，称为“痛风石”。痛风石会沉积在关节处，导致关节变形而造成行动不便。

（二）容易罹患痛风的高危险群

1. **遗传**：家族中有痛风和尿酸过高者，其子女发生痛风的机会为一般人的10倍左右。

2. **性别**：一般男性较女性易患痛风，但是女性停经后痛风的发生率也随之增加。

3. **年龄**：痛风好发于40～60岁的中年人身上，但目前发病年龄层有下降趋势，所以20多岁的男性也可能得痛风。

4. **肥胖**：体重过重者通常体内尿酸值过高，因肥胖者容易出汗而使小便量减少，尿酸结晶便积聚于体内而易患痛风。

5. **饮食**：普林高饮食、暴饮暴食及喝酒过量者，均易导致尿酸值升高，增加患痛风的机会。

（三）痛风患者的治疗与自我照顾

痛风病人的一般处理原则，在于控制其急性和慢性的发作，并预防痛风石的沉积，而治疗则以药物和饮食控制为主。

1. **药物治疗**：非类固醇消炎药有消炎、止痛的作用；其他药物则以抑制尿酸形成及促进尿酸排泄为主，使用秋水仙素可能有腹泻的副作用，减轻药量可使腹泻好转，所以不用特别担心。

2. **运动**：剧烈运动会使出汗量增加，尿酸由小便中的排出量减少。同时，运动后所产生过多的乳酸亦会阻碍尿酸的排泄，所以痛风患者应避免剧烈运动。

3. **多喝水**：每天喝2 000～4 000毫升的水，能帮助尿酸的排泄。

4. **避免摄取高普林食物**：动物内脏、海鲜等食物含大量普林，应尽量少吃，以减少尿酸的形成。

5. **避免喝酒**：酒在体内代谢后会影响尿酸的排泄，而引起痛风，所以应尽量避免喝酒。

6. **应维持理想体重**：例如体重过重，每月减轻 1 千克为宜，以免因组织快速分解而产生大量普林，但是在急性发病时期，不宜减重(医药大学附设医院，2005)。

台湾 65 岁以上的十大死因有心脏病、癌症、事故伤害及中风等，而与心血管有关的疾病最为显著。随着老年人口增加，主要的慢性病亦随之增加，因此造成健康照顾系统的需求增大。预防或治疗这些疾病的方法，已随着医疗科技而进展神速，不过环境因素、生活及工作压力、营养饮食及运动习惯等，在疾病预防方面所扮演的角色仍不可忽略。

新闻视窗

年轻痛风，心肌梗死风险高六成

健保研究证实，痛风患者心肌梗死发生风险明显高于未患痛风者，尤其年轻人高出近 6 成，病患除注意尿酸值及关节痛，也要注意心脏病危机。研究分析 2000—2008 年 70 多万份健保就医资料，发现痛风患者发生急性心肌梗死概率较未患痛风者多 23%。发生非致死性心肌梗死也较未患痛风者多 26%。就各年龄而言，20～44 岁青壮年只要有痛风，心肌梗死的发生概率比常人多 59%，反而高龄痛风患者罹患 心肌梗死的危险程度下降。主持研究的林口长庚医院风湿过敏免疫科主治医师罗淑芬指出，除了高血压、糖尿病、高血脂外，痛风也是心肌梗死的独立风险因子。

今年 75 岁高龄的卢老先生今天坐着轮椅出席研究发表会，他近 7 年先后因心脏病、脑中风开刀住院。卢老先生年轻时喜欢喝酒、吃肉，30 年前某天突然脚关节肿胀疼痛而发现痛风，卢老先生平常血压高了一点，还长期服药降尿酸。主治卢先生的台北荣民医院风湿过敏免疫科医师周昌德说，研究才证实他心中的疑惑：卢老先生早年的生活及饮食习惯埋下了各种病因，而痛风只是其中之一。

值得一提的是,《风湿病学》的另一篇研究说,仅尿酸高而未发展成痛风者,心肌梗死的风险不会增加。两篇相关研究都于2013年1月发表于《风湿病学》期刊。风湿病基金会董事长李修身表示,痛风是尿酸代谢障碍,是尿酸钠盐结晶沉积于关节、软组织的疾病,约70%的台湾人尿酸值偏高,3.3%的男性有痛风、1.1%的女性有痛风。李修身说:"医界已修订2013年痛风与高尿酸者饮食建议,患者不必排斥所有的高普林食物,应该少吃的是肉类、海鲜、啤酒及烈酒、含果糖食物与饮料。至于豆制品、红酒、牛奶、水果、菠菜等食物,不会影响尿酸,甚至可减少痛风危险。"

痛风会由家族遗传,罗淑芬另分析健保资料库,证实男性痛风病人中遗传因素的贡献为36.8%,在女性中这一数据为64.5%,该研究在《风湿病年报》发表。46岁的邱先生痛风病史长达25年,家中爷爷、爸爸、大伯父、小叔叔、弟弟也都痛风,他表示,年轻时饮食不忌口,也没有规律用药,直到脚踝痛到无法走路,才知道痛风发作起来有多痛,现在服药与饮食控制是必修功课。

资料来源:陈清芳.年轻痛风,心肌梗死风险高六成[2014-03-08].http://www.cna.com.tw/.

第三节 慢性疾病的自我照顾模式

面对慢性病所带来的冲击,慢性病患者应有下列调适:(1)维持生活正常性;(2)调整生活形态;(3)学习自我照顾的知识与技巧;(4)维持正向的自我概念;(5)依社会改变去做调适;(6)调适慢性病的失落;(7)调整角色改变;(8)掌控生理不适;(9)遵从医嘱;(10)坦然面对死亡;(11)面对社会所赋予慢性病或失能的烙印;(12)维持控制感;(13)保持希望。老年人罹患慢性病会使之失去对生活的控制,不仅冲击了其晚年生活,更影响其自我整合,因此,患有慢性病的老年人极需发展良好调适任务,不断地调整自我生活方式,才能成功地因应疾病所衍生的变化，并将疾病治疗融入生活经验。

一、慢性病的自我照顾概念

自 1976 年，自我照顾的概念即受到各学科例如医疗、护理、心理学、社会学、健康教育的重视与发展，每个学科所关切的层面虽不同，但各有其重要性与意义。

（一）医学的观点

自我照顾（self-care）是个体重视医疗问题所表现的行为，是一般人运作有益于自我健康的活动的过程，以促进健康、预防疾病、发现疾病及治疗疾病，为照顾系统中的“初级照顾”（Levin，1976），目前社区照顾就是以“初级照顾”的自我健康管理为目标。

（二）护理的观点

最早进行护理领域的自我照顾概念发展是在 20 世纪 50 年代，当时将自我照顾定义为：具有动力及能力的成熟个体，针对个体发展和环境影响因素，所采取的适当、确实和有效率的调节活动，目的是希望借由这些调节活动来维持生命的机能及结构的完整。

（三）健康模式

新时代的老人健康照护模式，若结合健康、运动、复健和福祉科技，就更轻而易举。由于自我照顾的概念范畴相当广，Woods（1989）应用 Smith（1981）的概念，提出四类健康模式。

1. **临床健康模式（clinical model of health）**：强调健康为没有疾病或失能问题。
2. **角色履行健康模式（role performance model of health）**：强调健康是个人能有效地执行其社会角色[电影《一路玩到挂》（*The Bucket List*）的癌症末期老人即为最佳的例子]。
3. **适应健康模式（adaptive model of health）**：强调个人的健康是能对环境调节与适应。
4. **幸福安适健康模式（eudemonistic model of health）**：强调健康是为了达到幸福安适与自我实现的目标。

自我健康照顾是达到幸福感的一种行为策略，它同时涵盖了第一级、第二级和第三级的预防效果，此三个层级的预防内容为：

1. **第一级预防**，包括执行自我照顾活动以促进健康，并借由卫生教育和特殊保护来预防或减少危害健康的因素，使疾病发生率降低。
2. **第二级预防**，包括能自我评估、监测症状，以发现疾病、早期诊断与治疗，能自我处置及决定自我治疗方式。
3. **第三级预防**，能借由自我照顾以修复健康，缓和及限制疾病恶化。

二、老年慢性病的管理与评估

世界卫生组织（WHO）定义“健康”（health）是生理、心理与社会三者达到均衡和谐的状态。另外，WHO 定义“障碍”（disability）为日常生活中有多种工作能力产生障碍。预估约有略少于 20%的老年人具有日常生活功能方面的障碍问题，其中有 4%的老人是重度身心障碍者，而这些具有重度功能障碍者，在身体活动上受到的限制大致分为吃饭、穿衣、洗澡及如厕等，这些都需要家人或雇用生活照顾者来加以照料。

目前评量老人生活功能的依赖性或独立性时，常使用“巴氏量表”，即“日常生活活动功能量表”（Activities of Daily Living，ADL）（见附录 6－2）；而测量工具性日常生活活动能力的量表称为“IADL”（Instrumental Activities of Daily Living，IADL）（见附录 6－3）。个体障碍的程度和需要提供照顾的服务，会随着年龄而增加，而且有性别上的差异，90 岁以上女性的失能程度，比 70～74 岁的女性严重两倍，且需要他人的照顾。而通常男性在日常生活功能方面的限制会较女性少，且随着老化，男性老人失能程度增加的速率会较缓慢。

新闻视窗

协助评估功能性的健康

最常使用的功能性健康指标被定义为“日常生活活动功能”，例如：(1) 进食；(2) 个人卫生；(3) 上厕所；(4) 洗澡；(5) 穿脱衣服；(6) 大便控制；(7) 小便控制；(8) 平地行走；(9) 上下楼梯；(10) 上下床或椅子十大项目。评量结果的分数越低，表示老人的依赖性越大，越需要依越别人的照护；反之，分数越高，老人的功能独立性越强(见附录6－2)。

"工具性日常生活活动能力"通常是指个体对于环境的表现，如：(1) 上街购物(这是最常出现问题的活动)，(2) 外出活动，(3) 食物烹调，(4) 家务维持，(5) 洗衣服，(6) 使用电话的能力，(7) 服用药物，(8) 处理财务能力(这是最常出现问题的活动)等，而上街购物、外出活动、食物烹调、家务维持、洗衣服等五项中，有三项以上需要协助者，即评量为"轻度失能"(见附录6－3)。

资料来源：护理及健康照护主管部门. 台湾长期照顾十年计划摘要本[2014－03－06]. http://www.mohw.gov.tw.

三、疾病压缩理论

对于健康，可靠的评鉴不只是医生对患者生理状态的诊断，另外还包括老年人本身的自我感觉，以及对其行为和生活环境的观察。因此，将"生活品质"(quality of life)定义为一个人功能性的健康、胜任能力的感觉、日常生活功能的独立，以及对个人、社会满意度的综合。大部分老年人似乎都能调适他们对健康的感受，以便能够适应老化的过程。一个人对于健康的感受，与其生活幸福感及生活满意度有关。通常将自己的健康状况视为良好的老年人会比较快乐、满意，愿意参加较多的社会活动，且较不易紧张及感到孤独；相反地，生活满意度较低的老年人会有较差的健康感受。也就是说，认为自己健康较差的老年人，尤其是功能性能力(functional abilities)较差者，在往后3年内会比自认为自己功能性能力良好的人容易死亡(Bernard et al.，1997)。因此，疾病压缩理论(compression of morbidity)的提出，就是为了将人生有意义的老年人健康期延长，将可能卧床的时间压缩至最短，由卧床3个月压缩至1周、1天，甚至1小时、1分钟(见图6－1)。

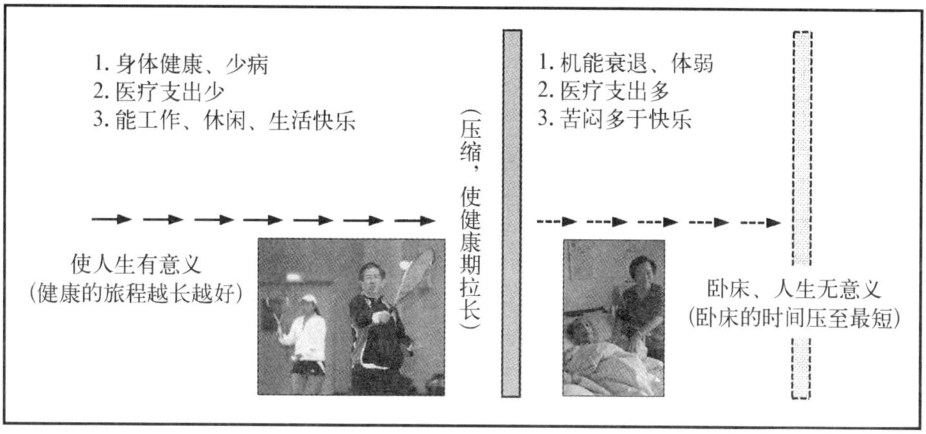

图 6－1　疾病压缩理论简化示意

第四节　老人的自杀问题

从自杀死亡率比较中发现，在中国台湾地区和韩国、日本、新加坡，65 岁以上老年人口自杀率，相较整体人口的自杀率高出很多(台湾卫生主管部门，2006)。依据卫生福利主管部门公布的自杀死亡统计资料，台湾老年族群(65 岁以上)的自杀死亡率一向高于其他年龄层，为全体自杀死亡率的两倍(自杀防治中心，2014)。由此可见，老人自杀问题需要当局的正视，并且需要社会给予更多的关注。

一、老人自杀原因：失落与忧郁

老年是自杀年龄层的高峰。与年轻族群的自杀状况相比，老人的自杀行为往往死意更坚定、计划更周详、方法的致死性较高、事前也较少发出求援警讯。当老年人有自杀意念时，最常并存的精神表现是抑郁，自杀身亡者有 8 成在自杀之前陷于此困扰。根据估计，在社区的老年人约 3 成具有不同程度的抑郁症状，再加上老年人往往有慢性身体病痛，容易令人转移对其抑郁表现的注意；另患有中风、帕金森病、老年失智症或癌症的老人，约有四分之一者严重抑郁(林世光，2006)，老年人身心功能的具体改变，以及太多生活失落导致的生命失落，最终使得老人走上了自杀之路(张家铭，2006)。自杀常见的理由包括：身体健康的退化、慢性疼痛、害怕成为孩子的负担、经济因素、丧偶与寂寞孤单(Marcus,1996)。美国国家心理卫生署的研究指出，老人自杀的理由为心理社会的失落(loss)，抑郁不能自拔，缺乏有意义的人生目标，失去工作，失去社会身份，失去配偶朋友、亲戚和一切，太多的失落导致生命的失落，因而使老人走上自杀之途。因此，临床实务上若遇到老人家有多种慢性疾病，又常出现抱怨、情绪不稳的状况时，应特别预防其自杀状况的发生。

二、自杀的征兆与预防

(一) 自杀的征兆

一个人在选择自杀前，往往会发出讯号告知他人或求救他人，如能在这时提早得知，则能提早预防。这些危险讯号包括：自杀威胁("我不想再活下去了！")、重复想到"死"(无望、无助、无价值感)、之前曾经自杀未遂、抑郁、工作能力下降、酒精与物质滥用、社交疏离、孤单、人格改变、情绪变化、交代后事，或是突然由忧伤变得愉悦、若无其事……这些皆可能是自杀的征兆。Kalafat(1990)统整了多项自杀警讯，简称"FACT"，分别表示：感觉(Feeling)、行动(Action)、改变(Change)和恶兆(Threats)(见表 6-3)。

表 6-3 "FACT"自杀警讯的项目和内容

感 觉	· 无望的："事情不可能变好了""已经没有什么好做了""我永远都觉得没有希望" · 无价值感："没有人在乎我""没有我别人会过得更好" · 过度罪恶感和羞耻感、痛恨自己 · 过度悲伤、自责、无助等负面想法 · 持续的焦虑与愤怒
行 动	· 药物或酒精等物质滥用 · 谈论或撰写有关死亡或毁灭的情节 · 焦躁不安 · 攻击、鲁莽
改 变	· 人格：更退缩、厌倦、冷漠、社交疏离、犹豫不决或更为喧闹、多话、外向 · 行为：无法专心 · 睡眠：睡太多或失眠，有时会很早醒来 · 饮食习惯：没有胃口、体重减轻或吃得过量 · 兴趣丧失：对于朋友、嗜好、个人清洁、性或以往喜欢的活动失去兴趣 · 在经过一段时间的消沉、退缩后突然情况好转

（续 表）

恶 兆	• 言语：讨论“流血流多久才会死” • 威胁：说出“没多久我就不会在这里了” • 行动计划：安排事务、送走喜欢的东西、研究药物、获取武器 • 自杀的企图：服药过量、割腕

资料来源：引自 Kalafat(1990)。

（二）老人自杀预防

如果老人出现了自杀的危险，则该多注意倾听与关怀，给予希望与支持，求助于医师专家，详细地评估与沟通，给予其药物与心理治疗，必要时甚至可以安排住院治疗，以避免进一步自杀行为的发生。老人自杀危机处置的预防措施为：

1. **未雨绸缪**：平常需以电话关怀老人，注意其生活起居和作息，并举办教育、研习、训练、座谈及活动，预防老人困扰的产生。
2. **早期发现危机**：平时多到住宅处关心有危机的老人，亦可在早期发现危机，并早期治疗。若能在危机发生的第一时间介入处理，可以避免问题的扩散、恶化。
3. **医疗复健**：老人自杀有许多是由于“久病不愈”，因此，应避免老人慢性疾病成为痼疾，并提供身、心、灵的辅导和复健措施。

社会工作者除了协助提供支持性访谈方案之外，还应积极建立社会支持关怀服务输送系统，例如提供居家问安服务，避免老人因孤单、寂寞而产生轻生念头。近年来，台湾自杀防治中心大力推动“1 问、2 应、3 转介”，利用这 3 个简单又易记的步骤来防范自杀，以期通过“早期发现、早期干预、早期协助”的方式，有效减少每年自杀死亡人数，落实自杀防治工作（自杀防治中心，2014）：

1. “1 问”是指主动关怀与积极倾听、询问；
2. “2 应”是指给有自杀意图的人适当回应；
3. “3 转介”是指引导当事人接受转介以得到进一步的协助。

而防治老人自杀必须有联结资源网络介入，并从各层面上联结多方资源（见图 6－2）。

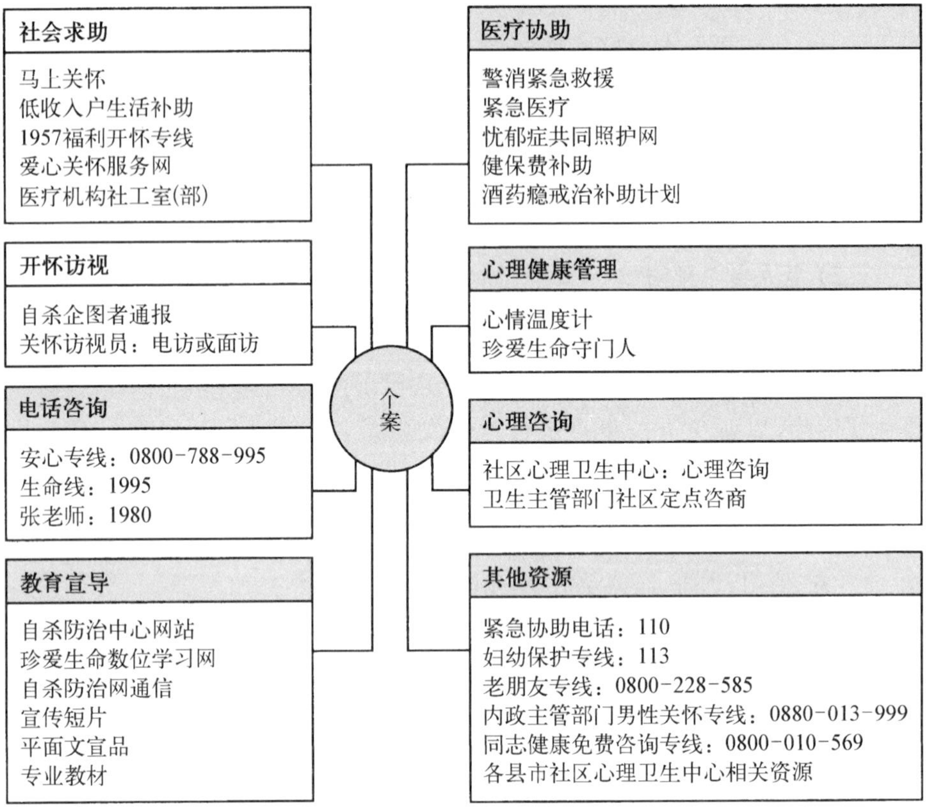

图 6-2　自杀防治网络资源联结

资料来源：整理自自杀防治中心(2014)。

第五节　老人的情感需求

“老年”隐含着身体虚弱、不健康、没有活力，甚至老年人本身对老年生活多有“迷思”，导致无法对老年生活有正向期待或良好调适。

老人害怕“被批评”与“被排斥”是压抑性需求的重要原因。由于老人自我主观感觉到社会压力，导致老人受到性压抑，住在机构中的老人尤其严重。研究指出，护理之家的老人一旦有性表现，不是被忽略就是被认定是件麻烦事，会认为此老人是个麻烦的案主(Holmes, Reingold & Teresi, 1997)。一般人皆误以为老年人失去了性能力，使老年人的情感需求遭到压抑，尤其在老人机构，这是老人本身及一些专业人士对老人性事存有的错误认知。其实在社区讲座课程中发现，例如“老年的情感需求”及“面对老年第二春的法律问题”都很受欢迎。

若我们肯定“亲密关系”为人生的基本需求之一，就能全方位地理解日益增加的老年情感问题，特别是老化与老年人的性议题。“亲密”（intimacy）一直被认为是一种人类的基本需求。而亲密的概念又分化为四个基本形态的人际互动（Bullard-Poe，Powell，＆ Mulligan，1994）：社会的（social）、认知的（cognitive）、情感的（emotional）、身体的（physical）。在台湾，社会大众对老人的第二春则给予较多刻板化印象，但这并不表示台湾的老人是不需要“性亲密”的一群人（谭毅贞，2004；陈秀逸，2007）。人类渴望被抚触、拥抱，爱抚与亲吻的需求是持续终身的，尤其老人因退休或子女成家，其生活上更需要亲密的情感依附和人际互动。亲密关系是多面向的概念，除了有助于身心健康，它更是影响老年良好发展的重要因素，且基于人类基本需求的满足，亲密的确能为有偶老年族群带来身心的健康，增进生活的幸福感。发展老年人的亲密依附情感关系，可让老年人具有相互依赖行为、需求的满足、情绪的依赖，所以爱与依附情感（attachment）是老年期发展的重要因素。事实上，老人的性活跃来自他们对性功能的正向态度，因此，强调老年期对情感正向的态度，可帮助老年人有“性统整”的发展（Steinke，1994），而这在笔者的实务工作中也得到了印证。由此，老人、家属和工作者对老人的性需求和情感依附持有正向的态度，老人的身心才能越健康。

新闻视窗

老人自杀率最高，生命线呼吁多关心

根据世界卫生组织网站资料，台湾及许多亚洲国家/地区仍被列为自杀高危险地区；其中65岁以上的老人因为抑郁症、年迈体弱或其他社会经济家庭因素，是所有年龄层中自杀率最高的一群。

国际生命线台湾总会秘书长何振宇指出，根据研究，老年人口的精神疾病之中，抑郁症及老年失智症是所占比例最高的两种。延误就医不但可能发生危险，更可能造成不必要的遗憾。根据台湾生命线统计，去年电话协谈服务需求不但在数量上首度超过16万人次；在服务的年龄层上，年长者的求助比例也明显攀升。

“1995”生命线是目前台湾地区唯一提供24小时自杀防治热线服务的民间单位，由各地协会自筹经费，以维持协谈专线的人力与服务品质，以每个中心设置2条服务专线为例，每个时段至少需安排2人以上值班，每天至少划分为6个服务时段，每周则至少需要84位志工投入服务，过去曾有民众抱怨生命线电话无人接听，但碍于志工人力不足，不但无法扩展线路，到了最需要人力的大夜班时更是仅能维持1条专线服务。

由于生命线协会人力不足，我们呼吁各界爱心人士加入守护生命的行列中来，从现在起开始预约不一样的银发生活，让长者不但能接受生命线的服务，更能成为助人的力量。

资料来源：刘敏娟. 老人自杀率最高，生命线呼吁多关心[EB/OL]. 中广新闻网，2013-10-12. [2014-01-24]. http://www.bcc.com.tw/news_index.asp.

问题与讨论

1. 慢性病的定义和特征有哪些？
2. 常见的老年慢性疾病类型有哪些？
3. 何谓疾病压缩理论？
4. 老年人自杀的原因为何？应如何预防？
5. 影响老人性需求和性问题的因素有哪些？
6. 老人的爱与依附需求为何？应如何破除长期以来社会对老年人的性迷思？

参考书目

一、中文部分

林世光. 老年不必忧郁——治疗忧郁预防自杀悲剧[2006-04-16]. http://www.sfit.org.tw.

洪立维.退化性关节炎[C].台大医院健康讲座,2013.

陈秀逸.彩霞满天：老人情感依附之研究[D].桃园：元智大学,2007.

陈燕祯.社区照顾新策略：建构社区老人跌倒社会支持系统之探讨[M]//洪泉湖.社区、文化与产业.桃园：元智大学出版社,2011.

陈燕祯.从热力学“熵”(entropy)观点建构预防老人跌倒资源系统[C]//残疾人社会福利政策与服务研讨会暨第六届中国残疾人是事业发展论坛论文集.南京：南京大学,2012：131-139.

陈燕祯,林义学.高龄者跌倒成因与友善生活环境：一个质性研究的发现[J].辅仁社会研究.新北：辅仁大学,2014.

陈佳佳.血糖控制好帮手 品质指标一起来[J].全民健康保险双月刊,2013(104)：22-25.

陈秋萍.骨质疏松症常见四大迷思[N].联合报,2013-10-14.[2014-02-13].http://mag.udn.com/mag/life/.

张家铭.生命中不完美的句点：认识老年人的自杀防治[EB/OL].[2006-04-16].http://www.social work.com.hk.

张启昌.分析桃园地区中老年族群于健康行为、健康意向与慢性疾病知识间关联之研究[J].康宁学报,2008(10)：171-196.

覃毅贞.机构护理人员对老人从事性行为之态度暨相关影响因素研究[D].高雄：树德科技大学,2004.

二、英文部分

Bernard, S. L., Kincade, J. E., & T. R. Kornard (1997). Predicting mortality from community surveys of older adults: The importance of self-rated functional ability, *Journal of Gerontology*, 52B:S155-S63.

Burish, T. G., & L. A. Bradley (1983). Coping with chronic disease: Defini-tions and issues, in *Coping with Chronic Disease: Research and Applications*, pp.3-12. New York: Academic Press.

Bullard-Poe L, Powell, C., & T. Mulligan (1994). The importance of intimacy to men living in a nursing home, *Archives of Sexual Behavior*, 23(2): 231-236.

Corbin, J. M., & A. Strauss (1988). *Unending Work and Care: Managing Chronic Illness at Home*. San Francisco: Jossey-Bass.

Curtin, M., & I. Lubkin (1995). What is chronicity? In I. M. Lubkin (ed.), *Chronic Lllness: Impact and Interventions* (3rd ed.), pp.4-22. Boston: Jones & Bartlett.

Eliopoulos, C. (1999). Overview of chronic care. In St. Louis(ed.), *Integrating Conventional & Alternative Therapies: Holistic Care for Chronic Conditions*. MO: Mosby.

Holmes, D., Reingold, J., & J. Teresi (1997). Sexual expression and dementia views of caregivers: a pilot study, *International Journal of Geriatric Psychiatry*, 12: 695-701.

Kalafat, J. (1990). Adolescent suicide and the implications for school response programs. *The School Counselor*, 37, 359-369.

Levin, L. S. (1976). The layperson as the primary health care practitioner, *Public Health Reports*, 91:206-210.

Marcus, E. (1996). *Why suicide? Answers to 200 of the most frequently asked questions about suicide, attempted suicide, and assisted suicide*. SanFranisco: HarperCollins.

Quinn, M. E., Johnson, M. A., Poon, L. W., & P. Martin(1999). Psychosocial correlates of subjective health in sexagenarians, octogenarians, and centenarians, *Issues in Mental Health Nursing*, 20(2):151-171.

Steinke, E. E. (1994). Knowledge and attitudes of older adults about sexuality in geing: a comparison of two studies, *Journal of Advanced Nursing*, 19:477-485.

Smith, J. (1981). The idea health: A philosophical inquiry, *Advance Nursing Science*, 3: 43-50.

Woods, N. (1989). Conceptualizations of self-care: Toward health-oriented models, *Advances in Nursing Science*, 12(1):1-13.

附录 6－1　2013 年中国台湾地区十大死因

台湾地区十大死因			65 岁以上老年人口十大死因		
顺序号	死亡原因	占死亡总人数的百分比	顺序号	死亡原因	占死亡总人数的百分比
1	恶性肿瘤	29.0%	1	恶性肿瘤	24.9%
2	心脏疾病(高血压性疾病除外)	11.5%	2	心脏疾病(高血压性疾病除外)	12.6%
3	脑血管疾病	7.3%	3	脑血管疾病	8.4%
4	糖尿病	6.1%	4	肺炎	7.6%
5	肺炎	5.9%	5	糖尿病	7.0%
6	事故伤害	4.3%	6	慢性下呼吸道疾病	5.2%
7	慢性下呼吸道疾病	3.9%	7	高血压性疾病	4.0%
8	高血压性疾病	3.3%	8	肾炎、肾病症候群及肾病变	3.5%
9	慢性肝病及肝硬化	3.1%	9	败血症	2.7%
10	肾炎、肾病症候群及肾病变	2.9%	10	事故伤害	2.5%

资料来源：整理自卫生福利主管部门. 2013 年死因统计结果分析[EB/OL]. [2014－11－12]. http：//www. mohw. gov/tw/cht/Ministry/.

附录 6－2　巴氏量表(日常生活功能量表,ADL)

项　目	分数	内　容　说　明
1. 进食	10□	自己在合理时间(约 10 秒钟吃一口)可用筷子取食眼前的食物若需进食辅具时,应会自行穿脱
	5□	需别人帮忙穿脱辅具或只会用汤匙进食
	0□	无法自行取食或耗费时间过长
2. 个人卫生	5□	可以自行洗手、刷牙、洗脸及梳头
	0□	需要他人部分或完全协助
3. 上厕所	10□	可自行上下马桶、穿脱衣服、不弄脏衣服、会自行使用卫生纸擦拭
	5□	需要协助保持姿势的平衡、整理衣服或用卫生纸
	0□	无法自己完成
4. 洗澡	5□	能独立完成(不论是盆浴或淋浴),不需别人在旁
	0□	需别人协助
5. 穿脱衣服	10□	能自己穿脱衣服、鞋子,自己扣扣子、上拉链或绑鞋带
	5□	在别人协助下,可自己完成一半以上的动作
	0□	不会自己做
6. 大便控制	10□	不会失禁,能自行灌肠或使用塞剂
	5□	偶尔会失禁(每周不超过一次),需要他人协助使用灌肠或塞剂
	0□	失禁,无法自己控制且需他人处理
7. 小便控制	10□	能自己控制不会有失禁,或能自行使用并清洁尿套、尿袋
	5□	偶尔会失禁(每周不超过一次)或尿急(无法等待放好便盆或及时赶到厕所)或需要他人协助处理尿套
	0□	失禁,无法自己控制且需他人处理
8. 平地行走	15□	使用或不使用辅具,皆可独立行走 50 米以上
	10□	需他人稍微扶持或口头指导才能行走 50 米以上
	5□	虽无法行走,但可以操作轮椅(包括转弯、进门及接近桌子、床沿)并可推行轮椅 50 米以上
	0□	完全无法自行行走,需别人帮忙推轮椅
9. 上下楼梯	10□	可自行上下楼梯,可使用扶手、拐杖等辅具
	5□	需他人协助或监督才能上下楼梯
	0□	无法上下楼梯
10. 上下床或椅子	15□	整个过程可独立完成
	10□	移动身体时需要稍微协助、给予提醒、安全监督
	5□	可以自行坐起,但从床上坐起或移动身体时需要他人协助
	0□	不会自己移动
总分		

0–20	20–40	40–60	60–100
完全依赖	严重依赖	显著依赖	功能独立

资料来源：引自长期照顾专业协会.[2014－01－23]. http：//www. ltcpa. org. tw.

附录 6－3　工具性日常生活活动能力量表(IADL)

B. 工具性日常生活活动能力(IADL)(以最近一个月的表现为准)	
1. 上街购物【□不适用(勾选“不适用”者,此项分数视为满分)】 □3. 独立完成所有购物需求 □2. 独立购买日常生活用品 □1. 每一次上街购物都需要有人陪 □0. 完全不会上街购物	勾选 1 或 0 者,列为失能项目
2. 外出活动【□不适用(勾选“不适用”者,此项分数视为满分)】 □4. 能为自己开车、能自己骑车 □3. 能够自己搭乘公共交通工具 □2. 能够自己搭乘出租车但不会搭乘公共交通工具 □1. 当有人陪同才可搭出租车或公共交通工具 □0. 完全不能出门	勾选 1 或 0 者,列为失能项目
3. 食物烹调【□不适用(勾选“不适用”者,此项分数视为满分)】 □3. 能独立计划,烹煮和摆设一顿适当的饭菜 □2. 如果准备好一切佐料,会做一顿适当的饭菜 □1. 会将已做好的饭菜加热 □0. 需要别人把饭菜煮好、摆好	勾选 0 者,列为失能项目
4. 家务维持【□不适用(勾选“不适用”者,此项分数视为满分)】 □4. 能做较繁重的家务或偶尔需家务协助(如搬动沙发、擦地板、洗窗户) □3. 能做较简单的家务,如洗碗、铺床、叠被 □2. 能做家务,但不能达到可被接受的整洁程度 □1. 所有的家务都需要别人协助 □0. 完全不会做家务	勾选 1 或 0 者,列为失能项目
5. 洗衣服【□不适用(勾选“不适用”者,此项分数视为满分)】 □2. 自己清洗所有衣物 □1. 只清洗小件衣物 □0. 完全依赖他人	勾选 0 者,列为失能项目
6. 使用电话的能力【□不适用(勾选“不适用”者,此项分数视为满分)】 □3. 独立使用电话,会查电话簿、拨号等 □2. 仅可拨熟悉的电话号码 □1. 仅会接电话,不会拨电话 □0. 完全不会使用电话	勾选 1 或 0 者,列为失能项目
7. 服用药物【□不适用(勾选“不适用”者,此项分数视为满分)】 □3. 能自己负责在正确的时间用正确的药物 □2. 需要提醒或少许协助 □1. 如果事先准备好服用的药物分量,可自行服用 □0. 不能自己服用药物	勾选 1 或 0 者,列为失能项目。

（续 表）

B. 工具性日常生活活动能力(IADL)(以最近一个月的表现为准)	
8. 处理财务能力【□不适用(勾选“不适用”者,此项分数视为满分)】 □2. 可以独立处理财务 □1. 可以处理日常的购买,但与银行往来或大宗买卖等事务需要别人协助 □0. 不能处理钱财	勾选 0 者,列为失能项目
(注：上街购物、外出活动、食物烹调、家务维持、洗衣服等五项中有三项以上需要协助者即为轻度失能)	

资料来源：台湾护理及健康照护主管部门. 长期照顾服务个案评估量表及申请书.[2014－03－16]. http：//www. mohw. gov. tw/cht/Ministry/.

III

第三篇

老年与社会

第七章 老人贫穷与就业问题

第一节　老人贫穷原因与贫穷理论
第二节　老人经济安全与生活来源
第三节　社会结构变迁与老人贫穷问题
第四节　女性老人的贫穷问题
第五节　老人就业问题与经济资源
第六节　老年再就业与人力资源运用

第一节　老人贫穷原因与贫穷理论

近年来，台湾在社会形态的转变下，家庭结构已不同于以往，慢慢呈现出以“核心家庭”为主要家庭形态的趋势，且传统的家族、大家庭形态也已慢慢地变成小家庭模式。因此，老年人口在老年时期的经济来源也产生了变化，不再是以家庭内代际移转为主，加上在传统社会经济结构下，家庭“养儿防老”的观念在现代社会中已有所转变，其功能也渐渐式微（詹火生，2002）。因此，老人的经济问题就浮上台面，许多老人陷入生活的困境。

从台湾行政主管部门历年的“中国台湾地区老人状况调查报告”资料来看，65岁及以上老年人口的主要经济来源为“依靠子女奉养”的，其比例已呈现逐年下降的趋势。此外，子女对父母的责任由“绝对义务”变为“相对义务”（孙健忠，2010）。

一、老年期的贫穷原因

贫穷问题的研究必须虑及生命周期的变化所带来的问题。国外研究贫穷问题的英国著名学者 Rowntree（1901）就强调，生命周期中有三个时期的贫穷风险最高——儿童时期、父母（育儿）时期与老年时期，其中，老年期是贫穷风险最高的一个时期。国外研究发现，老年人口的贫穷率较其他非老年人口更高，且停留在贫穷的时间亦比其他年龄组为长（Walker，1986）。而且人口数量多的人口老化年轮在经济上较为不利，也较容易失业或离婚，进而导致贫穷率的高涨（Easterlin，1987）。人一生薪资所得的变化和工作能力的变化有密切关系，而薪资所得又和年龄大致呈“倒 U 字形”关系：成年早期赚钱能力上升，至中年稳定，老年下降（Alocok，1993）。

依据实地调查研究结果发现，老年时期开始成为低收入户或中低收入户者（致贫时间点为 65 岁以后）中，回答其致贫原因为“年迈体衰”者最多，回答因“无工作能力”而致贫者次之，至于其他原因依序为“退休”“依赖人口众多”“久病不愈”“原来世代贫穷”“负担家计者死亡”“会赚钱的人离家出走”“失业”等，前三项原因皆与个人因年老而失去工作能力或工作机会有关（古允文、杨莹、詹宜璋，1997），因而维持适当的所得收入可避免老人陷入贫穷。老人致贫原因至少可以归纳为“个人特质”“就业因素”“所得来源”及“需求因素”四大类(詹宜璋,1998)。第二次世界大战后婴儿潮人口即将进入老年期,其经济风险将出现。有研究指出,老人的贫穷主要是由于“年纪老迈无法工作”,次之是由于“身心障碍”或“伤病”;因此,老人脱贫的概率非常低(陈正峰等,1999)。而吕朝贤和王德睦(2000)研究贫穷问题,则指出不同家庭结构、形态对人口贫穷率有不同的解释力,认为致贫的四大因素为:政策因素、动机因素、人口因素、劳动市场因素等。总之,老人的贫穷并非由单一因素造成的,必须在年轻时就有财务规划和老年生活规划,才能降低老年期的经济风险。老人在俭朴生活的情况下还会发生经济上的问题,其原因除了个人因素之外,家庭和社会因素等都是促使老人经济问题严重化的因素(见表 7-1)。而老人经济上的问题,主要是由两个层面的因素造成的。

表 7-1　造成老人经济安全和不安全问题的原因

	老人经济安全的因素	老人经济不安全的因素
个人因素	• 身体健康,不需太多医疗支出 • 当年轻时的所得、收入越多,就有越高的经济安全 • 年轻时有理财规划,并储蓄足够的退休金等 • 子女有奉养父母的孝行,并且会提供充足的生活费用	• 年纪老迈无法工作 • 身心障碍或生病导致医护费用的增加 • 子女对父母奉养或照顾费用,皆无法事先完全确定
社会因素	• 基本食、衣、住、行与医疗照顾都能获得满足	• 失业或退休后无所得收入 • 低度就业者或部分退休者虽仍有薪资所得,但却入不敷出

(一) 个人因素

1. 强迫退休导致工作所得的损失。

2. 平均寿命的增加,导致退休后生活期间的加长。

3. 退休金不足以维持老人合理的生活水准。

4. 身体健康不良,而增加额外医疗费用。

5. 财产税过重及通货膨胀所引起各项费用支出的增加。

(二) 社会因素

1. 社会价值观对老人再就业的接受程度有限。

2. 相关规定的限制,使雇主们不愿雇用年纪较大的劳工。

3. 工业化效应,使老人面临退休失业的危机。

二、老人贫穷的相关理论

围绕导致老人贫穷和经济风险的基础理论架构有诸多的探讨，上文所探讨的这些因素也形成了不同时代的贫穷理论。尤其20世纪60年代美国约翰逊总统提出“对贫穷作战”(The War World)的社会政策后，有五个主要的论点被提出来解释贫穷：Lewis贫穷文化、Mead福利文化派、Murray反工作诱因派、Wilson结构取向与Anderson雨露均沾论(见表7－2)。这五个理论也奠定了20世纪70至90年代贫穷理论的基础架构，后续的老人贫穷相关理论也由其延伸、批判建构而成。

表7－2　贫穷理念的基础架构

贫穷理论	理论假设	影响结果
Lewis 贫穷文化	• 贫穷文化是一个特定概念模型(conceptual model)的标签(label) • 贫穷是一个拥有自己结构与理性的社会次文化	• 生活在阶级化(class stratified)、高度资本化、个人社会化的环境中，是贫民对其所处边陲位置的一种适应与反抗 • 贫民解决日常生活问题的方法，为无法达到主流规范要求的人们提供了适应剥夺环境、自我安慰(报酬)与防卫的机制
Mead 福利文化派	• Mead提出社会福利政策将会造成责任的缺乏 •“新贫穷”根源于心理、文化与人性，而非其他保守派人士所认为的福利政策的反工作诱因，或自由派所持的机会结构限制所致	• 以权威性社会政策取代以往过于宽大的社会政策，以增加穷人及福利依赖者的社会义务 • Mead认为福利政策的“工作福利”(workfare)是一个有助于不工作的穷人改善工作意愿的做法，即在领受福利的同时，亦有责任去工作或寻求工作，以满足回馈义务的要求
Murray 反工作诱因派	• 视政府福利措施为20世纪70年代起潜在贫穷(latent poverty)增加的主因，Murray拒斥经济发展会减抑贫穷人口的想法 • 他认为社会福利的给付会去除低所得者的工作伦理，创造反工作的诱因(work disincentives)，使得人们对从事低薪工作的意愿降低，而倾向依赖政府的福利和救助	• 福利的给付过于宽大，降低了人们自给自足的意愿，促使人们受短期经济诱因的诱导而有依赖福利，不愿脱离贫困的现象 • 建议美国政府缩小福利这块经济大饼，使得私人、市场与家庭再度发挥功能，以解决贫困问题。他的主张深受里根政府的支持，因为正好可作为政府削减福利预算的权威性理由

（续　表）

贫穷理论	理　论　假　设	影　响　结　果
Wilson 结构取向	· 以结构性取向解释贫穷的研究，他认为社会失序问题不能单纯以歧视或贫穷文化来解释 · 这些问题有其社会学的先决条件，范围包括人口变迁与经济组织变迁等问题	· 以社会的（societal）、人口的（demographic）与邻里的（neighborhood）等内在相关变项来解释种族间社会失序率的差异 · 这些变项由工作机会结构的改变、选择性人口迁出与集中化效应等三个假设构成，用以解释美国都市居住区的社会失序现象，例如暴力犯罪、非婚生子女
Anderson 雨露均沾论	· 提出贫穷的发生率是对数中位所得的函数，经济成长有助于减少贫穷的发生 · 但随着中位所得的增高，经济成长效果呈先增后减的趋势	· 经济的荣枯是影响贫穷率高低的主要理由，一方面是因为如果经济好，工作机会就多，劳动力需求多，此时雇主较少会选择他们所雇用的人，故贫穷者就较容易找到好工作，进而脱离贫困（Kelso，1994）。 · 另一方面，当经济好时，政府的税收就多，就会有较充分的资源来协助贫穷者，使贫穷者直接受益，或者政府有能力进行大量的公共投资，此投资会创造新的工作机会，使穷人可以有机会增加收入

第二节　老人经济安全与生活来源

一、老年经济安全的概念

对个人而言，老年经济安全是满足其基本需要与欲望的心理状态与安全感，此基本需要与欲望就是衣、食、住、行与医疗照顾。当一个人可以相对确定能满足自己目前或未来必需品的需求时，就可以产生安全感。而显而易见地，经济上的安全与所得的持续有关，一个人的所得、收入（income）越多，就有越高的经济安全感。相对而言，经济不安全是指个人对目前或未来的需要感到匮乏。此外，饮食和医疗费用一直是老人最主要的消费支出项目，根据台湾内政主管部门统计处的报告，有85%的50～64岁的居民认为，当局提供老年医疗照顾保健的经济补助是必要的（台湾内政主管部门统计处，2002），可见医疗支出对老年经济风险的影响之大。而所谓经济不安全所涉及的内涵有下列四种可能形式（詹宜璋，1998）：

1. 所得的损失或中断（例如失业或退休后即无薪水收入）；
2. 支出费用的增加（例如罹患疾病、身心障碍所增加的医护费用的支出）；
3. 所得的不足（例如低度就业者或部分退休者虽有薪资所得，却入不敷出）；
4. 所得的不确定（例如自营业者的营业所得、投资者的获利，甚至子女对父母的奉养，皆无法事先完全确定）。

二、老人主要经济来源

65岁以上人口主要经济来源，依据时代的变迁而有不同。而老人的生活是非常俭朴节约的，因为其经济来源非常有限（台湾内政主管部门统计处，2010）。根据台湾审计主管部门（2012）对45至64岁中高龄者的调查，他们规划好未来养老的最主要经济来源为“本人及配偶退休金”，占29.58%，其次为“劳保老年给付”，占28.21%，“储蓄”亦占21.88%。按性别观察，两性未来养老经济来源均以“本人及配偶退休金”居多，“劳保老年给付”居次，由“子女奉养”者占9.81%，其中女性13.91%，男性仅5.54%。按年龄别观察，未来养老经济来源由“子女奉养”为主的老人以60至64岁者最高，占18.30%，以45至49岁最低，占4.46%等。又依据台湾卫生福利主管部门“老人状况调查报告”，老人的经济来源历年来仍以靠子女奉养为主，根据2013年调查结果，老人主要靠子女或孙子女奉养的占43.9%，其次则是由当局提供救助或津贴（占36.2%），再其次才是靠退休金、抚恤金或保险给付（占19.6%）（台湾卫生福利主管部门，2014）（见图7－1）。

三、老人依赖的类型

人们对“老”的认知和反应是相当复杂的。人口学的“依赖人口”概念，将老人视为“非生产人口”，建构“依赖人口比”（扶养比）（dependency ratio）的用词，

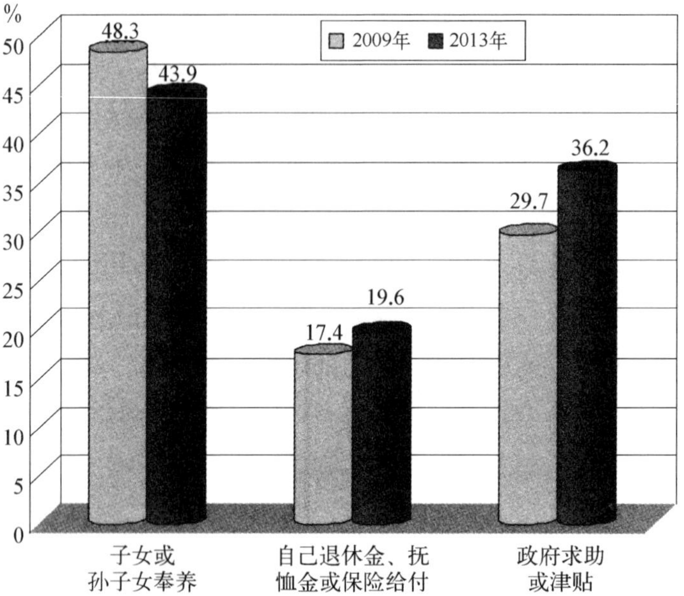

图 7－1　65 岁以上老人经济来源

资料来源：整理自台湾卫生福利主管部门(2014)。

以计算多少生产人口来扶养这些老年(非生产)人口(Monk,1980),而此依赖人口又需要立刻转换到“代际资源”(inter-generational transfer)及“社会福利负担”问题上,从负面而言,会造成社会恐慌及代际公共资源竞争的紧张(Keyfitz,1980);从政策及学术发展而言,“依赖”成为“需要照顾或服务”的社会类别(social classification)。“老人的依赖”有层面和程度的区别,在 Harris(1988)老人学字典对“依赖”(dependency)的定义中,就包括下列四种典型的对依赖的社会层次分类(引自胡幼慧,1996)。老人经济依赖本身就是一个贫穷化的过程,而此过程并非全为自然的生命周期现象,同时也是社会环境的产物,尤其“社会政策”的制订就是导致老年人贫穷和依赖的主要原因。因此,老人的经济依赖是社会政策和劳动力市场的产物,退休迫使老人的经济由“独立”降到“依赖”的地位。

对老人而言,身体病弱、贫穷、失能、被社会隔离都是造成依赖的原因。老人依赖的类型有下列四项。

1. **身体的依赖**：身体病弱。
2. **经济的依赖**：贫穷。
3. **心理的依赖**：心理失能。
4. **社会的依赖**：社会隔离者。

第三节　社会结构变迁与老人贫穷问题

老人的贫穷与社会结构的变迁是分不开的。社会变迁越快，老人所面对的冲击也就越大。老人面对的社会冲击，大致可分为下列几个方面。

一、家庭制度和照顾功能的转变

从20世纪70年代开始，家庭以“扩大核心家庭”为主，也就是说，家庭之中只有两代，即父母和他们的子女。统计数字显示，老人与家人同住的比例虽有下降，但仍维持在总数的三分之二以上，与西方国家一般不到5%的情况不同。不过老人与家人同住并不表示他们可以得到家人的照顾，而家庭照顾功能减弱的原因之中，最重要的是子女数目减少了。换言之，就是老人与家人同住的比例仍占多数，但因子女数目减少，子女在扶养年老父母方面，必须承担更大的责任，不像从前子女众多时，责任由多人分担。此外，近年来因子女移居外地现象增加，使得老人从子女处得到的协助也相对减少。然而，自古以来，只要老人从子女处得到支援，他们便可免于陷入经济困顿。

以前台湾当局对老年退休生活的态度：奉养年老父母是子女的责任，是家庭的责任，也是传统的文化美德，当局是不应插手、不必介入的，以免削弱子女的责任感、破坏家庭的功能。然而，敬老观念的重要性已于近年出现变化，虽然子女仍有奉养年老父母的观念，但却力不从心，所以大多数老人难免生活贫困，确实需靠当局的生活补助才能过日子。

二、社会结构变化造成了老人贫穷

老年人口的“高贫穷率”主要是因为退出劳动力市场、缺乏薪资所得，以及未有适当的移转所得(Spicker, 1993)，而西方国家虽人口老化严重，但自实施社会安全制度后，老年人普遍领有年金与其他社会安全给付，致使移转后(post-transfer)老年人的贫穷率反而低于其他群体与平均的贫穷率(Alocok,1993; Devine & Wright, 1993)。至于台湾老人移转前的贫穷率高，除了因退出劳力市场而少有薪资和家庭与生命周期移转不足外，当局未建立普遍的、健全的老人安全给付也是一个影响很大的因素。

三、家户结构变迁与老人致贫因素

台湾地区核心家庭的增加，主要是因为战后婴儿潮人口成年后，老年父母只需和诸多成年子女之一共居，在“扩展家庭”存在条件越来越差的环境下，其余的子女即可能自组成为小家庭。这些因人口转型而增加的家户，其特性是家庭平均人口较少，而且大多为缺少老年人共居的两代家庭模式。然而，1985 年之后，因为老年父母能够共居的子女数开始减少(因为生育率下降)，抑制了“核心家庭”增加的速度，简而言之，真正促成核心家庭增减的因素是不同“年轮”(cohort)者子女数量的变化(薛承泰，2002)。尤其老人若因配偶死亡或缺乏子女照顾或共居，都可能成为“独居老人”(elderly live alone)。

过去的文献显示，随着人口老化与家庭变迁，家庭移转功能和老人本身的资产重配置功能似有减弱趋势，因此，有关部门功能也不断提高。然而，贫穷老人的处遇会以何方式对应，还必须视当时的政治、经济、社会与文化环境决定(孙健忠，2010)。有研究就利用 2005 年与 2010 年家庭收支调查资料进行年度比较，分析不同家户形态中的老人家户的贫穷情况，再将讨论范围从家户拓展到个人，去了解老人是否容易落入贫穷，该研究归纳出四项结论(洪伟峰，2013)：

1. 单身老人户、夫妻老人户与祖孙户面临的三种贫穷风险比其他类型家户要来得高，是较值得关心的经济弱势者；
2. 以个人来看，相对青壮年与幼年人口，老人更容易陷入三种贫穷风险，且随着年龄增加而更容易落入贫穷；
3. 公共部门的消费有助于拉近贫者与非贫者的消费水准，换言之，当局公共部门消费具有重分配的功能；
4. “家庭内移转”功能只有在所得消费不低的老人身上才能有明显发挥，所得消费低者与双重贫穷者则需高度依赖当局的所得移转。

整体而言，随着人口高龄化，家庭功能的降低，当局势必要承担责任。台湾当局的做法随着原有社会保险方案与居民年金规定的实施而随之变化，

其希望能确保居民在老年时有基本生活保障，降低老年陷于贫穷的风险。但在笔者看来，虽然当局做出很多努力，贫穷的老人仍会存在。

第四节 女性老人的贫穷问题

在“人口老化”的现象中，向来以女性较男性长寿的现象最为明显。以台湾地区的情形来看，女性平均寿命比男性高出约6岁；再加上男女在婚龄上3.5岁的差异，老年女性守寡的平均年数高达9年。再从老年人生活照顾和健康照顾的状况来看，未丧偶的老夫妻仍以“妻侍夫”的照顾模式为主，但相对于老年女性而言，其生命历程中经历“照顾生病卧床的老伴”“送终的哀伤”“病痛只能自我照顾和独自面临死亡”则是普遍的问题（胡幼慧、马淑荣，1989），而老年女性则必须依赖下一代的子女提供照顾。从两性老人的依赖结构来看，男性老人卧床时，有一半的时间是在“同代”内进行，即由“配偶”照顾；而相对地，女性老人则必须依赖下一代子女提供照顾。因此，在照顾过程中就发生了老年女性缺失最基本的经济依赖，也造成了“贫穷女性化”的问题。

新闻视窗

人瑞今年增349台北市最多

卫生福利主管部门“社家署”2014年公布的统计结果显示，至8月底，台湾百岁以上人瑞共2 525人，较2013年增加349人，增长率16.03%。其中新北市一名113岁人瑞为全省最老。2003年以来，人瑞数增加最多的为2012年的387人（增长率25.99%），第二高的为2013年的374人（增长率20.75%）。而2014年增加349人（增长率16.03%），则为历年第三高。“社家署”表示，2014年刚满百岁的人瑞多达992人，期许这些长辈在“人瑞俱乐部”中能持续长寿、健康。若以个别县市来看，台北市人瑞604人，为全省最多；其次是新北市，401人，再次是台中市，为191人。“社家署”说，都会区人口数较多，因此人瑞数也相对多。此外，根据过去经验，人瑞数和生肖相关，通常龙年最多、虎年最少。

资料来源：廖佩妤. 人瑞今年增349台北市最多[N]. 2014-09-23.[2014-09-28]. http://www.chinatimes.com/.

一、贫穷女性化的原因

美国学者 Diana Pearce 于 1978 年提出“贫穷女性化”(The Feminization of Poverty)一词，乃用来描述美国当时日益增加的女性贫穷人口。她当时观察到：1976 年，美国 16 岁以上贫穷人口组成中，有三分之二是女性，而有 70%的老年低收入户户主为“女性”，而最重要的是，几乎有一半的低收入户人口由以女性为户主的家庭成员组成，也因此，她断言美国的贫穷问题已逐渐成为一项女性的问题，于是在 20 世纪 80 年代，“贫穷女性化”的议题便广受讨论(黄乃凡，1995；郑丽珍，2001)。

女性与贫穷之间的密切关联几乎举世皆然，台湾亦不例外。根据台湾劳动主管部门统计，2013 年台湾女性的平均时薪只有男性的 83.9%，因料理家务而未就业的女性有 239 万余人，男性则仅有 3 万多人，且台湾女性需比男性多工作约 2 个月才能得到相同的薪资，这显示了台湾性别不平等和女性贫穷化的问题(顾荃，2014)。因此，女性贫穷的主因是女性薪资低于男性，连带影响退休金收入，再加上女性传统上被视为需要承担家庭照顾责任的人，许多女性因为结婚、育儿、照顾家人等家庭因素而退出职场，因此缺乏经济来源。

“贫穷女性化”的形成原因，除了女性缺乏自主经济能力外，还可归因于以下几个因素(吕朝贤，1996；张晋芬，2002)。

1. 就业市场的性别歧视待遇：女性的低薪和在职场中的附属性，导致女性无法取得与男性平等的雇用条件，例如薪资、升迁、福利等。
2. 家庭结构的变化：台湾女性为户主的单亲家庭陷入贫穷的比例高出男性单亲家庭三倍。
3. 从事家庭代工或打零工的妇女，由于缺乏正式的工作，以致无法获得以工作为主的社会保障，例如劳工保险的请领等。

台湾女性的贫穷状况确实有上升趋势，女户主家户的贫穷率也一直高于男性(周诗茜，2012)。而随着劳动形态不断地改变，短期聘雇、弹性变换的雇用形态给女性的经济稳定增添了更多风险。另外，值得注意的是，随着女性二度就业机会及意愿增加，中高龄女性劳动力 10 年来增幅高达 65.76%，较男性的 35.61%高出许多。因此，唯有改变个人、传统父权思维和相关规定，才能普遍改善女性的贫穷处境。

二、女性老人的经济、生活来源

一项对台湾人分产的研究发现，在死前分财产相当普遍，亦即老一代的财产一向是取得年轻一代支持和尊敬的重要资源，持有财产是得到子媳尊敬的重要保障。在继承规范中，遗产继承人除了配偶之外，依序为：(1) 直系血亲晚辈亲属；(2) 父母；(3) 兄弟姐妹；(4) 祖父母。配偶有相互继承遗产之权，其应继承部分与第一顺序继承人同为继承时，其应继承部分与其他继承人平分(有关部门，2014)。然而，老年妇女却往往在丈夫在世时就已分财产，特别是丧偶妇女，而台湾分财产又以"儿子"为主，因而形成"儿子"负责扶养其母的契约，相对地，女儿分得的财产则极少(少于5%)。由此可见，"老来从子"的特性表现无遗，这在结构上就决定了女性老人从属依赖的特性(胡幼慧，1996)。尤其对于原本不富裕，甚至在贫穷边缘挣扎的家庭而言，老年妇女在无积蓄和无工作退休金的情况下，必须向"子""媳"伸手拿钱，这造成其生活的困境更为明显(胡幼慧、周雅容，1996)。又根据2002年妇女生活状况调查及同年度家庭收支调查，以及1990年至2006年家庭收支调查发现，女性贫穷率已呈现逐年上升趋势(林怡婷，2008)，这显示台湾女性落入贫穷的风险越来越高。

三、女性老人免于贫穷的建议

贫穷是一种多面向的"社会排除"(social exclusion)过程。台湾妇女的贫穷多半是"长期性"的，她们依赖社会福利的时间往往在失去丈夫后到孩子长大独立之前，老年妇女的经济来源多半来自正式的社会支持——当局提供的福利津贴，此外，还有非正式的社会支持，即来自亲友、慈善团体等慰问性的资助。

为了使女性老年时免于陷入贫穷处境，在相关规定的规划上，许雅惠(2002)提出下列三项建议。

1. **提供积极性的就业训练和学习**：提升贫穷妇女免于依赖福利的生活能力，以积极性的就业训练、鼓励储蓄、累积资本、小额投资与培养志愿工作者等为策略，辅以社会住宅规定、解决地域之间不公平经济发展与条件的措施等，以提升社会保险的效益。

2. **放弃父权等封建思想**：放弃父权等封建思想，排除一般女性劳动参与和社会参与的歧视与障碍，提高妇女就业动机与能力，增加妇女收入，提高其资源分配能力，另提升福利保障等具“风险管理”的功能，有效减少妇女的贫穷风险与危机。

3. **全盘性的家庭改革**：全盘规划普遍性、支持性的家庭策略，以妇女与儿童的需求为核心，协助核心家庭因应妇女就业、家庭结构与功能变迁所带来的各种生活风险。其实施的途径应首重教育研究和社区整合，发挥社会投资式(social investment)的福利效益。

第五节　老人就业问题与经济资源

一、老人就业的困难

经济不景气时，老人的就业机会首当其冲，而老人就业率也是所有年龄组别中最低的一组。一般长者都不想成为社会包袱，不想依靠有关部门的社会救助金生活，希望自己仍然是个对社会有用的人，希望自己具有经济独立的能力、能获得社会的尊重，然而劳动市场对老年的歧视，使得老人就业困难。造成老人就业困难的因素如下：

(一) 劳动市场喜爱年轻人

企业要员工提早退休是不争的事实，人力银行指出，高龄员工可搜寻的工作机会不少，包括餐饮、居家照护、电访人员、量贩零售的门市人员等，但很多工作为“时薪制”。调查显示，企业平均聘用员工年龄上限为44岁，恰巧低于中高龄定义的45岁，其中以不动产、传统产业、制造与服务业等对中高龄员工的接受度最大(洪凯音，2012)。目前台湾当局所推动的各项中高龄就业促进措施，包括提供雇用奖助、职业训练生活津贴、临时工作机会、职场体验等，都以45～64岁为对象，并不包括65岁以上的长者。在企业雇用方面，则考量不要负担太高的劳动及健保成本，所以多以兼任或弹性方式雇用(甄固清等，2013)。

因此，影响老人再投入职场的原因包括工作成就感、使命感，如果想再投入职场，往往缺乏渠道，大部分老人会利用过去的人脉关系去寻找合适的工作。

然而，中高龄者就业机会受社会对“老年歧视”(ageism)的影响很大，因此随着年纪的增加，老人的就业机会越来越少。从台湾行政主管部门公布的2013年就业状况来看，65岁以上的老人就业人数仅有219 000人(见图7-2)，所以许多老人失去他们原有的工作之后，又无法加入新的工作行列，导致其生活陷入困境。

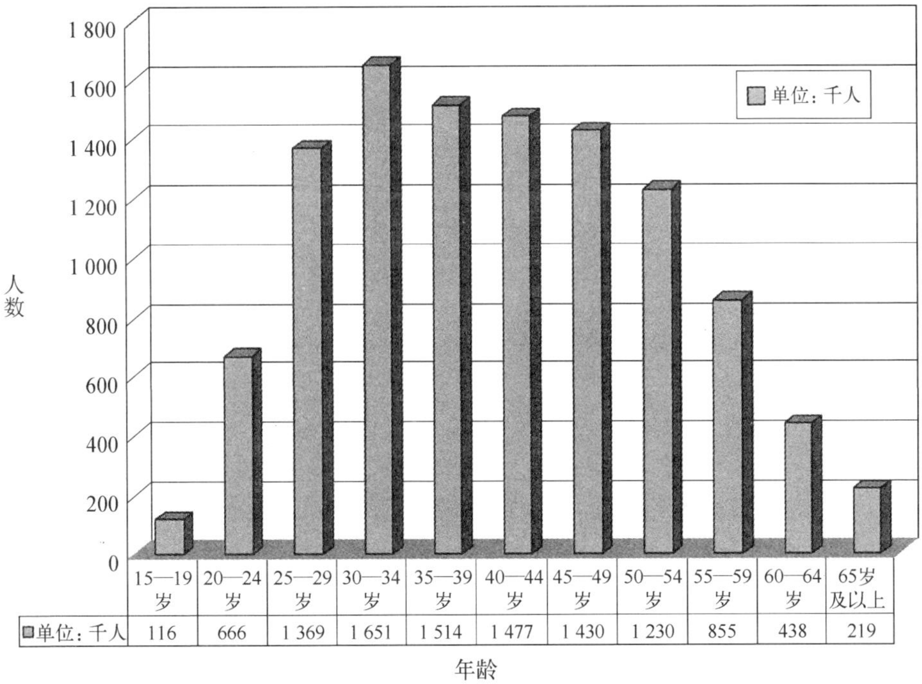

	15—19岁	20—24岁	25—29岁	30—34岁	35—39岁	40—44岁	45—49岁	50—54岁	55—59岁	60—64岁	65岁及以上
单位：千人	116	666	1 369	1 651	1 514	1 477	1 430	1 230	855	438	219

图7-2　2013年依就业者年龄统计的就业人数分布

资料来源：整理自台湾行政主管部门(2013a)。

(二) 老人本身的就业意愿不足

影响老人就业的因素也不排除是长者本身的就业意愿不足，当儿女能提供照顾时，许多老人可能会选择退休生活。若从另一个角度解释就业意愿不足，则可能是老人每次找工作都遭遇失败而只能放弃，只能求助有关部门来解决生活问题。而随着年龄的增加，老人的就业机会越来越少，就业意愿也越来越低，依据台湾行政主管部门公布的2013年依“年龄”区分潜在劳动力的意愿资料，发现随着年龄的增长，潜在劳动力的意愿越来越低。

另根据台湾行政主管部门(2012)的统计，非劳动力未参与劳动的最主要原因为料理家务，占29.68%，其次为高龄、身心障碍者占29.52%。按性别观察，男性以高龄和身心障碍者与求学和准备升学的分别占37.15%与35.67%，女性则以料理家务者最多，占48.20%。“劳委会”2013年公布中高龄劳动力状况调查，指出台湾的中高龄劳动市场存在两大隐忧：太年轻就退出就业市场；教育程度越高，早退情形越严重。因此，台湾中高龄劳动参与率偏低的另一个警讯就是教育程度越高，越早退休的情形越严重(陈素玲，2013)。而劳动主管部门分析原因可能还包括：教育程度越高者，越早存到退休金；经济不景气，关厂歇业时，中高龄工可能成为首要资遣对象等。

新闻视窗

韩雇老人坐地铁快递

韩国65岁以上的老年人享有免费坐地铁的待遇，一些快递公司就利用这点，专门雇用老年人来送货，“老人地铁快递公司”正在兴起。

根据《联合早报》报道，韩国银色老人快递公司的负责人说：“一般的快递公司利用电单车提供快递业务，但我们想到65岁以上的老年人可免费乘坐地铁，所以决定雇用老年人，一来能降低公司的运费，二来能解决老年人的就业问题，真可谓一举两得。”

4个月前开始加入老人快递业务的76岁的奶奶金顺子说：“虽然有时来回要换6次地铁，但想到我这个年纪还能赚钱，还是有一股幸福的感觉。我每天平均处理2到3个地铁快递，5月份我还赚了60万韩元呢！”

随着雇用老人的地铁快递公司越来越普遍，首尔市的18个老人福利机构也加入经营，目前有300多名老人每天负责配送物品。

首尔江南区老人福利机构经营的“快乐老人快递”负责人金惠英说：“考虑到老年人的健康问题，我们处理的大多是文件或鲜花之类的较小物品。我们已有10名老人快递人员，但每天接到很多老人的应征电话。”

资料来源：香港中国通讯社. 韩雇老人坐地铁快递[N]. 香港中国通讯社，2008-07-24. [2014-01-22]. http://www.qoos.com/.

二、老人经济资源

（一）资源移转的方式

随着老年人年岁日增，一方面各项经济资源逐渐耗损，经济自主能力越低越仰赖家庭或社会的移转所得；另一方面，伴随着日新月异的医疗科技与渐次增长的平均寿命，所带来的结果是医疗与长期照顾成本的高涨，这种“所得渐减，健康日颓”的老化过程，对老年人（尤其是老老人）形成了双重的资源风险和压力。因此，当老年人成为劳动市场的非经济人口时，其消费所需就必须依赖其他渠道的资源予以支援。Ryder 提出资源移转的观点，其移转方式主要可分为下列三类（侯仁义，2001）。

1. **家庭的移转**：该移转是通过家庭或更广泛的亲属网络来移转资源，最明显的例子便是成年子女将资源移转给老年父母。
2. **生命周期的移转**：指个人在工作年龄时期借由储蓄与私人投资，将早期的资源移转至老年期。
3. **社会的移转**：例如将资源以社会安全或税收的方式，由工作的青壮人口移转至当期的老年人口。

（二）子女奉养态度的转变

老人自己也必须掌握经济资源，并进行财务规划，年老时才有良好的照顾筹码。有研究曾分析欧盟 15 个成员国的养老态度，发现经济社会的现代化与子女同居照顾意愿间存在明显的相关关系，国民平均所得较高、家庭联系较松散、非婚生比率较高、女性劳动力参与率较高的地区，其子女与父母同居照顾意愿较低（柯琼芳，2002）。尤其在丹麦、瑞典、芬兰及荷兰等个人主义取向较明显的国家，只有 10%～18%的受访者认为子女应与父母同住；意大利、爱尔兰及其他西欧诸国稍高；最高的是希腊、西班牙及葡萄牙三国，同居照顾意愿高达 70%以上。该资料同时也显示，社会民主主义福利体制国家，倾向于将养老费用的主要统筹支付责任归

诸“政府”，而地中海国家则将责任归诸“子女与政府”。随着经济与社会的发展，“政府”在养老问题上占据更积极主动的地位。Gelissen(2001)以实证资料检证，也发现欧盟各国(德国与荷兰除外)无论在何种福利制度下，大多希望养老金由“政府”负担。

当老人发生失能卧床时，子女照顾的方式也会改变。日本厚生省的调查发现，超过九成的中年人(30～49岁)认为成年子女需与卧病在床的父母同住，并负起照料的责任，但实际得到子女照顾的老人却只有一半左右(Maeda & Shimizu, 1992)。中国台湾地区实证研究也发现，愿意提供年老父母经济支持的比例大于愿意与其共同居住者(章玉华，1994；伊庆春、陈玉华，1998)。现代社会，子女提供经济支援就算是一种照顾方式，只是对老人而言，他们除了经济支援之外，可能需要更多的陪伴。

(三) 老人拥有的经济资源与生活品质

照顾工作是需要经济成本的，老人本身的经济资源和子女的经济能力会影响老人的居住方式与照顾模式，一般留在家里是因为家里的照顾费用比机构照顾的花费少(Boaz & Muller, 1991)，而子女对老人投入的时间和金钱常呈反比，即薪资低而经济能力差时，给老人的时间越多；反之，则给老人照顾时间相对减少(Couch, Daly & Wolf, 1999)。此外，当老人本身拥有资源时，则自我掌控力越大，就越能决定被照顾的品质(谢美娥，2002，2004)。尽管社会及家庭结构变迁，中国文化下的孝道观念仍存在一般人心中，尤其大部分老人经历身体失能后，仍以住在自己家里为优先考量，这表示老人仍希望获得亲人的照顾资源，以维持居住在熟悉安全的家庭中的生活。

人年老后最怕的是生病时没有人陪伴、照顾，且没有人希望被忽视或遗弃，所以在家庭结构变迁下，当局的家庭政策就显得尤为迫切，因此，“以家庭为中心”的政策是当局必须思考的方向，当局不能否认这些家庭变迁的事实和人口老化所带来的照顾压力，若只一味地将责任推给家庭，反而会使老人照顾问题变得更加严重。

一般人提到“老”，就会联想到“贫”“病”二字，就目前住在机构的老人来说，他们如何解决经济(养护费用)问题？有一半以上的老人选择与子女共同分担照顾费用(大部分是儿子)，且这些长者平均生育的子女数比现在多，因此，每位子女所需负担的照顾费用比例可能较低。反观20年之后，台湾的老年人口比例高达 20%，这些老年人本身所生育的子女数相对减少许多，加上人类平均寿命延长，出现四代同堂的可能性顿时增高（亦即工作人口需负担他们的父辈、祖父辈和孩子的照顾费用），这些老人不管要住到老人机构还是住在家里被照顾，都会给子女带来巨大的经济压力。试想，以两个工作人力（年轻夫妻）如何背负这沉重的照顾负担？

新闻视窗

备妥三财源，退休生活乐活

根据调查，台湾人的退休生活不如预期，汇丰银行财管部门建议，无论是已退休还是准备退休人士，不要依赖单一退休收入来源，平均应有 3 种以上的收入来源，包括退休金、现金存款、个人退休金准备及投资收益。

但银行主管建议，投资收益要以稳健为主，谨记“鸡蛋别放在同一个篮子”的基本原则，尽量分散退休收入来源以降低风险。

汇丰（台湾）商业银行个人金融暨财富管理事业处资深副总裁庄怀德指出，不少台湾人担心退休阶段的支出无法衡量，所采取的对策是“不急于退休”，这样不仅可以让个人身心维持活跃的状态，避免钝化，也可以弥补财务上的短缺，尽量避免退休准备不足。

根据汇丰集团最新的未来的退休生活调查，台湾部分的调查结果显示，台湾地区的期待与实际状况落差较大，66%的退休人士仍然负担家庭财务责任，需要资助其他家庭成员，这一比例高于亚洲平均（55%），仅次于大陆的 71%。许多居民在退休规划时并没有意识到，随着寿命延长，医疗与照护费用很可能会相应增加，由此导致规划时低估这部分支出，造成准备不足；建议台湾居民应尽量周全地考虑到退休后可能面临的支出项目，避免日后退休时面临财务窘境。

该项调查同时显示，台湾地区 10 位退休族中有 8 位还是继续存钱，该比重在亚洲国家/地区中位列第二，有七成台湾人存钱的理由是“要留遗产给子孙”，平均大约每位退休族会留 580 万新台币给子孙，在亚洲国家/地区中居第三。

资料来源：陈碧芬. 备妥三财源，退休生活乐活[N]. 工商时报，2013 - 10 - 07.

第六节　老年再就业与人力资源运用

一、日本因应高龄化老人就业的做法

彼得·德鲁克就曾预言，21世纪许多发达国家的社会保险与退休制度都将崩溃，大多数人可能要工作至75岁才能退休，所以OECD各国推动的改革方案，包括延后退休年龄、减少失业、就业、限缩提前退休管道等，都以提高中高龄者的劳动参与率为主，以降低人口老化对劳动供给的冲击，舒缓国家的财政压力。

日本人口老化的现象几乎是全世界最为严重的。从1970年开始，日本就已经进入高龄社会。日本仅仅花了24年的时间，65岁以上的人口比例就增加了将近一倍，虽然日本人口老化程度严重，但是却能够维持相当高的高龄劳动者劳动参与和就业率。根据日本厚生省对劳动市场年龄结构所做的推估，65岁以上、60～64岁和55～59岁的高龄劳动者在劳动市场中的比例逐渐增加，特别是65岁以上的高龄劳动者，其所占比例的增幅相对较大(甄国清等，2013)。而日本提出的高龄者(老人)雇用对策体系，可确保为银发族提供多样性的就业机会，解决其就业的问题和需求(见图7－3)。

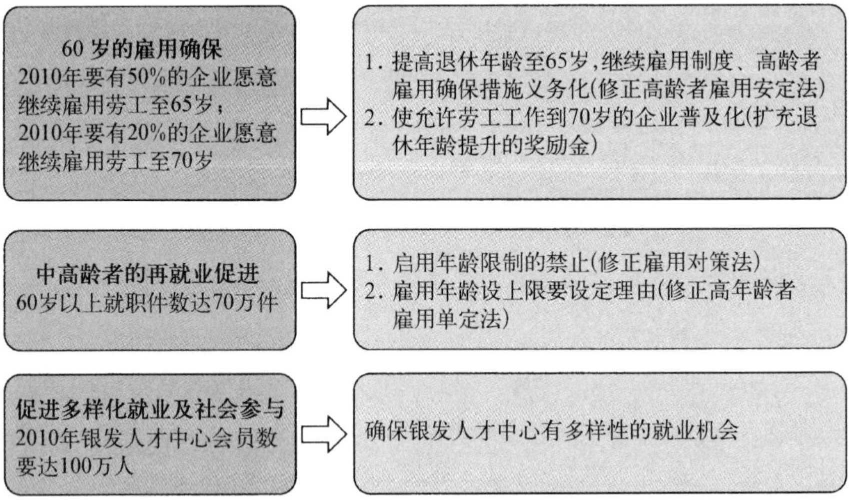

图7－3　日本高龄者雇用对策体系

资料来源：引自赖树立、王雅芬、蔡玉时(2009)。

香港文汇报(2007)指出,2006年在瑞士达沃斯召开的世界经济论坛上,不少企业表示对人口老化已做好准备。日本也预计,未来10年内,15至64岁的人口每年将减少74万,由于年轻的求职者减少,部分大企业如三菱(Mitsubishi)开始重新聘用已退休的雇员。外国例子证明,雇用年长者不一定会削弱竞争力,例如丹麦连锁零售店Netto开设了3间"老人"超市,逾半数雇员年龄超过50岁,结果旷工的比例下降,顾客对服务满意程度上升;许多企业已不再排斥年长的劳工,为了确保老年员工的生产力及健康,许多公司做出改变。如欧洲福特汽车除了加强健康咨询外,还推出符合"人体工学"的生产计划,让劳工不必再钻入输送带上的汽车,只要站在平台轻松调整车辆高度即可。福特科隆厂的一名主管表示,这种改变使他得以将300名年逾50岁的人手调离杂务岗位,而再度投入生产线,因此,对想继续工作的退休族而言,前途似乎一片光明。很多人认为年龄比较大的劳工生产力相对低落,成本较高,企业若想降低成本,首先会考虑辞退年迈员工,但老人在职场上可从事的工作往往是一般青壮年较不愿从事的工作,且老人的职场伦理和忠诚度较高,因此,当局在面对"新老年世代"时,必须积极开发"中高龄"人力资源的再运用,并形成人力资源再运用的新观念,才能彻底解决老人经济依赖的问题。

二、中高龄者再就业问题与对策

台湾第二次世界大战后婴儿潮的人口已成为老人潮,这一群退休人士都属于健康的"初老"者,他们对社会教育、休闲和服务参与的规划相当重视,在发达国家/地区则将这群退休者视为人力资本,认为是社会生产力和资源再生的生力军。因此,如何将这些健康的老人潮资源加以运用,形成高龄社会的新资源是重要且迫切的课题(陈燕祯,2010)。甄国清等人(2013)就台湾中高龄者再就业面临的问题和对策提出分析,其再就业面临的问题有:(1)人口高龄化及少子化问题,造成劳动力不足,影响地区经济的成长;(2)退休年龄偏低,但平均寿命却提高,造成当局财政负担重;(3)高龄者工作经验无法传承或运用,形成人力资源的浪费,且社会资本无法延续。因此,当局必须全面调查高龄人力的供给与需求,推动退休准备制度,让老人成为重要的人力资源,以缓解老年经济生活的压力,确保经济生活的安全。而依台湾地区高龄人力运用情形,并参考日本和其他地区相关团体的建议,甄国清等人(2013)亦提出解决问题的对策:(1)延长退休年龄；(2) 运用职务再设计，营造高龄者友善职场；(3) 结合民间资源于各地设置“中高龄与高龄者人才运用中心”；(4) 将 65 岁以上长者纳入当局就业促进的服务规划中；(5) 通过有关部门公共就业方式雇用长者于非营利组织部门；(6) 建构老人志工服务机制，整合各机关招募老人志工的信息，以作为老人的求职参考(见图 7-4)。

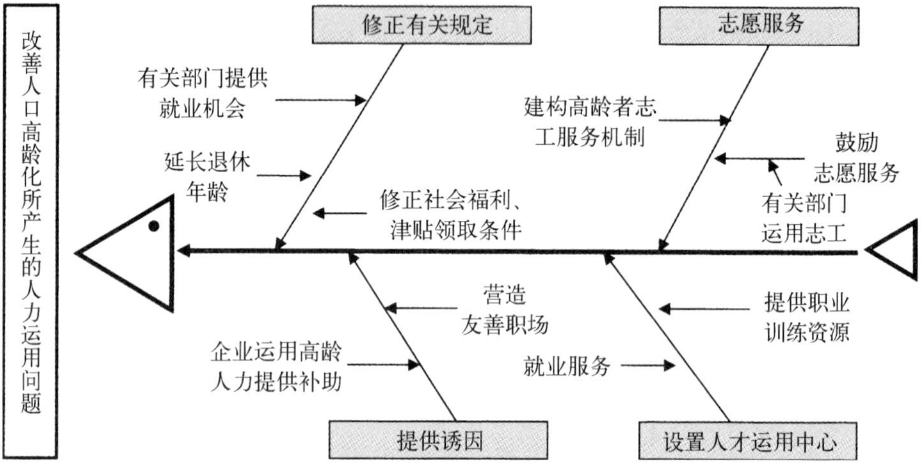

图 7-4 改善人口高龄化所产生的人力运用问题与对策分析(鱼骨图)

资料来源：引自甄国清等人(2013)。

三、老人就业资源统合新观念

只要人口继续老化，预期寿命就会不断延长，老人所需的资源便会增加，因此如何解决老人经济和就业问题已成为必须重视的社会问题。其实雇用长者的优点有很多，因为他们的生活阅历、工作经验、处世态度及敬业精神都比年轻人强。在日本这个极为长寿的国家还有一个特殊的现象，即许多老人在退休后稍有积蓄，就会做一点小生意，例如开民宿，并自己种植蔬菜，提供给客人食用，生活很充实；而许多公司的总裁、顾问、法官、教授等都超过 65 岁，他们的工作能力从来没有被人质疑过。因此，必须加强宣传，排除雇主的偏见，当局可以起带头作用，一些适合长者的工作可以考虑让他们来做。另一方面，老人转业找工作需要有适当的辅导和再培训，若能使所有培训服务都不限制年龄，相信老人成功就业并不是无法办到的事。因此，要消除老人贫穷问题，最重要的措施就是保障他们的人力资源可以再运用，或退休后仍有固定收入，享有老年年金等。

新闻视窗

全台近五成贫户由老人扛家计

随着人口结构高龄化,“老人当家、老人当自强”成为社会主流。审计主管部门最新统计显示,近半数贫穷家庭“主要经济来源”是 65 岁以上的老人,这种现象集中在中南部与东部县市。同时,65 岁老人劳动参与率已超过 8%,创历年来新高。数据显示,现代老人不仅无法享清福,甚至背负养家糊口的责任。

审计主管部门表示,贫穷家庭偏向“老人当家”,应与年轻人外出求学或谋生有关,尤其中南部与东部县市多属人口外流县市,类似现象就更明显。2012 年“五等分最低所得级距”统计显示,“最低所得级距(最贫穷家庭)”里,47.6% 是由“老人养家”,全家人依赖 65 岁以上的老人养活;而在“最高所得级距(富人家庭)”中,老人养家的比例只有 5.3%。穷老人与富老人命运大不同。“每户平均就业人数”也透露“穷老人独撑家计”的情况,最穷家庭平均就业人数只有 0.51 人,中等家庭为 1.52 人,最有钱的家庭就业人数最多,达 2.28 人。

另外,台湾相关部门规定退休年龄为 60 岁。但依据审计主管部门统计,65 岁以上老人劳动参与率逐年走高,截至 2014 年 3 月底为 8.6%,已创下新高,这也显示越来越多老人“退而不休”或者“退而不能休”。至于中高龄老人的劳动情况,45 岁以上中老年人的劳动参与率达 58.4%. 即台湾近 60% 的中老年人仍在职场上持续工作。相关部门工作人员表示,社会人口老化连动职场高龄化,中高龄人口劳动参与率提高是人口老化的必然现象,许多人延后退休,也有人退休之后选择二度就业。

资料来源:林上祚. 全台近五成贫户由老人扛家计. 联合报,2014-05-04. [2014-05-11]. http://udn.com/NEWS/mainpage.html.

问题与讨论

1. 老年贫穷的理论有哪些?

2. 老人发生经济问题的原因是什么？

3. 贫穷女性化的意义与形成的原因是什么？

4. 讨论老人经济资源对生活品质的影响。

5. 请讨论造成老人就业或再就业困难的因素。有何改善的对策？

6. 请讨论雇用老人就业的优点有哪些。

参考书目

一、中文部分

香港文汇报. 劳动力大萎缩迟退休变趋势[N]. [2010－04－20]. http：//paper. wenweipo. com/2007/01/03/HT0701030001. htm.

伊庆春，陈玉华. 奉养方式与未来奉养态度之关连[J]. 人口学刊，1998(19)：1－32.

吕朝贤. 贫穷女性化与贫穷程度的性别差异[J]. 人文及社会科学集刊，1996，2(8)：221－256.

吕朝贤，王德睦. 1960s 以来的美国贫穷理论：回顾与整合[J]. 人文及社会科学集刊，2000，12(1)：149－195.

林怡婷. 家户内所得分配后的台湾女性贫穷图像[D]. 嘉义：中正大学，2008.

周诗茜. 从社会主义女性主义的角度探讨台湾贫穷女性化现象[D]. 台北：政治大学，2012.

侯仁义. 德国年金制度之研究：及其对台湾年金制度形成之启示[D]. 台北：台湾大学，2001.

洪伟峰. 高龄者贫穷三问：是否贫穷？何种贫穷？如何贫穷？[D]. 基隆：台湾海洋大学，2013.

柯琼芳. 谁来照顾老人？欧盟各国奉养态度的比较分析[J]. 人口学刊，2002(24)：1－32.

胡幼慧. 台湾老年人口的依赖结构初探：以老年妇女为例[J]. 人口学刊，1996(17)：83－112.

胡幼慧，周雅容. 老年妇女的经济依赖与居住困境探索[J]. 妇女与两性学刊，1996(7)：27－57.

孙健忠. 台湾贫穷老人的社会给付[C]. 2010 年两岸社会福利学术研讨会，2010：63－72.

许雅惠. 性别、依赖、就业力：台湾妇女的经济弱势与保障[J]. 台大社工学刊，2002(6)：123－173.

张晋芬. 性与性别社会学研究[M]//王振寰. 台湾社会. 台北：巨流图书公司，2002：201－232.

陈正峰，王德睦，王仕图，等. 老人单身家户、女性单亲家户与贫穷：嘉义县低收入户的贫穷历程[J]. 人文及社会科学集刊，1999，11(4)：529－561.

陈燕祯. 从社会资本观点探讨第三年龄的人力发展与资源连结[C]. 2010 年两岸社会福利学术研讨会, 2010：327－348.

陈素玲. 太早退休中高龄劳参率偏低[N]. 联合晚报, 2013－07－14.

章玉华. 变迁社会中的家户组成与奉养态度：台湾的例子[J]. 台湾大学社会学刊, 1994(23)：1－34.

黄乃凡. 台湾贫穷女性化的探讨：女性户长家户贫穷现象之贯时性研究[D]. 嘉义：中正大学, 1995.

詹宜璋. 台湾地区老年经济安全之风险与保障[D]. 嘉义：中正大学, 1998.

郑丽珍. 贫穷女性化与社会救助政策[J]. 社会教育年刊, 2001(49), 13－18.

薛承泰. 1990 年代台湾地区单人户的特性——兼论老人单人户之贫穷[J]. 人口学刊, 2002(25)：57－89.

谢美娥. 失能老人与成年子女照顾者对失能老人迁居的历程与解释：从家庭到机构[J]. 社会政策与社会工作学刊, 2002, 6(2)：7－64.

谢美娥. 失能老人的资源、居住安排、居住决定的掌控力与生活品质：一个量化的初探[J]. 社会政策与社会工作学刊, 2004, 8(1)：1－48.

二、英文部分

Alocok, P. (1993). Understanding poverty. Houndills: The Macmillan Press Ltd.

Boaz, R. F., & C. F. Muller (1991). Why do some caregivers of disabled and frail elderly quit?, *Health Care Financing Review*, 13(2):41-47.

Couch, K. A., Daly, M. C., & D. A. Wolf (1999). Time? Money? Both? The allocation of resources to older parents, *Demography*, 36(2):219-232.

Devine, J. A., & J. D. Wright (1993). *The Greatest of Evils: Urban Poverty and the American Underclass*. New York: Walter de Gruyter, Inc.

Easterlin, R. A. (1987). *Birth and Fortune: The Impact of Numbers on Personal Welfare*, (2nd ed.). Chicago: University of Chicago Press.

Gelissen, J. (2001). Old-age pensions: individual or collective responsibility? An investigation of public opinion across European welfare states, *European Societies*, 3(4): 49-523.

Kelso, William A. (1994) . *Poverty and the Underclass: Changing Perspective of the Poor in America*. New York: New York University Press.

Keyfitz, N. (1980). *Urban Influence on Farm Family Size.* Manchester :Ayer Co Pub.

Maeda, D., & Y. Shimizu (1992). Family support for elderly people in Japan. In H. Kendig et al. (eds.), Family Support for the Elderly: *The International Experiences*, pp. 235-249. Oxford Medical Publication.

Mead, Lawrence M. (1986). *Beyond Entitlement: The Social Obligations of Citizenship*. New York: Free Press.

Monk, A. (1980). More on the economics of ageing, in E. F. Boregatta & N.G. McCluskey (eds.), *Ageing and Society*, pp.42-46. Beverly Hills: Sage.

Rowntree, B. S. (1901). Poverty: A Study of Town Life. London: Macmillan.

Spicker, P. (1993). *Poverty and Social Security: Concepts and Principles*. London and New York: Routledge.

Walker, A. (1986). Pension and the production of poverty in old age. In C. Phillipson & A. Walker (eds.), *Ageing and Social Policy: A Critical Assessment*. Aldershot: Gower.

第八章 老人教育、休闲与志愿服务

第一节 老年期的社会角色与功能

现代社会提倡人生三部曲的生活主张，即“学习”“工作”和“休闲”三合一的循环和成长，而老人阶段则以“休闲”为主，“学习”“工作”为辅，概念内涵及理论基础偏重在老人社会心理层面的满足。因此，鼓励老年人参与社会活动、志愿服务和休闲教育，符合老人社会角色的扮演及自我成长和自我实现，这在老年生涯发展上非常关键。

在现代社会中，老人生活的内容及活动本身具有多重的社会角色和功能，就其人生角色及功能的概念而言，至少包含下列三种层面的含义(见图8-1)。

1. **经济功能**：老年退休金或工作的收入，仍是许多老人维持晚年生计或提升生活水准的主要来源。若欠缺此层面的能力，则必须依赖子女或需社会福利资源的介入。
2. **社会功能**：工作是人生过程中的重要一环，对退休的老人而言，除了可能仍享有退休前职业地位的光环之外，还需要积极寻求休闲活动或社

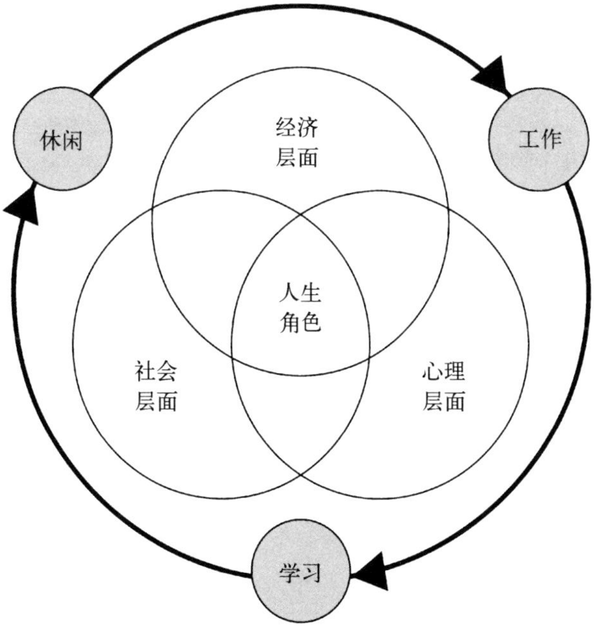

图8-1 人生三部曲与角色功能

会活动，例如参与无报酬的志工服务，这也是老人角色转型的重要途径。

3. **心理功能**：工作是现代社会中个人实践自我理想的必要渠道，也是个人和社会现实不脱节的最佳心理防卫媒介，所以退休的老人应有转换工作角色的心理，以开放的心态进行学习和服务，才能享有较高的人生满意度和心理满足度。

上述三个层面对老年期人生角色的影响，彼此之间并非各自独立，而是交互作用的。

第二节　老人社会参与的理论

探讨老年人的社会参与和休闲活动，必须先认识老年人的社会参与理论和退休过程的周期变化（其中的活动理论、撤退理论、连续理论请见第五章）。

一、生涯发展观点

生涯发展观点（career development approach）认为，老人在老年人生周期的发展任务为“圆满、整合”，所以老人在教育学习、工作及休闲三者之间，可以根据其个人生理、心理及社会三方面的条件与状况自行选择，达到较高的人生满意度，也可以做好成功晚年的生活组合与安排。生涯发展观点分为以下几个层面（Leibowitz，Farren & Kaye，1986）。

1. 个人层面：“自我实现”需求的满足。
2. 社会层面：以“人力资源”的有效运用为主。

老人就业或参与社会服务的含义，不仅是选择继续工作的“有用角色”及避免成为“依赖者”而已，而是以老人个人是否获得最大的潜能发挥与人生福祉为考量。生涯发展观点无论就个人成就层面或社会参与层面而言，都较能突破消极撤退或连续理论的适应方式，而以积极的补偿或活动观点为因应方式。

二、身份认同危机理论

身份认同危机理论（identity crisis theory）特别强调退休后工作角色的丧失会带来无所适从的心理困扰，甚至会产生社会疏离，导致人生满意度的降低。

Miller(1965)就提出身份认同危机理论的基本论调，与活动退出理论刚好相反，他认为退休后的空间可以由休闲活动来填补，但休闲活动并无法给人自尊与信心，所以退休后工作角色的丧失会带来许多的负面作用：

1. 退休表示老人无法胜任所扮演的角色；
2. 身份要由职业取得，失去职业就失去身份的合法根源；
3. 社会规范认为工作的角色才是取得身份与自尊的来源，休闲的角色则不是；
4. 有收入的休闲活动，才能取得身份的认同；
5. 退休是无能的标签，如果渗透到其他角色就会产生信心危机；
6. 信心危机的先兆就是觉得困窘，而困窘会让人逃避某些活动场合；
7. 根本的解决之道是让全职的休闲角色可以被社会所接受。

Miller 的理论分析并未被大众全盘接受，他的理论观点被质疑之处在于两个假设：一是身份全由职业取得；二是多数人愿意留在工作岗位。后者隐含退休并非出于自愿，所以上述批判大多是针对非自愿退休而来的。

三、老人退休过程的周期变化

现代的老年只是中年的延续，也非老而无用，老人的自尊是可以从全职休闲活动中获得的。因此，社会工作者了解到老人退休过程的周期变化后，可协助老人检视自己目前所处退休的阶段，帮助老人认清自己的生活和未来。尤其每个人在退休之前，就应对退休生活有所规划，多了解已退休后可能发生的情况，因为高龄社会表示退休后的日子是很漫长的，加上身体状况会改变，所以并不是一直处于“蜜月期”的阶段（见图 8－2）。因此，老人能提早了解，越早觉醒和规划，就越能找到自己退休后的新定位和新角色，过上安稳自在的退休生活。

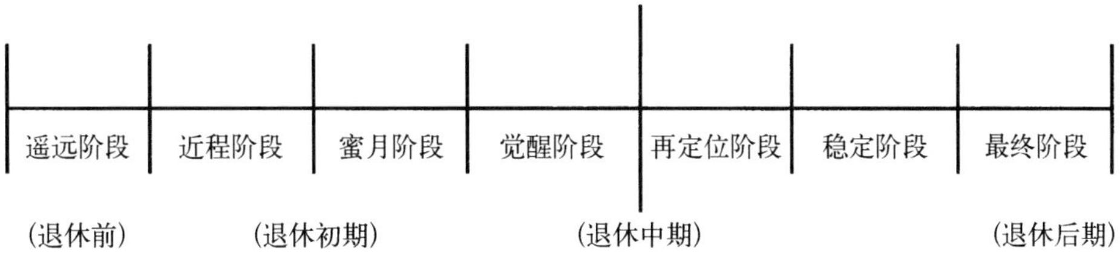

图 8－2　老人退休的七个历程

资料来源：引自 Hoyer & Roodin(2003)。

第三节　老人教育需求与发展

一、老人的教育需求

教育老人学之父 McClusky 于 1971 年在“白宫老年会议”上提出五项老人教育需求，以掌握老人阶段的生命意义(邱天助，1993)。

1. **应付生存的需求(coping needs)**：使个体在复杂的社会中得以充分发挥功能的需求。
2. **表现的需求(expressive needs)**：话说当年勇，老年人可以从参与活动本身获得回馈与满足。
3. **贡献的需求(contributive needs)**：老年人常寻求服务机会，希望能对社会有所贡献，并在贡献中达到自我实现。
4. **影响的需求(influence needs)**：教育提供可帮助老人认清自己的社会角色，并能提供社会支持，希望仍对社会有影响。
5. **超越的需求(transcendence needs)**：老年人阶段需要更深入地了解生命的意义，回顾自己的大半辈子，并超越生理的限制，超越生命与死亡。

实证研究调查发现，老年学习者倾向成人学习取向，老年学习者认为其生活经验可以被当成学习的资源，而且希望将自己的经验通过互动过程与人分享，而且年龄越大，越倾向于从过去的成功经验中寻找自我认同感(蔡良宏，1994)。有学者认为，老人期的生命需求常已超越教育需求，而更多的是灵性和宗教的需求，老人希望通过宗教信仰的力量获得身心灵的平衡。因此，老人需要不断因应环境变迁和人生所遭遇的问题，在焦虑、紧张和人生感到匮乏时，需要满足其学习需求和教育需求，以发展新学习行为，而从这个过程获得驱力、行动和满足的不断回馈，形成平衡(见图 8－3)。因此，老人学习需求的课程内容规划，需要从事老人服务的工作者对老人教育学习的需求有更多的认识和同理，才能规划适合老人的学习课程，达到老人应付生活的需求。

一项由经济合作暨发展组织(OECD)及美国教育部共同举办的研讨会中，联合国教科文组织(UNESCO)教育研究所的代表提供的报告中指出，“从德、

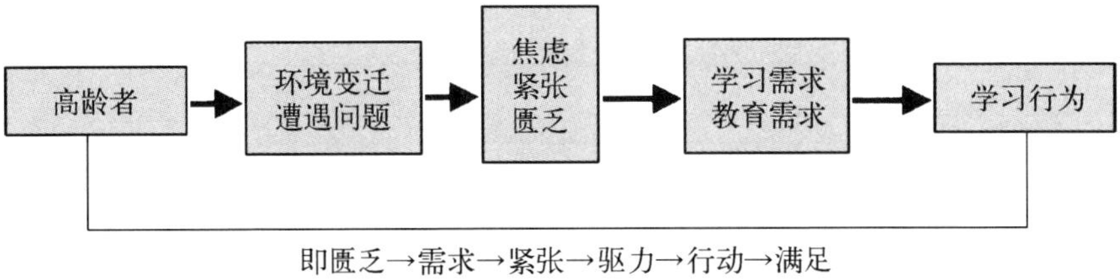

图 8-3　老人教育需求的平衡模式

资料来源：引自蔡培村(1996)。

日、韩、英、美、瑞典等国的比较研究中，发现老人参加越多的学习活动，就越能融入社区生活，而对健康与安宁产生极大的帮助，所以让老人继续学习，并在社会扮演一定的角色，可以减少社会福利及医疗照顾的支出"(杨国德，1999a)。

二、世界老人教育发展的趋势

(一) 第三年龄大学的成长

第三年龄大学主要提供给退休者，对象不限年龄、性别或受教育程度(刘伶姿，1999)。"第三年龄"一词来自法国，现成为英国及其他许多国家在政策规划上的重要名词。第三年龄被美国学者称为"多出来的生命年数"(Friedan，1993)，并以"老化中的成长"一词代表第三年龄阶段的老年人所拥有的成长与发展潜力。第三年龄大学始于 1973 年的法国，这一概念很快地被其他国家所采用；到 1981 年，一共出现了 170 所第三年龄大学。在英国，第三年龄大学的经验被视为是由老年人自己所发起的一项成功的"自助运动"，同时经由第三年龄大学的成长，老年人开始学会将他们的教育命运掌握在自己的手中(Elmore，1990)，而以高龄社会的发展现况来看，还要再加入第四年龄，是指依赖、衰老及死亡的年龄，在这个人生阶段还是需要教育学习的(见表 8-1)。

在英国，为了挑战因老化而智力衰退的理论，让老年人意识到自己在智力、文化和美学上的发展潜能，第三年龄大学师资以当地退休年长的人力资源为主，所以教师资源十分丰富，课程活动亦十分多元而活泼，它已被英国的成人教育界视为 20 世纪 80 年代的重要运动之一(陈燕祯，2010)。1984 年，伦敦第三年龄大学的创办人 Peter Laslett 发表了《老人教育宪章》(*Educational Charter for the Elderly*)，在该文章中指出老人应有五项教育权利：(1) 国家的教育经费预算必须要公平地分享；(2) 对青少年学历证明拥有放弃权；(3) 使用不同教

表 8-1 人类的生命期

阶 级	内 容
第一年龄	为成人生活做准备的阶段，其特性为依赖、社会化及在学校的阶段
第二年龄	指出社会进入工作后，成家立业，进入婚姻关系及抚养子女的阶段，其特性为成熟、独立，担负生活家计及社会责任的阶段
第三年龄	退休或离开工作场所（主要指不再从事全职的工作），并且停止承担许多家庭责任，个人得以自由地追求、满足自己的想法、兴趣和需要，其特性是属于个人成就的阶段
第四年龄	指依赖、衰老及死亡的年龄，尤其需要学习如何面对死亡，其特性是属于人生圆满的阶段

育机会渠道的权利；(4) 运用远距教育机构，将教育机会送至老人家中；(5) 重视老人的独特性与其人文性价值(Withallct Percy, 1994)。

香港的第三年龄大学的开展模式是老人自助教育模式，例如以老人机构团体为中心，提供老人教育学习的机会，学习课程结束后授予毕业学士学位，再让这些毕业的老人作为种子老师，到社区服务中心分享，由机构向外扩展至社区的老人教育模式，鼓励建立区域性机构，并进行合作计划，亦即由老人教老人的方式，让老人彼此之间获得共鸣，并产生更多的尊严与荣耀。

(二) 联合国老人教育

1999 年，联合国将“老人教育”视为国际上未来发展老人政策与措施的一项重点工作(杨国德，1999a，1999b)。联合国为了关怀高龄者的生活情况与生活品质，于 1982 年制订了“国际老化行动计划”(International Plan of Action Aging)，整合过去并发展未来的情况，提出前瞻性的实施计划，这个行动计划关系着老人的教育发展，其概念和发展如下。

1. “国际老人年”的概念和架构

(1) **老人处境**：保障老人的生计及收入。

(2) **个体终身发展**：个体发展存在于各个生命阶段，同时需要个体的积极开创与环境的促进。

(3) **发展与人口老化的关系**：在发达或发展中国家，因国家结构与情况的不同，在因应人口老化方面所引发诸项挑战的做法与措施应有差异。

(4) **代际关系**：家庭、社区和整个社会与国家的良好代际关系的建立。

2. 联合国关怀老人原则及与老人教育的关系

(1) **独立**：获得精神、物质，参与、决定教育、住所的“自主性”。

(2) **参与**：参与相关政策讨论、分享知识技能、提供服务社会的机会与能力。

(3) **照顾**：在安心的环境中，无论身心、健康、情绪、社会、法律、人权、自由等生活都获得照顾。

(4) **尊严**：无论任何阶级的人都一律平等地被对待，让老人在尊严与安全之中自由发展个人身心。

(5) **自我实现**：能获得教育、文化、精神与休闲各项社会资源，有充分增进自我潜力开发的机会。

(三) 教育老人学的政策和发展趋势

老人不一定会使用电脑或经常上网，但3C产品的设计功能不能忽视老人身体功能逐渐退化后的不方便，而剥夺了老人和社会互动的机会。因此，已有的长青学苑、老人大学、社区关怀照顾据点，应开办让老人学习科技产品使用方法的课程，让老人有机会接触社会潮流，并学习新知识。

“教育老人学”(educational gerontology)始于美国密歇根大学1970年教育学院所设置的博士课程，老年学(gerontology)的发展已为日益严重的老人问题展露出一道曙光。老人学除了分析老人的境遇之外，亦重视老人潜能的开发，强调老人并非被动、消极的群体，而是具有积极开发潜力的群体。1971年，美国白宫老年会议(White House Conference on Aging)就提出对老人教育应有的要求(关维隽、彭贵娟，1995)：

1. **老人进修教育的需求日益迫切**：教育程度普遍提升后，未来老人进修教育的需求将更为迫切。
2. **老人的社会地位日益提升**：老人已成为社会的一项重要资源，社会对老人的评价及老人自我的评估越来越受重视。
3. **利用传播媒体的传输力量**：通过电视、广播或网络提供的隔空学习机会将越来越普遍，宣导、播放、传递信息的途径也将更多元化。
4. **自助教育(self-help education)的发展**：由老人自我组织与管理的自助团体，通过彼此互相学习与经验分享的创造性学习活动，原则上是不接受政府经费赞助的一种互助团体教育。

5. **住宿教育(residential education)的发展**：针对教育程度较高的老年人，由大专院校提供相关资源与设备，利用周末或假期开办老人的教育课程。

6. **推动退休前的教育**：可以任何形式呈现，例如演讲、研讨会等，协助进入退休的规划，以增进老人退休后的适应能力。

7. **培育老人学与从事老人教育的人才**：老人学家与从事老人教育的专门人才应接受正式的教育与训练，以提升教育服务的品质。

8. **制定老人教育政策的法令**：开展老人教育有赖政府相关法令的制定与运作，如此才能使老人教育的工作顺利开展。

9. **对老人提供图书馆服务**：老人接受教育通常通过"非正式"的教育方式，以从事学习活动最为普遍，其中提供公共图书馆给老人应是最早的教育服务。

三、台湾推动老人教育的理念与做法

台湾教育主管部门在1998年3月"迈向学习社会"的文件中，明确提出建立"终身学习"社会的目标。2002年教育主管部门制订了"终身学习有关规定"，明确各级教育主管单位应整体规划终身学习方案、计划及活动，并确保弱势族群终身学习资源，增加长者学习的机会，并依据该规定，教育主管部门开始单独编列年度"推动老人教育"预算(台湾教育主管部门，2006)。因此，为了因应台湾的高龄化现状，教育主管部门于2006年提出老人教育方案的四大愿景，并于学校教育、社会教育、家庭教育中，纳入老人教育，以建构对老人亲善的社会环境。老人教育措施的四大愿景为：

1. 终身学习；
2. 健康快乐；
3. 自主尊严；
4. 社会参与。

由于科技与医疗技术的发展，人类生命周期(human life cycle)已产生极大改变，新闻媒体每日所报道老人的问题层出不穷，不断提醒我们应更加重视。而为了解决老人问题，“老人教育”是最佳的方式，尤其是结合社区力量，发展“学习型”的教育方式，达到老人教育与社区服务的多重目的。敬老、崇老、护老一直是社会发展的重要目标之一，而老人在社会中一直扮演着传递讯息、知识、传统和精神价值的重要角色，这种重要文化和知识传承的资源，更应继续存在于人类社会中，所以老人的教育不只是文化传承，更是一种基本人权的需求和表现。

世界老人教育发展趋势，包括科技加速的进步、鼓励老人参与社会活动，都已更为明显积极，所以在老人的各个生命阶段，进行学习教育已成为重要的社会议题（楼玮群、陈燕祯，2012）。因此，台湾要积极建构学习型社区，推动老人教育，规划生命的第二春，设立老人第三年龄大学，甚至85岁以上的第四年龄大学。老人大学需紧密结合在当社区资源，才能实现“活到老，学到老”的理念，才能成为一项具体可行的策略和任务（郭淑芳，1999）。而推广“学习型”老人教育的理念和具体策略如下：

（一）推动社区发展的精神

推动社区发展的精神是以“社区”为中心，发展社区居民的“自觉意识”和需求，结合其人力、物力资源，通过民主合作的参与，发挥自觉、自助、自动、自发与自治的行动力量，改善居民生活品质，以有计划地促进社区发展的模式。

（二）发掘老人服务社区的能力

社区老人教育的基础面，可以运用社区发展协会、老人会、社区大学或相关组织的教育理念，以社区为范畴，组织居住在社区的老人，发掘老人服务社区的能力，发挥其合作、自主精神，以促进老人和社区成为“生命共同体”。

（三）制订社区老人教育的策略

鉴于欧美国家老人教育的发展，台湾当局应以前瞻性的眼光，规划社区老人教育的内涵，设置专责机构，研订社区老人教育规定，以宏观的总体营造理念，从每个层面争取支持，如民间团体参与活动，成立社区教育委员会，以展开老人教育的实践行动。

（四）建构“学习型”社区老人教育

建构“学习型”社区老人教育，需从启发老人“**自觉**”(self-awareness)的教育需求着手，以规划切合老人生涯需求，符合本土情况的教育理论，运用当地社区的组织资源，带动终身学习的风气，才能展现“在地社区”的学习生命力，这除了可解决社会的老人问题外，还可以顺应国际教育革新趋势。

（五）加强社区老人课程和教学设计

老人课程借鉴需求调查和各地方老人大学的经验来拟订，进而进行课程规划及建置，内容重点应包含活动性、休闲性、健康性及知识性等。社区老人课程方面和教学方面的设计如下。

1. 课程方面（白秀雄，1996；蔡明昌，1995）

（1）**教导老人基本学习能力**：特别是学会如何学习（learning how to learn），帮助其提升自我导向学习的潜能。

（2）**重视学习者的先前经验**：将学习内容与学习者的过去经验联结，善用老人过去的成功经验，找寻自我认同感，以建立成就感及自信心。

（3）**开设老人生命教育的相关课程**：以讲座、研讨会或制播探讨有关人类衰老话题的教育节目或未来学科系等形式，加强有关生命终点（死亡）的问题辅导和咨商，协助老人克服老化危机，达成成人发展任务，让每个个体都能安稳地面对晚年生活。

2. 教学方面（蔡良宏，1994）

（1）了解老人学习取向和体力，调整教学方式。

（2）了解老人需求的多面性，采取渐进的方式，引导老人朝自我导向学习。

（3）设计和谐、友善、互动的学习气氛，鼓励老人参与学习活动。

而老人教育的经营规划应包括场所、设备、人员、规定、计划五大方面（关维隽、彭贵娟，1995），尤其经费的问题必须克服。因此，必须结合当局、民间团体和社区资源的力量，才能落实开展（见表8-2）。

表8-2 社区老人教育的经营规划

老人教育的经营规划	· 当局 · 民间团体 · 社区力量	
	场所	· 老人俱乐部、老人长青学苑、老人活动中心、关怀据点或集会所等 · 环境需有无障碍的设施、设备，使社区中行动不便的老人也有机会参与
	设备	· 各种读物、器材、教具、教材 · 具备环境舒通和安全性设施的规划
	规定	· 当局、民间团体、社会热心人士、学者专家共同建立老人教育规定 · 各界协力推动社区老人教育工作
	计划	· 计划各种长短期的老人社区教育计划，进行经费筹措
	人员	· 网罗各方面的人才，以满足老人知识程度参差不齐的需求

新闻视窗

老了才要学3C，熟年on line，智慧好生活

财团法人商业发展研究所进行的“退休族群幸福商机调查”针对已退休族群进行消费商机探索，包括退休后的资源评估、退休调适、退休幸福等调查，从饮食、健康、休闲、网络及旅游等各面向着手。在“退休网络使用状况”的部分，有29.2%的退休族群表示会增加网络使用频率，主要用来上网搜集信息（约占60.6%）及网络娱乐（15.7%）等，且网络使用比例提升较高的族群则以刚退休1到5年的退休族群为主。

但要吸引长辈使用3C上网，其实需要一些诀窍，教长辈使用电脑已经有16年经验的陈仙妮老师表示，长辈的理解力其实都不错，但记性较差，所以尽量编一些口诀，让他们可以快速记忆，也会提供详细的笔记让长辈抄写，这样有助于提升长辈们的学习品质。

一般来说，长辈入手3C的障碍有以下几点：(1) 缺乏学习动机；(2) 面子问题；(3) 不理解网络专有名词；(4) 打字有困难。

我打电话给94岁的宋恒新爷爷约采访时间，他说：“好！时间、地点你再寄到我的信箱。”宋恒新可以熟练地使用智能手机和平板电脑，他还有个人的“脸书”账号，被朋友封为“3C爷爷”。宋恒新认为学会使用3C有助于预防失智，还可以与亲朋好友时常联系，他通过网络和三五好友组“乐活小组”粉丝团，在网络上分享信息，维系着自己的生活圈，一点也不受到年纪限制。

“未来的世界说不定也不用手机了，说不定把手机上的功能设计到手表上，智慧型手表就能搞定生活一切。”宋恒新与我们分享他对未来的想象。人老心不老，勇于开创充满挑战的第二人生，才是网络带给长辈的最佳改变。

资料来源：王郁燕. 老了才要学3C，熟年on line！智慧好生活[J]. 熟年志，2014(03)。

四、台湾老人教育未来的发展方向

21世纪的社会将是高度城市化、高度信息化的社会，整个教育体制备受冲

击和挑战，唯有坚持终身学习，才能因应高度的信息化、知识化的未来。社区老人教育落实要注重本土化，要协助个人免于迷失在现代化社会之中，以化解新时代带来的生活压力和危机，而鼓励老人投入志愿服务工作，更是高龄化人力资源的发展重点。

台湾地区老人教育的发展，大约可分为三个时期：早期宗教团体因敬老尊贤发起的“爱心服务”阶段；随后因老人福利有关规定施行，由公共部门的相关机构和私人部门的社会福利团体有系统地推动“福利服务”阶段。目前则是在终身教育理念推动下，由教育部门与社会福利部门等单位和民间团体结合后全面推动的“学习权益”阶段，各个阶段皆具有其发展的特色（朱楠贤，2008）。教育主管部门于 2006 年 11 月正式拟定“迈向高龄社会老人教育文件”，这是台湾办理老人教育以来，首次对老人教育文件做明确的宣示，综观台湾地区老人教育的实施，各部门、民间组织或宗教团体所办理的老人教育活动，虽名称不一，但大体类似，具有以下共同之处：

1. 均采用定点授课方式；
2. 招收对象均为 55 岁以上的高龄者；
3. 课程内容大抵为一般常识、语文、电脑、保健、休闲与娱乐等。

宗教团体所办理的老人教育会另加各教派宗教性质的科目与活动。在收费方面，当局有关部门所办理的活动以免费或收取少许费用为主，民间组织及宗教团体所办理的活动则收取少部分学费（黄富顺，2012）。随着健康高龄人口的增加，当局的策略应该转而以“高龄发展”为取向，其核心价值应为“快乐、尊严、传承、实现”，并增加高龄教育的规划、人才的培养，以及经费的批准。

第四节　老人休闲理论与休闲需求

成功老化和健康老化的重要目标就是要提倡老人健康管理和积极的社会活动参与（Rowe & Kahn，1997）。研究指出，持续性的休闲运动习惯可提高老年人的生活品质，增加其心肺功能，帮助其控制慢性疾病、降低忧郁和焦虑、延缓老化与死亡等，而规律的休闲运动可以预防身体机能的快速老化（夏文贤、蔡崇演、颜克典，2010）。而研究发现，越具有休闲运动和健康管理的“增权”（或称充权、培力)(empowerment)观念者，其自我健康的保护机制就越强，预防跌倒的效果也越显著(陈燕祯，2011a)。因此，设计和选择适合老年人的休闲、运动，都可以提高老人身体的抵抗力并抵抗衰老。

一、休闲的定义与概念

老人退休在不同的社会和不同的时间具有不同的意义。有些退休人士将闲暇时无所事事当成是“享受”，有些人则觉得退休是一件“可怕”的事。而每个社会或个体对于退休的认定往往又受到社会文化背景、宗教信仰和价值观的影响。以下就主观、客观定义来检视休闲的定义和概念(Wankel，1994；见表 8-3)。

表 8-3　休闲的定义与概念

休闲客观定义	· 工作与义务之余的自由时间 · 自由时间所进行的活动(自愿性活动)
休闲主观定义	· 内在的动机　· 心灵的状态 · 意识到自由　· 享受的感觉
休闲的四种意义	休闲的概念和含义
1. 个人主观的感受或心灵状态 2. 某种社会阶层所享有的生活内涵 3. 某种特别类型的活动 4. 可自由支配时间	1. 活动类型 2. 自由时间 3. 心灵状态

二、休闲理论

休闲在古希腊是贵族的特权，是追求人身自由和至善生活的重要内涵及途径。到罗马时期，休闲不再仅止于从工作束缚中解放的自由时间，它含有教育与学习的旨趣，所以休闲本身就是目的，并非是达到其他目的手段。但现代学者在休闲观点中进一步以“补偿理论”(compensatory theory)、“对等理论”(opposite theory)和“社会人群理论”(personal community theory)三个理论来解释人类休闲的动机、休闲的形态和休闲活动的内涵。而不可否认地，还有其他理论强调休闲活动中的创造力，可从中获得轻松并增长见闻(施教裕，1992)。以上三个理论简要说明如下。

1. **补偿理论**：此理论认为休闲是借以规避原来例行的工作，有自由的时间追求不同的生活经验，以及缓解或补偿工作所带来的束缚、紧张和压力等。

2. **对等理论**：此理论认为休闲和工作是对等的，具有各自独立的角色地位和功能，但却具有融合效果，可以相得益彰。

3. **社会人群理论**：此理论认为社区事务及活动和个人心理动力会受到周遭家人、同事和朋友等社会网络的影响，而“熟悉度”(familiarity)是人际关系的关键因素。

总之，休闲的定义或理论并非只是消极地打发时间或娱乐忘我而已，而是要学习“积极老化”，学习适应社会和生活的体验，才能过上“乐龄”的退休生活。

三、老人休闲的需求

依 Maslow 提出的“需求层次理论”(hierarchy of needs theory)来看，老人的休闲需求乃假定个人必须满足低层次的生理和安全需要，才能够追求较高层次需要的满足，例如有食物、处于安全的环境之中后才寻求归属感、社会声望和地位，最后追求实现自己的能力和创造力。退休后的生活满意度在于个人如何计划和实践积极生活的方式，积极生活包括一系列工作和非工作性质的兴趣和社会参与，老人应重新安排生活的作息规律、调整心态，以维持自我身份、自尊心和“老有所用”。因此，对退休者而言，拥有越多的人际网络或社会资源，就越觉得自己拥有足够收入和内在控制的能力，可以选择合适时间离开工作岗位，选择居住在合适环境，并有足够的、熟悉的社区支持网络和生活意义感，这样的退休生活才会是满意的(朱佩兰，2001)。因此，退休生活虽是社会的一个“无角色”者，然而这个角色却是一个充满“自我实现”的新角色。

四、老人休闲的效益

大部分老年人从事休闲运动的目的主要是维持体能、休闲娱乐及健身，所以在休闲运动的安排上应重视其人性化、趣味性及安全性需求，而个人可自行控制运动强度的运动项目最为适合(陈安妮，2010)。美国运动医学会(ACSM，2000)在老年人的运动处方中指出，建议从事的运动形式为大肌肉、韵律性及有氧性的运动，例如走路、快步走、慢跑、骑脚踏车、游泳和水中运动等。因此，老年人的运动处方宜采用对关节肌肉撞击较低、强度较低且时间稍长的有氧性运动。在台湾，因为公园社区化发展的缘故，太极拳、气功、元极舞等成为老年人普遍接受的运动形态（袁桂盛、钟畯丰，2010）。

老人退休后若在热络、熟稔的环境中，就可以自由自在或无拘无束地生活，这是一个人觉得最自在逍遥的时刻，而且可以从事特定的、喜爱的社会活动。一般休闲活动或设施在费用上对老人都有折扣，以鼓励老人参加各种活动，利于他们依自己的意愿去学习新事务，增加生活的满足感，促进健康及自尊心，以减少休闲阻碍，所以老人参加社会团体和休闲活动会带来许多休闲的效益（见表 8－4）。

表 8－4　老人参与休闲活动所带来的效益

带来归属感和附属感	· 从团体活动中分享生活经验，获得同侪的支持和回应 · 发展自己的社交网络，培养新的银色友情 · 有助于抵抗老年角色丧失时的社会疏离感和孤独感
疏导情绪和整合人生	· 老年人以同理心体谅同辈的感受，彼此协助反思自己的人生过程 · 冷静客观地调适自己的情绪，以解决未尽的事务
提供生活满足感	· 有机会担任不同的角色，可以充实自己的生活，也可以证明自己的经验和才干
学习新的人际关系	· 提供一个相互支持的环境 · 学习新的人际关系和应付新的角色行为
掌握社区资源和信息	· 老年人借由社区活动的参与，可以获得更多的信息和资源网络 · 为克服老年期需面对的障碍，而做好准备
奉献余力，回馈社会	· 将毕生的经验、阅历和技巧回馈给社区，丰富社会资本 · 当社区居民和志工参与率越高，社区自发性的力量就越强，可以促进社区繁荣

五、参与休闲活动的影响因素

休闲和健康的关系是一体两面，休闲活动的目的之一就是健康，而为了身心健康就需要有规律性的休闲或运动。依据 2009 年有关部门执行“居民健康访问调查”结果，长者的社会参与率仅有四成（自述有做志工或义工，或参加宗教活动，或参加社区团体的活动），且男性（38.1％）比女性（43.9％）低。特别值得注意的是，较年轻长者（65～74 岁）的社会参与率大约为五成，85 岁以上长者的社会参与率不到两成，明显看到随着年龄增加，其社会参与率是降低的。而老人罹患慢性疾病的原因大多与“惯坐式”的休闲生活形态有关，因此，鼓励老人参与社区相关据点的健康活动，是解决此问题的基本策略（陈燕祯，2011a，2011b），也是老人达到“活跃老化”“积极老化”和“在地老化”目的的有效途径。

Torkidsen（1986）将影响人们参与休闲活动的因素归纳为三种类型。

1. **个人因素**：年龄、性别、兴趣、能力等。

2. **社会或整体环境因素**：职业、收入、教育、朋友、团体、家庭等。

3. **机会因素**：市场、组织、成本、政治、设备类型等。

Crombie 等人（2004）研究发现，老人减少参与体能休闲活动的因素包括：不喜欢晚上出门、缺乏兴趣和交通工具、关节痛、自觉健康状况不佳、怀疑运动可以延长寿命、缺乏活力、没有归属感、怀疑与新朋友聚会是有益的（王宗吉等，2013）。许多发达国家/地区为因应高龄社会的来临，已将高龄休闲与运动政策列为社会发展的重要策略之一，而台湾对老人的有关规定仍以社会福利及医疗照顾居多，因此，规划统整务实性且具前瞻性的高龄休闲教育是刻不容缓的。

第五节　老人志愿服务

联合国将 2001 年订为“国际志工年”，志愿服务已是新世纪的全球公民运动，被各国/地区积极地推进，台湾于此浪潮下，于 2001 年拟定了“志愿服务有关规定”，之后于 2013 年和 2014 年有小幅修正。其实自 1952 年，台湾农业推广体系就设有“义务指导员”的规定，随后各项小型发展志工的计划就不断产生（陆光，1994；施建矗，2001）。台湾当局也于 1982 年制订“台湾省推行志愿服务施行原则”，落实当局对志愿服务的推广，且有数十项与志愿服务有关的计划或规定都是由当局制订和推动的（陈武雄，2001）。由此可见，台湾对志愿服务的推广早已相当重视。

一、志愿服务的定义

世界各地对志愿服务越来越重视，台湾也不例外，“志工台湾”这句话是近年来被当局打响的口号，台湾通过的“志愿服务有关规定”，就是相信志愿服务对社会的价值和贡献。台湾参与志愿服务的人数日益成长，65 岁以上的老人参加志愿服务的比例在所有参与志愿服务的年龄层中约占 14%（台湾卫生福利主管部门统计处，2014；附录 8－1）。

志愿服务（voluntary service）并非今日的产物，不过随着现代人生活方式的改变，志愿服务的内涵也随之不同。昔日家族互助的“义庄”、粮食互助的“社仓”、人际互助的“乡约”、金钱互助的“钱会”，以及民间团体的修桥、铺路、兴学、义田、义庄、济贫等，都表现出人类慈善互助的情感，这些常被认为是传统志愿服务的表现（蔡佳萤，2001）。基于此，检视西方志愿主义起源的重要观念有以下两种（曾华源、曾腾光，2003）：

1. 希腊罗马时代将提供给付视为一般福利的博爱观念与人类的爱；
2. 犹太基督徒将做好事视为宗教职责或是救赎的慈善观念。

因此，通过志愿服务可表现出尊重生命的价值、善尽社会责任、发挥个人爱心、弘扬宗教善性与实现自我理想，所以大众常赋予志愿服务崇高的价值。

过去我们常以“义工”来称呼志愿工作者，但“义”字似乎表示着义务，有非做不可的感受，例如义务劳动，或今日以劳动服务取代刑责的社会劳动役等；而现今则强调个人在自由意志下参与社会活动，“志愿”代表着所愿为，所以以“志工”（volunteer）来称呼较为恰当（蔡汉贤，1972，2001；陈武雄，2001；吕朝贤，2001）。蔡汉贤（1972）认为，志愿服务是个人本着“济世”的胸怀，以其余力助人之不足，对社会提供精神或物质的力量，致力于改造或促进服务。Barker（1988）指一个人依其自由意愿所提供的服务为社会谋公共利益，通常未给予个人金钱上的补偿，称为志愿服务。Ellis 和 Noyes（1990）认为，志愿工作者是以对社会负责任的态度，而不是金钱利益的关心，来呈现个人需求所选择的行动，此举动远超过个人的基本义务。陈武雄（2001）认为，志愿服务是自动自发、助人利他，只问付出、不计回报的崇高志业。

二、志愿服务的价值

台湾自公布志愿服务有关规定以来，针对志愿服务工作的定义和价值制订了进一步的专业性成长、训练的规范，以及伦理、团队合作的要求。统整志愿服务的主要价值有下列几项（蔡汉贤，1972；林胜义，1993）：

1. 人人都有能力，皆能贡献与付出；
2. 人性至善的发扬；
3. 居民参与社会的责任；
4. 志愿主义有双重的影响；
5. 获得生命价值的肯定。

从事志愿服务者通常是以“欢喜做，甘愿受”来形容，然而参与者在服务过程中本身就已是一个潜在的受益者，因此，老人参与志愿服务可充实其社会生活，助其自我实现。

总之，志愿服务是本着对社会的态度，而非关心金钱利益的态度而采取的行动，这是超乎个人物质生活所需而从事的活动，是高龄长者退休后社会参与的一个重要生涯规划和选择，也是高龄者参与志愿服务的主要意义所在。

三、老人参与志愿服务的动机

老人参与志愿服务，大致有三个动机（谢秉育，2001；曾华源、曾腾光，2003）。

1. **自我取向**：以个人的感觉、价值和判断来决定是否参与志愿服务，这种参与动力重视自我感觉，如求取经验的需求、成就的需求等。
2. **人际取向**：强调外在因素导向，强调相关他人所产生的驱动，例如可以结交朋友、朋友，或因同事的邀请等，这是以团体规范、志工活动的社会地位、对未来社会关系网络的助益来决定是否参与。
3. **情境取向**：针对政策或社会情境因素所表现的反应，例如表达社会责任的需求、回馈社会、履行社区责任。

依据台湾行政主管部门的调查报告，参与志愿服务的动机以“行善助人”占第1位（36.52%），“宗教信仰”占第2位（22.64%），“结交朋友”占第3位（12.09%），而“学习新知识及技能”（7.93%）占第4位（台湾行政主管部门，2000）。因此，鼓励老人加入志愿服务行列，既可行善助人，又可结交朋友、学习新知，一举数得。

新闻视窗

夫妻当志工13年，“做到人家不要”

七旬志工夫妻档，最励志的鹣鲽情深！70岁汪图栋与62岁妻子朱玉瑛，结婚近40载，总是形影不离，更共同投入志工行列13个年头，热心服务，成为八里人人皆知的“志工贤伉俪”。汪国栋年轻时曾跑船12年，通过河海特考后，进入外籍商船公司，奠定英文基础，1993年举家迁往八里定居。搬来八里后，夫妻俩感受到了八里温暖纯朴的人情味，为了更融入当地，朱玉瑛加入志工行列，担任八里小学的导护志工；2003年汪国栋退休后，也当起八里清洁队志工。

2009年间，夫妻两人移居美国旧金山Wamut Creek社区，4年间仍持续志工服务，汪国栋说，Wamut Creek是当地著名的老人社区，住户全为未与子女同住的老夫妻或独居老人。他说，社区仅配置1名社工师照顾100多名住户，其中又有30户华人，在语言不通的情况下，如灯泡、门窗损坏等小事情皆得花更多心力处理。他眼见社工师分身乏术，主动协助社工师工作，一片古道热肠，也获得当地媒体采访报道。

2013年，夫妻俩回台湾定居，片刻不得闲，即到八里区公所当志工，负责服务咨询、定期为独居老人送餐等工作。区公所1月底发放生活补助金时，尽管又湿又冷，两人仍每天到场支援，8天从不间断。“人人为我、我为人人”，形影不离的夫妻俩热心服务13年，从不倦怠，已成为公所人人皆知的贤伉俪，两人坚定地说：“做到人家不要我们为止。”

资料来源：陈宜加. 夫妻当志工13年，“做到人家不要”[N]. 2014-03-12。

四、时间银行的理念

近年来，台湾推行“人力银行”的社会服务，鼓励参加者依照这种储蓄服务的安排参与服务若干小时，人力银行就会将他们的服务时数累积，并给予记录和登录，日后当他们年龄老去或过世时，其家人可以分享有余的服务时数，这种鼓励社会服务的计划值得赞许，特别对于那些年老无依的人，最需要的是亲切的照顾及关怀，而老人人力银行这种储蓄服务，不受个人经济状况影响，是一项良好的老人生活照顾的保障计划。若社会上越来越多人参与这项服务计划，社会服务工作就会增加大量生力军。当“为人服务”的精神在社会上发挥功效时，便会形成一种乐于助人的社会气氛，社会的祥和自然可期。例如银发公教人力银行就是一个公教志工人力整合的平台（网站为 http：//volunteer. cpa. gov. tw），这个组织将退休的银发志工人力进行调节和配置，以期发挥最大的服务效益。

“时间银行”（Time Bank）顾名思义就是“人力银行”，属于志愿服务的性质。时间银行是 Edgar Cahn 在 20 世纪 80 年代创办的，就是用自己的劳务或知识，提供他人解答或帮助，来换取自己所需要的服务，是一种“非经济交换”的交易，故它有别于现行资本主义的金融货币，是一个用服务来交换所需服务或物品的交换机制，在互助的平等互惠中，提升个人生活品质，创造社区网络与社会资本（单小懿，2009）。目前在美国、英国、日本、智利和中国内地、香港等国家和地区，时间银行的组织已相当普遍。全球已有 30 几个国家，1 000 多个相关组织成立，日本甚至将此概念落实到地方政府中，以期成为未来的趋势与潮流（陈权荣，2011）。例如日本推行地域通货，在地居民自制有各地特色的货币，每次交换都必须向对方说出“感谢”。另外，德国柏林克鲁斯柏区的环保团体，因担心全球化和跨国企业冲击当地的小企业，因此发行“柏林元”的社区货币，希望让资金留在社区，居民不必开车远道购物，该地区连咖啡店也接受“柏林元”付款。在台湾有些社区关怀据点也使用时间银行的概念，发展了社区志工货币，以服务时数换集点数，集点后可以至社区换取日常生活用品，借此鼓励志工参与社区服务。

Edgar 认为时间银行的发展分为三个阶段（林宏达，2009）。

1. **第一阶段**：纯粹是由“邻居帮助邻居”，由社区建立，人们彼此照护或帮助。
2. **第二阶段**：非营利组织或非政府组织借用时间银行的概念，介入协助人们的生活，好比医院或学校与时间银行成为合作伙伴。例如老五老基金会和弘道老人福利基金会就运用此模式来协助社区老人。
3. **第三阶段**：称为“社会企业”（social enterprise）或“社会投资”（social venture），现仍属实践阶段，例如有些商店是时间银行的特约商店，让时间银行的会员前往购物，可以享受折扣优惠，此阶段可定义时间货币就是金钱经济和社区经济的桥梁。

五、民间团体对人力银行的做法

就社会服务而言，在时间银行中最需要“人力型”的时间银行。人力时间银行的定义是：将参与社会服务的志工所服务的时数累积记录下来，等到其自身或家人有需要时，再向时间银行提领出来，请其他志工来服务，精神上有点像保险或是互助会，只不过是用志愿服务来取代金钱(林依莹，1997)。而之所以称之为银行，是因为它有“存”“提”“贷”的机制，只是流通的货币不是“钱”，而是“时间”，亦即付出服务或接受服务的时间。老人照顾的需求日益扩大，财团法人弘道老人福利基金会就主张集合众人的力量，共同推动老人福利，并于2004年将“志愿服务连线计划”更名为“人力时间银行”，积极推动“双轨”(two-way)服务，真正落实“互助”的核心价值，鼓励助人者提领服务自助或转赠他人，而被服务者日后也有机会成为助人者。

目前积极推行人力时间银行方案的有财团法人弘道老人福利基金会和老五老基金会，其鼓励老人参与社会福利服务，并以“老人服务老人”。例如老五老基金会就推广“五老五宝”(老身、老本、老居、老伴、老友)，并通过宣传营造和乐的高龄化社会(财团法人老五老基金会，2014)。“老人在温馨互助网络的社区里，越老活得越好”，正是老五老基金会对服务对象的终极关怀，而该基金会希望促使台湾居民发挥自动自发精神，筹组“社区互助团体”，共同采取具体行动，力行“五老生活实践哲学(五老DIY)”与“互助生活实践哲学(互助DIY)”，并营造“五老平安健康社区”，合力为自己和亲朋好友规划一个“丰盛”的晚年，以因应台湾社会人口结构快速老化所面临的挑战。而为有效达成该基金会提出的“越老活得越好”和“社区可以提供温馨互助的照顾网络”的两大愿景，老五老基金会设立了老五老人力时间银行的服务模式(见图8-4)，希望充分发挥“自助互助”的精神。

“时间银行”的推行在台湾若要广泛施行，必须再发展更成熟的管理机制来建立信誉，包括储存志工服务时数，便于日后可以提领的回馈机制等。而我们也希望通过“时间银行”可以激发出更多志愿服务工作，成就“人助、互助、互惠、互利”，并且可以发展成永续经营的志业。因此，亟待各界对“时间银行”有更多

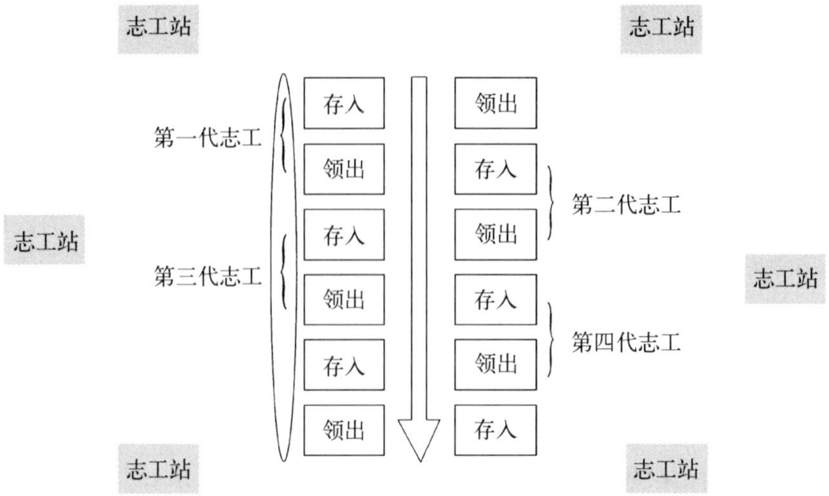

图 8-4　老五老人力时间银行服务模式

资料来源：钟燕菁(2002)。

的了解与投入，并尽早形成趋势与风潮。目前台湾正面临高龄、少子化的人口问题，社区中的高龄长者若有长期照护的需求，除了可以选择花钱购买长期照护服务之外(例如自费的居家服务、送餐服务等)，亦可充分运用“时间货币”的社区力量，协助老人幸福地留在熟悉的社区内生活，不必送至机构被照顾。

新闻视窗

社区货币，充满幸福感

“朴门”理念中的社区货币概念，早在20世纪70年代美国便率先创立。所谓“社区货币”是由某区域(城市、乡镇、社区)自行印制、发行的“钞票”，它与该国现行币值一样，可以用来进行货品或服务的交易，但其精神却大有不同。

2008年初，新北市新店区的花圈新城在热心社区事务的赖吉仁提议下，开始发行社区货币，5月20日正式开跑，社区货币称为“花钱”或“花币”，原始概念是希望通过“花钱”来“帮助”彼此，而这个自发性的组织也取名为“花钱·帮”。每位“入帮”的会员可以得到200分的基本额，使用“花币”时只要交易双方同意，可以自行协调如何付费，不必受限于主流社会的期待、惯例与价格。

……推动者之一江慧怡表示："社区货币就是善用社区资源来创造需求，鼓励社区居民创业或发挥所长，也让过去不习惯请求他人援助的居民学着改变习惯。"开设瑜伽课程，同时提供社区货币或以物易物方式当作学费的王佩君表示："在社区开课，不仅可减少碳足迹，也可借由课程的直接体验，触动每个人内心最深处那种回归自然的向往。"王佩君小小的阳台上种有十几种植物，屋顶的回收雨水系统和厨房的架子，就是用"赚"来的"花币"换来的。

……不过，虽然"花钱·帮"的成长相当缓慢，但在媒体曝光后，已有多个社区大学与民间企业咨询推动的可能，例如合朴农学市集 2010 年也开始推动"社群货币"，采用类似储值卡方式的"时间银行"，让志工以专长协助农民，再用累积的点数以较优惠的价格向农民购买产品。通过互助，社区货币让居民减少到外地消费的次数，将"小而美"的经济活动留在社区内，也将信任与幸福感留在社区。

资料来源：郭丽娟. 社区货币，充满幸福感[J]. 台湾光华杂志，2011(2)：117. [2014-02-10].

问题与讨论

1. 老人的人生角色和功能有哪些？
2. 试举出三种老年社会参与的相关理论。
3. 老人参与社会团体的效益有哪些？
4. 老人教育的内容有哪些？并举出实际可安排哪些课程内容。
5. 志愿服务的定义为何？并说明为何老人要参与志愿服务。

参考书目

一、中文部分

王宗吉，苏维杉，颜君彰，等. 高龄休闲社会学[M]. 新北：华立图书股份有限公司，2013.

白秀雄. 老人福利[M]. 台北：三民书局，1996.

朱楠贤. 高龄教育政策与实践[M]. 台北：五南图书出版股份有限公司，2008.

朱佩兰. 安老与社会工作[M]. 香港：中文大学出版社，2001.

林依莹. 居家老人闲歇照护支持性方案——人力时间银行[D]. 嘉义：中正大学，1997.

林宏达. 时间货币正流行[J]. 商业周刊，2009(1105)：62-66.

林胜义. 退休后休闲和社会参与的规划[J]. 成人教育，1993(16)：24-27.

邱天助. 教育老年学[M]. 台北：心理出版社，1993.

施救裕. 美国老人文康休闲活动的理论与实务：以美国老人活动为例，老人文康活动场所观摩研讨会实录[C]. 高雄：高雄市社会局，1992.

袁桂盛，钟畯丰. 气功对老年人身心之影响[C]//2010 南台湾运动休闲产业理论与实务研讨会专刊，2010：44-51.

夏文贤，蔡崇演，颜克典. 运动介入对老年人平衡能力之影响[J]. 运动健康与休闲学刊，2010(18)：77-88.

郭淑芳. 建构学习型社区的要务：社区老人教育的实施策略刍议[J]. 成人教育，1999(49)：23-28.

陈安妮. 老人休闲运动之探讨[J]. 长荣运动休闲学刊，2010(4)：66-73.

陈燕祯. 美英日国家老人教育的发展取向[J]. 上海老年发展教育研究，2010(1).

陈燕祯. 活跃老化的挑战与机会：老人休闲参与和智慧生活系统之探讨[C]//活跃老化研讨会论文集，2011.

陈燕祯. 社福照顾新系统：社区关怀照顾据点与老人社会参与之探讨[C]//社福 100 · 专业满载研讨会，2011：91-101.

陈权荣. 台湾推动时间银行现况与困境之研究：创新扩散观点[D]. 台北：铭传大学，2011.

单小懿. 独家专访：时间银行创办人[J]. 商业周刊，2009(1105)：67-72.

陆光. 台湾志愿服务推展之过去现在及未来[J]. 社区发展季刊，1994(65)：4-10.

曾华源，曾腾光. 志愿服务概论[M]. 台北：扬智文化事业股份有限公司，2003.

杨国德. 老人学习及社会参与的新契机[J]. 成人教育，1999(48)：51-52.

杨国德. 迎接新世纪的国际老人年活动[J]. 成人教育，1999(49)：49-50.

刘伶姿. 英国的第三年龄大学[J]. 成人教育，1999(49)：8-14.

蔡良宏. 长青学苑老年学习者学习取向之研究[D]. 高雄：高雄师范大学，1994.

蔡培村. 成人教育与生涯发展[M]. 高雄：丽文文化事业机构，1996.

蔡佳萤. 安宁疗护志愿服务人员参与动机和工作满足之研究[D]. 台中：东海大学，2001.

蔡明昌. 老人对死亡及死亡教育态度之研究[D]. 高雄：高雄师范大学，1995.

蔡汉贤. 社会工作理论与实务[M]. 台北：台湾省社会福利研究会，1972.

关维隽，彭贵娟. 成人教育资料汇编：基本、妇女、老人教育篇[M]. 彰化：彰化师范大学，1995.

二、英文部分

American College of Sports Medicine. (2000). Exercise prescription for special populations. ACSM's guidelines for exercise testing and prescription (6th ed.). Philadelphia: Lippincott Williams & Wilkins.

Barker, R. L. (1988). *The Social Work Dictionary*. New York: National Association of Social Work.

Crombie, I. K., Irvine, L., Williams, B., McGinnis, A. R., Slane, P. W., Alder, E. M., & M. E. T. McMurdo (2004). Why older people do not participate in leisure time physical activity: a survey of activity levels, beliefs and deterrents. *Age and Ageing*, 33(3), 287-292.

Ellis, S. J., & K. K. Noyes (1990). *By the People: A History of American as Volunteer* (revised ed.). San Francisco: Jossey-Bass Publisher.

Elmore, R. (1990). Choice as an instrument of public policy. In W. H. Clune & J. F. Witte (eds.), Choice and control in American education. London: Falmer Press.

Friedan, B. (1993). *The Fountain of Age*. New York: Simon & Schuster.

Leibowitz, Z. B., Farren, C., & B. L. Kaye (1986). *Designing career development*. London: Jossey-Base.

Miller, S. J. (1965). The social dilemma of the aging leisure participant. In A. Rose & W. Peterson, *Older people and their social world* (eds.), pp.77-92. T A : Davis.

Torkidsen, G. (1986). Leisure and recreation management. *London*. New York：E. & F. N.

Rowe, J., & R. Kahn (1997). Successful ageing. *The Gerontologist*, 37(4), 433-440.

Wankel, L. M. (1994). Health and leisure: Inextricably linked, *Journal of Physical Education, Recreation, and Dance*, 65(4):28-31.

Withnall, A., & K. Percy (1994). Good practice in the education and training of older adult. Aldershot: Ashgate.

附录 8－1　中国台湾地区参与志愿服务总人数

年　份	总队数	志愿服务队员总人数			65 岁以上老人参加志愿服务比例	
		合计	男	女	65 岁以上人数	百分比
1996	528	35 272	12 691	22 581	3 233	9.17%
1997	653	34 176	11 119	23 057	3 068	8.98%
1998	737	38 601	12 328	26 273	4 086	10.59%
1999	827	45 029	13 512	31 517	4 340	9.64%
2000	966	56 676	16 964	39 712	5 233	9.23%
2001	1 041	58 734	17 427	41 307	5 177	8.81%
2002	909	50 266	15 432	34 834	4 486	8.92%
2003	998	58 671	18 146	40 525	4 858	8.28%
2004	1 169	64 822	20 258	44 564	5 680	8.76%
2005	1 338	78 528	24 558	53 970	7 047	8.97%
2006	1 564	96 225	30 469	65 756	9 217	9.58%
2007	1 880	108 745	34 522	74 223	11 798	10.85%
2008	2 354	131 238	39 308	91 930	15 659	11.93%
2009	2 711	153 819	48 018	105 801	18 103	11.77%
2010	2 727	160 532	51 319	109 213	22 203	13.83%
2011	3 008	162 457	54 339	108 118	21 011	12.93%
2012	3 366	182 954	60 245	122 709	25 732	14.06%
2013	3 770	202 853	66 926	135 927	28 891	14.2%

资料来源：整理自台湾卫生福利主管部门统计处(2014)。

第九章 国民年金制度

第一节　国民年金规划的类型
第二节　西方国家老年年金的政策发展
第三节　国民年金与老年经济安全
第四节　多层次年金的经济安全保障

第一节　国民年金规划的类型

社会安全制度的目的，在于使工作者在遭遇威胁其工资收入的事故时，仍有足以维持其基本生活的收入，其实践的方法包含社会保险、社会救助及福利服务等，其中实施社会保险制度则为设立社会安全制度的国家最常采用的制度。

目前实施国民年金的发达国家采取**“全民式”**(universal model)的社会保险制度居多，以保障老年时期的基本经济生活为主，其领取方式可以按年、半年、季、月或周，一般采用按月领取的较多，其目的就是给老人生活以安全感和确定感，所以通常又称为老年年金制度。在老年经济安全的保障上，个人、家庭、社会和国家四方面应构成一个经济安全保障网络(单骥，2002)。在东方社会，家族关系的联结功能往往比西方社会的家族功能具有影响力，因此，在传统的社会形态中，家族及家庭的功能之一即是负担养老的职责，只是今日社会形态转变，应思考家庭功能如何与社会安全制度结合，以发挥保障老年经济安全的功能。

社会保险制度包含国民年金、全民健保、失业保险。其中国民年金保险部分，包含老年、身心障碍及遗属保险制度。经济生活的保障可以给予个人基本生存需要的安全感，此基本的需要与欲望就是个人一生对衣、食、住、行的需求。因此，当一个人的所得越多，就有越高的经济生活的安全保障。而经济不安全可能由下列原因造成：

1. 收入的不足；
2. 收入的损失；
3. 收入的不确定性；
4. 额外费用的支出。

因此，必须借强制性的国民年金保险制度，以防意外发生并备老年退休之需。

国民年金(又称老年年金)是社会福利国家的强制性年金保险，以保障老人退休后的老年基本经济生活。全世界的国民年金概分为两类：

1. 随收随付制(pay as you go system，PAYG)；

2. 完全提存准备制(基金制)(full Funded)。

以养老给付为例,前者是由每期的年轻人缴纳保费,支付给当期的老年人,具有较强制的跨代移转性质,而收支之间的波动,受各期老年人口与年轻人口比例的影响。此法的优点在于可避免通货膨胀而使所领年金变少;缺点则为年轻人负担日益沉重。后者则是由每个人自己缴纳保费,逐渐累积为将来自己领取的老年给付,有如强迫储蓄,优点为设置个人基金专户,着重个人经济公平性;缺点为无法分担风险,发挥互助功能,此制的收支依循个人生命历程,其资金预算的波动较少,但政府基金管理的责任较大。又依其给付方式可区分为“一次给付制”或“年金制”。若其给付的方式为年金制,则此老年保险即为年金保险的一种,若其保障对象覆盖全体国民,则称为“国民年金保险制度”。当然其施行并不一定通过保险的方式,也可以用课税的方式,而国民年金保险制度只是其中的一个方式(见表 9-1)。

表 9-1 随收随付制与完全提存准备制

	随收随付制	完全提存准备
缴费与支付状况	由每期的年轻人缴纳保费,支付给当期的老年人	每个人自己缴纳保费,逐渐累积为将来领取的老年给付
收支的影响	受各期老年人口与年轻人口比例的影响	依循个人生命历程,其资金预算的波动较少,但政府基金管理的责任较大
优点	可避免通货膨胀而使所领年金变少	设置个人基金专户,着重个人经济公平性
缺点	年轻人负担日益沉重	无法分担风险,无法发挥互助功能

总之,年金制度就是以年金手段,保障发生老年、身心障碍或死亡等情况时本人及遗属的基本经济安全的一种制度,不同的规划类型对民间储蓄、资本累积与政府财政都有不同的影响。

第二节 西方国家老年年金的政策发展

老年年金在西方工业国家之所以形成(以英国为代表),是为因应 1601 年

“济贫法”的种种问题。19 世纪末，接受“强制工作”救济的老人越来越多，因此，在各项社会改革中，开始试图通过“国民年金”和“社会保险”的方式帮助那些非因个人因素所导致的贫穷者。换言之，“老年年金”是企图把对老年生活的照顾，与一般贫穷者区别开来（张世雄，1996）。因此，对于西方福利工业国家而言，“老年年金”政策的形成是因为国家体察到老人贫穷问题的形成并非源自个人本身（Orloff，1993）。

古允文（2002）研究战后西方国家老年政策的发展历程，并区分为三个明显不同的阶段。

一、20 世纪 40 年代至 70 年代

此阶段，老年人口增多逐渐成为一种社会问题，因此，老人退休后的经济安全与所得稳定的需求日益受到重视，且已成为主要的社会问题，因而刺激各国年金制度的建立。

二、20 世纪 70 年代中期至 80 年代

20 世纪 70 年代中期，因遭逢第二次石油危机，使得劳动人口结构连带地产生变化，有限的工作机会造成许多劳动人口面临被迫提早退休的局面，各国政府因而鼓励并配合降低年金领取的年龄限制，但也因此产生更多的依赖人口，并造成社会对老年人持负面资产的印象。

三、20 世纪 80 年代末

法国在 1986 年成为第一个取消提早退休约定的国家，但是已经制度化的就业结构却难以更改，所以出现了两种影响：

1. 老年人口被视为国家或社会的负担；
2. 引发老年人口的危机意识，老年人甚至通过各种“政治活动”来维持自身的利益。

四、各国年金制度改革

自 1980 年代中期以来，各主要国家陆续进行年金制度改革，并持续至今，而主要的改革策略如下（见表 9－2）。

表 9－2　主要国家的公共年金制度改革内容

国家	年金制度类型	改革策略
德国	确定给付制① 随收随付	1. 延后请领年金年龄：2012—2029 年由 65 岁延后至 67 岁 2. 降低所得替代率：2001—2030 年由 70%降至 64% 3. 建立给付动态调整机制(参数：平均薪资、年金领受人/缴费者之比值) 4. 鼓励参加私人年金：提供税赋优惠
英国	确定给付制 随收随付	1. 延后请领年金年龄：2007 年由 65 岁逐步延后至 68 岁 2. 鼓励参加私人年金：2008 年自动加入机制、部分公共年金可以私人年金替代 3. 提供基本保障给付：2002 年建立保证最低年金制度
美国	确定给付制 部分提存准备	1. 延后领取年金年龄：1983—2027 年，由 65 岁逐步调增至 67 岁 2. 以不调高保费为原则
日本	确定给付制 部分提存准备	1. 延后请领年金年龄：1996 年由 55 岁调高至 60 岁、2000 年由 60 岁再调高至 65 岁 2. 建立给付动态调整机制(参数：物价上涨率、就业人口减少率、平均寿命增加率) 3. 提高行政效率：2010 年成立法人组织“日本年金机构”办理年金业务
韩国	确定给付制 部分提存准备	1. 调增费率：1988 年开办后每 5 年增加 3%，至 1998 年费率为 9%，迄今仍是 2. 延后领取年金年龄：1998 年修改法律，60 岁逐步提高至 65 岁 3. 降低所得替代率：1998 年修改法律，由 70%降为 60%
瑞典	名义确定提拨 随收随付	1. 改为采用“确定提拨制”②：1999 年首创“名义式确定提拨制”，结合确定提拨及随收随付的特点 2. 提供基本保障给付：以税收支应补充“确定提拨制”的不足

现行西方国家公共年金的制度又大致可分为以下三种模式(见表 9－3)：

1. 俾斯麦模式(Bismarck Model)；
2. 贝弗里奇模式(Beveridge Model)；

---

① 确定给付制(Defined Benefit Plan，DB)：指雇主承诺员工，于退休时可以得到按约定的退休办法所预订的一定公式计算出来的退休金。由雇主负一切支付责任并一次或分期支付定额退休金，其金额取决于薪资水准及服务年资；至于雇主与员工所提拨的退休基金与退休给付金额并无必然关系。例如公务人员退抚金、旧制退休金。

② 确定提拨制(Defined Contribution Plan，DC)：指雇主或员工依退休办法，定期提拨一定数额的退休基金于个人账户中，以交付信托人保管运用。员工退休时，将个人账户内的资金和利息，以一次或年金方式给付退休员工，因此，退休所得取决于基金提拨的多寡和基金投资的收益状况。例如政务人员离职储金、劳工新制退休金。

表 9－3　西方国家公共年金的制度架构比较表

<table>
<tr><th>国　家</th><th>德　　国</th><th>英　　国</th><th>瑞　　典</th></tr>
<tr><td>年金模式</td><td>俾斯麦模式</td><td>贝弗里奇模式</td><td>瑞典模式</td></tr>
<tr><td>特色</td><td>第一层普及性
第二层具选择性</td><td>强制性
针对劳动人口</td><td>普及性
强制性</td></tr>
<tr><td>第一层</td><td>公共年金
（国民基础年金）</td><td rowspan="3">老人年金覆盖人群包括：
1. 受雇人员
2. 自雇者
3. 照顾未满三岁子女者
4. 领取社会给付（失业保险）者
5. 志愿从事照护的劳工</td><td>基本年金</td></tr>
<tr><td>第二层</td><td>公共年金、企业年金
（契约年金）</td><td>法定强制与
薪资相关</td></tr>
<tr><td>第三层</td><td>个人年金
（私人商业保险）</td><td>劳雇协约提供
的企业附加年金</td></tr>
</table>

资料来源：整理自林慧芬(2003)；刘侑学、吕建德(2013)；Hinrichs (2000)；Ebbinghaus & Gronwald (2011)。

3. 瑞典模式(Swedish Model)。

社会安全制度的产生在于防止老年的贫穷，它并非是一项投资计划，而是一项在工作世代间共有的观念，且此观念受到政府的监督。而由于此观念的产生，使得工作者同意在其有工作时由政府强迫性储蓄，扣除一些薪资所得；而另一方面，政府也同意当这些工作者达到某一年龄时就可以停止工作，由政府给付退休金。

第三节　国民年金与老年经济安全

在西方工业国家中，**公共年金**(publicly support pensions)是退休族群所得中最主要的来源，且由于其储蓄率一向偏低，所以对大部分人而言，公共年金及私人年金几乎占其退休所得的全部。因此，年金制度规划时也将"**私人年金**"(private pension)视为退休所得维持的**补充保障**(additional tier)，即将公共年金和私人年金制度结合在一起，例如法国、瑞典。基于此，政府的所得维持的方案是一项极为重要的社会政策，与老年人退休生活的安全保障息息相关。

经济安全就是"所得维持"的概念，其背后所涉及的又是一种社会安全制度的规划，其目的主要在通过社会集体的力量，保障居民由生到死的生活，即使遭遇风险事故，仍能维持个人或家庭基本的生活保障。一般老年人所得维持的来源，包含三个层面：

1. 政府的救助；

2. 延续原有生活收入的退休金；

3. 就业所得的收入。

人到年老时，生活常会面临两个不易掌握的风险：生产力减退无法继续工作，面临所得收入减少的事实；因身体的老化导致医疗支出自然增加。换言之，每个人都无法预期自己的寿命能有多长，无法确定自己为未来的老年生活准备的经济资源是否已足够使用；另一个是无法预知自己的工作能力，若遭逢突发因素或事件必须提早退出劳动市场，造成老年所得维持的不安全问题（黄耀辉，1994）。因此，才衍生出由政府介入退休后老年经济安全的福利保障。根据每5年一次的老人生活状况调查资料，2005年的老人生活状况调查资料显示，老人经济生活有33.43%需依靠有关部门津贴补助；2009年老人生活状况调查资料显示，老人经济生活有29.66%需依靠有关部门津贴的补助，2013年更提高到36.2%（台湾内政主管部门统计处，2006，2010；台湾卫生福利主管部门，2014），可见老人基本的经济生活保障仍需要依靠当局的帮忙。

第四节　多层次年金的经济安全保障

一、世界银行提出“多层次年金”的概念

世界银行（World Bank）于1994年在其《避开老年危机》（*Averting the Old-Age Crisis*）中提出建立一个“三层年金的概念”的老年年金体系，第一层是以税收提供资产调查的年金，第二层是私营且完全准备的确定提拨制年金，第三层是私人年金。该老年年金体系又称为“多层次年金”的保障制度，这种方法成为各国建构老年经济安全体系的重要参考基础，之后世界银行又提出五层年金的保障制度，此五层年金如下（见图9－1）。

1. **第零层**：为“非缴费式的社会救助制度”，是国家以税收提供贫穷老人最

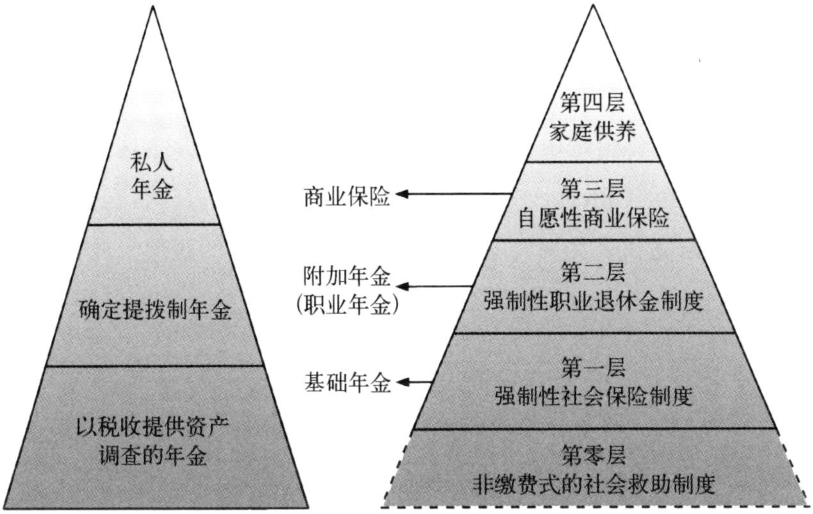

图 9－1 多层次年金保障制度

低生活保障。

2. **第一层**：为“强制性社会保险制度”，是传统公共年金制度，强调社会连带责任及风险分担，具有世代互助精神。
3. **第二层**：为“强制性职业退休金制度”，主要为雇主所提供退休金，有补充基础年金的功能。
4. **第三层**：为“自愿性商业保险”，是个人自愿购买的商业保险。
5. **第四层**：为家庭支持或医疗、住宅等公共资源。

二、年金的财务规划与运作

年金的财务运作方式，依年金性质不同而有不同。基本上，基础年金部门多采用社会保险制，属于“部分提存制”，由保费所得支应各项给付。而职业年金部门则采取“公积金制”，由雇主与员工共同拨款建立基金，而后再由此基金支付退休金。

目前，绝大多数国家所实施的基础年金制度，其财源的筹措均采取“随收随付制”(pay-as-you-go, PAYG)，又可称为“完全赋课制”(assessment method)。随收随付制就是当期的收入立即用于当期的给付，就行政管理上来说，随收随付制并无基金管理的问题，不必考虑通货膨胀率与经济成长率，也不受物价波动的影响。但在此制度中，影响保费高低的主要因素除了给付水准之外，最主要取决于给付人数与缴费人数的相对比值，也因此，其对人口结构的变迁非常敏感，因这一个世代所缴的保险费会立即被运用于上一世代的退休人员，所以在扶老比例高的国家会增加年轻人沉重的负担（石泱，2007）。此种财务规划特色是给付给老人的年金是由年轻的工作人口来负担，换言之，这一代的人奉养上一代，产生“代际”（intergenerational）所得的重新分配；其次，在家庭之间，也产生子女多的家庭和子女少的家庭的所得需重新分配的现象。此种结果对子女较少的家庭较为有利，因此反而会促成人口更加老化。欧美各国人口老化，其年金制度财源规划的失当，亦是重要原因之一。

詹火生（2013）也分析目前多层次的退休年金结构财源规划，其中第一层为强制性社会安全制度，是通过税收或保费方式而来（部分提存），第二层法定员工退休金制度，其财源是通过储蓄和共同保险的完全提存方式而来；而第三层是自愿性商业保险储蓄制度，其财源是通过储蓄和商业保险的完全提存方式而来（见表9-4）。总之，各国的国民年金制度都需随着人口快速老化而有整体性、前瞻性的适应和改革，以免债留子孙。

表9-4　多层次退休年金结构的财源规划

层　次	目　标	形　态	财　源
自愿性商业保险储蓄制度（第三层）	储蓄＋商业保险	个人储蓄制度或商业保险储蓄制度	完全提存方式
法定员工退休金制度（第二层）	储蓄＋共同保险	个人储蓄制度或员工退休金制度	完全提存方式
强制性社会安全制度（第一层）	再分配＋共同保险	提供最基本年金保证或定额给付	通过税收或保费方式（部分提存）

资料来源：詹火生（2013）。

三、国民年金制度的规划原则和发展现况

（一）国民（老人）年金规划原则

很多国家实施国民年金制度都遇到了问题。理想的国民年金制度的设计，必须符合社会资源利用的效率性、所得分配的合理公平，以及行政推进的可行

性三大目标。为了具体实现这些目标，又可细分为下列各点。

1. 就资源利用效率而言，主要有三方面考量。

(1) **总体效率性**：首先考虑国民整体年金资源占 GDP 的最适比例，过高或不足均代表资源的配置失当。

(2) **个体效率性**：基础年金和附加年金的适当比例分配。基础年金和附加年金的性质及其所扮演的角色、发挥的功能均不相同，适当的比例分配有助于效率的提升和公平的维持。

(3) **建立适当的诱因系统**：制度的建立必须考虑劳动市场和资本市场的反应。换言之，国民年金的实施须避免降低劳动力就业意愿和国民储蓄水准过巨。

2. 年金的给付需能维持一定的生活水准，通常具有下列两种意涵。

(1) **纾解生活困境**：基础年金的设计必须能够防止个人或家庭掉入贫穷的陷阱内。就老人基础设计而言，其制度对象为"全体老年人口"，制度目标则为在退休时提供基本的生活保障。

(2) **维持过去的生活水准**：附加年金的设计在于防止退休后生活水准的大幅降落。

"年金"的开办使台湾的社会安全网得以全面性的建构，补足了以往社会保险制度的缺口，让台湾迈入全民保险的时代，落实当局全民照顾的理念。采用"年金"方式办理，可以避免一次性给付后，因资金运用不当所发生的损失。此外，年金制度有配合物价指数调整投保金额（投保金额为计算年金给付的基础）及定期调整年金给付基本保障金额的设计，可以避免因通货膨胀造成给付缩水，以确实保障年金给付对象的生活需要。

（二）实施长期照顾保险制度

长期照护（照顾）是针对先天或后天身体或心智功能受限制，持续 6 个月以上，且日常生活或身心机能需要他人协助维护者，提供家务、行动、饮食及身体卫生协助，以及复健、护理等服务，目的在于维持或恢复其功能自立。台湾过去

长期照顾服务的提供主要以老人为对象，虽然有近40%需要长照者并非老人（台湾卫生主管部门，2011）。依据台湾近年的调查，台湾老人对生活最担心的问题中前三名为自己健康的问题（28.5%）、自己与配偶生病照顾的问题（15.7%）、经济问题（14.1%）（台湾卫生福利主管部门，2014）。目前台湾老人最急迫需当局协助的就是照顾问题，也因此推动长期照护保险（简称长照保险或长保）显得尤为迫切（李玉春等，2013）。

新闻视窗

高市老人生活调查　逾半收入靠年金

高雄市社会局公布老人生活状况与需求调查，受访的老人中只有3.56%在无法照顾自己时愿意选择专门照顾机构，过半数老人的主要收入来源是老人年金。高雄市目前65岁以上人口有31万多，为了解老人的生活需求，社会局2009年曾委托机构调查老人生活状况，2013年再委托调查，共抽取2 035位有效样本进行了调查分析。

结果显示，独居老人由2009年的13.2%下降为8.08%；如果无法照顾自己时，只有3.56%的老人愿意选择移居专门机构照顾。由此结果，社会局认为居家照顾与社区式照顾的老人福利措施，比较能符合多数老人的期待与需求。

在经济情况方面，55.19%老人的收入来源为年金，由子女提供的有52.81%，另有26.66%的老人认为家庭收入入不敷出。2009年的调查，约有34.20%的老人认为收入不敷支出，2013年的调查结果显示，认为入不敷出的老人减少了7.54%。

统计分析还发现，老人休闲生活比一般人想象的还要“好动”，约有59.46%的老人几乎每天都会外出活动，老人最喜欢聊天、下棋、泡茶等消遣类活动(71.71%)。

资料来源：杨濡嘉.高市老人生活调查 逾半收入靠年金[N].联合报,2014-03-17.[2014-03-17].http://udn.com.

问题与讨论

1. 国民年金制度的类型有哪些？
2. 试说明政府介入老年经济生活的相关福利措施。

参考书目

一、中文部分

石泱.老年经济安全保障制度之探讨[J].社区发展季刊,2007(110):260-273.

李玉春,林丽婵,吴肖琪,等.台湾长期照护保险之规划与展望[J].社区发展季刊,2013(141):1-19.

张世雄.社会福利的观念与社会安全制度[M].台北:唐山出版社,1996.

黄耀辉.实施老人年金制度之基本理念及建议案[J].经社法制论丛,1994(14):48-49.

詹火生.台湾年金制度改革的挑战与展望[J].社区发展季刊,2013(144):34-49.

詹宜璋.由风险观点探讨老年经济安全与保障[J].社会政策与社会工作学刊,1997,1(2):3-38.

刘侑学,吕建德.欧洲国家年金改革的经验与启示[J].社区发展季刊,2013(144):227-236.

二、英文部分

Ebbinghaus, B., & M. Gronwald (2011). The changing public-private pension mix in Europe: From path dependence to path departure. In B. Ebbinghaus (ed), *The Varieties of Pension Governance*, pp.23-53. Oxford; Oxford University Press.

Hinrichs, K. (2000). Elephants on the move. Patterns of public pension reform in OECD countries, *European Review*, 8(3):353-378.

Orloff, A. S. (1993). The politics of pensions: A comparative analysis of Britain, Canada, and the United States, 1880-1940. US: The University of Wisconsin Press.

第十章 老人居住与安养

第一节　老人居住与安养问题

面对如此庞大且快速增长的老年人群，居住问题是最直接且影响到每一个家庭的。许多研究老人居住现况的调查发现，台湾多代同堂家庭的比例逐渐降低，老人有很强的意愿和子女同住，但就年轻人的角度来看，多数不太愿意和上一代老人同住。同时这些年轻人认为，自己年老时也不愿和子女同住，这部分人也越来越多。尤其教育程度越高，居住地点越都市化的妇女，年老时希望和儿子同住或受扶养的比例也越低。虽然老人独居的居住方式暗藏许多危机和不安全感，但选择独居或与配偶同住者仍然居多，而且逐年增加。而该调查也发现，已有老人选择与子女比邻而居，认为此方式一方面可互相照顾，另一方面亦可保持独立自主与宁静，这种居住方式值得关心与深入探讨。

老人居住问题已成为21世纪高龄国家/地区面对人口老化的重要挑战，而当前世界的福利思潮，老人福利政策已从过去“保障老人的基本生活”提升为“维护尊严和自主的老年”，老人已不再只是被救济的对象，而是拥有经济、安全、医疗保健、居住安养、社会参与及就业、教育休闲及持续性、完整性照顾等充分权益的群体。这些都是政府责无旁贷的，政府施政脚步均应随时代需求与社会现实状况做回应和调整。特别在社会福利意识高涨的现状下，在观念仍模糊化的问题上更应妥善处理，例如发放老人津贴已不能解决老人照顾问题，必须彻底找出老人居住生活的需求关键点，才能落实老人安养政策的目标。

老人福利工作在台湾已开展相当长的时间，然而在相关规定面与执行面、需求面与供给面一直具有很大的“落差”，例如安养居住形态从三代同堂鼓励优惠、家庭扶养责任的呼吁、老人机构的兴建、福利社区的照顾、居家服务，到“以房养老”方案的推出，从当局制订规定的美意到地方有关部门的执行困境，其中都有许多的冲突与无奈，尤其当前家庭结构转变，由大家庭演变至核心家庭，老人福利工作更面临挑战。因此，在高龄化的社会中，当局应如何建立老人居住安养体系，提升老人生活品质，是当务之急。

第二节　老人居住的家庭关系

一、家庭福利供给的基本单位

我国传统重视孝道文化，从古至今的观念中，奉养年老父母是子女的天职，而奉养大致可以分为两类：一类是物质的供给，即孟子所谓的“养口体”；另一类则是情绪上的支持，即孟子所谓的“养志”。虽然“孝道”(filial piety)是社会结构的产物，孝道的真义在不同的世代有很大的认知差异，所以即便当局提供非居家的或机构式照顾安养方案，多数老人还是选择居住家里，希望获得子女的照顾。

在所有老人非正式的照顾系统中，家庭是福利供给的最基本单位，也是最重要的福利供给者，包括实质支持(例如金钱等方面的帮助)及情绪支持等。但由于工业化、都市化，社会人口结构改变、社会经济变迁，导致传统以“家庭”作为长者保障处所的格局，已渐渐有所改变(李瑞金，1994)。但是老人和家中成员之间的连带情感，尤其是老人和配偶的互动仍最为重要，就日常生活照顾而言，“配偶”是最主要的提供者，其次才是成年子女(施教裕，1994)。因此，家庭除了提供老人金钱、物质等经济生活的保障外，家庭关系和情感联结也是满足老人基本需求的重要来源。

二、家庭关系的概念

研究指出，老年夫妻关系、老年人与儿子媳妇的代际状况，直接影响家庭的和睦(杨三东，1992)，而老年父母与成年子女同住的满足感程度，主要在于与亲子间的冲突及正向互动关系的关联(叶光辉，1997)。另有研究也指出，老人的生活满意程度会受到亲子关系(如同住、不同住，感情良好与否)和个人特质(例如性别、年龄、经济收入、工作状况、健康情形、受教育程度及婚姻状况等)的影响(蓝春琪，1993)。而老人与家人关系是否美满，与老年人心理状况有直接的关系，其生活美满度越高，所获得的满足度就越高，家人关系也一定越和谐融洽(彭驾骍，1999)。家庭关系的概念架构可界定为“关联联结”“互赖联结”和“规范联结”三种。

1. **关联联结**：重视家庭成员互动的频率和类型。

2. **互赖联结**：着重家庭成员交换功能的内涵。

3. **规范联结**：呈现家庭成员彼此之间的共同期望。

另外，家庭关系互动内容基本上可分为情感的互动、物质的提供、劳务的提供三大部分(洪婉纯，2000)，分述如下：

(一) 情感的互动

家庭网络可提供老年人个人生活储备，它不但在急难时能提供有效的协助，也能提供老年人日常生活的情感支援。所以家庭一直是老年人最主要的情感支持来源，它提供了老年人一些正面的支持(沈淑芳，1995；林如萍，1998)，尤其在我国传统孝道文化的影响之下，大部分家庭因相互的需求，形成了一种“互惠式孝道期待”(reciprocal filial care-expectation)的亲子关系，老年父母和子女间的联结，应是强烈的感情性义务、相互尊重或关爱(见图 10－1)，即使社会变迁，子女照顾父母仍会以“保护性照顾”(protective care-giving)的概念为优先(Bower，1987)。然而，林松龄(1993)早期的研究却提出，老年人闲聊与情绪慰藉，很多重要的部分是来自“邻居朋友”的。

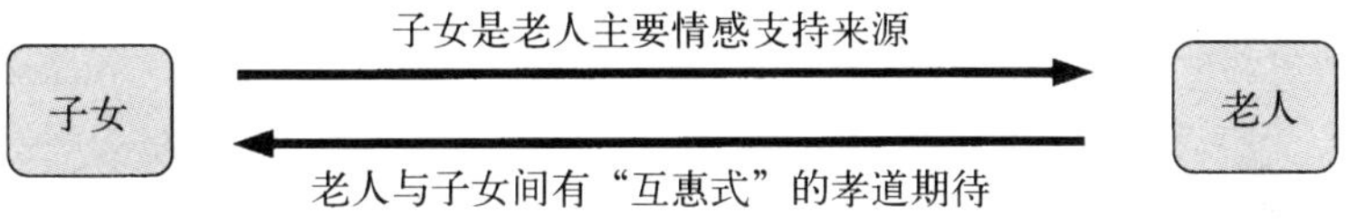

图 10－1　情感上的互动

(二) 物质的提供

台湾地区研究结果指出，家庭成员是老人各项需求的主要支持来源。一般而言，配偶提供病痛的照顾与陪伴、旅游伴侣及日常家事的支持，而子女主要提供亲情下经济与生活安全的功能性责任(林松龄，1993)。两代之间的关系在经济、物质层面常是“互惠”的关系模式，由于这种两代之间的物质、财务关系，使得亲情得以更加强化(刘秀娟 译，1997)。因此，大多数的研究发现，代际的交换是很有规律性的。

(三) 劳务的提供

一般人认为，共同居住的优点主要展现在亲子互动的层面上，尤其发挥于“彼此生活起居的相互照顾”和“可就近协助照顾幼小的第三代”等内容中(叶光辉，1996）。台湾也有研究指出，“儿子”主要提供亲情下经济与生活安全的功能性责任，“媳妇”主要提供家事方面的功能性责任（林松龄，1993）。当老年人表示他们生病时，他们会受到子女、子孙照顾与协助。家庭成员与老年人日常生活之密切，也体现在家务部分的巧妙任务分工上。因此，在两代间的家庭互动关系中，不只是子女将照顾提供给年老父母，其实年老父母在某些方面也扮演着照顾提供者的角色，例如帮忙照顾家庭、帮忙照顾孙子、帮忙家事等。因此，老人与子女之间是有双向的交流的，不是短期或单一项目，而是长期的支持与互动；照顾不是单向的，而是双向互动的流动（姚美华，1995；詹浚煌，1996；陈肇男，1999）。对一个老年人而言，家庭是其晚年生活的依赖，所以老人晚年时最大的愿望是能“住得其所”，在家庭中与家庭成员有良好的互动关系，并能享受天伦之乐（见图 10-2）。

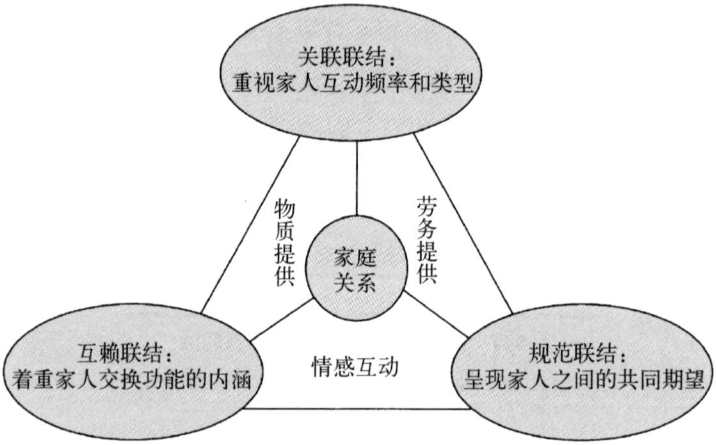

图 10-2　家庭关系的概念架构和互动内容

第三节　老人居住方式的转变

一、台湾老人居住的现况

研究指出，老人独居的生活方式和年轻人大不相同，所以受到社会较多的关注（Townsend，1965），而老人选择独居的生活方式常是不得已的。较早的研究显示，老年夫妇越来越倾向相互依存，独居或仅夫妻同住的比例有增加的趋势(林松鹊，1993)。但研究也指出，“三代同堂”仍是多数老人最佳的理想生活居住方式(胡幼慧、周雅容，1996)。依老人福利相关文件规定，当局每5年必须进行一次老人生活状况调查，内政主管部门在该调查报告中指出，2000年时有67.79%的老人希望与子女共同居住，至2005年虽稍有下降，但仍有59.95%的老人希望与子女同住，而至2009年则上升到68.49%，2013年调查显示，希望与子女共同居住者也有65.7%。此外，2013年的调查发现，老人独居占11.1%，而和配偶居住的比例占20.6%(台湾内政主管部门统计处，2000，2006，2010；台湾卫生福利主管部门，2014)。由此可见，现今的老人还是希望与子女同住。但老人独居以及和配偶同住的也占相当的比例，所以不可忽视此居住类型所呈现的问题和需求。因此，当局应依据老人福利需求，提供不同的机构类别供其选择，另外，目前商业市场也应提供适合老人行动需求的科技住宅。

老人机构提供居住照顾的目的就是希望，当家中的老人生活无人照顾时，机构能发挥“替代性功能”。依笔者的实务经验，机构虽能提供各种专业的照顾服务，但“亲情”是唯一无法替代的。因此，当年老父母不得已必须被送去机构时，子孙必须经常前往探望和关心，以解老人思念儿孙之情。而将父母送到机构安养时，子女必须慎选适合的机构，因为老人机构的类型和功能各有不同。目前老人居住机构大致可分为两类：依照顾时间有提供白天(8～10小时)的“日间照顾”(日托)和全天候(24小时)的“住宿照顾”模式。若需要技术性的护理照顾(例如插三管和呼吸器等)，则需选择“护理之家”和“长期照护机构”，若只需要提供日常生活事物的照顾(例如提供三餐、沐浴、服药、生活服务等)，就选择“老人安、养护机构”(见图10-3)。机构若选择正确，让老人住在机构也有“似家”(homelike)的温暖感觉，老人就能适应，家属也能放心。

不同世代会产生不同的想法与观念，而“年龄”确实会对居住选择造成影响(罗纪琼，1987)。因不同年龄层的人所经历的社会环境不同，所以选择居住的模式也有所变化。影响老人居住安排的因素包括年龄、性别、婚姻、经济等，而影响老人居住方式改变的因素包括政策与环境因素、社会福利和医疗体系和社会网络、社区互动等(陈燕祯、陈佩琳，2012)。而人老了之后最希望居住在自己熟悉的环境中，因为熟悉的生活网络会让老人有安全感，所以社会政策和社会福利的制定都必须考虑老人内心的需求。

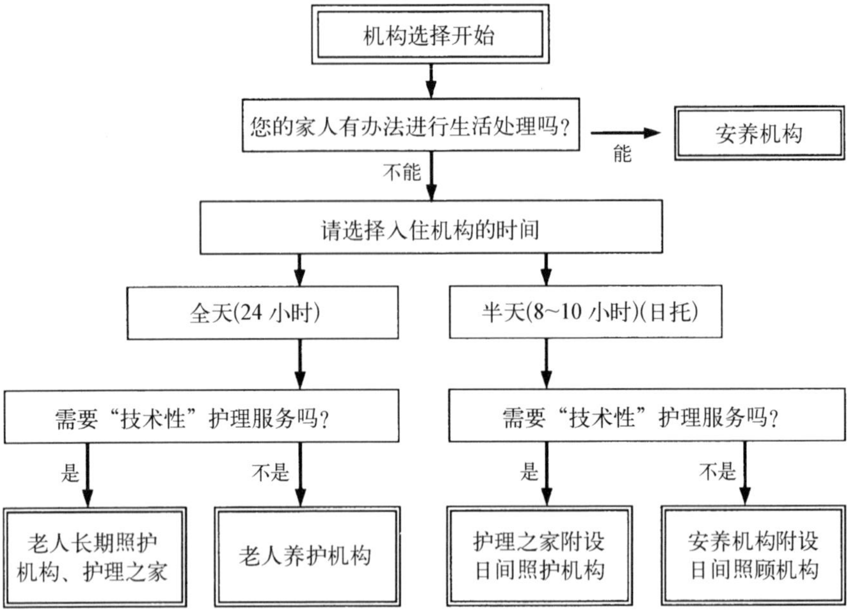

图 10－3　机构类别选择原则

工业化论者认为，越年轻者越不倾向与父母或子女同住，而形成较多的核心家庭(徐良熙、林忠正，1989)。就年龄而言，1946 年到 1964 年之间出生的第二次世界大战后的婴儿潮人口，目前正是台湾社会的中坚精英分子，也是整体所得收入最高的年龄层，因此，这部分人群对居住的偏好与价值亦有不同。而就性别而言，男性老人较偏好与子女分住，女性老人则较有可能倾向与子女共居，过去女性的家庭地位较男性低，仰赖丈夫及子女居多，一般都过着嫁夫随夫，夫死从子的生活。就婚姻状况而言，婚姻状况与老人居住安排有关，无配偶的老人会比较偏好与子女同住(DaVanzo & Chan, 1994)，有配偶的老人则比较偏好与子女分住(Cameron, 2000)(引自张桂霖、张金鹗，2010)。就经济因素而书，在居住安排转变过程中，经济资源是最主要的考量(陈肇男，1999)，而老人经济条件可分为“收入”与“房屋所有权”两部分，推测若老人为房屋所有者，代表其经济条件较独立，其他家务也可由外聘的家务人力完成，不需依靠子女。此外，一般女性的平均寿命较长，对女性老人而言，健康条件较可能影响居住安排，但对男性老人而言，健康对居住安排转换的影响较不重要，但已婚和健康不佳的女性老人，比较倾向与子女同住或转换为与子女同住者居多(张桂霖、张金鹗，2010)，此为性别所显示出的居住方式的差异。

一般而言，老人若经济能力较充足，所选择的生活方式就较具多样性，且自主生活的程度也较高，同时也较能达成个人想要的居住模式。目前的老夫妻同住比例仍居多，其原因是老夫妻他们或因行动不便，或无子女陪伴，或害怕生病或害怕跌倒而需要互相照顾、互相扶持(陈燕祯、王顺民，2011)。其实不论老人独居或夫妻同住，或由外劳照顾，都是需要有家人或关怀系统的介入的，因为这些居住方式仍暗藏许多生活安全的危机。

二、老人居住方式的改变

从台湾内政主管部门公布的历年“老人居住状况调查”发现，住进老人机构者在 1996 年前仅占 0.9%左右，至 2000 年的调查报告中已提高至 5.59%，2002 年上升至 7.5%，2009 年时则下降至 2.76%，2013 年时有 3.4%(见表 10－1)。此数据一则来自老年人口大量增加，造成大量的机构照顾的市场化需求，一则也显露出家庭照顾人力及资源不足的需求问题，而老人居住方式的改变也标志着其生活需求的转变。

表 10－1　台湾地区 65 岁以上人口居住方式　　(%)

年别	独居	仅与配偶同住	与子女同住	与亲朋同住	居住于安养疗养机构	其他	总数
1986	11.58	14.01	70.24	3.03	0.78	0.36	100
1987	11.49	13.42	70.97	3.02	0.64	0.46	100
1988	13.73	14.98	67.88	2.44	0.36	0.60	99.99
1989	12.90	18.17	66.65	2.18	0.87	0.23	100
1991	18.70	18.70	62.93	2.42	1.19	0.24	100
1993	18.63	18.63	62.19	2.54	1.04	0.14	96.01
1996	12.3	20.6	64.3	1.4	0.9	0.5	100
2002	8.5	19.5	61.7	2.6	7.5	0.2	100
2005	13.66	22.20	60.36	3.84			100
2009	9.16	18.76	44.58	0.82	2.79	—	100
2013	11.1	20.6	9.8	0.6	3.4		100

资料来源：取自历年“台湾地区老人状况调查报告”。

注：1993 年的居住方式另有固定与某些子女隔邻而居，故加总不等于百分之百。

2005 年 65 岁以上老人的居住方式，与亲朋同住、居住安养疗养机构、其他方式等共 3.84%。

其实，台湾长期受我国传统文化的影响，家中老人即使身体衰弱或失能之后，也一向与子女们同住，由家庭成员提供奉养，所以老人照顾除非是家庭人手不足、老人家居不便或子女缺乏专业照顾能力时，即子女在万不得已的情况下，才会将他们的父母送至老人机构接受长期照顾(陈燕祯，2004)。因此，家庭的照顾功能，一直被当局视为开展社会福利的重要隐含资产，当局在规定制订上也以“优良文化或美德”来包装，希望能通过传统的孝道文化和家庭功能的持续发挥，协助当局解决高龄化社会带来的老人照顾问题。但老人居住方式为三代同堂或与子女同住的比例已呈现逐年递减的趋势，“独居”“老夫妻同住”或“机构安养”居住模式的比例逐渐增加，尤其老人和外劳居住的模式也已出现，这些居住模式的转变，显示了老人的生活照顾和家庭结构问题已呈现，因此，当局的社会安全格局必须尽快进行结构性调整，否则未来大量的老年人口将会是社会福利的一大重担。

三、老人理想的居住方式

(一) 传统三代同堂的冲击

许多老年人在退休后，一方面必须适应新的生活，另一方面又必须与就业的子女或孙子女共同生活，其所面临的代际鸿沟问题及“时空转换和错置感”，给老年人带来了巨大的冲击(冯文饶，1994)。俗话说“不痴不聋不做家翁”，或说“百忍堂中有太和”，这都显示了三代同堂中家庭成员所需要付出的忍耐，家庭成员越多，关系就越复杂，在互动中产生摩擦的可能也越大(齐力，1996)。居住的家庭关系的和睦与否，都会深深地影响着老人，所以如何处理好代际的互动关系，增进老少感情，对老人安享晚年至为重要(杨三东，1992)。因此，“代际关系”是老人与家人互动关系的核心，其居住互动对老年父母和成年子女的生活皆有影响。

(二) 推广“新三代同堂”的居住方式

当局规定与民间机构方面，皆积极以奖励和表扬三代同堂的家庭或以其他优惠福利措施(例如优惠购屋贷款、优先配置住宅等)鼓励社会大众与老年人共同居住，以达到照顾老人的目的，并弘扬伦理与孝道的文化功能。但这种居住空间若不重视彼此生活习惯的规划，其共同居住只会增加彼此生活上的摩擦与不悦，不仅老年人的自主性降低，年轻夫妇独立生活的空间也会减少。胡幼慧(1995)的研究中曾提到“三代同邻”的概念，在美国，这样的居住方式有增加的

趋势。齐力(1997)在台北地区中年人的老年居住安排期望研究中发现,若将居住方式细分,选择未来希望“三代同邻”的中年人比例最高。因此,可预期“新三代同堂”或“三代同邻”会慢慢成为台湾新一代老年人居住的一种新方式,这种方式具有地理上相互照顾的方便性,亦即子女照顾父母的距离是“端一碗热汤到不会冷掉的地方”,而且彼此之间又各自拥有隐私,这比较适合现代的成年子女的期望,由此成为“与老共住”的新居住模式。台湾建筑中心执行长许铭文也说:“一般老人其实不喜欢住在老人村,他们终究希望可以跟年轻的儿孙住得很近,也希望居住在医疗和生活便捷的地区。”所以除非是有钱的老人,能请得起 24 小时的看护照顾,或者是很幸运地拥有有闲的儿孙陪伴在身旁照顾的老人,否则老人还是希望与子女住在一起或住靠近一些,以方便照顾。

(三) 提供无障碍的居住环境

台湾的住宅体系在设计理念上对老人身心功能退化需求的考虑并不多。研究指出,单一的平面楼层、有无障碍的环境设施,是老人住宅最基本的设计概念(曾思瑜,1997)。老人住宅与一般住宅最大的差异点,在于住宅内部设备及功能皆须配合老人的身心状况和行动能力,而一般家庭的建筑设计,经常没有考虑到老人生活功能的退化,甚至没有预留可以改造的空间,因而使得老人无法在现居的家庭环境中永久地生活下去(裴晋国,2002)。因此,老人居住环境须具备三项基本条件:安全、安心、安定(陈政雄,2006)。

1. **安全**:居家必须预防任何事故发生,应该是一个无障碍的环境。
2. **安心**:在这种居住环境下,有各种生活服务及应变设施。
3. **安定**:高龄者最好可以长期居住在同一个地方,让他们跟社区有良好互动。

另就老人居住需求的物理环境、人文环境和生活机能等检视结果来看,建筑物及室内空间需符合老化的过程,例如老人行动减慢、体力变差、老花眼、重听、需要拐杖或轮椅的行动辅助环境等需求，都是规划老人住宅中的关键因素（陈燕祯，2007）。因此，一般建筑若能采取“通用设计”和“全龄住宅”的无障碍建筑概念，除了适用于所有人之外，也符合老人居住的特殊需求，可谓是一举数得。

当老人的身体机能越退化，行动力受限于较小的活动范围时，对居家内部的设施会愈发依赖（萧郁芬，2003）。老人的视力、听力、反应力与肢体活动力随着年龄增长，其功能都明显地下降。因此，格外需要辅具和居家无障碍的建筑设计。老人住宅必须运用福祉科技力量建立智慧住宅的服务管理协助系统，例如坐在客厅先打开监视器和具有网络功能的电视，再用遥控器放热水洗澡、煮饭，下厨时可以边看荧幕边学做菜，睡觉时空气、灯光、音响都控制在最佳催眠状态，早上则在优美的音乐中懒懒地起床，这也是日本人理想中的未来生活（黄菁菁，2005）。目前全球的主流趋势是“在家变老”，改造老人住宅为无障碍、有紧急呼救和远距照护系统的“老人住宅”（陈燕祯，2007）。因此，运用老人福祉科技提供老人日常生活的健康照顾与家务的介入协助，就能够有效减轻家庭照顾的负担，并提升老人居住的生活品质。

四、老人理想的居住模式

有研究从成功老化和家庭价值角度将老人居住形态区分为四大类型：(1) 自我实现型；(2) 传统依赖型；(3) 共享天伦型；(4) 关照后代型（陈燕祯、陈佩琳，2012）。

1. **自我实现型**：个人的健康状况良好，经济上有自己的收入或退休金支持，教育程度属中上。
2. **传统依赖型**：无生涯规划，经济仰赖子女，教育程度不高，居住安排会依自己的计划选择，房产的安排则为自己用，有剩余的再留给下一代，而且未来身体状况无法自我照顾时，会考虑住进专业的老人机构。
3. **共享天伦型**：受以往家庭价值观的影响，认为家人就该一同居住，彼此相互照顾，对于居住会选择与子女共同居住，房产的安排会放入子女名下，留给子女，未来若住进老人机构会有被遗弃的感觉。

4. **关照后代型**：健康、经济无虞，对于能够予以后代更多照顾，认为是自己在能力范围内所能做到的，对于居住会选择与子女共同居住或使用三代同邻的居住模式，房产的安排会留给后代子孙，而且非不得已都不希望住进老人机构。

整体而言，自我实现型较能为自己老年生活规划，而传统依赖型、共享天伦型和关照后代型都表示希望能与子女同住或同邻而居，而且房产都要留给后代子孙，非不得已是不愿住进老人机构的，尤其传统依赖型的老人认为若住进机构会有被家人遗弃的感觉（见表 10－2），大部分老人在退休前并未做好养老的居住规划，采取的方式大都呈现“顺其自然”的心态，并且表示：“等到问题发生的时候再说吧！”可见社会对老人居住系统的规划，并未有太多的行动。

表 10－2　老人居住形态与特性

项　目	互　动　类　型			
	自我实现型	传统依赖型	共享天伦型	关照后代型
健康情形	自我身心健康极佳	较无一定的关联性	维持良好健康状态	自己健康关注他人
居住安排及选择	自我生涯规划安排	依子女的决定而定	同居住或三代同邻	协助后代照顾家庭
独立自主生活	生活经济独立自主	生活依赖子女照顾	互相照顾彼此扶持	牺牲自我照顾后代
机构养老	健康时不会考虑，当生病时会考虑	不愿入住，因为有被遗弃的感觉	喜好与家人共居，不考虑入住机构	非不得已，不希望入住机构
房产安排	自己使用，但有剩余会留给下一代	列入子女名下，留给子女	共享并让子孙继承房产	留给后代子孙

资料来源：整理自陈燕祯、陈佩琳（2012）。

第四节　老人独居的原因与福利需求

一、老人独居的形成因素

从许多的资料中可以看出，老年人的居住安排已从原有传统“养儿防老”的观念，慢慢因为社会的变迁、个人意识及环境的变化而有所改变，因此，老人选择独自居住后的问题也出现了。在香港，除了提供一般独居老人的服务之外，还特别针对“隐藏式”的独居老人提供服务方案。所谓“隐藏式”的独居老人，就是指居住在公寓或狭小空间的独居老人，而他们又自认不需要别人帮助或是怕麻烦别人而拒绝求助，这样的老人就属于隐藏式、高危险群的独居老人。因此，社工必须通过亲属或邻居网络的协助介入才能提供服务，以避免此类型的独居老人发生不幸。独居老人因居住形态的不同，服务设计必须考虑切合老人需求有方案，其考虑的原则如下：

1. 独居老人自我照顾能力；
2. 处理痛苦悲伤的障碍；
3. 居家生活的处理限制；
4. 照顾支持来源的不足；
5. 家庭支持系统的失衡；
6. 与外界隔离的程度等。

台湾独居老人有越来越多的趋势，一种是膝下无子女的独居老人，一种是有子女但不住在一起，或者是子女在外工作，过年过节才会回家的。在台湾，独居老人的形成因素如下(庄秀美、郑怡世，1999)：

(一) 个人因素

1. 从未结婚，并且未与亲友同住的独居者。
2. 性格较孤僻，落落寡合，以独居终生。
3. 精神病患、身有残疾、身体变坏，没体力或能力参加社交活动，而与亲友疏远成为独居者。

(二) 家庭因素

1. 子女离家，两老同住，过着空巢(empty nest)生活，而后配偶中一方死亡而成为独居者。
2. 与家人不合而成为独居者。
3. 为子女或配偶所遗弃而成为独居者。
4. 因子女或配偶移民而成为独居者。
5. 家庭居住面积太小，难与已婚的子女及其家人同住，两代分居成为必然的选择，老人因而成为独居者。

(三) 社会性因素

1. 老旧社区改建后，迁入现居屋，但由于环境生疏、健康较差、生活圈狭窄，在新的居住环境内未能交上朋友，而成为与社会隔离的独居者(isolated lonely dwellers)。
2. 移居到新的居住环境，旧有的社会支援网络已遭破坏，难以重建，亦无力重建，遂与亲友疏离，导致成为不问世事的独居者。
3. 在台湾，目前老人经济生活的保障措施尚未建构完成，导致晚年生活困苦。当不愿与家人同住，或一旦失去家人的供养、无人可依时，独自勉强自行租赁房间就成了独居者，甚至沦为街头露宿的街友。

二、独居老人的福利需求

从老人的福利需求内涵来看，经济援助、身体照顾或情绪支援等不同因素造成的独居老人，其需求也不同，所以福利服务的提供不在量的多寡，切合所需才是真正的福利。因此，以“社区化处遇”协助独居老人安度晚年的适切性是受到肯定的，可由下列几点来看(庄秀美、郑怡世，1999)：

(一) 从老人福利需求的观点来看

独居老人希望能在熟悉的居住环境中获得妥善的照顾与关怀。研究资料一致指出，骤然的变动与迁移对老人的心理适应会造成莫大的负面影响，而且绝大多数的老人都希望能在自己熟悉的环境中安度晚年。特别是单身或独居老人，其生活重心往往转移至朋友等同侪团体，借此获得情感支持。然而，此类情感支持团体的形成并非一日可得，是相当耗时的，且通常必须长久经营，因此，只有在长期的生活环境中较可能获得。而社区化服务便是在老人所熟悉的居住环境中提供“在地的”“立即的”“安心的”服务，使独居老人不必因为要接受强制性的机构式照顾，而必须离开熟悉的居住环境。

(二) 从社区资源运用的观点来看

利用社区既有的资源可以满足独居老人的基本福利需求。独居老人在社区中所需要的福利服务，大致有问安、咨询、关怀、协助、辅导、治疗等基本的服务。一个理想、完整的“福利社区化”处遇，必然会包括上述非正式的社区照顾服务、机构性的社区福利活动，以及整合性的社区服务网络，而这三个层次的服务整合，又必然会涵盖独居老人这些福利需求。因此，以“社区化处遇”观点来处理社区独居老人的问题，不仅可以利用社区既有的资源来充分满足独居老人的基本需求，同时可避免资源的重叠与浪费，对整体的社会福利体系而言，也是助益良多。

（三）从福利人力确保的观点来看

社区的人力资源可被用来支援独居老人的服务工作。福利社区化工作的重点之一，便在于凝聚社区意识，唤起社区居民关心社区事务的意识，进而促使社区居民参与福利服务的输送。因此，社区工作者应该有效地结合社区内的专业、半专业人士，逐步地协助独居老人及其照顾者，形成自助团体或互助团体，提供老人心理支持并改善其生活适应的能力，同时，妥善运用社区内的丰沛人力资源，普遍推动老人志愿服务，甚至可以进一步运用“志愿服务人力银行”的概念，发展覆盖全省的志工连线组织，使志愿人力得以有效储存和流通。

三、独居型老人的社区照顾服务

独居老人是沉潜于社区的，目前台湾当局对独居老人的具体做法，以整合“垂直”部门及“水平”部门的资源，运用民间、社区及志工的力量，并以社区照顾为主轴，提供独居老人照顾服务。

陈燕祯(1997)认为，独居老人需要的社区照顾与服务可分为：

1. 直接的身体照顾；
2. 心理照顾；
3. 家事照顾；
4. 间接的社区关怀与问安。

而老人社会工作实务的具体做法有（见图 10－4）：

1. 建立独居银发族的资料库；
2. 建立志工服务网；
3. 发动相关团体、民间企业认养独居老人；
4. 建立独居老人通报制度；
5. 成立老人保护专线；
6. 促进社区照顾种子的训练（例如从小就训练小朋友服务老人）；
7. 鼓励社区老人机构推动外展服务；
8. 成立整合性老人福利咨询中心；

9. 加强老人社会活动参与；

10. 积极宣导安养观念；

11. 增进老人自我照顾能力；

12. 推广健康促进活动；

13. 养成自我健康管理观念等。

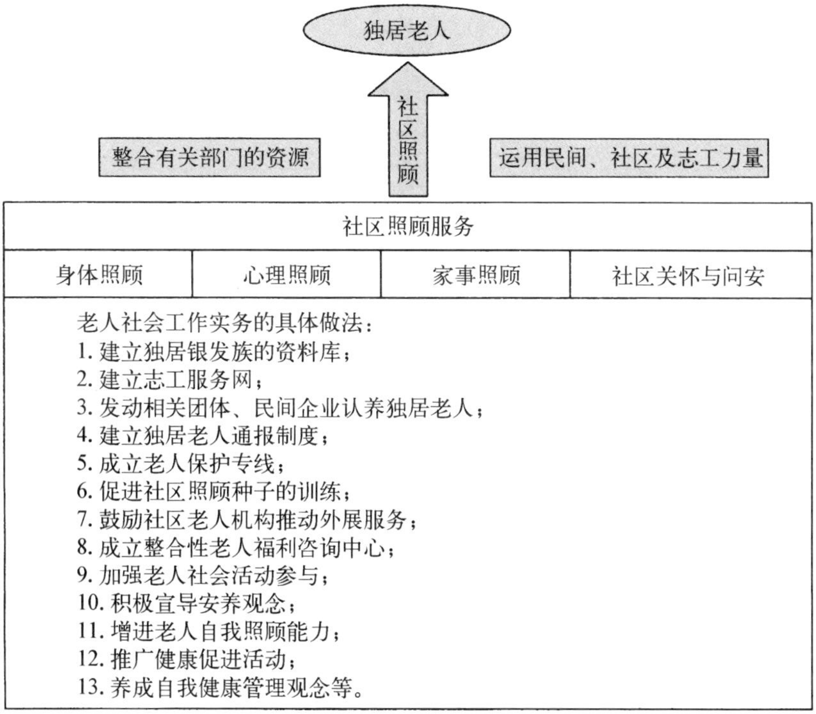

图 10－4　独居老人的社区照顾服务

第五节　建构老人居住的友善环境

一、营造“高龄友善城市”

为了提升高龄者(老人、长者)获得健康、参与和安全的机会，台湾卫生主管部门的健康局着手推动高龄友善城市服务(台湾卫生主管部门健康局，2011)，以达到 WHO“活跃老化”目标，借由减少中老年疾病发生，营造出让长者获得最大健康与健康服务的友善城市环境，达成疾病压缩的目标，提升生活品质。

“高龄友善城市”计划是协助县市有关部门检视对老年生活有利与不利的条件，并提出有效改善方案与建议，营造对高龄长者友善的城市环境，相关措施推动现况如下：营造适合长者安居乐活的“高龄友善城市”，以WHO“高龄友善城市指南”八大面向——敬老、亲老、无碍、畅行、安居、连通、健康、不老（即无障碍与安全的公共空间、交通运输、住宅、社会参与、敬老与社会融入、工作与志愿服务、通信与信息、社区及健康服务）为基础（见表10-3）。

表10-3 推动高龄友善城市计划的八大面向及其相关内涵

敬　老	提倡敬老文化、增进跨代互动，鼓励业界发展银发服务和产品
亲　老	举办各种便于长辈参与的服务与活动，服务与活动应位置便利、收费合理、容许亲友陪伴参加
无　碍	持续改善公共空间，符合无障碍标准；例如绿灯时间要够长，要礼让行人；维持社区的良好治安
畅　行	提供长辈搭车的优惠，要有便利的大众运输或接送设计
安　居	社区有适合不同失能程度老人的住所与服务；有协助长者住家装修的方案；还可结合志工，提供送餐和家事服务
连　通	主动提供各种重要信息给长辈，确保长辈与社会的联结；提供信息时，字体和键盘要大，说话速度要慢，要配合长辈惯用的语言
健　康	提供各种社会服务、休闲娱乐、运动保健活动、讲座或健检服务等，鼓励长辈多多走出来参加
不　老	支持长者持续就业、参加志愿服务或勇敢追逐梦想

资料来源：陈燕祯、王顺民（2011）。

建构一个高龄者友善健康的生活环境，需提供老人及其家属适当的照顾环境，以减轻其照顾负荷，所以需设计在地老化的配套服务措施，例如在地老化要和高龄者居住的地方配合，包含老旧房子的改善，对厨房、卫浴设备、无障碍空间等进行改善；服务系统包括正式与非正式服务，正式服务包含医疗、福利服务、休闲娱乐、心理支持等社会支持性服务，非正式服务如鼓励参与志愿服务和社会服务团体活动等。因此，要老人能安全地走出去，而且有地方可去，去的地方又有活动可参与，参与过程又觉得有意义，是要一连串的统合规划和安排，不是片断性、切割性的服务系统。例如老人在地运动场所、公园绿地、庙宇、教会等，须将上述等公共设施转型为适合高龄者使用的空间和社区，配合高龄化社会，形成友善的生活环境，并促进公共环境设施建设，整合当地社区资源，形成一个坚韧的社会接触系统。老人需要当局给予社会照顾的关怀，并通过完善规划适合老年居住的环境，才能提升老年人的社会参与和生活品质。

二、"全龄通用住宅"的理念

目前台湾老人大都缺乏妥当的居住安排，原来老人居住的房子若要住到老人行动不便时还能适用，几乎是不可能的任务，除非进行都市更新，采用"全龄通用住宅设计"的概念，重新建造新住宅。故行政主管部门早在 2005 年、2006 年的产业科技策略（SRB）会议中，就揭示了智慧化居住空间的理念，从"总体面"与"个体面"来看台湾"智慧生活科技产业"及建置"在地智慧生活系统"四个子系统，来因应高龄少子化、气候变迁和能源危机等所带来的危机。

无障碍设施需采用"可及性"及"安全性"最高标准的环境设计与规划，以便居住者仍具有部分自理能力时可借由行动辅具而尽量维持独立自主的生活。社区服务系统提供的住宅内须具备餐饮准备、家事服务（例如如厕盥洗、衣物清洗、污物处理等事项）、储藏服务、生活自理训练、简易护理等功能，能实现居家照护、技术性护理、紧急救援等。而当高龄居住者无法自己借由科技辅具达到自我生活照护的功能时，则有社区其他人的子女或照护人员共同相互协助。因此，善用日常生活的科技环境系统，维持独立生活照护的能力，是维持长者晚年生活自主尊严的首要目标，若有朝一日自我照护能力不足时，则再借助社区资源的协助。

依据老人社会学的连续理论和活动理论，居住者要想有独立的生活，从居家到系统都需要一套友善的无障碍空间和设施、设备，让老人走出门得以"行无碍"，即使自己坐着轮椅，都可以自主地控制轮椅在无障碍社区内独立行动与活动，得以接续老年之前的生活模式，但当需要辅助式或完全式的服务介入时，都需要有满足老人身心发展需求和不同生活能力的环境安排，让每一个生活阶段都有妥善且无缝隙的友善设计。日本比中国台湾地区更早进入高龄社会，但日本不谈通用住宅、终生住宅的原因，乃因为他们早已将从小住到老的全龄通用设计概念融入生活之中，并成为最基本的住宅标准（何秀玲，2014）。全龄通用的住宅设计会全盘思考身心状况的变化和老人移动的需求，例如利用缓坡来减少高低差，避免老人跌倒、滑倒，设备寻求轻量化以让老人使用更为省力、便利，以达到“安心、安全、安定”居住的目的。

三、老人“幸福居”的影响因素

自1990年代开始，台湾即针对迈入高龄化社会的现况提出了一系列老人福利规定，规划以“在地人照顾在地人”模式作为照顾主轴当局也将照顾产业列入台湾经济建设格局内，将老人照顾推向产业化(industry)、企业化(enterprise)方向。

老人的居住品质首重“便利”，独立和尊严为最高原则。Florid认为，一个居住地的幸福感是由三大层面所构成的：

1. 房价必须稳定，因为资产保值，能带来实质的安全感；
2. 住家周遭拥有车站、学校、医院等基础公共建设与生活机能，提供充足的便利性；
3. 需提升心灵满足感，例如能够增进和创造人际满足感的社区关系等软性机能。

老化社会的在地生活环境若不是便利的“友善环境”，或具有完善在地老化的服务输送系统，就显得生活“居不易”。生活安适和追求幸福感是老人重要的依附需求和怀有希望的生活内涵。依据*CNNMoney*的年度全美百大最适合人类居住的城市评选，已将“社区关怀亲密度”作为指标和评选标准，可见幸福环境必须依社会的人口结构和族群需求、特性去定义，才能提供给居住者最佳的生活机能。

“幸福感”是个人的主观感受，但要定义高龄者友善居住环境的幸福感是需要具体指标和具体作为的，所以当前的智慧住宅设计开始以银发族需求为中心，发展人性化的老人照护环境，例如提醒用药的智慧药罐、预防跌倒的感知系统、生理监测系统、随身气喘监测、无线体温监测系统、弱视视觉辅助系统等，及实现便利且完善的生活服务系统，具备医疗和生活便捷的完善社区架构，符合幸福地理学和生活便利学的智慧居住系统(陈燕祯、王顺民，2011)。依老年人族群对友善居住的需求，我们提出了老人幸福居必须具备的四项因素(见图10-5)，以建立友善环境的整合平台，达成“活跃老化”的目标。

1. 老人幸福居因素一：需有人文亲密度与社区互助意识机制。

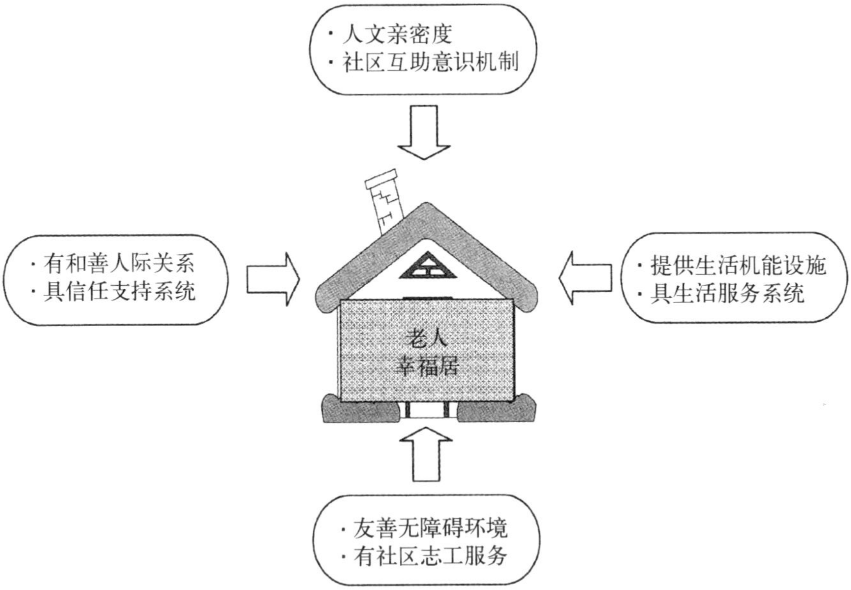

图 10－5　老人幸福居四大因子

2. 老人幸福居因素二：需有和善人际关系和信任支持系统。

3. 老人幸福居因素三：需有友善无障碍环境和志工服务。

4. 老人幸福居因素四：提供最佳生活机能设施和生活服务系统。

四、高龄友善城市与 Long Stay 产业

韩国有候鸟移民的居住模式，即国内住半年、国外住半年；日本则有 Long Stay 的居住模式。这些发展模式都值得台湾地区借鉴。Long Stay 的观念在欧美国家已有多年的历史，但在日本则到 1989 年才被正式定名。根据 2000 年日本出版的"Long Stay 白皮书"，Long Stay 是指"不是旅行，也非属移居的长期停留"。日本 Long Stay 财团法人在"Long Stay 论坛 2006"上将 Long Stay 正式定义为：

1. **较长期的海外停留**，不是移居，也非落户，仍以归国为前提，在国外进行 2 周以上较长期的停留型休闲居住模式；
2. **在国外保有或租借居住相关设施**，保有或租借生活有必要的住宿相关设备；
3. **以休闲为目的**，以活用自由时间为目的，过充裕的生活，与当地人进行交

流活动等；

4. **目标中"生活"重于"旅游"**，以在不同的日常空间体验当地生活为目标。

5. **生活资金的来源在日本**，生活资金来源为日本国内的年金、利息、红利、租赁收入等，在当地没有必要靠劳动赚取收入(颜建贤、陈美芬，2008)。

因此，日本 Long Stay 的生活经济来源仍在日本，只是他们到就近的其他国家的某个地方进行较长期的居住停留，接触并融入该国文化和生活，是国际亲善交流休闲活动的总称("经济建设委员会"，2008)。

Long Stay 的观念是国外短期居留的休闲模式，也是老人"异地养老"的居住模式之一，是高龄者选择在自己国家之外的地区居住，选择离自己国家不远的地区进行短期居住，所选择的居住地区有自然纯朴的民情风俗，且气候宜人、环境优美、生活便利，而且该国的物价水准较低，可以享受较低的生活开销，并接触当地文化，与当地居民交流，融入当地的生活。Long Stay 的概念与台湾地区老人福祉产业所称的"养生文化村"或"异地养老"的理念大致相同，但它从老人身心功能发展的需求出发，结合气候、季节、人文等发展，构建高龄友善的居安、居乐的住宅环境。

五、老人理想"幸福居"的服务系统

老人的住宅需求和年轻人的需求有很大的差异，因此合适的老居生活是需要规划的。老人的居住环境需求，大多想要靠近市场、购物商圈，远离都市的尘嚣，有便捷的大众运输工具、医疗设施和和睦的社区人文环境等，这些都是退休老人居住规划的重点，所以生活机能的便利性是居住选择的重要选项。此外，现代老人大多还是喜欢住在独栋的房子，认为可以拥有隐私的活动空间，又有属于自己的庭院和停车位等。大部分老人不愿意随着子女迁移居所而离开原本居住的老地方，因为年纪大了要结交新朋友和适应新环境毕竟是不容易的。故老人不会任意迁居变动生活网络，他们希望年轻人配合自己，若需要长者协助，可以选择与父母同居或同邻。而整体而言，大部分老人对进住老人机构的接受度不高，所以当局提倡在地养老的同时，必须鼓励机构提供更多的外展服务，并发展社区关怀照顾据点的功能。目前的老人居住模式已渐渐趋向"新三代同堂"的模式，在经济许可之下就买大房子，将房子"分层""分楼"住，不但可以一起住，又不会相互干扰。老人安排居住的因素各不相同，包括健康因素、环境因素、代际因素，甚至还有媒体的影响。因此，笔者通过老人本身、子女、建筑设计专业人士的建议，建构出一个老人理想居住的模式，以符合自我实现型、传统依赖型、共享天伦型、关照后代型四大类型老人幸福居模式的内涵要素和服务系统（见图 10－6）。

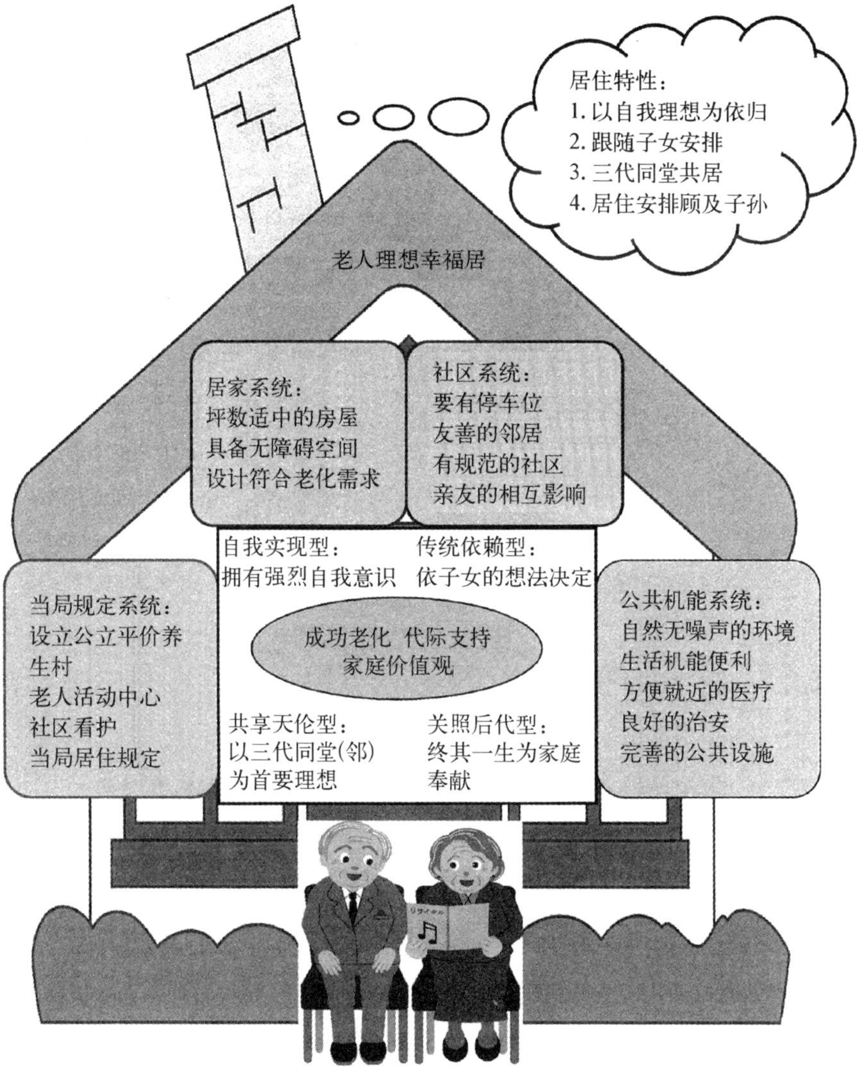

图 10－6　老人幸福居的服务系统

资料来源：陈燕祯、陈佩琳(2012)。

新闻视窗

全龄通用设计宅，打造幸福空间

……2014年永庆慈善基金会提出“全龄通用设计”，与专家合作，搭配台湾内政主管部门通用设计手册提出5大重点，包括空间尺寸、移动安全、材质应用、色彩应用、健康照明，希望转化成消费者可以接受的内容，装修时就能兼顾0岁至99岁的全龄通用设计，而且不一定得花大钱才能做到。

他表示，希望教育大众购屋或是重新装潢时，都能注意全龄适用的设计细节，在现有空间内融入通用设计概念，让全家大小都可感到安全自在。永庆房屋董事长孙庆余说，全龄通用设计的概念，希望打造一个从出生到老年都可以安心居住的居家环境，未来不用担心老年化所带来的问题。

全龄通用设计着重规范住宅设计，大众从买房装修到改造时的空间设计和材质选择，可根据全家人未来的使用习惯一步到位，而非只着眼于眼前的美观，未来步入老年后，还得再花大钱购买辅助工具。

例如很多人装潢为了呈现气氛，设计出昏暗的灯光，但老人行动容易因视线不清而跌倒；或屋内摆放过多物品，没有提供适当的移动距离，身障者或老人坐轮椅移动时就不方便。廖本胜表示，依照色彩应用原则，墙壁的壁纸、油漆必须有清楚的对比色，拥有充足的室内光线，视线清楚才能不致碰撞。

掌握五原则 兼顾全龄需求

……唐峰正指出，通用设计应该思考居住和移动的相关性，比如利用缓坡减少高低差；设备轻量化让使用者更为省力……但有许多通用设计价格昂贵，唐峰正认为，有些设备借由当地的制造技术都可解决，希望未来可以形成产业链；只是目前通用设计的量仍太少，不可能以量定价，必须通过有关部门协助，以及灌输大众通用设计的观念，让居民自觉，否则台湾有太多老旧住宅，假设30年后人们步入老年，甚至卧病在床，就有可能得花钱重新装潢。

今年的全龄通用设计——“升降洗手台”可配合人的高度，缓慢上下移动，属于不错的设计；色彩应用观念推广方面，他说，用色改变空间的尺度感，以温暖色系作为视觉传达的概念，也通用一般家庭。不过，他提到，有些设计采用智慧化功能，固然用意良善带给使用者更多方便，可是一旦损坏就会有维修问题，所以仍必须考量操作频率和故障率。

打造产业链需要有关部门协助

廖本胜印象最深刻的是“无障碍淋浴房”。没有浴缸的浴室，地板常容易潮湿造成滑倒，所以装修时厂商都会提倡干湿分离，才保有干燥的区域，但很多浴室都有凸起的防水门槛，使坐轮椅者无法轻易进入，简易的无障碍淋浴房既可达到干湿分离，也有足够的空间让身障者进出。他提到，购买之后若要装潢，建议找设计师时参考五大原则。例如拿掉房间、阳台的门槛设计，家人进出就不会踢到；尽量以双向推拉门的形式，就算轮椅身障者也能轻松使用。

全龄通用宅的专业装修设计，目前仍以日本厂商居多，像日商松下 Panasonic 旗下，创立于 1963 年的营造品牌 PanaHome 正是通用设计的翘楚。廖本胜说，日本比台湾更早进入高龄社会……日本设计装修经验若能移植到台湾地区，将可提供更完整的服务。廖本胜表示，全龄通用设计适用全台湾所有住民，希望未来可以找到更多厂商提供通用的设计方案，通过实际服务客户，慢慢教育他们，就能引导消费者走向“全龄设计”概念。

资料来源：何秀玲. 全龄通用设计宅 打造幸福空间[N]. 经济日报，2012 - 12 - 31. [2014 - 03 - 20]. http: //money. udn. com.

问题与讨论

1. 您开始构思自己未来的老年生活蓝图了吗？
2. 独居老人的问题为何产生？该如何因应？
3. 老人的居住生活品质应如何获得重视？
4. 您理想中的老人居住方式为何？
5. 请讨论“以屋养老”和可能发生的问题。
6. 您对老人“幸福居”的条件和期待为何？

参考书目

一、中文部分

何秀玲. 全龄通用设计宅 打造幸福空间[N]. 经济日报，2012－12－31.［2014－03－20］. http：//money. udn. com/.

沈淑芳. 论老年的家庭问题[J]. 社会建设，1995(89)：114－120.

林松龄. 老人社会支援来源与老人社会需求：兼论四个社会支援模式[M]//王国羽. 社会安全问题之探讨. 嘉义：中正大学，1993.

姚美华. 机构自费安养老人代间关系之探讨[D]. 嘉义：中正大学，1995.

施教裕. 老人与家庭政策——家庭关系的内涵及意涵之探讨[C]. 家庭与社会福利学术研讨会论文集，1994.

洪婉纯. 彰化县老年人居住状况与代间互动关系之研究[D]. 台中：东海大学，2000.

胡幼慧. 三代同堂：迷思与陷阱[M]. 台北：巨流图书公司，1995.

胡幼慧，周雅容. 婆婆妈妈经[M]. 台北：鼎言传播事业公司，1996.

桃园县卫生局. 机构三大原则[EB/OL]，2012. http：//www. care. tychb. gov. tw/index. asp.

庄秀美，郑怡世. 独居老人的社区化处遇探讨[J]. 东海社会科学学报，1999(18)：57－71.

陈美芬. 回归乡村的原点：谈地方资源在休闲农业中的运用[J]. 农业推广文汇，2006(51)：287－294.

陈政雄. 老人住宅整体规划理念[J]. 台湾老年医学杂志，2006，1(3)：122－139.

陈燕祯. 老人福利机构营运的大趋势[J]. 社会建设季刊，1997(95)：89－96.

陈燕祯. 台湾地区老人长期照顾模式发展之探讨[C]. 全球华人孝亲敬老研讨会，2004.

陈燕祯. 老人福利理论与实务：本土的观点[M]. 台北：双叶书廊有限公司，2007.

陈燕祯，王顺民. 从活跃老化、健康促进到友善环境的长者乐活参与[C]. 活跃老化研讨会论文集，2011：7－1－7－27.

陈燕祯，陈佩琳. 幸福居：老人居住喜好与形态之探讨[C]. 社会工作与高龄社会学术研讨会，2012.

张桂霖，张金鹗. 老人居住安排与居住偏好之转换：家庭价值与交换理论观点的探讨[J]. 人口学刊，2010(40)：41－90.

曾思瑜. 台湾高龄者住宅环境的现况和问题点[J]. 建筑师杂志，1997，1(23)：92－95.

彭驾骍. 老人学[M]. 台北：扬智文化事业股份有限公司，1999.

冯文饶. 老人休闲之我见：兼谈老年生活调适之建议[J]. 老人教育，1994(5)：13－20.

杨三东. 从民生主义观点看现阶段台湾地区老人福利服务[J]. 中山社会科学季刊，1992，7(1)：109－126.

詹浚煌. 老人的家庭互动关系之相关因素探讨：以退休公务人员为例[D]. 嘉义：中正大学，1996.

Timothy H. Brubaker. 老年家庭[M]. 刘秀娟，译. 台北：扬智文化事业股份有限公司，1997.

蓝春琪. 老人主、客观社会支持来源的异同与生活满意度[D]. 台中：东海大学，1993.

颜建贤，陈美芬. 台湾长宿休闲事业未来发展趋势[J]. Thesis，2008，6(2)：61－81.

萧郁芬. 自费安养设施高龄者休闲行为的活动领域探讨：以台南地区三家自费安养设施为例[D]. 云林：云林科技大学，2003.

罗纪琼. 近十年来台湾地区老人家庭结构变迁的研究[J]. 台湾经济预测，1987，18(2)：83－107.

二、英文部分

Bower, B. J. (1987). Intergenerational caregiving:Adult caregiving and their parents. *Advances and Nursing Science*. Vol. 9(2), 20-31.

Townsend, P. (1965). The Effects of family structure on the likelihood of admission to an institution in old age. In E. Shanas & G. Streib (eds.), *Social Structure and the Family*, pp.163-187. Englewood Cliffs, N. J., Prentice-Hall.

Ⅳ

第四篇

老人社区照顾与福利服务

第十一章 长期照顾的压力与调适

第一节　老人长期照顾的发展趋势
第二节　老人长期照顾理论
第三节　老人长期照顾需求与资源
第四节　中国台湾地区长期照护服务
第五节　老人安宁照顾
第六节　长期照顾者的压力与调适

第一节　老人长期照顾的发展趋势

高龄社会最担心的问题就是老人长期照顾(或称长期照护，long-term care，LTC)的问题，因为长期照顾工作是一项相当沉重的“爱的劳务”(a labor of love)，它不仅是对家人的爱与义务的付出，也是一种责任。长期照顾常是吃力不讨好的工作，提供照顾工作者还会受到失能老人病情及情绪的影响，而这些情绪通常以“负向”的居多，例如焦虑、沮丧、悲伤、愤怒等，只有照顾者才有直接强烈的感受，这是非直接照顾者或外人所难以体会的“苦”，这些苦都会给照顾者带来巨大的身心压力，尤其当失能老人的障碍程度变得严重时，对照顾者情绪、身体及财务上的压力与负荷较大，因此，对家庭主要照顾者就会产生较多的负面影响(吴怡真，2001)。目前全球已有5亿老人，其中又有87%的老人患有慢性疾病(黄惠玲，2013)，人老的时候最怕的就是“生病没人照顾”“没人陪伴”。因此，“谁来照顾我”是人们晚年生活最担忧的事。

依据卫生福利主管部门护理及健康照护司(2013)公布的2011—2060年台湾5岁以上失能人数之推估的资料显示，2011年，台湾5岁以上失能人数总计668 933人，而预计到2060年，这一数据将高达1 966 339人，其中85岁以上的失能者人将有1 004 270人，而该资料又显示，2040年将是失能人口进入最大冲击的分水岭(见表11-1)，亦即随着年龄的老化，失能率会快速升高，因此，长期

表11-1　2011—2060年全台5岁以上失能人数之推估情形

年	5岁以上失能人数总计	各年龄层失能人数(失能率%)						
		5～14岁(0.59%)	15～29岁(0.97%)	30～49岁(1.26%)	50～64岁(2.22%)	65～74岁(7.29%)	75～84岁(20.44%)	85岁以上(48.59%)
2011	668 933	15 198	48 533	96 156	101 779	101 349	178 418	127 500
2015	754 800	12 745	45 802	95 256	113 692	119 538	194 939	172 827
2020	863 566	11 198	41 603	92 247	117 623	170 109	213 536	217 249
2040	1 600 774	9 343	25 198	68 139	116 128	228 211	539 657	613 998
2050	1 908 798	7 845	23 486	51 051	101 628	248 894	541 669	934 225
2060	1 966 339	7 188	20 150	44 687	79 185	211 169	599 690	1 004 270

资料来源：台湾卫生福利主管部门护理及健康照护司(2013)。

注1：人数为“经建会”“2010—2060年台湾人口推计”中推计人口数。

注2：表头各年龄层失能率为男女合计。

注3：失能人数推估公式为失能人数=失能率×推计人口数；5岁以上失能人数总计为各年龄层失能人数加总。

照护问题会成为社会的极大负担。

第二节　老人长期照顾理论

传统的家庭照顾模式已随着社会变迁而弱化，但家庭功能的式微并不表示人们对家庭功能需求的降低。失能老人的照顾工作在全球人口老化后已成为中年时期必须面对的发展任务，多数失能老人期望能在家接受照顾，有研究指出，家庭主要照顾者可能会因长期照顾失能老人而感到不公平，进而产生抱怨、愤怒等情绪，造成家庭关系的紧张，除非家庭角色重新分工、责任分担、轮流照顾、亲友支持等，将照顾者的压力降低到可以忍受的程度，重新达到一个平衡的状态，家庭才能继续运作，反之，则可能导致家庭关系解组的命运（Kane & Kane，1987）。研究指出，当家庭出现失能老人需要照顾时，原有的平衡的家庭系统马上受到严重冲击，家人间的关系也产生变化（杨佩琪，1990）。而美国和中国台湾地区两地研究皆发现相同的结果，即老人照顾工作仍以“非正式系统”的家庭照顾为主，相关研究发现，约八成的失能老人是由家庭成员提供照顾的（谢美娥，1993；胡幼慧，1994；陈武宗，1994；陈燕祯，2005；李德芬、林美珍，2012）。

长期照顾迄今仍以家庭为主要供给者，虽然公共部门和志愿部门已有相关的社会服务支持体系，但若无充分的照顾管理计划和服务方案的评估能力，这对使用者而言，帮助效果是有限的，且有可能会出现更多不稳定的特性与严重的照顾问题，威胁到更多高风险群的老人家庭。美国在老人长期照顾体系方面的做法是积极建构社会支持体系及支持性服务方案，以减少更多老人被迫提早进入养老机构的情况，因为届时必然会对国家增加巨额社会成本，并增添公共财政的负担（陈世坚，1998）。而面对中国传统“孝道文化”的压力，长期照顾者的负荷更是难以言喻的，因此，必须先了解老人照顾的相关理论，而本章探讨的老人照顾之相关理论如下：

一、社会交换理论

交换是双方的互动行为，在交换关系中，处于依赖的一方，意即是资源较少的一方，必须仰赖对方给予协助。**社会交换理论**（social exchange theory）主张，人类的行为互动是建立在相互交换的酬赏之上的，追求个人利益是人性的基本特质，而交换的前提是资源的有无和多寡，交换过程顺利与否主要取决于“客观和公平”，所以必须建构规则保障权益，以避免发生紧张冲突（李美枝，1998）。若父母与子女先前的互动或互惠关系不佳，彼此冲突会导致忽视、虐待或不当对待的情形发生，在服务提供方面，若机构付出照顾的成本或代价过高，双方互动的频率自然会减少。因此，照顾者与被照顾者之间的彼此依赖与心灵上的满足，亦是照顾关系延续的关键。

二、家庭压力观点

家庭压力观点（family stress approach）是以系统架构的家庭压力为讨论焦点，认为照顾家中失能老人的家庭成员，处于具有相当大压力负荷的情境中，其基本假定为：照顾家中失能者的照顾者处于一个有压力的家庭情境中（Hall，1980）。在高龄化社会里，可预期的是照顾长期失能老人已是许多家庭的巨大压力，因此，老人照顾服务方案的设计和目标，正是建构照顾的足够资源，来因应和避免家庭危机的发生，并延迟或预防将老人送进养护机构安置，也提供给压力过大的家庭照顾者另一个舒压的选择。

三、依附理论

依附理论（attachment theory）最早运用在婴儿与母亲（或经常照顾他的人）依赖关系与强烈情感联结的解释上，这种行为称为“社会依附”（social attachment）。人类通过依附关系以获得基本需求的满足：包括爱与被爱、安全与信任的感觉，并借此作为未来建立人际关系的基础。Bowlby（1979）将依附理论扩充到成年子女和老年父母的关系，用以解释子女对父母的照顾，是基于回馈与维系彼此间的亲密连带关系的，并以此解除因分离所产生的冲突与孤立。有些夫妻在晚年时关系变得十分亲密，经过多年的相互扶持，在心态上已建立不可分割的紧密依附关系。Cicirelli（1981）提出了依附理论的基础模型：由老年配偶双方的照顾关系，了解早年配偶双方发展出的依附行为与依赖程度，以及现在的照顾行为与对未来的照顾承诺。

四、女性主义观点

20世纪80年代开始，**女性主义**（feminism）工作者开始关注老人照顾的议题，探讨家庭中父权思想对女性的宰制。女性主义者反对传统家庭所强调的男女对家庭和社会的责任的差异，以及对性别角色的刻板化观念，企图以行动谋求改善。过去家庭结构被认为是父权的基本单位，且是女性从事照顾工作的核心场域，照顾工作更限制了女性的思想与行动，也因而使女性成为家庭中“看不见的受害者”或“隐藏的病人”（Barusch & Spaid，1989）。如果仍将女性的天职锁定为家庭中的照顾者，则所有的福利政策对女性而言只是另一种制约；反之，若能跳脱出传统家庭的意识形态，以一种真正开放、尊重的态度重新肯定女性多元的角色功能，才能改善妇女长期处于照顾者的不利地位。女性主义者挑战传统性别不平等的模式与做法，借此消除性别歧视产生的压迫机制，肯定女性的经验，更重要的是强调“照顾工作”应是两性共同的责任，并将“照顾”推向国家化、产业化。

第三节　老人长期照顾需求与资源

针对家庭照顾者的资源需求进行的研究发现，年龄越大、教育程度越高及具有工作的家庭照顾者，在照顾技术、医疗咨询方面的需求越高；而自觉健康状况较差者，对于定期健康检查及经济补助的需求较高；照顾时间越长者，越需要相关的帮佣或轮替服务；而所照顾的失能老人精神状况越差，对各项资源的需求性就越高（刘淑娟、苏秀娟、谢美娥，1998；Watkins & Redfern，1997）。台湾有越来越多的社会服务输送运用喘息服务的概念和做法来调节家庭照顾者的需求，例如送餐服务、日间照顾、居家服务、机构式的喘息照顾等，并逐渐扩大服务对象从弱势家庭至一般家庭，采取“使用者付费”的模式（陈燕祯、谢儒贤、黄志忠，2013）。虽然每个服务方案的输送方式不同，但这些服务方案的提供对需要长期照顾老人的家庭和整个医疗支出却有许多帮助。

当局在资源有限的情况下，可以通过相关措施鼓励民间共同推动福利市场化的发展，而且有必要发展更为主动性的福利信息传播方式，运用里长、邻长、志工团体，借由主动接触的方式，使资源与需求产生有效联结，也借由全面性和多样化的方案设计与服务提供，使老人与家庭照顾者能依其实际需求来做服务的选择。因此，必须先认识社会资源的定义和内容，才能进行资源的盘点分析和有效运用与联结。

一、社会资源的定义

(一) 资源的定义

资源是指任何可以满足对方需求，或协助对方达成目标的事物。由于个人或家庭的能力与资源不一，对于服务的需求上就呈现出极大的异质性，所以福利服务供给的弹性与多元性有其必要。

(二) 社会资源的定义

社会资源(social resource)，或称为民间资源，也可称为社区资源，是指社会或民间所拥有的潜在资产与力量，可分为物质的和非物质的资源、有形的和无形的资源，只要能善加运用，便能增强服务效能。社会工作者在提供专业服务的过程中，动用一切可运用的力量和资源，这些资源力量可以进一步协助社会工作者完成专业助人的目标。梁伟康(1997)将社会资源分为广义与狭义两方面：广义资源泛指方案、人力及策略等三种资源，是社会服务机构用来达成其“冲击性目标”(impact objectives)的主要工具；狭义的社会资源是指社区内任何有助于社区居民发展或困扰解决的人员或机构，包括内部资源和外部资源。因此，社会工作对社会资源多采用广义的定义，即社会资源是指协助案主发挥潜能、解决问题、满足需求、增进其适应力的相关资源。

社会工作者在助人的专业过程中，最常运用协助案主的资源工具有两种：

1. 内化的知识和技巧(internalized knowledge and skill)；

2. 外在资源(extemal resource)的联结。

运用社会资源，对专业服务的品质与成效具有相当重要的影响力，尤其社会工作者在面对现有环境的冲击及资源有限的情况下，如何就现有的资源做较佳的规划，并加以倡导，创造出更多可利用的社会资源，实为社会工作者重要的挑战。换言之，社会工作者就是要对案主的内、外资源与支持系统进行全面性的盘点分析和评估。

社会资源评估架构通常以个人因素、环境因素、助力及阻力说明案主的资源状况，以呈现案主与其环境之间的关系（王玠 等译，1998；潘淑满，2000）。社会工作者提供老人个案服务的过程中，可将资源评估的架构作为分析的工具，对案主的内外在资源进行全面性的盘点和评估，以增加案主自觉的能力、资源和助力，并减少案主内、外在资源运用的阻力（见图 11－1）。

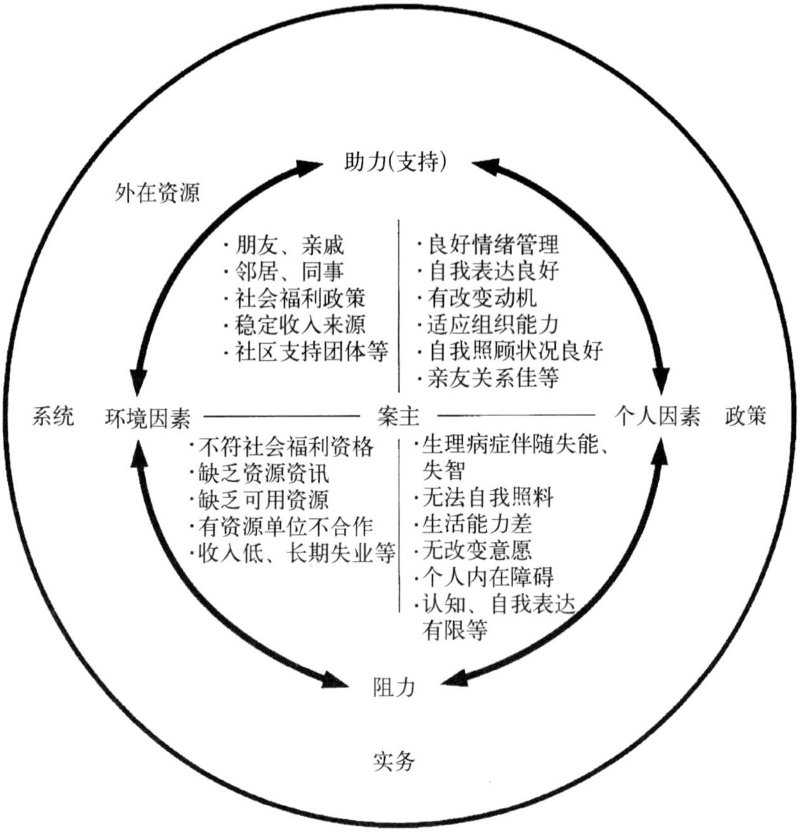

图 11－1　社会资源评估架构

资料来源：修改自王玠等译（1998）。

服务需求与资源之间要达到有效的联结关系，应确保资源存在可用性、资源可信赖性、资源妥适性及资源平衡性四大资源特性，以案主（老人）为核心，并以个人、环境、阻力、个人因素为循环而影响资源的运用和联结的架构，并应考虑到国家政策、社会系统和相关法令规定的影响（王玠等译，1998）。

1. **资源存在可用性**：如果资源没有可用性就没有联系的必要，应开发新资源。

2. **资源可信赖性**：资源的联结需要稳固且持续的，短暂的、偶发的资源，对案主需要的满足往往是不足的。

3. **资源妥适性**：资源与需求产生联结过程中应尽可能避免产生压力。

4. **资源平衡性**：需求与资源两者之间的交换，应建立在相互平等的基础上。

二、社会资源的内容和分析

由于社会资源的定义、种类和分类方式众多(这也表示社会资源具有丰富性)，有关社会资源的内容讨论，大概可分为下列五类。

1. **规范性资源**：指文化规范所赋予个人的资源，以符合社会期待与认同。
2. **经济性资源**：例如职业、收入等。
3. **情感性资源**：对关系的投入、承诺或依赖程度。
4. **认知性资源**：对权力运作的认知。
5. **个人性资源**：指案主的性格、外表及能力等。

虽然社会资源分类方式多，但也有人将社会资源简单区分为“具体资源”与“非具体资源”，其内容如下(朱素贞，2000)。

1. **具体资源**：指个人所拥有的社会经济资源。
2. **非具体性资源**：指社会文化规范所形成的意识形态，以及个人与他人关系中所产生的情感性资源。

至于老人照顾所需的社会资源，则可简单区分为下列两大类。

1. **正式(支持)资源**：是指由政府部门或机构团体所提供的资源。
2. **非正式(支持)资源**：是指由家庭、亲友、邻居、同事等所提供的资源。

一般而言，需要长期照顾的失能老人对支持系统资源的使用通常表现为以下情况：在非正式支持资源无法满足时，才会求助于正式的资源系统。正式和非正式的支持资源两者在运用时，各有其优缺点(甘炳光，1993；陈燕祯，2005)(见表 11－2)，因此，社会工作者在联结社会资源时，必须依老人及照顾者的家庭状况，审慎地进行资源的盘点、分析、评估和管理，才能达到最佳的服务效能。

表 11－2 正式支持和非正式支持资源的分析

	正式支持资源	非正式支持资源
优点	1. 需经资产调查，资源重分配注重公平效果 2. 品质可掌握，绩效可评估 3. 服务具标准化，水准较齐 4. 具有专业服务的知识与技巧 5. 资源提供较具长期性、标准性 6. 照顾资源的来源较稳定 7. 可为照顾工作做最后防线的把关 8. 管理单位权责较明确	1. 服务具弹性 2. 提供较迅速服务 3. 服务便宜，成本效益高 4. 较人性化 5. 可发掘更多潜藏的社区资源 6. 增强社区意识及认同感 7. 自动自发，建立关怀社区 8. 可弥补正式支持系统提供照顾服务的不足 9. 可满足老人照顾上的个别化需求 10. 照顾支持资源具有可近性、可及性及可受性 11. 符合福利社区在社区照顾政策上的需要
缺点	1. 一切依规定办理，服务较僵化，不具弹性 2. 较缺乏人性化 3. 不易发掘与运用社区潜藏资源 4. 易造成福利依赖文化 5. 有时服务成本效益较低 6. 服务部门的多头马车，易造成资源浪费 7. 服务方案有时并未具有具长期性的准备 8. 方案未有完善的配套措施，常是零碎、片段的福利服务 9. 担心社会福利预算一旦大开善门，则易放难收	1. 增加社区负担 2. 服务品质难确保 3. 服务水准参差不齐、不稳定 4. 照顾者缺乏专业服务的知识及照顾技巧 5. 未能达到全部资源的有效再分配 6. 是为政府削减福利责任之借口 7. 加重家庭及女性的压力 8. 支持资源为短期性、紧急性、季节性的 9. 照顾者与被照顾者的人际关系易导致紧张、压力 10. 无明确的管理单位，有“责信”的隐忧 11. 资源使用仍以“凄苦者”的需求为考量

资料来源：陈燕祯(2005)。

三、社会资源运用与照顾压力之调适

长期照顾工作是否顺利和老人本身、照顾者及家庭所拥有的社会资源息息相关。当老人或照顾者遇到环境压力或生命事件的冲击时，若平时有努力经营人际关系，就有更多的社会资源介入给予其支持与协助，则其压力的因应和适应情况会更佳(见图 11－2)；反之，则其适应情况会较差。故对照顾者的压力评估和资源介入必须进行谨慎的分析，才能确实掌握照顾的压力结果和调适情形。对照顾者压力介入的分析内容，如初级压力者需评估认知是否有损伤？身心功能障碍程度如何？是否有问题行为？并评估照顾的时间和正式服务的介入情形、服务品质、情绪支持和照顾知识等；若正式服务介入后，照顾者仍无法适应照顾压力，就必须进行次级评估，例如是否负荷过量？若此时的压力评估结果是负荷过量，其结果是容易造成照顾者的抑郁问题。因此，具有越清楚的评估流程和指标，将越能掌握正式服务介入的效果，还可有效缓解照顾者的压力（见图 11－3）。

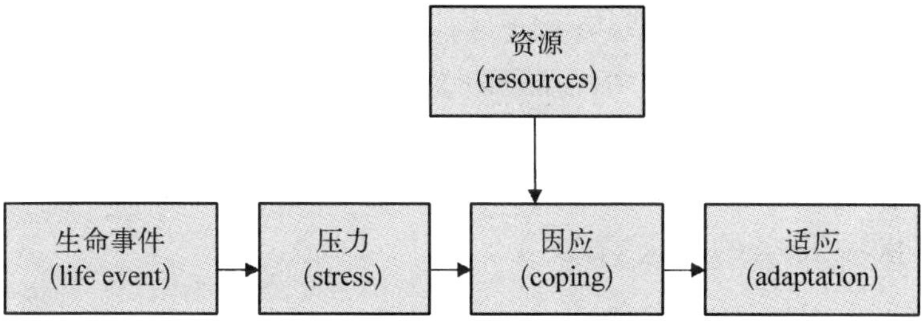

图 11－2　生命事件的适应模式

资料来源：Hoyer & Roodin (2003)。

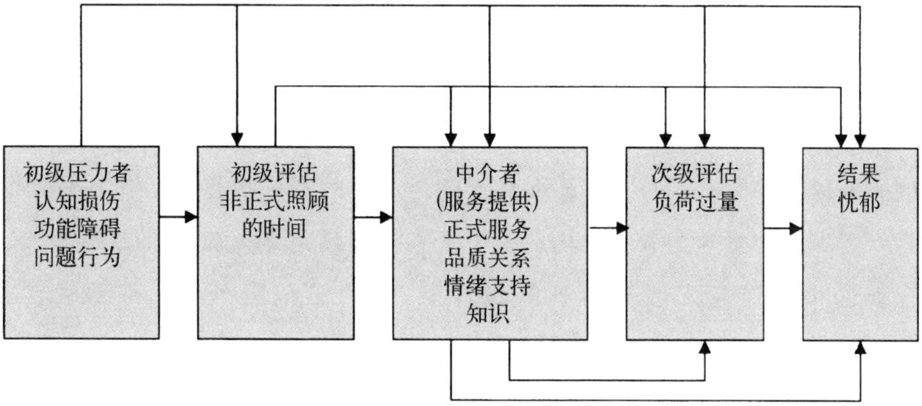

图 11－3　照顾者压力介入模式

资料来源：Hoyer & Roodin (2003)。

四、照顾资源评估的理论架构

老人社会工作者在联结运用社会资源时，必须事前进行全面性的资源盘点与评估，而评估的架构主要源于四大理论基础（黄维宪等，1985），此四大理论可作为社会工作者在进行全面性资源评估时的思考基础和参考架构，分述如下。

1. **差别潜力的功能论**：个体潜能或机构发展应取长补短、相辅相成，以达到最大的效能。

2. **互为资源的互动论**：个体或机构可主客易位、相互支援，以达到最大的效能。

3. **优先顺序的行动论**：个体或机构应先行运用现有的各种资源，再继续发掘潜在的社会资源备用。

4. **系统运用的结合论**：综合运用机构的现有资源，包括机构内、机构外的资源联结，以及机构间互为资源运用后的再创造的新资源。

五、长期照顾服务的输送模式

随着人口的快速老化及人类服务需求的不断上升，照顾需求和服务供给之间已经产生了照顾断层、死角或照顾“鸿沟”（care gap）（Walker，1997；Payne，1997），所以社会工作者已将机构式、居家式的喘息服务资源列入个案照顾管理计划中，因为它牵连多层次的需求和供给问题，以及复杂的交互关系，必须进行资源的整合和管理，才能呈现服务的成效。

社会服务的提供已采取多元化、多样化的服务设计和输送，老人长期照顾服务提供的方式，可以由服务者亲自至个案的家中执行，也可以由家属将有需求的个案送至服务机构。为了全方位地满足老人长期照顾的需求，在推进和建构老人服务模式的设计上，我们可依据 Tobin 和 Toseland（1990）提出的“服务模式建构因素”途径（见表 11－3），思考服务输送面和组织面的问题，并以三大面向作为评估途径：主要问题层面、较佳服务设计、有效的取代方式。而在服务输送面必须厘清的是，服务的对象是谁？有哪些人？要做些什么？要如何去做？确认所提供的服务内容和执行的可行性；而在行政组织层面必须厘清人力和资源分配等，这些问题若能仔细地检视，进行全面性的评估和考虑，就能达到满足案主服务需求的目标。

表 11－3　服务模式建构因素

主要问题		较佳设计	有效的取代方式
服务输送层面			
为谁	老人——衰老者：服务为所有老人享有的权利，但以衰老者优先	普遍性——衰老者：服务乃有需要者有权得到，衰老者优先	低收入老人：限低收入老人为服务对象
做什么	全面性服务：周全性社会服务，包括低收入生活补助	集中式资源转介：广泛性社会服务策略，依赖不同提供者满足服务及经济需要	有限服务：有限服务在乡、邻、里间可得，且是分散式的资源转介
如何做	社会整合：特色为接案分散、多功能中心及专业整合者	同盟/联合：各机构组成的非正式协会提供全面性服务，集中接案，但无专业整合者	邻里非专业系统：其特色为接案分散，且多功能中心由非专业者整合
组织层面			
协调	全面协调：系统有内外部的正式合约、人员共有、接案与转介互通	部分协调：系统有正式机构内合约及非正式机构间约定，接案与信息虽共通，但人员不共用	非正式协调：机构依赖非正式的内外部约定维持，各自接案，人员各有，但信息互通
计划和资源分配	集中：计划、目标的制订和资源的集中处理	合作：计划分开、决策区分、机构目标自订、资源部分共用	自主性社区：计划分散至邻里机构，目标自订，资源亦少有共用

资料来源：Tobin，S. S. & R. W. Toseland (1990)。

第四节　中国台湾地区长期照护服务

一、日本的长期照护制度

日本从规划长期照顾服务整备至保险型推出，历经 10 年时间，在此期间陆续推出黄金计划、新黄金计划及黄金计划 21 等 3 个目标明确的计划。由日本历史经验发展的时间点来看，在 1990 年老年人口比例达 12%时，推出“黄金计划”，在 1994 年老人占比达 14%时，加倍整备基本服务数量，在 2000 年老人占比达 17%时，开办长期照顾保险制度(王卓圣，2013)。而台湾地区老年人口数占总人口数比例达 11.65%之际，有“长期照顾十年计划”作为基础，“他山之石，可以攻玉”，若能借鉴日本的长期照顾服务，了解日本建立的长期照顾制度，对台湾地区正在建立的长期照护架构是有极大助益的。

依照日本发展长期照护的经验，首先居家服务员（home helper）的服务课程有一、二、三级，分别有230小时、130小时、50小时的训练时数，让职业训练系统训练出来的实务工作者应考“介护福祉士”。但日本自2009年4月1日起废止居家服务员第三级（50小时）合法雇用资格；2012年起，居家服务员第一级训练已提升到必须参加500小时训练课程后，才能担任居家服务员的工作，故其居家服务是一项非常专业的工作。除了通过职业训练的居家服务员之外，日本在二、三、四年制的专科学校或大学也培育“介护福祉士”人才，并通过国家“介护福祉士”的考试取得资格证（吴玉琴，2013）。居家服务员的训练迈向“专业化”和“证照化”的时代，老年长期照顾才会更有尊严。

二、台湾长期照护体系

台湾为建构长期照顾体系，因应失能老人的长期照顾需求，自2008年度起推动“长期照顾十年计划”。该计划提供居家服务、日间照顾、家庭托顾、辅具购买（租借）及居家无障碍环境改善服务、老人营养餐饮服务、交通接送服务、长期

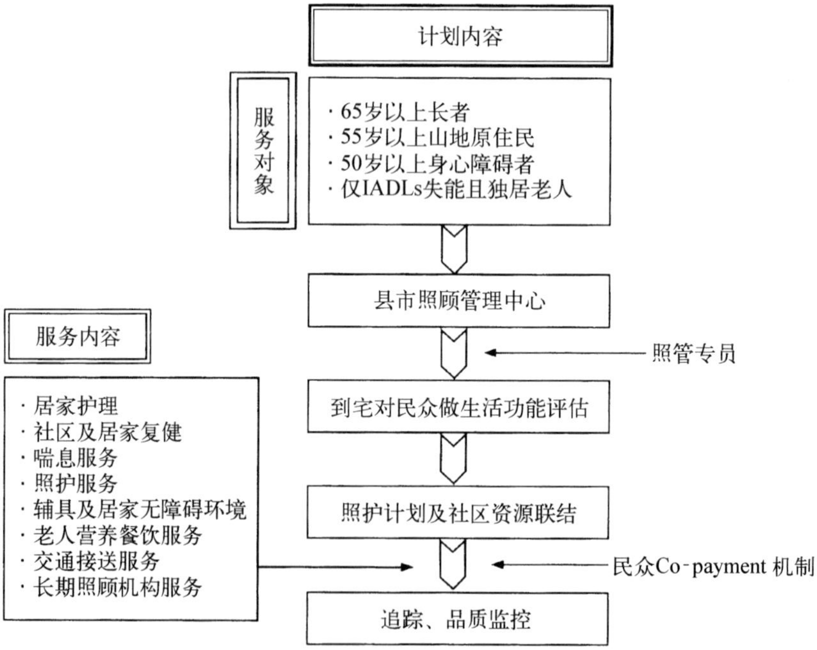

图11-4　长期照护服务输送体系

资料来源：卫生福利主管部门护理及健康照护司（2013）。

照顾机构服务以及居家护理、社区及居家复健服务、喘息服务等跨部门整合服务方案(台湾卫生福利主管部门护理及健康照护司,2013)(见图 11-4)。

依长期照顾扎根于社区照顾的精神,台湾当局与各乡镇邻里设立"社区关怀照顾据点",地毯式访问关心社区老人,提供就近的关怀照顾;并结合长期照顾管理中心的相关福利资源,提供关怀访视、电话问安、咨询及转介服务、餐饮服务、健康促进等多元化的服务内容,希望建立连续性、预防性的长期照顾体系。而"社区关怀照顾据点"与"长期照顾管理中心"之间具有密切的资源联结关系(见图 11-5)。

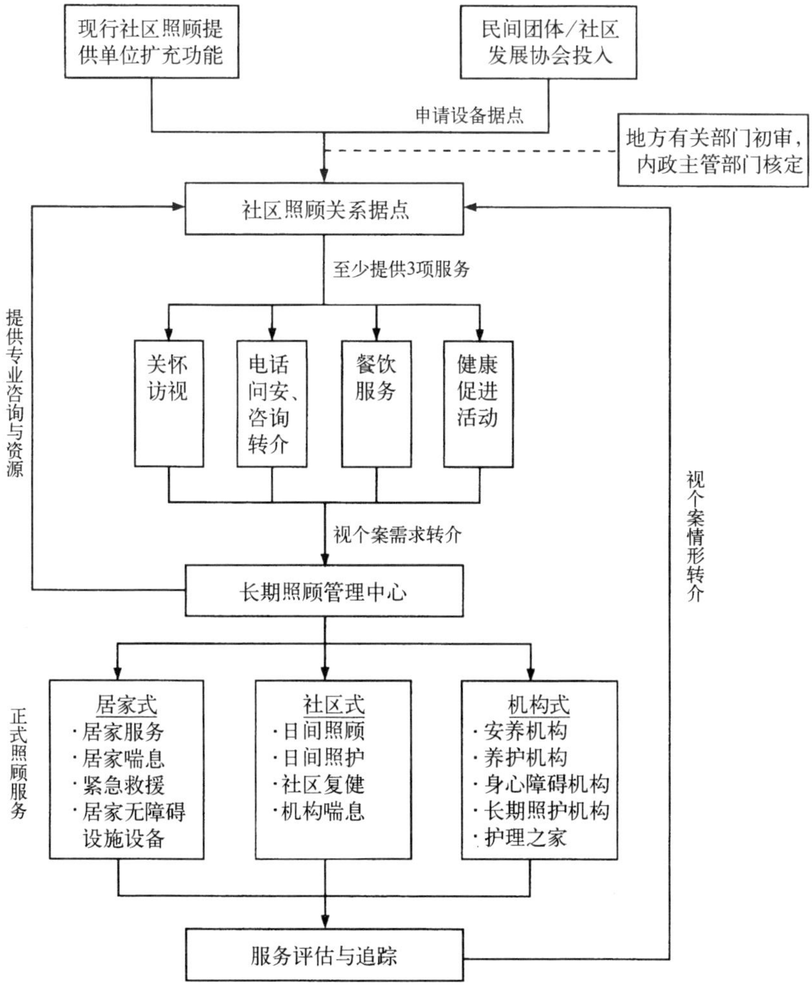

图 11-5　社区关怀照顾据点与相关照顾服务资源之关系

资料来源:杜敏世(2013)。

第五节　老人安宁照顾

生命的每个阶段都会面临不同的任务与挑战，在人生的后半期，“老年”“疾病”“死亡”是无法避免的，但社会上对老人的某些议题仍存在着某种程度的禁忌(例如死亡)，因此如何提升自己的适应能力(coping ability)，以积极的态度去面对老年期的“老、病、死”是十分重要的。而照顾者或专业工作者在被照顾者需要安宁照顾时，更必须对此人生阶段有更多的了解。首先，老人社会工作者必须了解一般老人经常停留的三个往生(死亡)处所：

1. 家中；
2. 医院；
3. 老人机构。

除了少数老人能在家中“善终”，慈济功德会称为“善终房”，由志工提供照顾协助与关怀。多数老人多面对沉重的身心灵负担，尤其身处“社会剥夺性”(social deprivation live)的生死环境里，老人面临死亡的自主性需要，也使得台湾的安宁照顾提供成为老人服务的重要专业。

一、安宁照顾的意义

安宁照顾(hospice)在20世纪70年代于美国发展，主要由民间行动开始，为提供濒死病患亲切人性的照顾，强调病患自决(self-determination)，接纳死亡(acceptance of death)、癌症缓和而非治愈照顾(palliative rather than curative care)，倡导在家中受所爱家人围绕死去，而非在一堆医疗科技的仪器中死去。安宁照顾的宗旨为：“活着，一直到死，都很重要。我们的目标就是，尽最大的力量，让你活得开心、走得平静！”(王明波 译，1994)。

另一个和安宁照顾相似的服务是“缓和照顾”(palliative care)。1990年世界卫生组织(WHO)揭示缓和医疗(palliative medicine)原则：重视生命并视死亡为正常过程，生死不是对立而是连续；既不加速亦不延后死亡；痛苦和不适症状解除；整合病患心理和灵性照顾；支持病患积极活着直至死亡；协助家属度过照顾期和哀恸期，以“病患得以善终”“家属适应良好”及“医疗人员保持士气”为三大目标。因此，安宁照顾的内涵具有下列四点（见图 11－6）。

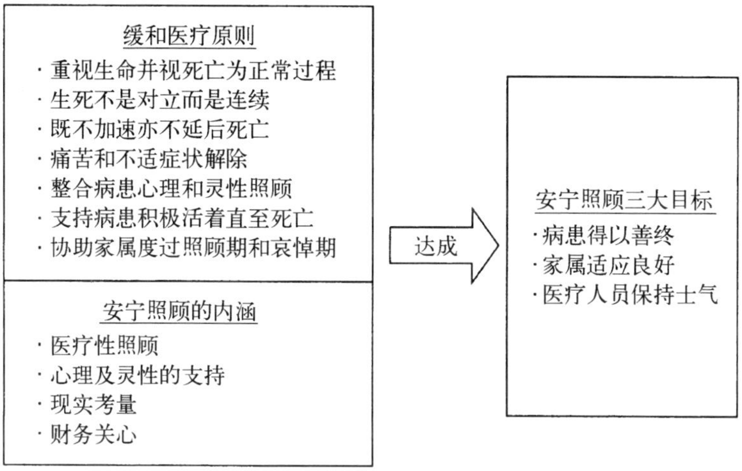

图 11－6　缓和医疗原则与安宁照顾的内涵

1. **医疗性照顾**（medical care）：强调濒死者的身体疼痛管理及症状缓和处理。
2. **心理及灵性的支持**（emotional and spiritual support）：重视病患心理和灵性的支持（如宗教）。
3. **现实考量**（practical considerations）：日常琐碎事务使照顾者无法获得喘息，照顾团队便教导照顾者如何在家照顾濒死者，并安排志工提供家务协助。
4. **财务关心**（financial concerns）：照顾团队协助病患及家属解决医疗的财务负担。

人们若能破除迷思并对安宁照顾内涵有充分理解，就可能把安宁照顾纳入生命历程计划中，才有终止死亡恐惧的机会。

安宁照顾意指让病患能在自己家中舒适且有尊严地逝去，并受专业人员及志工团队的合作支持，同时家属也获得支持与辅导。安宁照顾着重维持生命最佳功能，以达身心舒适，所以又称为“舒适性照顾”（comfort care）或“安宁型照顾”（hospice-type care）。因此，“团队照顾”的方式是最理想的，团队与病患及其所爱的亲友一起工作，通过了解和评估，积极投入行动服务。

二、病人面临死亡的阶段历程

当使用安宁照顾时，无可避免地会谈论到“死亡议题”。对于大众而言，谈论死亡相关的话题，在传统社会或现代老人机构都还是一大禁忌。在国外，

Elizabeth Kubler-Ross 曾提出一个“人如何面对死亡”的议题并广为各界引用。他认为，人在面临死亡时会经历五个主要阶段(见图 11－7)：

图 11－7　Elizabeth Kubler-Ross 提出面临死亡的五个阶段

1. 否认、隔离(denial and isolation)；
2. 愤怒(anger)；
3. 讨价还价(bargaining)；
4. 忧郁(depression)；
5. 接受(acceptance)。

笔者在多年的实务工作中发现，此五阶段并非次序性、线性的发展，它可以从其中一个阶段开始，也可以维持在同一个阶段结束，也可以是一个“循环”的过程，老人社会工作者应积极参与照顾临终老人的服务工作，协助老人和家属度过人生最后的阶段。

三、社会工作者在老人临终应有的角色

(一) 社会工作者在安宁照顾中的重点工作

秦燕(1997)指出，社会工作者在安宁照顾中的重点工作包括以下几个方面。

1. **情绪的疏导与支持**：协助病人家属，甚至医疗工作人员进行情绪表达，助其互相支持。
2. **维持良好的沟通与关系**：病患和家人、团队人员与有意义的重要他人保持开放式的沟通，坦率分享感受与期待。
3. **愿望的达成**：后事交代、计划病人的生活、特殊心愿的完成。
4. **回顾与统整人生**：找到生命与死亡的意义及存在的价值，协助病人与他人做完整的道别。
5. **对遗族的悲伤辅导**：除了资源联结之外，还提供家属的悲伤辅导与协助。
6. **资源的运用**：安宁志工的组训与分工，提供关怀。

(二) 社会工作者在安宁照顾中扮演的角色

Monroe(1998)提出，在安宁照顾中，社会工作者有三个角色任务。

1. **非医疗性社会目标**(non-medical social goals)：以缓解病患身体状况为优先，探索病患及家属身体、情绪、精神及实质需求，并借团队达成各项需求。
2. **团队运作**(teamwork)：社会工作者需运用团队多元性技术达成社会性目标，只有良好认知病患家庭、法律、社会资源、社会制度及文化脉络，才能深入了解病患及其家属真正的需要，以提供最佳的帮助。
3. **社会、同僚、病患、家属的期待**：社会、同僚、病患及其家属对社会工作者的期待及态度，往往形塑着社会工作者的角色，社会工作者也常被期待是提供最佳社会福利服务的工作者，所以需要有良好的资源联结、管理及分配能力。

安宁照顾的社会工作核心，在于提供评估(assessment)，包括个人、家庭、社会等资源评估；再者是社会工作处遇的介入(interventions)，以满足病患及其家庭处理病况需求为目标，包括信息提供、充分沟通、增加行动自信、资源及病患死后的家庭失落等需求。例如加拿大社会与医疗服务单位就提供"整合性服务输送模式"(Integrated service delivery, ISD)，它是一种"跨专业团队"和"以病患为中心"的服务模式，让病患在单一地区就可以同时使用多种不同的服务(Gadalla, 2007；童伊迪，2013)，所以必须提倡周全性医疗照顾(universal healthcare coverage)，让病患获得方便性、可近性、整合性和持续性的服务。

(三) 安宁照顾的社会工作伦理

目前台湾安宁照顾的社会工作(palliative social work)仍属新的领域，所以社会工作者角色任务及实务困境涉及的伦理议题必须探讨。Csikai (1999a, 1999b)认为临终照顾议题日趋复杂，尤以伦理议题对社会工作者最具挑战，因此，社会工作者是否曾检视自己个人及专业角色的伦理价值观和如何拿捏至关重要，必须先以保护案主和案家的生命为优先。Lowenberg 和 Dolgoff 将伦理优先顺序排列如下：(1) 保护生命原则；(2) 平等待遇原则；(3) 自决自主原则；(4) 最小伤害原则；(5) 生活品质原则；(6) 隐私保密原则；(7) 真诚原则(万育维，1996)(见表 11－4)。

社工专业在其价值体系中强调个人的尊严与价值，在实务上亦讲求"全人"的方法。因此，社会工作者在助人的过程中，必须能自我觉察本身的专业尊严与价值，以整合社会文化、心理及心灵等方式来服务老人及其家属。

表 11-4 Lowenberg 和 Dolgof 的伦理原则顺序

原则一	保护生命原则
原则二	平等待遇原则
原则三	自决自主原则
原则四	最小伤害原则
原则五	生活品质原则
原则六	隐私保密原则
原则七	真诚原则

资料来源：引自万育维(1996)。

第六节 长期照顾者的压力与调适

一、家庭照顾者的压力

家庭是提供长期照顾最重要的部门，可以让失能的老人留在社区生活的时间拉长，延缓住进养护或护理之家，但诸多文献指出，许多家庭的照顾者在长期服侍的情况下，已呈现健康状况衰退，产生社会隔离、生活及经济的压力等情形，且在个人社会网络又难以找到"替手"给予协助的情况下，照顾失能老人对家庭主要照顾者而言是一项相当沉重的任务。因此，有些家庭照顾者产生严重的焦虑、紧张和忧郁，寻找适当的压力纾解渠道及支持系统，是在漫长的照护中最需要及最重要的(胡幼慧、周雅容，1994；温秀珠，1996；谢美娥，2001；黄秀梨、李逸，2002；沈秀燕，2013；Dwyer & Lee，1994；Siarrels & Ingersoll-Dayton，1997)。其实家庭主要照顾者有时也是另一群"潜在案主"，他们经常使自己陷入生病与身体功能缺损的危机，因为日复一日，没有任何休假的照顾工作，对其造成的压力是十分巨大的，所以家庭照顾者容易出现身体上、情绪上的崩溃及经济上的危机。因此，可以使用照顾者压力量表，来评量照顾者所处的压力状况，严重者就必须寻求协助并就医。

二、照顾负荷程度的分类

针对家庭照顾负荷的测量，依家庭主要照顾者协助老人日常生活，例如喂食、洗澡、移动等的情绪反应，测量其主观和客观的负荷程度。

1. **主观负荷**：为家庭主要照顾者于照顾工作的主观情绪反应。
2. **客观负荷**：为家庭主要照顾者的生活及家庭上，在不同层面可观察到的潜在影响情形。

此外，若由老人的配偶照顾，其负荷又可分为以下三个方面。

1. **外在层面的照顾负荷**：例如社交受限，健康不佳，情绪、家庭、工作受影响和经济压力。
2. **内在层面的照顾负荷**：例如对病人无期待，24 小时待命的照顾生活，照顾的辛苦、压力大，突发事件需他人协助。
3. **照顾者压力纾解之道**：
   (1) 勿完全由一人承担所有的照顾工作；
   (2) 照顾者要参加专业技能训练，以增进照顾技巧，避免照顾过程的伤害；
   (3) 联结喘息服务资源的协助(例如机构式喘息、居家服务、日间照顾、送餐服务等)；
   (4) 成立或参加照顾者支持团体，以分享经验和信息；
   (5) 借助福祉科技、辅具来介入照顾工作，以减轻照顾过程的负荷；
   (6) 建立并善用社区支持网络协助照顾，以适应不时之需时的介入协助。

三、长期照顾者的需求

长期照顾者的负荷和压力通常是“被低估”的，所以家庭照顾者的压力和需求协助不容忽视。需求本是一种价值判断，是指一群人有了问题，而这些问题是可以被解决的。有关需求(need)的观点，可以分为需求观点和福利需求，其分述如下(Mckillip, 1987)：

(一) 需求的观点

1. 它是一种价值判断。

2. 在某种情境下，一群人认为其为主要人口群。

3. 是被期待要处理的。

(二) 福利的需求

社会福利服务对需求的定义也是多层面的，Bradshaw(1972)将福利需求分为四大层面(请详见第二章第三节)。自古以来，我国社会就流传着“久病床前无孝子”的说法，以现今照顾者的压力观之，并非责备之语，而应为许多孝子的内心需求做“解套”。因为台湾相关研究指出，长期照顾失能老人的照顾者健康情形都不好，常因照顾工作的劳累而导致健康受损，且常伴有神经衰弱、健康变坏、焦虑、忧郁等身心症状，甚至有崩溃之虞；且当前失能老人的照顾者多由家庭成员的中老年人担任(洪百薰，1995；吕以荣、刘弘煌，2002)。

国外研究结果也有同样的发现，有八成的家庭主要照顾者本身有健康方面的问题，这已是世界性的共同趋势(Kosberg et al.，1991)。赵善如(2001)曾整理台湾十几篇相关研究，也发现“女性”占家庭主要照顾者的大多数，平均比例约 70.8%。而由家属照顾失能老人者，主要是配偶扮演最重要的角色，其次就是子女；而女儿的投入往往又比儿子还多；儿子只有在没有姐妹可以帮忙的情况下才会去扮演家庭主要照顾者的角色(陈燕祯，1993；卓春英，2001)。因此，长期照顾家中老人的主照顾者，亟须有关部门提供照顾者福利措施及社会支持系统，才能持续维持家庭照顾的角色和功能。

当局对长期照顾者应设计更多的福利服务方案，给予支持、协助，让照顾者的压力得以纾解，目前台湾当局提供照顾者的福利需求项目有(台湾卫生福利主管部门护理及健康照护司，2013)：

1. 喘息照顾服务；

2. 心理暨教育性支持方案；

3. 经济性支持方案等。

死亡对每个人来说都是不可避免的，但是否具备足够的认识与准备影响着未来面对冲击时的因应与调适，所以事先是否选择施行心肺复苏术或维生医疗是需慎重考虑的事。台湾于 2013 年通过安宁缓和医疗条例，居民可以填写预立安宁缓和医疗暨维生医疗抉择意愿书。大多数老人在自己面对死亡时，由于眼见伴侣或他人历经漫长痛苦、没有尊严的等待死亡过程，在投射的心态下，常常感到既恐惧又无奈。故在高龄社会必须谨慎规划自己人生的最后旅程，才能维持有尊严、有品质的生活，也才能消除老年时面对死亡的恐惧。

四、善用福祉科技，纾解照顾压力

Bronswijk（2009）研究指出，老人福祉科技的范畴应涵盖辅助科技（assistive technology），其产品设计必须支持老人日常生活活动（Activities of Daily Living，ADL）、工具性日常生活活动（Instrumental Activities of Daily Living，IADL）与强化日常生活活动（Enhanced Activity of Daily Living，EADL），并延伸至生活产品。老人福祉科技除了是为了辅助成功老化、健康老化，让老人获得正常化的生活外，也是为了促进社会互动、提升生活福祉（陈燕祯，2011，2012）。因此，老人福祉科技是纾解长期照顾者压力的重要辅助工具。

老人因年纪或因疾病因素身体功能退化（例如中风、关节退化等），日常生活往往需要长时间依靠在地医疗和复健服务，以及借助科技辅具的协助，才能延缓老化过程和增进社会互动的机会（Chen，2010）。工研院于 2004 年 11 月成立“台湾远距照护服务产业联盟”，其主要目的是解决人口老化和医院资源有限的问题，希望通过远距居家照护的器材、系统，提供家庭式照护产品，希望老人可以拥有更多独立自主的生活选择。居家照护器材在全球主要分为四大类别：行动辅具、呼吸治疗产品、糖尿病器具与居家输液治疗产品（张慈映，2005）。

由于家庭形态的改变，高龄国家已纷纷将科技信息和系统导入老人福祉科技的领域，希望提供更多的便利功能，以减少医疗和照护的支出等（Kevin et al.，1996）。由于许多老人或家属对福祉科技或辅具的信息认知不够，或市场价格昂贵等因素，以及有关部门对辅具的相关补助措施不够重视，导致使用的意愿和行为不足，所以台湾对老人福祉科技辅具的使用一直处于较封闭的阶段，形成照顾者和被照顾者双方都喘不过气的景象（陈燕祯，2011）。因此，为因应高龄社会的老人照护问题，发展智慧科技辅具已成为发达国家因应老人照护的重要趋势。福祉科技存在的目的在于运用科技手段，提升人们的生活品质（陈燕祯，2012）。新时代的老人照护工作若结合老人福祉科技的力量，长期照顾者的工作就会显得更轻松。

近年来，台湾远距居家照护系统得到大力推广，甚至地方有关部门也与医院进行合作，在社区关怀据点进行试验与推广，希望借此提供更完善性的老人

医疗照顾网。因此，老人福祉科技对老化后的自立生活和长期照护压力的纾解具有相当重要的作用，从周遭的亲友支持体系、产业发展及相关措施方向三个重要的供给面，到新世代老人使用福祉科技都会影响到老后的自立生活和尊严化生活的图像（见图 11－8）。台湾以"活跃老化、友善老人、世代融合"三大主轴作为发展老人福利措施的核心理念，而这样的理念要获得落实，福祉科技正是一个最佳的立足点。

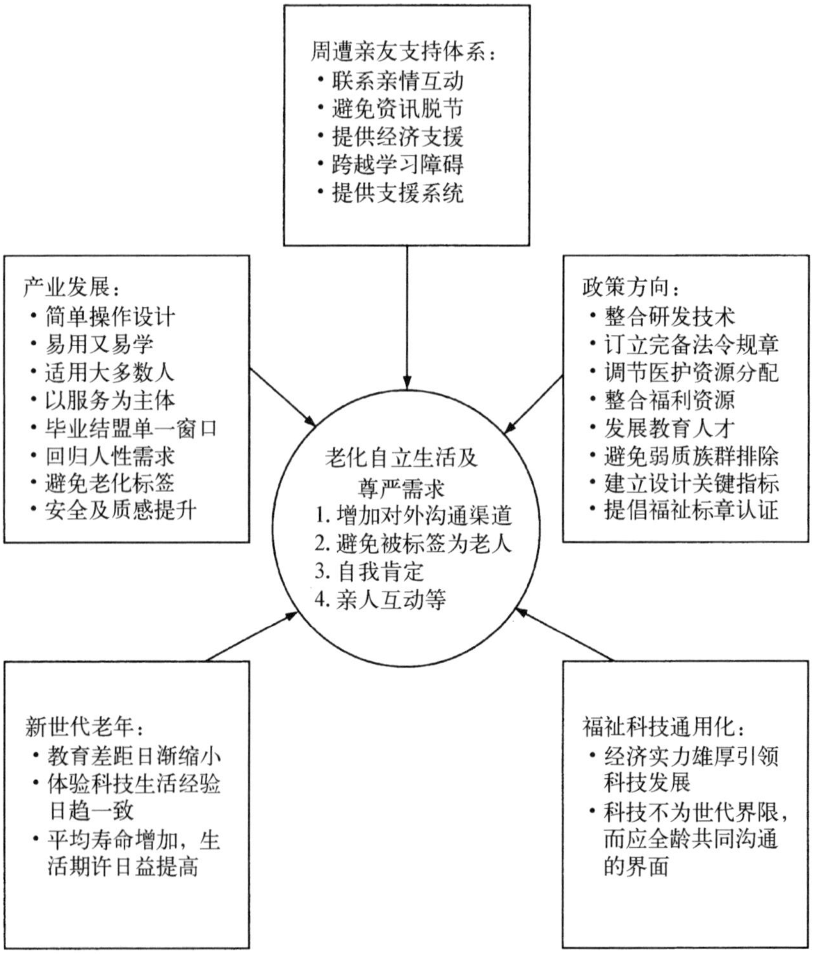

图 11－8　老化自立生活需求的通用设计图像

新闻视窗

我们一起老：写好遗嘱，放下的第一步

去年的洛佛节正好是母难日，生日总有所触动，写下一段文字，算是自己的庆祝："感谢我的双亲，赐给我生命，虽然我不是最聪明、不是最漂亮、不是最优秀、不是最孝顺，但这世上，你们给我最多最多的爱！感谢你们给我陪着老去的机会，也给我面对自己老去的学习，这一生最后最大的终极任务，就是陪伴你们无忧惧无障碍地，走向银闪闪的彼端！"

我会很明快地理清自己的人生任务就是陪伴父母终老，也是因为我早早写好了遗嘱。由于36岁"高龄"才生老二，预产期将近，福至心灵，写下了我这辈子第一份遗嘱。咱不是啥大户巨子，身家简单，无非是把后事处理方式、名下动产不动产交代清楚，表白自己的感恩。之后，每有出国远行、进医院"维修"，就略加增删修裁更新，托付好友代为执行。若无事归来，自动作废，总以最新修订版为准。这两年干脆明示家人遗嘱存档之处。奇妙的是，立下遗嘱之后，仿佛随时可走，没有遗憾。再经历40岁做过一个大手术后，更让我有了多活一天就多赚一天的豁达感，只专注在每个当下！

也就在立下遗嘱后，自己人生最在意的事才浮现出来。要说还有什么事希望自己能做到，那就是陪伴我们家的老人家走到最后。虽然抱着随时可走的想法，但十多年前婆婆老病之际，我突然醒悟，家里这四位老人是我最放心不下的责任啊！婆婆病苦，不良于行时，所幸公公身体不错，我照顾幼女难于分身，公公扛下了大部分的看顾辛劳。婆婆往生后，公公从硬朗自理到搬来同住，生病、治疗，衰老而终，我们一家大小陪着走过，我想他走得平静，我们虽不舍也知时至，终须一别。

十多年来，我的遗嘱修订了好几次，越修越简短。前年卖屋换厝之后，身外之物更清简了。有人倡导给后人最好的遗产就是"爱与现金"，真的双手双脚赞同！你的兴趣，儿女不见得感兴趣；你的品位，晚辈不见得认同；你的收藏，很可能被资源回收。除非是马上可变现的珠宝、古董、名画，否则，自己的身外物越简单越好，想到尽量不让后人麻烦，物欲自动降低，想要的自然减少。这些领悟都在拟写遗嘱的时候，促发自己去清晰地看见人生的

轻重。

写过经典戏剧《阿信》的日本国宝剧作家桥田寿贺子曾鼓吹“别等临终才来立遗嘱”“不管是财产分配或葬礼想要如何办，都一定要在遗嘱中写清楚，并且年年拿出来检视或修正。本人如果不在生前交代清楚，反而会造成后代争议的起火点”。我最近看到她这么说，真的跟自己写遗嘱的想法不谋而合。

我的遗嘱起始写着：“有感于世事无常，人命存于呼吸间，为恐匆匆一遭，未能慎终，故于神志清明之际，立下本人后事之处理方式与原则，以及委托代为执行之人，期家属亲友平静处之，甚无异议。”虽不是伟人，后事处理方式还是要强调简单：“不发讣闻，不行殡葬，不纳骨塔，不立牌位，不设衣冠，请尊重执行。”4年前，也是我写好遗嘱后的13年，一位教内长老圆寂，我虽非得道之人，但看到他往生前的交代，很安慰自己有尽力朝成道者的方向迈进。

我的遗嘱最后写了这段话：“死亡是生命给的最好的一份礼物，它给你最宝贵的功课，如果学会了，你就毕业了。如果还没学好，它也让你有机会再来一次，进入另一个新的开始，再度进入学习的旅程，感谢这一世的学习旅程，让我平静、喜悦、感恩地说再见。”

资料来源：本玉. 我们一起老：写好遗嘱，放下的第一步[N]. 人间福报，2014-01-03. [2014-03-08]. http://www. merit-times. com. tw.

问题与讨论

1. 老人长期照顾工作的定义与本质为何？
2. 老年照顾的理论观点有哪些？内容为何？
3. 您对您的社区福利资源了解多少？请思考当前老人照顾资源的运用现况与困境为何。
4. 社会工作者在老人安宁照顾中的角色任务为何？
5. 您了解长期照顾者的压力及需求吗？如何在被照顾者及照顾者间谋求一个好的心理调适点？

6. 请讨论老人福祉科技的发展，以及如何借助福祉科技来减轻照顾者的压力。

◎ 针对社会工作者在老人安宁照顾中的角色议题，笔者建议可观赏电影《一路玩到挂》（*The Bucket List*）。人生中最后悔的事，往往是您没完成的事，而不是您完成的事，在生命结束以前，我们将以自己的脚步走完最后一程……

参考书目

一、中文部分

玛吉·克拉兰，派翠西亚·克莉.最后的礼物：如何了解垂危患者的需要[M].王明波，译.台北：正中书局，1994.

朱利叶斯·柏鲁尔，乔治·米克.个案管理[M].王玠，李开敏，陈雪贞，译台北：心理出版社，1998.

王卓圣.OECD 国家之长期照顾改革策略借鉴及启示[J].社区发展季刊，2013(141)：45－60.

甘炳光.如何在社区为老人提供照顾：社区照顾概念的应用[M]//关锐宣，颜文雄.老人小组、行政、社区工作.香港：集贤社，1993：311－327.

朱素贞.老来伴？老来绊？两性在照顾失能配偶的角色与心态历程之探讨研究[D].台北：台湾大学，2000.

沈秀燕.失智症病患家庭照顾者压力之相关性研究[D].台中：台中科技大学，2013.

吴怡真.家庭照顾者之支持性服务需求[D].台北：台湾大学，2001.

吴玉琴.照顾服务人力的培育与留任[J].社区发展季刊，2013(141)：113－130.

杜敏世.从长期照顾实务经验谈现况问题[J].社区发展季刊，2013(141)：316－330.

吕以荣，刘弘煌.老人家庭照顾期待之代间落差[C].“社区关怀与老人保健”研讨会论文集，2002.

李美枝.亲子关系的内涵与功能[J].本土心理学研究，1998(9)：3－52.

李德芬，林美珍.中年女性照顾者照顾家中失能老人之正向生命经验[J].生命教育研究，2012，4(1)：55－82.

卓春英.颐养天年：台湾家庭老人照顾的变迁[M].台北：巨流图书公司，2001.

洪百薰.台湾地区居家照护老人主要照顾者负荷情形况及其需求之调查研究[M]//老人学学术研究年鉴，1995.

秦燕. 医务社会工作[M]. 台北：巨流图书公司，1997.

梁伟康. 社会服务机构行政管理与实践[M]. 香港：集贤社，1997.

陈世坚. 个案管理导向之老人长期照护系统模式之探讨[C]. 台湾地区老人服务输送体系及网络的建立学术研讨会论文集，1998：27－28.

陈武宗. 家庭照顾及其支持系统：概念与议题[C]. 家庭与社会福利学术研讨会论文集，1994.

陈燕祯. 社区老人照顾支持体系及政策探讨[J]. 社区发展季刊，2005(110)：158－175.

陈燕祯. 老人福利理论与实务：本土的观点[M]. 台北：双叶书廊，2007.

陈燕祯. 老人福祉科技：推行普及化通用设计与实务发展之研究[C]. 2012 福祉科技与服务管理国际研讨会暨大师级讲座，2012.

张慈映. 远距健康照护市场[M]//工业局智慧型医疗电子产业技术推广与辅导计划，2005.

童伊迪. 医疗社会工作于肿瘤治疗病患的处遇与发展[J]. 社区发展季刊，2013(141)：477－488.

黄秀梨，李逸. 谈喘息服务常见的使用障碍与因应策略[J]. 护理杂志，2002，4(49)：92－96.

黄维宪，曾华源，王慧君. 社会个案工作[M]. 台北：五南图书出版股份有限公司，1985.

黄惠玲. 亲爱的我把复健变好玩了[J]. 天下杂志，2013(536)：72－74.

杨佩琪. 老年痴呆症病患家属之压力与需求探讨[D]. 台中：东海大学，1990.

温秀珠. 家庭中妇女照顾者角色形成因素与照顾过程之探讨：以失能老人照顾为例[D]. 台北：台湾大学，1996.

万育维. 社会福利服务：理论与实务[M]. 台北：三民书局，1996.

刘淑娟，苏秀娟，谢美娥. 北市失能老人其主要照顾者资源需求之初探[J]. 长期照护杂志，1998，2(2)：31－47.

潘淑满. 社会个案工作[M]. 台北：心理出版社，2000.

谢美娥. 老人长期照护的相关论题[M]. 台北：桂冠图书股份有限公司，1993.

谢美娥. 成年子女与照顾失能老年父母之影响：一个探讨并以台北市为例[J]. 社会政策与社会工作学刊，2001，5(2)：57－112.

二、英文部分

Barusch, A. S., & W. M. Spaid (1989). Gender differences in caregiving: Why do wives report greater burden? *The Gerontologist,* 29:667-676.

Bowlby, J. (1979). *The making and breaking of affectional bonds.* London, Tavistock / Routledge.

Bradshaw, J. (1972). The concept of social need. In Gilbert, Neil & Specht (ed.), 1974 , *Planning for Social Wlfare,* pp290-pp296. Clayton: Susan.

Bronswijk, J. E. M. H. V. (2009). The importance of Fun Technology. Paper presented at the 2009 International Conference and Master Class on Gerontechnology and Service Management, Nan Kai University of Technology, Taiwan.

Chen, Yen-Jen. (2010). A Study of the acceptance of technology products among the elderly people in urban Taiwan, Paper presented at the Age-friendly Cities with Co-operation and & Participation of the Asian Pacific Perspective Regional Conference, Hong Kong, November 19- November 20.

Cicirelli, V. (1981). *Helping Elderly Parents: The Role of Adult Children.* Boston: Auburn House.

Csikai, E. (1999a). Hospital social workers' attitudes toward euthanasia and assisted suicide, *Social Work in Health Care, 30(1): 51-73.*

Csikai, E. (1999b). The role of values and experience in determining social workers' attitudes toward euthanasia and assisted suicide, *Social Work in Health Care, 30(1): 75-95.*

Dwyer, J. W., & G. R. Lee (1994). Reciprocity, elder satisfaction, and caregiver stress and burden: The exchange of aid in the family caregiving relationship, *Journal of Marriage & The Family,* 56(1): 35-44.

Gadalla, T. M. (2007). Cancer patients' use of social work services in Canada: prevalence, profile, and predictors of use. *Health & Social Work*, 32(3), 189-195

Hall, E. (1980). Acting one's age: New rules for old psychology . *Psychology Today*, 13: 139-150.

Hoyer, W. J., & P. A. Roodin (2003). Adult development and agin(5th ed.). New York: McGraw-Hill.

Kane, R. A., & R. L. Kane (1987). *Long-term Care: Principles, Programs, and Policies.* NY: Springer Publishing Co.

Kevin, D., Keith, C., & G. Paul (1996). Three generations of telecare of the elderly. *Journal of Telemedicine and Telecare*, 2, 71-80.

Kosberg, J. I., & R. E. Cairl (1991). Burben and competence in caregivers of Alzheimer's disease patients : Research and practice implications, *Journal of Gerontological Social Work*, 18(1/2): 85-96.

Mckillip, J. (1987). *Need Analysis: Tools for Human Services and Education*. Beverly Hills, Calif.: Sage.

Monroe, B. (1998). *Social work in palliative care. Oxford Textbook of Palliative Medicine*. Oxford University Press, 867-880.

Payne, M. (1997). Care management and social work. In J. Bornat., C. Pereira, D. Pilgrimt & F. Williams (eds.), *Community Care: A Reader.* London: Macmillan Inc.

Starrels, M. E., & B. Ingersoll-Dayton (1997). The stress of caring for a parent; effects of the elder's impairment on and employed, adult. *Journal of Marriage and The Family*, 59(4): 860-872.

Tobin, S. S., & R. W. Toseland (1990). The model of elder service. In Abraham, M. (ED), *Handbooko Gerontological Services (2ed)*, p.50. Columbia Univesity Press.

Walker, A. (1997). Community care policy: From consensus to conflict. In J. Bornat., C. Pereira, D. Pilgrimt & F. Williams (eds.), *Community Care: A Reader.* London: Macmillan, Inc.

Watkins, M., & S. J. Redfern (1997). Evaluation of a new night nursing service for elderly people suffering from dementia, *Journal of Clinical Nursing,* 6(6): 85-94.

第十二章 老人社区照顾与社会资源

第一节 老人社区照顾的含义

“在地老化”是一个人类期待安身立命的终老模式，而且颇具“人道主义”(humanitarianism)色彩，相当适合运用在老人照顾工作上，所以各国政府在推行社区照顾政策时，需帮助他们尽量留在原熟悉的居住地生活，使老人的晚年仍能在自己熟悉的社区网络内被照顾、被支持，让他们的“根”不会被拔除(uproot)或切断，使其生活具有安全感和稳定感，甚至也不必因环境迁移而受到震撼(traumatic)和负面冲击。因此，要提高社区老人照顾的生活品质，积极建立老人社会支持体系和社会网络是不可或缺的前提(吕宝静，2000；Cantor，1979；Dono et al.，1979；Litwak & Silverstein，1993；Chen，2012)。目前发达国家共同面临的问题就是人口快速且大量的老化，其所带来的老人照顾问题是一大冲击，因此，老人社区照顾的服务输送已成为老人福利和资源运用的主流，并以“居家照顾”为基石，以达成“在地老化”(aging in place)的目标。

一、老人照顾工作的内涵

老人照顾工作是一项极复杂的照顾实务，必须关注生理、心理和社会等多层面的需求，所以必须以“连续性”的照顾概念为基础，才能让老人获得有尊严的生活。人类的生理老化是一个缓慢而持续的过程，因此，协助老人独立生活的各项服务都是“永无休止的照顾工作”(unending work and care)(郝溪明，1999；Evashwick，1996)。它不仅为老人提供正式或非正式的支持性服务，发挥个体独立功能之极限化的理想服务模式，也是老人照顾工作最大且唯一的目的，所以其照顾内容包含一般生活照顾和专业照顾，两者之间必须各有协调与配合，才能符合个案需求，发挥以“使用者为中心”的服务输送模式。因此，老人照顾工作和社区资源的结合深深影响着老人生活的品质。

二、社区照顾服务的目的

社区照顾模式是在20世纪80年代初的英国快速兴起的理念。由于老人长期照顾的需求，加上福利国家的财务危机，使得新右派的福利意识形态崛起，并盛行于英国撒切尔政府时代及美国的里根政府时代。事实上，社区照顾的主要对象现在已经由早期的精神疾病患者、智能障碍者，转而以老人为主。福利国家积极开展社区照顾的主要目的就是要“去机构化”（deinstitutionalisation）或“转机构化”（transinstitutionalisation），一方面节省政府财政支出，另一方面让老人能留在社区中感受到更人性、更弹性的照顾情境，因此以民营化、分散化、参与化为主要策略目标，并让权力回归社区，给受照顾者“使能”（enable），让案主与照顾者都有更多的“充权”（empowerment）（或称为增权、培力），以获得人性化的照顾服务。

第二节　老人社区照顾的相关理论

老人照顾工作因老人资源支持网络的差异及疾病形态、程度而不同。老人照顾的体系包含机构式照顾、社区式照顾及居家式照顾等三大类（万育维，1995），这三者必须整合成一个照顾连续体（a continuum of care）网络，才能适切提供给老人完善的照顾需求（陈燕祯，2012）。持续性的照顾服务网络也会影响老人“独立自主”的目标，所以整个照顾的连续体能否确实发挥效用，社会支持系统在其中扮演着相当重要角色。许多研究对正式的社会支持和非正式的社会支持之间的替代或互补关系，以及如何分工、如何提供照顾有不同看法，以下对最被普遍论及的三种老人照顾支持模式予以介绍。

一、层级递补模式

老人在使用其社会支持来源时，其实存有偏好的选择次序，他们会选择从接触最亲密的初级团体（primary）中的家属获取支持，当初级团体无法或不愿意提供照顾时，才会寻找其他非正式的协助，例如远房亲戚、邻居、朋友，亦即“由亲到疏”的非正式服务网络，直到最后不得已，才会向正式的支持资源系统，即政府机构或营利的商业市场求助（Cantor，1979），此即为层级递补模式（hierarchical compensatory model）。因此，在照顾老人的需求选择上，基本上会呈现一种“次序等级”的选择偏好，它受到照顾人力的充足与否及资源的可用性（availability）和可接受性（acceptability）的影响（施教裕，1993；林松龄，

1993）。

我们从老人照顾的非正式支持系统中发现，获得“情感性”支持越多的老人，其生活满意度也越高，且呈现强烈正相关；至于“工具性”的支持，不一定与老人的生活满意度有显著的相关性，而是会因社会支持的种类与来源的不同有层级性的差异（李孟芬，1993）。所以老人照顾工作所需的社会支持，是立基于受照顾者与照顾者之间社会关系的亲密、深浅的，并非基于职务特性，而且通常必须在整个非正式支持体系呈现相当薄弱的状况时，老人或照顾家属才会依任务分工，或向正式支持系统寻求替代性、补充性的服务协助。

在我国传统文化的影响下，当人们躁郁困难时倾向于先求助非正式支持系统，若非正式支持系统无法提供足够的协助，才会转向求助正式支持系统（见图12－1）。

1. **非正式支持系统**（informal support system）：是指在一组社会生活关系中较亲密的社会网络关系，例如配偶、家属、亲友、邻居、同事、次级团体所提供的照顾等。
2. **正式支持系统**（formal support system）：是指正式组织或政府部门所提供的服务。

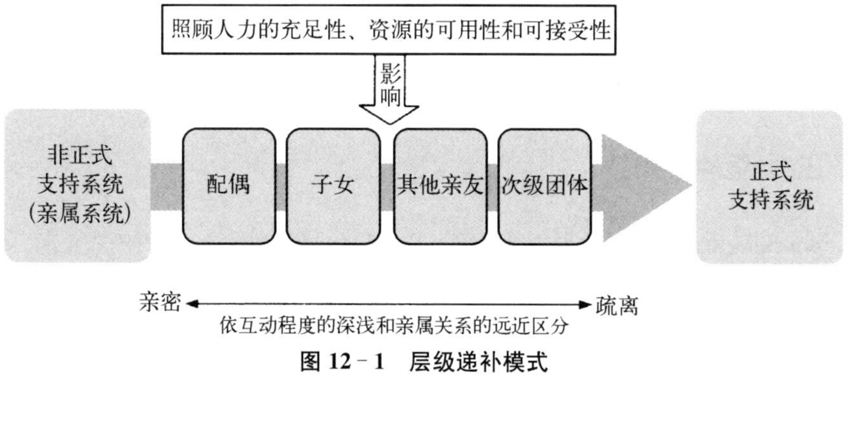

图 12－1　层级递补模式

二、任务分工模式

任务分工模式（task-specific model）的照顾模式认为不同连带关系、亲密关系的成员，会满足不同性质的照顾内涵与需求。国内外学者认为，每个基本群体（家族、邻居、朋友）的结构特质与独特的功能具有关系，家族最具有永久性及持续性的照顾供给特征，尤其最适合提供紧急帮助及日常生活事务的照顾，在整体照顾内涵及结构上，具有合理和周延的分工（施教裕，1994；Dono et al.，1979）。简而言之，照顾内涵乃依老人需要照顾的特性而选择照顾者，“非技术性”的情绪心理支持或日常生活贴身的照顾工作（例如洗澡、喂食、上厕所等）大多由家人提供；而“非贴身性”的照顾（例如购物、提供讯息、帮忙短暂性照顾等）才由其他不同亲密程度的邻居、亲友提供；而“技术性”的医护工作则由专业工作人员执行（例如换尿管、打针、伤口处理、用药咨询等）（见表 12－1）。依上述互相分工，可避免造成照顾工作的重叠或彼此干扰，就不会出现照顾不足(under care)或过度照顾（user caring）的问题，因为这两种情形的发生，都将对老人社会心理健康造成负面的影响。

表 12－1　任务分工模式

依老人需要照顾的特性进行任务分工	家人提供的内容	• 提供“非技术性”的心理支持和日常生活的贴身照顾工作 • 例如洗澡、喂食、换尿布或如厕等
	邻居亲友提供的内容	• 提供“非贴身性”的照顾 • 例如备餐、购物、提供讯息、短暂性的看顾等
	专业人员提供的内容	• 提供“技术性”的专业工作 • 例如换尿管、打针、伤口处理、用药咨询等

三、压力-缓冲模式

Sharkley (2000)在世界卫生组织（WHO）的资料中指出，具有“紧密”的社会网络对老人的健康有益，否则当人生遭受严重打击时，会造成苦恼，带来负面的健康结果（见图 12－2）。虽然有很多因素能解释为何有些人面对“严重打击”远较别人能调适，但老人的“个性特质”是其中的重要因素之一。简而言之，个人平常所建立、经营的社会人际网络是“社会提供支持的程度”的重要来源。

由于大多数老人都希望在家接受照顾(care at home)，因此，老人本身和家庭照顾者之间社会支持网络的紧密程度，会成为决定照顾工作是否顺利的因子。图 12－3 简单说明了这种作用效果，如个人或团体遭遇生活重大事件冲击时，若有“社会支持体系介入”或人际关系网络的协助，就能起到“压力-缓冲”的效果。

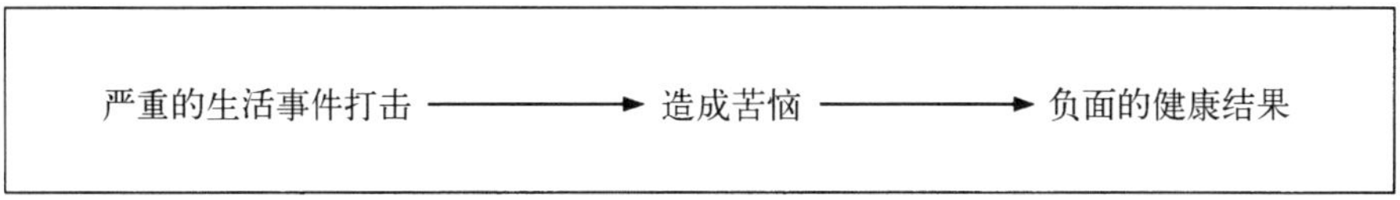

图 12－2　生活打击和健康结果

资料来源：引自 Sharkley(2000)。

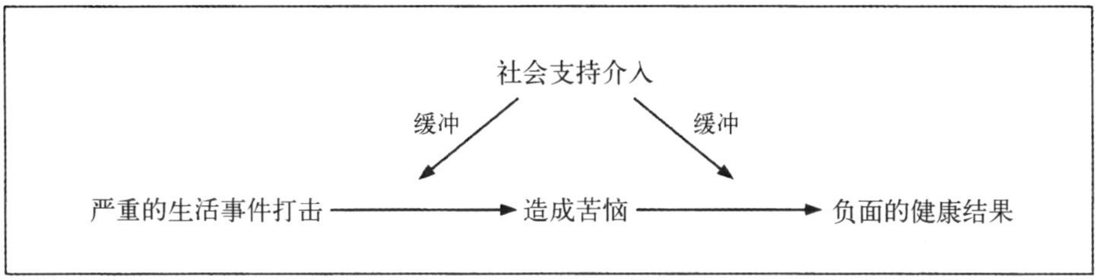

图 12－3　社会支持的压力-缓冲效果

资料来源：引自 Sharkley (2000)。

第三节　社会资源与支持网络

一、社会网络的定义

社会网络(social network)(或社会支持网络)是指一组个人接触，通过这些接触，个人维持其社会身份(social identity)并且获得情绪支持、物质援助和服务、讯息与新的社会接触(宋丽玉，2000)。在社会网络中，最常被运用的是保护网络。所谓保护网络，是指一种照料系统，包括一系列的服务，可以在个人遭遇问题并需要介入时，提供个别的或团体的服务(李瑞金，1994；曾华源、郭静晃译，1999)。而依老人健康服务的相关性，社会网络分为两类：内部社会网络(internal social networks)和外部社会网络(extemal social networks)。

1. **内部社会网络**：指老人或失能者所接触到的专业照顾部门中的所有专业人员，包括个案管理师、医师、其他工作人员等。

2. **外部社会网络**：是指提供老人或失能者日常生活中社会联结的人员，包括其主要照顾者、家人、亲戚、朋友、邻居或社区中的其他人。

二、社会网络的种类

老人社会工作者可从下列三个层面介入社会网络（张苙云，1998）。

1. **个人网络**：个人网络介入是个案管理（case management）的一种方法，目的是改善个人的生活品质。
2. **互助网络**：互助网络是网络介入方法最重要的环节。从政府角度来看，鼓励非正式互助网络的建立，能加强服务所发挥的作用、减少开支，而且由家庭及社会分担互相照料的责任，可间接促进案主参与社会服务、改善案主的满足感、全面照料有需要的人士，而专业人士能提供心理支持，使服务更适合案主的需要。
3. **服务网络**：服务网络是由专业人士、社会服务机构、政府官员、立法委员及慈善基金会等组成的网络系统，以老人个案工作为主，重点在于增强老人及其家属解决困难的能力。

老人社会工作者可以协助老人建立、巩固、增强和改善现有的支持网络，以达到改善生活品质的目的。例如一位独居老人，因中风或罹患慢性疾病而发生日常生活无法自理的情况时，社会工作者可进行家访，通过对案主的生态资源系统的盘点和评估，安排服务输送，例如提供居家服务、老人送餐、关怀问安、日间照顾或机构照顾等。

三、正式支持网络和非正式支持网络

社会网络是复杂的系统，可简单分为正式支持网络和非正式支持网络。

1. **非正式支持网络**：主要由家庭成员、朋友或邻居等所组成的协助资源。
2. **正式支持网络**：主要由社区内的专业、专职的社会服务工作者（例如工作员、社区护士、医师、复健师、营养师等）或政府机构的工作者所组成的协助资源，它是非自然形成的。

而由家人、朋友、邻居组成的非正式支持网络又称为“自然网络”，因为这些关系网络是个人身处不同社会体系时“自然”建立起来的。

以“多面向”来看网络的类型，每一成员可能不止拥有一个网络，而可能有“工作网络”“沟通与信息网络”“友情网络”“亲戚网络”“资金网络”等多个网络。社会网络也可分为“个人网络”和“整体网络”，在网络中的人们彼此有特殊的互动和联系。

四、社会网络的功能与措施

根据网络的功能，可以将其分为两大类。

1. **情感性网络**：最近最常跟他谈心事或谈烦恼（例如感情问题、人际关系等）的对象。
2. **工具性网络**：最近个人在生活上碰到一些困难的时候（例如工作、钱财、家庭、法律、生病等），最常找来实际帮忙解决或问消息的对象。

老人社会工作者运用社会网络的功能，提供老人服务工作时，可以再将其服务性质和功能分为下列四类。

1. **支持性功能**：支持性功能是指通过协助家庭和个人来应对非经济生活上所遭遇的危机或困难，或避免不幸事件的发生。例如提供心理咨商、信息提供服务、居家关怀、电话问安服务等。
2. **补充性功能**：老人原先处在家庭照顾之下，因家人生活或工作需要调配照顾工作时所提供的服务，用于纾解家庭的照顾压力，例如提供急难救助、生活协助、餐食服务、日间托老等。
3. **替代性功能**：指暂时或永久取代不完整的家庭功能，最终目的是要为老人安排最适合的养老环境，例如提供老人安养、养护机构、长期照顾中心或护理之家等机构式的住宿照顾。
4. **保护性功能**：指老人有受虐或受忽视的问题时，提供具有保护性的福利服务输送的功能，例如提供家庭暴力通报系统、老人保护网络、紧急安置、居家服务和喘息照顾等。

五、老人服务输送与老人照顾策略

社会服务输送的支持体系是指在个人面临生活巨大压力时，其家庭、朋友和其他人所能提供的各种援助；而 Cassel（1976）也认为社会支持在个人面临重大压力的社会心理历程时扮演了关键性的角色。社会服务输送体系含有"动态"的含义，即社会支持的网络若越具有持久性、连续性与紧密性，这个关系就越可以协助人们处理生活上所遭遇的困境，特别是在长期照顾者的"社会负担"（social burden）或重大压力的情境之下，因此，社会支持策略与照顾管理的设计决定了照顾的成效。Stewant（1993）将"社会支持"应用于老人照顾或服务管理决策的四种评估过程，分别以评估、计划、介入及效益四个层面来进行评估（引自 Sharkley，2000），而其评估案主社会支持资源的重点为（见图 12－4）：

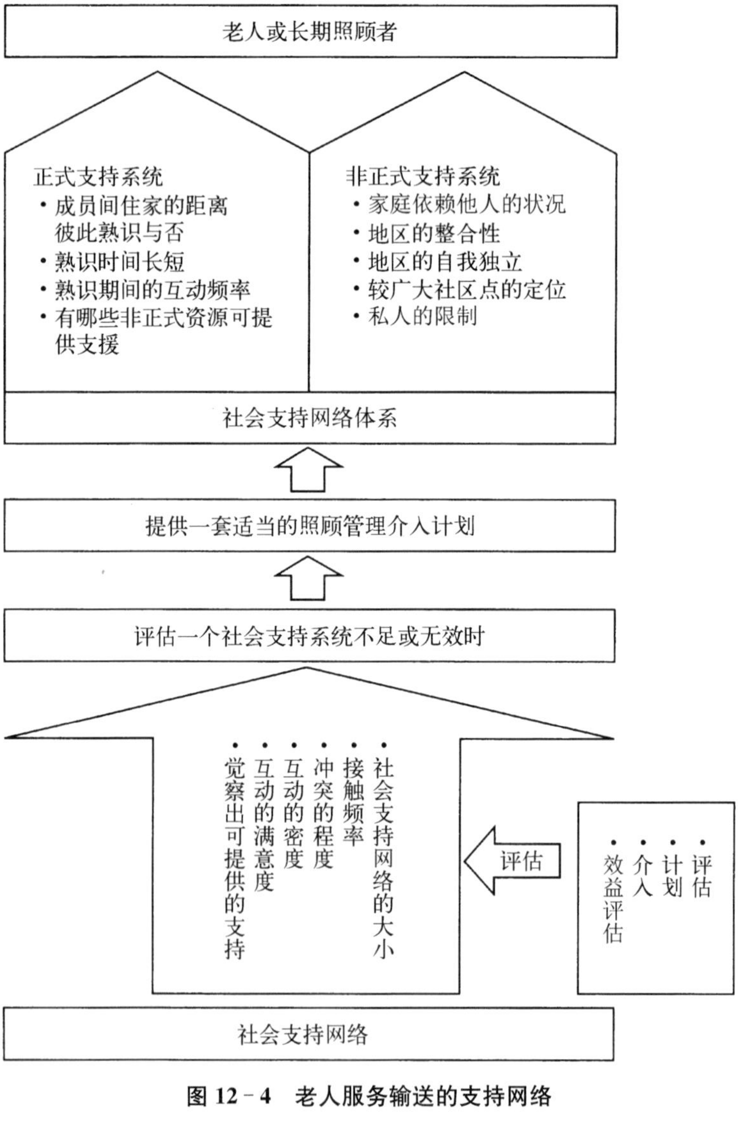

图 12－4　老人服务输送的支持网络

1. 社会支持网络的大小；

2. 接触的频率；

3. 冲突的程度；

4. 互动的密度；

5. 互动的满意度；

6. 察觉出可能提供的支持资源等。

因此，当评估一个社会支持系统不足或无效时，都需要提供一套介入的照顾管理计划，而在此计划中，社会支持网络体系就成为运作执行的重点，其执行的具体工作项目如打扫、煮饭、洗衣、洗澡、陪同就医、外出交通等，都要确实安排相关适当网络人员去执行。

而支持网络的类型可以分为当地亲属支持者和当地无亲属支持者，且据其个案管理计划的考量因素有所不同，其评估和考量要素为(见图 12－4)：

1. 成员间住家的距离；

2. 彼此熟识与否；

3. 熟识时间长短；

4. 熟识期间的互动频率；

5. 有哪些非正式资源可提供支援。

Wenger(1984)将社会网络类型需要考量的要素区分为五种：(1) 家庭依赖他人的状况；(2) 地区的整合性；(3) 地区的自我独立；(4) 较广大社区点的定位；(5) 私人的限制。因此，实务的社会工作者可以运用上述评估来拟定照顾管理计划。

除此之外，还有五种社区支持网络策略(非正式照顾资源)可用来增加照顾管理计划的资源运用(引自 Sharkley，2000；曾竹宁，1998；陈燕祯，2004)(见表 12－2)。而为顺应高龄化的老人复健照顾需求，许多发达国家如北欧的丹麦等就有健康管理预防计划，此类计划多为预防重于治疗的失能预防计划，其目的也是减少高龄社会的医疗支出和社会成本；此外，还依其新订的健康照顾法，在丹麦的哥本哈根市设立了八个“分散式”的老人复健中心，这八个老人复健中心就是依老人居住的方便性和取得短暂性医疗的便利性而设立的。因此，要提供完善的老人照顾管理计划，需要政府政策的支持，而人民也必须为自己的权益进行充权和倡导。

表 12－2 社区支持网络的策略与功用

策略	功用	内容
个人网络	社会工作者要与案主联系，且与有支持作用的个人网络成员接触、协商	• 动员成员来提供支援及解决问题 • 社会工作者同时也对这些成员提供咨询、协助，以维持、扩大他们对案主的协助
志工联结	当案主所拥有的个人网络极少时，社会工作者要为案主寻找，并分配可提供协助的志工	• 定期探访 • 情绪支持 • 陪同就医 • 代为购物
互助网络	将具有共同问题的案主组织起来，建立一个互助团体	• 加强成员彼此间的支持系统 • 增加同伴关系 • 进行信息及经验交流 • 结合集体力量 • 增强共同解决问题的能力
邻里互助	协助案主与邻居建立关系	• 号召和鼓励邻居为案主提供协助 • 提供紧急性、危机性而非长期性的协助
社区充权	社会工作者帮助团体或社区组成正式团体，并自助互助给予社区“充权”	• 为案主们成立一个行动团体，以反映成员的需要，争取社区资源和倡导应有权益 • 协助行动团体与当地社区领导者和具有重要资源者建立关系

六、多层次的老人社区照顾系统

Wenger(1995)研究指出，老人照顾的实务工作者必须去支持案主，或就现有的社会网络进行互补和资源联结整合。实务工作者不仅要关心受照顾的案主，也必须要考虑到整个网络介入的有效性，有了对网络类别及资源的充分认识，才能有助于照顾方案的设计。老人照顾网络的介入方法需要依老人本身、家庭、团体和环境的资源，而形成多层次的中心社会系统模式，但仍必须以个案的不同状况提出处遇计划，分析相关支持资源，才能确实发挥社会工作介入的有效性。介入模式可依资源“亲密程度”和“可获性”加以运用，使它如涟漪一般发挥扩散效果(见图 12－5)。

社区照顾必须立基于对现有的正式或非正式资源进行“资源盘点”，才能进一步地运用和开发，将社区资源做有效统整和使用，并必须依远近亲疏次序，对直接的、间接的资源进行详细分析，才能提供给老人一个敏锐性与专业性的照顾服务网络。

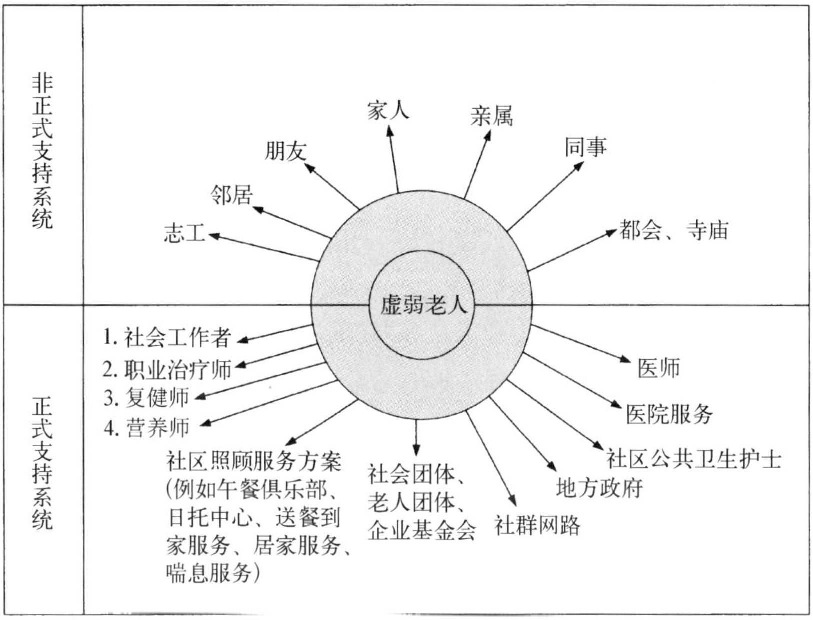

图 12－5　社区虚弱老人的支持循环

资料来源：修改自 Sharkley (2000)。

七、老人社会网络介入模式与专业人员的角色

Bicgel 等人(1984)以老人为对象，归纳整理出以下七种社会网络介入模式(宋丽玉，2002)。

1. **临床治疗模式**：对象是老人本身，协助者以专业人员为主，经由专业人员的努力，将家庭、邻里和朋友纳入案主的资源网络，工作地点保持弹性，期待达到治疗和预防的功能。在各模式当中，只有在“临床治疗模式”中专业人员才扮演直接服务者的角色，其余则大多是扮演咨商、促进、联结者。
2. **家庭照顾者增强模式**：针对案主的主要照顾者，期待拓展其支持网络，以减少照顾责任带来的负面影响；此模式的专业人员提供照顾者咨商、联结非正式网络成员服务，并提供资源给照顾者。
3. **个案管理模式**：此模式侧重于联结正式与非正式的支持网络，并且寻求和开拓新资源，所以专业人员的焦点放在资源统整、系统内与系统间的联结，以及服务的管理等角色上。

4. **互助/自助模式**：专业人员主要扮演倡导互助、倡导资源的角色（以促进和发展互助）和资源提供的角色。

5. **邻里协助模式**：此模式与“互助/自助”模式、“增强社区权能”模式相同的是都以社区的老人为对象，目的在于提升和启动社区的社会支持网络；但此模式侧重于促进邻里的互助体系，因此，专业人员扮演咨商、促进、发动与联结系统的角色。

6. **增强社区权能模式**：专业人员在“社区增强权能”模式中所扮演的角色大多与互助模式相同，但是此模式多了社会网络系统内部与系统之间的联结工作。

7. **志工联结模式**：此模式促使志工成为老人社会支持网络中的一部分，并运用志工力量提供给案主支持，而专业人员则须提供志工咨商服务，并促进和发动志工提供具体服务，并且负责管理和督导志工。

因此，专业人员介入社会网络模式的角色是多元的，包含直接服务提供者、资源联结者、资源倡导者、增强权能者（充权者）、志工联结者等（见表 12－3）。

表 12－3　社会网络介入模式中专业人员的角色

角　色	介　入　模　式						
	临床模式	家庭照料者模式	个案管理模式	邻里协助模式	志工模式	互助模式	社区增强权能模式
倡　导						*	*
统　筹			*			*	*
咨　商		*		*	*	*	*
直接服务提供	*						
促　进		*	*	*	*	*	
发动/发展		*	*	*	*	*	
系统内部联结	*	*		*	*		*
系统之间联结	*			*	*		*
管　理			*		*		
资源提供		*				*	
督　导					*		

资料来源：引自宋丽玉（2002）。

八、运用“科技”的力量介入老人服务管理计划

迈入21世纪，社会工作的新管理主义已经兴起。新管理主义讲求“3Es”，即经济（economic）、效率（efficiency）、效益（effectiveness）的社会工作服务，因此必须借助科技力量，才能克服失能、失智老人日常生活所遭遇的危机及健康恶化的问题，获得在社区中的独立自主和尊严，而科技介入照顾管理的关键性工作为：

1. 科技评估使用者现有的社会支持网络；
2. 采取行动，以确定其支持网络的继续运作；
3. 科技团队中各专业者对于不同网络类型的人，应提供个别化的需求策略评估；
4. 必须用心了解各种不同的支持网络，及其在社区照顾中对个人及团队的重要性；
5. 善用电话、电脑、互联网等功能，确保需要帮助的人能及时获得“生命连线”的紧急援助。

信息化时代除了电话、手机已成为社会网络和社会支持的重要工具外，互联网的支持体系也与日常生活产生重大关联。从照顾工作相关信息的获得，到照顾者的照顾训练技巧之知识、情感的联系以及社会的捐（付）款等，都已通过网络开发出一片天，虽然现阶段的老人对科技或互联网的使用能力受到限制，但是对未来的老人而言，却是一股无法抵挡的趋势，所以科技介入照顾管理计划是当前重要的新变项，更是为社会工作“人力资源”不足的问题找到了出路。因此，照顾管理者若缺乏资源支持网络的开发与联结能力，或忽略科技时代变迁的敏感性，恐怕在现代社会工作中便只能算是传统个案工作者罢了。最近几年，英国已运用“科技”改善失能者的生命品质，并增进健康照顾的效率，人口老化虽使发达国家照顾老人的成本（costs）支出不断增加，但提供者已是医院、医师、药店及长期照顾资源的整合，并逐渐发展成国际性的照顾网络。

九、老人照顾与远距居家照护

在社区照顾与老人服务的项目中，台湾地区因受到在家养老文化的影响，“居家服务”的模式极受欢迎，服务成果和受惠人数都超越其他服务项目甚多，预估未来将是高人力投入的服务项目。高龄社会的健康产业发展除了要延伸

全人照护服务的深度与广度，还必须结合台湾信息技术的优势，将创新应用于健康照护服务，才能因应人口结构老化所带来的社会冲击（许哲瀚、唐忆净，2008）。因此，有效率地运用人力是导入“远距居家照护”（Tele-Home Care，THC）的目的之一。

台湾高龄化的人口结构使得医疗服务与长期照护的需求大幅增加，所以发展“远距居家照护”已成为纾解照顾者压力的一个主要方向。THC 的优点是可以为家庭照顾者提供辅助，并改善生活品质，这些无须每日医疗协助的受照顾者，可借助有线或无线的传输通信器和穿戴微小化的生理参数感应器（sensor）与专业医护人员进行便利的双向互动，减少双方舟车劳顿的辛苦，并增加受照顾者活动的自由度（mobility）及其疾病的健康自主管理。

远距居家照护是一项高投资和需要产业整合的项目，虽然设备的研发成本过高，但却能改善服务输送的流程。因此，未来在“远距居家照护”的推进上，台湾当局需扮演更重要的角色（黄起富，2010）。近年来，在有关部门和民间团体的努力下，THC 所欠缺的已不是新颖的设备，其所需要的是可作为典范和标杆的成功运作的实务模式，其对老人社区照顾和居家服务具有高度的参考价值和加值效果。

老人福祉科技产品需要一种人性化的设计并需兼顾安全性，即最好能仅通过几个简易的按钮就可以达到基本的照护功能，这将有利于其推广到各社区和基层。目前 THC 的服务功能包括生理信息的监测、定位与紧急通报救援、健康管理与人际互动的协助、照护服务的联络与协调等。应用电话拨接、区域网络 ISDN、光纤网络等联结受照护者与系统端的照护服务功能。但发展 THC 还需克服的关键因素有：

1. 经济因素的考量；
2. 民众的医疗习惯；
3. 法律问题及系统整合。

十、建立无障碍的全龄居家住宅

身心障碍者权益保障文件曾提出：“建造一个符合通用设计概念的环境，各项软硬件设施设备应尽可能让所有人都可以使用，而无须做出调整或特别设计产品、环境、方案和服务设计。”一个国家/地区的环境是否友善，需检视其环境是否全面无障碍，也就是要点、线、面都要达到无障碍，“点”指的是所有公共建筑物及活动场所，“线”指的是骑行与人行道，“面”指的是陆、海、空的公共交通工具，只有以上三点都到位才能称为友善无障碍的国家/地区。

台湾已进入快速老龄化社会，当局必须未雨绸缪落实无障碍环境，造福更多行动不便的同胞。面对高龄社会，必须建构友善的高龄居住环境和无障碍的环境，这些问题不能再逃避，因为这是被评定为国际健康城市的重要指标。依据老人社会学的连续理论和活动理论，居住者要想有独立自主的活动，从居家到系统都需要一套友善的无障碍空间和设施、设备。而建构一个高龄者友善健康的生活环境，不仅包含老旧房子的改善，还包括厨房、卫浴设备、无障碍空间等(陈燕祯、王顺民，2011)。台湾长期照顾十年计划就将“辅具购买、租借及居家无障碍环境改善”列为八大重点服务项目之一，“老人福利有关规定第 18 条”及“失能老人接受长期照顾服务补助办法”也都有相关的补助规定。

第四节　老人社会资源与照顾网络

一、发掘老人的内在社会资源

社会资源通常包括正式资源与非正式资源，长者或失能者通常都有多重问题，需要的不只单一的资源来提供服务。社会工作人员对内部资源和外部资源都需进行沟通、协调、合作，需具备耐心，掌握正确的资源讯息，并评估资源可提供协助的状况与限制。

而发掘老人非正式的社会资源也是相当重要的，例如个人的潜能、家庭成员、亲友、邻居、社区组织、宗教团体等。老人(案主)本身就是重要的内在资源，发掘老人的优势是改变其状态的原动力。因此，评估案主潜在的优点，并协助其发展技巧与能力是老人社会工作者十分重要的技能。老人社会工作者发展老人内在资源的步骤，见图 12－6。

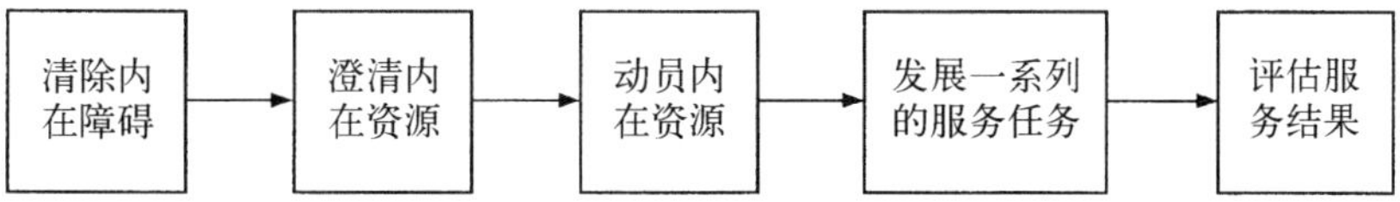

图 12－6　发掘老人内在资源的步骤

二、社会资源与障碍的分析

社会资源整合就是促进同行间的协调合作，其协调合作可以促使彼此分享匮乏的资源与宝贵的工作经验，增进对问题的了解，减少或避免服务资源的重叠和浪费，进而提供多元的服务类型，提升服务的可及性与服务品质，满足受服务对象的各种不同需求。

社会工作者要建立良好关系和进行资源运用，必须注意“社会资源与障碍的分析”（SWOT），即“S”优势（strengths）、“W”劣势（weaknesses）、“O”机会（opportunities）、“T”威胁（threats），才能掌握老人问题，并使资源有效联结和管理，例如：

1. 对有经济困难者，积极协助申请社会补（救）助，解决其经济困境；
2. 对行动有困难者，协助通过辅具的获得及应用，增进其生活自理的能力，并减少对他人的依赖；
3. 对福利服务取得有困难者，依其资格协助取得相关公私立服务（例如可代填身心障碍手册等）；
4. 对安置有困难者，依个案意愿，并通过相关安置机构的联系与安排，使个案得到妥善照顾；
5. 对于家庭问题复杂者（例如精神疾病家庭），依个案家庭状况及福利资格，协助取得所需医疗或相关社会福利资源。

三、有效联结社会资源的工作项目

一个称职又能有效协助解决老人问题和满足老人需求的社会工作者，必须对社会（社区）的资源和工作项目有所掌握，并建立关系。

1. 个案管理工程师（员）需先全盘了解社区内可用的相关资源，如资源的性质、分布、服务内容、服务品质及申请条件（可分为正式和非正式；政府和民间；付费、免费；机构、社区、居家式服务及专业、非专业、志工等方向）等信息。
2. 个案管理工程师（员）需了解中央及地方政府相关福利服务、医疗措施及相关补助办法。
3. 个案管理工程师（员）需与相关资源建立良好关系，以便日后转介与服务联结。

建构社会资源网络的方式可分为：(1) 掌握多元化的信息渠道——资源手册、媒体、网络信息、分享机构的资源信息；(2) 确实澄清资源的内涵——拜访机构、资源使用前再确认；(3) 团队合作关系的建立与维系；(4) 协调；(5) 倡导；(6) 业务的多方宣导；(7) 顺应服务需求开发资源；(8) 资源档案的建立与维护。

而外在资源取得的五大策略为：

1. **联结**，包括寻求资源、接触提供者、教导案主、陪伴案主及监督服务；
2. **协商**，包括个别化服务、澄清各种福利、协商差异及调整要求；
3. **监督**，当资源联结完成和使用之后，用来检视服务是否依承诺被提供；
4. **协调**，是将各种助人者组合在一起，用来协助克服衍生的问题；
5. **倡导**，包括法律行动，运用外在权威、申诉程序、知识提出果断的要求。

社会工作者或照顾管理者协助案主资源整合时，需扮演案主资源的中间人角色，积极为案主的需求进行联结工作，此联结的实务操作步骤可分为六个层次：

1. **将社会资源主动告知案主**，向案主说明选定此资源的理由，并详细向案主介绍此资源的状况与使用方法；
2. **由案主回报资源使用情况**，先让案主对资源做初步接触，询问案主接触资源的经过情形，了解资源是否可用；
3. **预估资源运用的可能障碍**，协助案主明了可预期发生的状况；
4. **联系资源提供者**，社会工作者主动打电话给资源提供者，告知案主的需求及其需要的协助；
5. **资源面谈技巧**，运用角色扮演，教导案主如何与资源面谈，以获得协助；
6. **陪伴案主**，陪伴案主一同前往资源提供方或单位。

四、老人照顾和社会资源

照顾(care)是指对有特别需要者提供身体上、物质上、精神上的照料、帮助和保护，使其身心方面能维持或恢复较佳的功能，并有良好的社会适应，且照顾者和被照顾者之间具有“情感性的联结”(吴味乡，1993)。社区老人照顾模式以

"使用者感受"(user-sensitivity)为轴心，运用各方资源相互协调组合的机制运作，并去除零碎、片断的服务方式，满足老人的照顾需要。因此，要开展连续性、永无休止的照顾工作，就必须将老人身心状况和支持系统作为协助的依据和后盾，再利用照顾者本身的资源系统及专业照顾团队的支持系统做照顾(个案)管理(care management)的规划，才能获得完善照顾。

老人照顾工作是一条漫长、辛苦的旅程，非自己亲身体验是无法感受个中辛酸的，因为照顾者首先必须具有体力，同时兼具包容性、接纳性及耐性等特性才能胜任照顾工作，而这实非个别照顾者所能独自承担的，由此需要整个照顾团队的支持，所以也绝非非正式部门的"家庭"支持网络就能承担的。

非正式照顾部门可提供的照顾又可再分为五种类别，前两种可由"家庭"提供，后三种则属"社区服务"的范畴，社区照顾的开展必须整合家庭和社区的支持才可能维持运作(Johson, 1987)。此五种照顾类型为：(1) 个人性需求照顾(personal care)；(2) 家务性照顾(domestic care)；(3) 辅助性照顾(auxiliary care)；(4) 社会支持(social support)；(5) 医护性服务(surveillance service)(见图 12－7)。

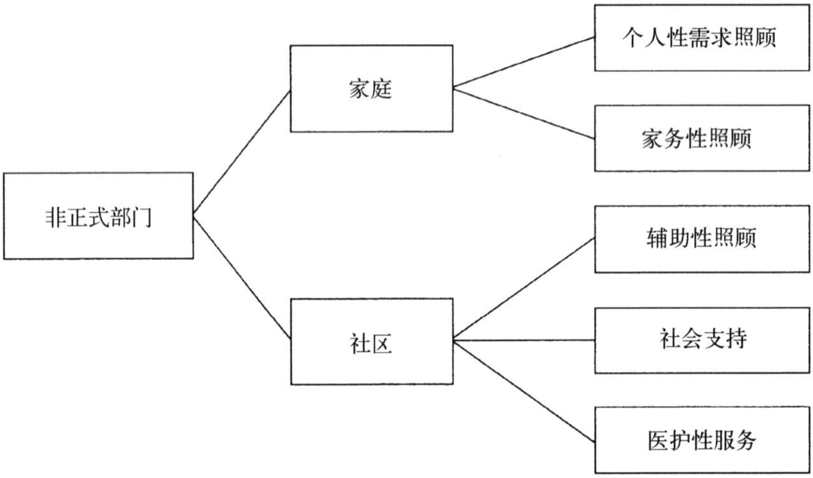

图 12－7　非正式部门提供的照顾类型

五、高密度 vs. 低密度的老人照顾网络

网络分析(network analyze)可以供专业工作者在实务分析状况时使用，

Sharkley(2000)指出，支持体系的“强弱”与“互动频率”会影响老人的生活状况。若虚弱老人拥有四个支持者，彼此之间又具有正式和非正式的社会支持和网络交流，那彼此属于“高密度”的相互联系，故当老人有需求时，他们会彼此互动，充分照顾虚弱老人，使主照顾者的负担降低(见图 12-8)。相反地，若四个支持者彼此之间并无联系互动，属于“低密度”的互动网络，则老人遇到重大事件或问题时，就会产生“照顾不足”及“照顾负荷”的问题(见图 12-9)。

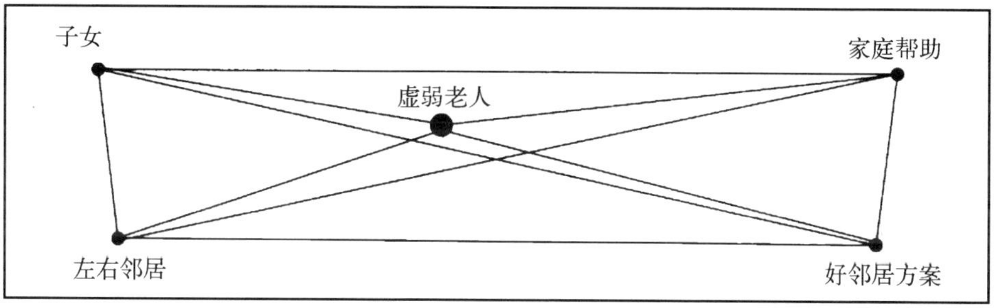

图 12-8　高密度的联系网络

资料来源：引自 Sharkley(2000)。

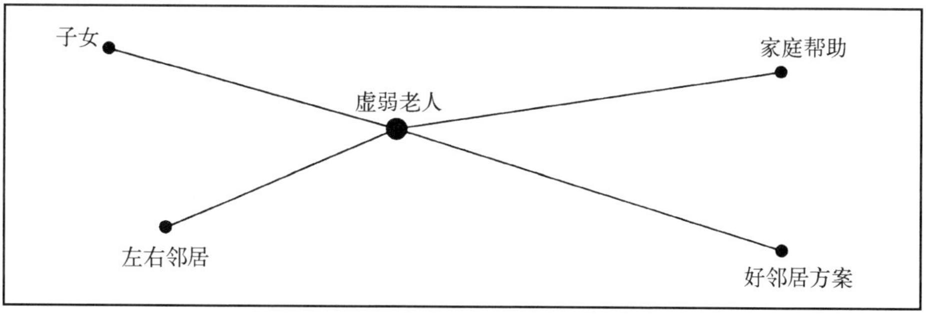

图 12-9　低密度的联系网络

资料来源：引自 Sharkley(2000)。

Sharkley(2000)的研究发现，**网络联系**(network mating)对虚弱老人的照顾是很重要的支持系统。Cassel(1976)也指出，社会支持网络的建立在个人面临压力冲击的社会心理历程中扮演“关键性”的角色，对个体心理压力具有保护(cushioning)和缓冲(buffering)的作用。建立高密度的社会支持网络，是失能老人照顾压力的最佳纾解渠道，所以照顾者或被照顾者在社会网络中就必须多加交流和互动，一旦个人遭受重大压力事件而无法因应时，所经营的支持系统就能发挥“及时雨”的效果，给予最大的协助。

网络亦可根据其结构及组织分类，依据网络内成员接触的密度、亲密程度、固定程度，分为“紧密网络”和“疏松网络”，其中紧密网络较疏松网络更具支援的潜力。

1. **紧密网络**：家庭关系的网络属于“紧密”网络。
2. **疏松网络**：邻里关系的网络属于“疏松”网络。

六、运用照顾者的社会资源模式

尽管建立社会支持系统是照顾工作者压力纾解的重要渠道，但社会服务的供给者和照顾者间的关系有时却是模糊且难以界定的。因此，就社会工作观点而言，照顾者和供给者两者之间的关系有四种模式。

1. **照顾者即是资源**：在老人机构中，需要非正式照顾者的协助，然而这些非正式照顾者的福利却是极少被关心的。
2. **照顾者即是同伴、同事**：在机构中，照顾者与其他工作者应是平行关系，因为照顾者也是参与者，所以照顾的兴趣和生活福祉应予以融合，并一并纳入考量。
3. **照顾者即是共同案主**：照顾者有时也必须视为案主，也有被帮助的权利。照顾者在照顾过程中承受了许多不为人知的压力，这些压力有些是需要受到实际的帮助才能纾解的，照顾者和案主也才能有更好的互动品质。
4. **有权利的照顾者**：即照顾者与被照顾者（老人）之间应有更多充权理念的支持关系，并协助其追求独立自主的目标。

依社会支持网络理论观点来看，老人照顾的社会工作处遇时，必须先了解老人与照顾者的内在、外在环境及资源的互动关系，尤其老人本身的人格特质、生活事件、社会功能的有限性、有效性、遗传、环境和疾病是否长期性，这些在社会工作实务中都将影响社会支持的稳定性，极易导致照顾关系的变化。

七、老人家庭与社区照顾的平衡系统

社区照顾近乎等于家庭照顾，而家庭照顾又几乎等于女性的照顾，台湾学者将社区照顾、家庭照顾和女性照顾画上等号（community care＝family care＝

care by woman)(周月清,2000)。然而,若将社区照顾视为等同于家庭照顾,则恐忽略社区资源的运用与联结,甚至过于简化家庭照顾的内涵与特性。例如家庭照顾中可能具有不稳定的三角关系,即家庭照顾者的意愿和能力及参与者的意愿等,这些都会导致对社会支持资源的忽视。Perlman 和 Giele(1982)以家庭照顾的平衡系统模式,说明依赖者、家庭(照顾者)和社区三者之间的交换关系,此三者之间任何一个变项的改变,都将影响其他元素的变动,必须做补偿性的调整才能平衡,而其平衡系统乃依靠社区资源和家庭能力予以支持和维护。其模式假设的重要变项为(萧金菊,1995):

1. 在家中接受照顾的失能者有身体和情境需求;
2. 家庭满足受照顾者的需求,同时也需具备一般家庭所需的物质和非物质能力;
3. 有运用社区中资源的可能性。

老人照顾工作在老人的身心状况、家庭能力和社区资源三者间无形中形成了一个三角关系,所以任何一方的改变,均足以影响提供照顾的意愿和能力,尤其是与社会支持资源的联系紧密与否,更将牵动被照顾者的生活品质(见图 12 - 10)。

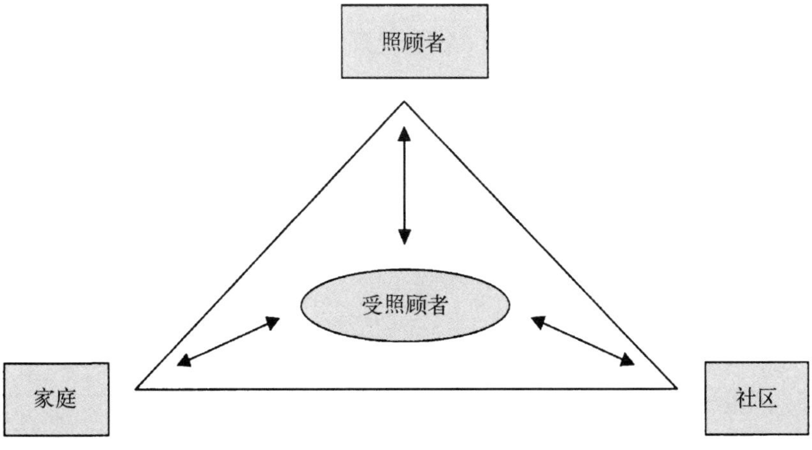

图 12 - 10　家庭照顾的平衡系统

第五节　老人照顾/个案管理和评估

随着社会福利的扩张和社会问题的多元化，个案工作者除了咨商的角色之外，同时必须扮演资源协调者与倡导者的角色，也因此扩大了个案管理的意义及内涵。老人照顾管理/个案管理是一种方法，是一个过程，还是整合资源网络的模式。因此，个案的照顾管理是一组在服务网络内、合乎逻辑的步骤和互动程序，以确保案主在有支持、效能、效率并合乎成本效益管理的情况下，享受到其所需要的服务。Moxley(1989)就指出，个案管理的案主通常是能力不足的，以致没有能力帮助自己，无法去协调不同的服务提供者，并且无法维持长时间的服务利益。Rothman(1992)指出，个案管理有几个适合的领域，例如心理疾病患者(the mentally ill)、老年人(elderly)、弱势的人口群(vulnerable population)及心理社会重建领域(psychosocial rehabilitation)。这些案主群都呈现严重性的、长期性的损害和障碍，虽然他们有技巧不足和信息缺乏的限制，但都仍有基本能力在社区中生活。而在社区中生活的概念，也是个案管理运作时的一大目标之一。

一、老人照顾/个案管理的定义与发展

个案管理是一种由案主参与服务选择的计划，也是重要的社会工作专业方法，其提供使用者较大的选择权，是一种经过需求评估并确认可用的服务及资源清单后，再为案主设计，提供包裹式服务照顾的技术。通过此过程，可以更有效地结合资源。因此，老人照顾(个案管理)是一种“以需求为导向”的服务规划。

个案管理的发展主要用于适应福利服务输送体系的零碎与不完整。从发展背景来看，可以说其从传统个案工作方法发展而来，但是比起个案工作，它更加强调服务资源的联结、协调。个案管理理念发展的社会基础源自：

1. 去机构化；
2. 社区服务的去集权化；
3. 多重居家服务需求的案主人数增加；
4. 照顾服务的分散化；

5. 对社会支持的重要性和照顾者需求的认知增加；

6. 成本抑制的需要。

依据 Rothman(1992)的研究，可以将这些需要个案管理的案主特性分为：

1. 严重性(severity)；

2. 持续性(duration)；

3. 广泛需要的概念(scope of needs)。

个案管理是一个强调程序的工作方法，借由按部就班的过程，我们可以深入地了解个案管理运作当中的实质内涵。高迪理(1994)也曾指出个案管理和传统个案工作的特性是不同的(见表 12-4)。

表 12-4　个案管理与个案工作的特性比较

	个案工作 (Casework)	个案管理 (Case management)
服务对象的问题形态	较为单一 单一资源即可解决	多重、复杂 无法有效使用不同资源、服务
问题性质	治疗性、矫治性	危机性、复健性、教育性
处置重点(取向)	问题 失功能	未满足的需求 现有的能力、资源
服务目标	协助案主解决问题 治疗案主	促成案主使用不同资源、服务 知识能力教育、培育案主 重视案主改变的潜能
主要服务工作方法	面对面的咨商辅导	评定、计划、协调、联结
诊断评定	深入心理层面	对于心理层面的介入浅，但实际坚持"人在情境中"
处置时间	一般较长	短期性
实务工作者的主要角色	治疗者、安抚者 为案主最主要资源协助的来源	促成者、教导者 试图结合案主及其他相关资源
培育案主运用资源	较为被动	较为主动
记录表格	开放式	具体、明确、详细
信息文件	半结构式	结构式

资料来源：引自高迪理(1994)。

二、老人照顾/运用个案管理的目的

个案管理(case management)为美国所采用，由个案管理师负责确保在提供个案服务过程中，案主能享受到统整的照顾工作。照顾管理(care management)为英国所采用，不只管理个案服务过程中的照顾工作，更包括对运用各种资源所提供的一系列活动和服务管理。在许多文献中，两者常被交互使用。老人照顾工作的复杂性高，需资源的整合才能提供完善的服务，故老人照顾必须运用个案管理的目的如下：

1. 为了增强个案获取及运用资源的能力、技巧及动机，并减少他们运用资源的障碍，另外是为了强化资源网络的发展，创造更丰富的资源网络；
2. 长期照顾个案管理的终极目的，在于针对遭遇复杂且多重问题和障碍的长期照顾个案及家庭时，可完整地评估个案及家庭的照顾需求，并以个案财务的可负担性为原则；
3. 协助联结相关资源或服务，使个案享有品质、持续、完整及适当的照顾服务。至于服务的及时性与适当性，除了可减少医疗及社会福利服务的不适当使用、增加有效使用之外，更可控制照顾成本，以提升个案及家庭的生活品质。

三、老人照顾管理/个案管理的工作目标

老人照顾管理(或老人个案管理)的工作目标，即要通过专业评估和服务联结，让老人获得“适当性”的服务介入，降低老人和家庭使用照顾资源的障碍，预防意外事故发生，并增加在社区照顾的时间，以减少长期机构和医疗资源的使用，其工作目标如下：

1. 评估老人的需求，促使老人获得适当层级资源的照顾服务；
2. 增加个案、家庭获取及使用资源的能力、技巧与动机，并降低个案、家庭运用资源的障碍；
3. 减缓/维护个案生活功能状况；
4. 预防个案意外事故及合并症的发生；
5. 延缓长期照顾个案使用机构的照顾；
6. 降低长期照顾个案不当使用“急诊”的频率；

7. 降低长期照顾个案不当使用“门诊”的频率。

四、老人照顾管理/个案管理者的角色扮演

社会工作个案管理师需具备的能力，包括评估个案与家属需求的能力、协调照顾服务的能力、个案管理的能力以及评估服务效益的能力。并具有以下的角色扮演：

1. 长期照顾需求评估者；
2. 长期照顾服务咨询者；
3. 长期照顾服务管理者；
4. 长期照顾服务监控者；
5. 长期照顾计划协调者；
6. 个案代言者；
7. 资源开发者；
8. 计划教育者。

五、老人照顾管理/个案管理者的评估

1. 评估个案的问题与需求，可通过高品质的会谈及诊断技巧，让案主获得适合个人的服务和最佳的社会资源，并建立工作关系。
2. 评估包括收集资料和分析资料与问题。
3. 评估的方式或活动包括家访、电话接洽会谈、办公室会谈与拜访机构相关人员等。

评定案主需求时，要先收集案主的下列资料：(1) 经济状况；(2) 居家状况(居家环境的安全)；(3) 就业情形；(4) 健康情形；(5) 心理状况；(6) 社会及人际关系；(7) 与家人的互动关系；(8) 生活品质；(9) 日常生活的活动功能(ADL 和 IADL)；(10) 交通能力；(11) 就医能力。

六、老人照顾/个案管理的需求评估流程

老人照顾/个案管理的需求评估有八项过程：(1) 接案；(2) 开放式会谈；(3) 需求评估；(4) 制订服务计划；(5) 目标确立与评估；(6) 计划实施；(7) 危机管理；(8) 结案评估(Parsons, Jorgenson & Hernandez, 1994)。Rose 和

Moore(1995)则提出五个阶段：(1) 制订服务契约；(2) 需求评估；(3) 服务或处遇计划；(4) 连接或转介案主适当资源；(5) 监督个案以确认服务的输送与使用。Ballew 和 Mink 提出个案管理有六个阶段(王玠 等译，1998)。

1. **建立关系**：此阶段的工作包括收集案主的基本资料、建立关系，同时澄清双方的期待、订定服务契约，确保日后提供服务的工作关系。
2. **评定**：个案管理者要确定案主的各项状态，过程中由个案管理者与案主一起工作。评定的内容包括：(1) 待解决的问题及其先后顺序；(2) 案主本身的内在资源、外在资源；(3) 使用这些资源可能会遇到的障碍。
3. **计划**：采取行动前的规划工作，能使未来工作更有焦点、更具系统性，并能确定执行工作的目标、步骤和结果。形成计划的步骤包括：(1) 形成目标；(2) 在各目标中排出优先顺序；(3) 选择达到目标的方法；(4) 确定评估成果的时间与程序。
4. **取得资源**：在联结资源产生阻碍时，主要有三个策略可以克服。
   (1) **联结**(connecting)：是指与助人者开启一个新关系所采取的所有行动。
   (2) **协商**(negotiating)：为了改善案家与助人者之间现存的连接关系所设计的行动。
   (3) **倡导**(advocacy)：当外在环境的某些情况与案主有冲突时，或是对案主有胁迫性时，个案管理者必须站在案主立场提出请求，并采取行动。
5. **整合**：完成资源联结后，个案管理者仍要持续检视协助与资源是否被提供及有效地被使用。
6. **结束关系**：当案主能够有效地开始使用资源，问题也相继解决时，个案管理者即可渐渐结束工作关系。

Greene (1991)提出个案管理有下列八个阶段：

1. 确认案主与外展服务；
2. 个别与家庭评估与诊断；
3. 服务计划与资源的确认；
4. 连接案主需要的服务；
5. 服务的运作与协调；

6. 服务输送的监督；
7. 倡导以获得服务；
8. 评估。

七、老人照顾管理/个案管理者专业上常见的障碍

在老人服务实务过程中，我们发现当前的个案管理工作者经常面临下列问题，社会工作者必须特别注意：

1. 工作者的内在障碍，例如个人价值观的过度涉入；
2. 工作者的工作负荷过重；
3. 工作者的专业能力不够；
4. 服务运作上的困难，不同身心障碍类别及失能程度在实际运作上有差异；
5. 倡导工作不易。

第六节　发展“好邻居”社区关怀照顾据点模式

一、社区照顾正式支持与非正式支持服务输送

西方国家推行社区照顾政策的重要目的之一，在于抑制社会福利经费支出的不断上扬，希望长期住院的失能者能够尽快离开医院，而未进入医院者则尽量延缓进入医院；另一个原因则是尊重使用者是否留在家中的意愿。大部分使用者均希望能在社区网络内接受安养照顾，而社会支持的重要目标就是去影响一个人的照顾品质，增强其自尊(self-esteem)，强化对环境的掌控感，达成健康与温暖的提升。因此，在社区照顾的政策下，服务使用者对于非正式和正式支持的运用，必须是无缝隙的服务体系(Payne，2000)，这样的体系才符合社区老人长期照顾的完善输送方案的模式(见图 12 - 11)。

二、建构“社区式”的关怀网络

社区照顾是 20 世纪 60 年代西方国家为适应高龄社会所提出的重要社会

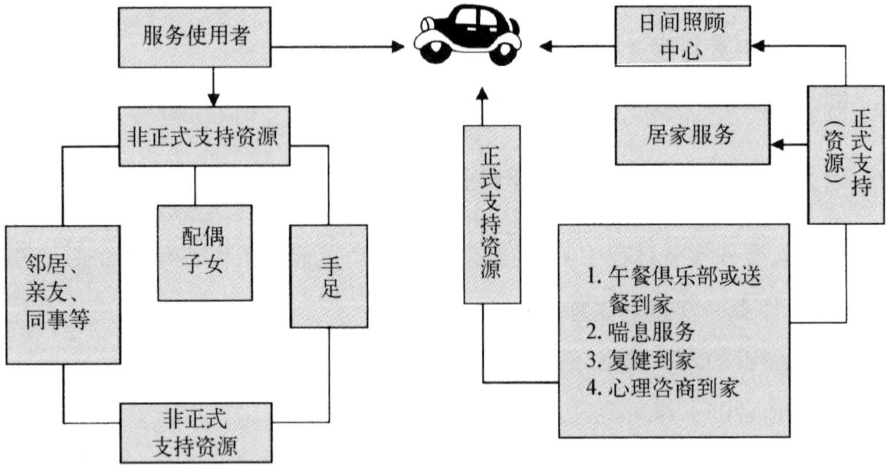

图 12-11　社区照顾正式支持与非正式支持的服务输送

资料来源：引自陈燕祯(2005)。

政策，能节省庞大的医疗支出与财政负担，并以家庭为基石，以社区之力照顾社区老人，由“在地人照顾在地人”的情感依附，达成“在地老化”(aging in place)的养老目标。社区照顾是一项借力使力的资源运用方法，一则让老人活在最熟悉社区的网络中，二则利用社区之力照顾在地老人。简而言之，社区照顾的目的就是让“集体式”的机构照顾回归到“社区式”的照顾模式，希望强化“初级、预防”的健康模式；这个模式在台湾传统的孝道文化影响之下，是非常切合老人养老需求的(陈燕祯、林义盛，2010)。台湾老人福利有关规定注重以家庭、社区为基础的福利服务，2007 年大修的老人福利有关规定，更以社区化、人性化和连续性、预防性的服务设计为原则，重视社区资源的整合和运用，因此在“长期照顾十年计划”中，以社区式照顾(含居家照顾)占 70％、机构式照顾占 30％为目标，以确保老人生活的需求与尊严。因此，社区据点设置的功能，就是希望借由密集分布的社区关怀站作为提供老人服务系统的服务端，并通过老人健康管理和社区活动，让老人参与社区，构成社区互助网，构成老人福祉和生活品质扎根与深耕的基础。

三、发展“好邻居”社区据点关怀模式

社区照顾是福利社区化的核心工作，是一个照顾人民的重要福利措施，社区关怀照顾据点从方案推动至今，已渗透社区的每个角落。它结合社区资源并

共构社区发展工作平台，从一社区一据点，到一据点一张关怀网，再从社区小互助网联结成全省范围的大互助网，形成左邻右舍关怀老人的基点，发挥乡亲土亲的动员力。

虽然从社区照顾据点执行的现况，以及相关文献整理结果来看，当局对这些据点的正式资源投入是有限和保守的，而且也遇到资源投入和志工运用问题（赵珍妮，2006；赖两阳，2009）（如正式资源投入严重不足；偏远地区高龄化问题严重，进而造成志工招募不易；社区志工年龄偏高、教育程度偏低、且缺乏专业人力等）；但整体而言，社区据点的直接功能是提供了对老人日常生活的关怀和对独居老人的关怀照顾，也促进了老人的社会活动参与；间接功能则是凝聚社区共同意识，改善了社区的气氛（陈燕祯，2011）。研究指出，老人对社区据点所提供的服务多给予正面的评价（傅秀秀，2012），因此，社区据点需建立互惠机制，并进行互相交流（林炳宏，2013），关怀据点的永续服务必须结合其他资源，并搭配外展服务等（齐碧修，2013），以达到“在地老化”“活跃老化”的目标。而从笔者多年参与评鉴和辅导的经验发现，许多认真经营的社区据点，已发挥了社区照顾的功能，让老人们可以聚在一个熟识的地方互相照顾，并一起参与健康运动，而这也符合我国传统文化的“好邻居”的互助模式。关怀据点已成为当局社会福利或其他部门政策宣导的重要地方，这值得持续推广。

老人照顾的实务工作必须就现有的社会网络进行互补和资源联结整合，故实务工作者不仅要关心被照顾的案主，也必须考虑到整个网络介入的有效性，有了对网络类别及资源的充分认识，有助于照顾方案的设计。据点大多运用团体工作方式进行老人活动，达成初级性的预防保健，而据点所带领的各项团体活动也提升了老人的社会参与（庄秀美，2003）。因此，善用社区资源者可产生涟漪般的扩散效果，也将有助于建构老人福利的多赢局面。

问题与讨论

1. 何谓社区照顾？
2. 社会资源和社会网络的种类有哪些？
3. 社区照顾体系对老人照顾实务的影响是什么？
4. 老人照顾管理/个案管理的重要性何在？
5. 讨论“社区照顾关怀据点”的服务现况与优缺点。

参考书目

一、中文部分

朱利叶斯·柏鲁尔，乔治·米克. 社会工作个案管理[M]. 王玠，李开敏，陈雪真，译. 台北：心理出版社，1998.

吴味乡. 台湾地区老人长期疾病照顾现况分析[J]. 福利社会双月刊，1993(38)：17-24.

吕宝静. 老人朋友网络支持功能之初探[J]. 社会政策与社会工作学刊，2000，4(2)：43-90.

宋丽玉. 建构台湾慢性精神病患之社区支持体系：医疗模式与社会心理模式之整合[J]. 社区发展季刊，2000(29)：126-140.

宋丽玉. 社会支持网络、压力因应与社会网络[M]. 台北：洪叶文化事业有限公司，2002.

李孟芬. 台湾老人的非正式社会支持与生活满意度之关系研究[M]//李孟芬. 台湾地区老人健康与生活研究论文集，1993：5.1-5.21.

周月清. 英国社区照顾：源起与争议[M]. 台北：五南图书出版股份有限公司，2000.

林松龄. 老人社会支持来源与老人社会需求：兼论四个社会支持模式[M]//王国羽. 社会安全问题之探讨. 嘉义：中正大学，1993：205-290.

施教裕. 老人照顾需求评估及对策探讨[M]//王国羽. 社会安全问题之探讨. 嘉义：中正大学，1993：291-316.

施教裕. 老人与家庭政策：家庭关系的内涵及意涵之探讨[C]. 家庭与社会福利学术研讨会论文集，1994.

郝溪明. 都市家庭中失能老人与主要照顾者调整生活方式之研究[D]. 台中：东海大学，1999.

高迪理. 个案管理：新名称或是新方法？[J]. 社会工作学刊，1994(3)：145-159.

张苙云. 医疗与社会：医疗社会学的探索[M]. 台北：巨流图书股份有限公司，1998.

庄秀美. 老人团体工作实务[M]. 台北：学富文化事业有限公司，2003.

许哲瀚，唐忆净. 远距居家照护的现况与未来[J]. 台湾老年医学暨老年学杂志，2008，3(4)：272－285.

陈燕祯. 台湾地区社区式老人长期照顾模式发展之探讨[C]. 全球华人孝亲学术研讨会，2004.

陈燕祯. 社区老人照顾支持体系及政策探讨[J]. 社区发展季刊，2005(110)：158－175.

陈燕祯. 银发族照顾产业的发展趋势：资源整合的观点[M]. 台北：威仕曼文化事业股份有限公司，2012.

陈燕祯，林义盛. 乡村社区照顾关怀据点实践经验：社会工作者的田野观察[J]. 社区发展季刊，2010(118)：229－243.

陈燕祯，王顺民. 从活跃老化、健康促进到友善环境的长者乐活参与[C]. 2011 年活跃老化学术研讨会，2011.

曾竹宁. 老人长期照顾服务非正式支持系统之探讨[M]//台湾地区老人服务输送体系及网络的建立论文集，1998：36－50.

曾华源，郭静晃. 少年福利[M]. 台北：亚太图书出版社，1999.

傅秀秀. 高龄者使用社区照顾关怀据点服务经验之分析：以台北市关渡关怀据点为例[D]. 新竹：玄奘大学，2012.

黄起富. 居家服务单位推展远距照护服务之经验探讨[D]. 屏东：美和技术学院，2010.

赵珍妮. 从长期照顾政策谈社区照顾关怀据点的功能[J]. 社区发展季刊，2006(118)：229－243.

齐碧修. 志工运用与公私协力关系之研究：以新北市板桥区社区关怀据点服务独居老人为例[D]. 台北：铭传大学，2013.

赖两阳. 社区工作与社会福利社区化[M]. 3 版. 台北：洪叶文化事业有限公司，2009.

萧金菊. 家属长期照顾慢性病老人对支持性服务需求之探究[D]. 台中：东海大学，1995.

二、英文部分

Cantor, M. (1979). Neighbors and friends: An overlooked resources in the informal support system, *Research on Aging* 1:434-463.

Cassel, J. (1976). The contribution of social environment of host resistance, *American Journal of Epidemiology*, 104: p107-23。

Chen ,Y-J. (2012). A study of establishing demand assessment and support network of elderly fall-prevention system, 2012 AHFE Conference. US: San Francisco

Dono, J., Falbe, C., Kail, B., Litwak, E., Sherman, R., & D. Sneggel (1979). Primary groups in old age: Structure and function, *Research on Aging*, 1: 403-433.

Evashwick, R. J. (1996). *The Continuum of Long Term Care an Integrated Systems Approach*. New York: Pelmar.

Greene, R. R. (1991). Case management: An arena for social work practice. In B. S. Vourlekis and R. R. Greene (eds.), *Social Work Case Management*, pp.11-25. New York: Walter de Gruyter.

Johson, N. (1987). *The Welfare State in Transition: The Theory and Practice*. Brighton, Sussex: Wheatsheaf Books Led.

Litwak, E., & M. Silverstein (1993). A task-specific typology of intergenerational family structure in later life, *The Gerontologist*, 33(2): 258-264.

Moxley, D. P. (1989). *The Practice of Case Management*. Newbury Park, CA: Sage.

Parsons, R. J., Jorgensen, J. D., & S. H. Hernandez (1994). *The Integration of Social Work Practice*. US: Wadsworth.

Payne, M.(2000). *Teamwork in Multiprofessional Care*. Printed in Malaysia.

Perlman, R., & J. Z. Giele (1982). An unstable triad: dependents demands, family resources, community supports, *Home Health Care Services Quarterly*, 3(3/4):12-44

Rose, S. M., & L. V. Moore (1995). Case management. In L. Beebe, & N. A. Winchester, (eds.), *Encyclopedia of Social Work* (19thed.), pp.335-340. Washington, DC: NASW.

Rothman, J. (1992). *Guide Liners for Case Management*. F. E. Peacock Publishers.

Sharkley, P. (2000). *The Essentials of Community Care: A Guide for Practitioners*. London: Macmillan, Inc.

Wenger, G. C. (1995). Support network variation and informal participation in community care. In T. Scharf, & G. C. Wenger (eds), *International Perspective on Community Care for Older People*, pp.41-58.

第十三章 老人保护工作

第一节　老人的基本权益与保护

一、老人的基本权益

20 世纪 70 年代老人保护议题已兴起，而今日所谓的"百龄社会"也已来临。然而近年来各国家及地区的老人虐待(虐老)问题日趋严重，台湾似乎也不例外。老人受虐或老人受忽视的事件浮上台面，这是否告诉我们，这是一个"责备老人"长寿的年代？老年人口不断增加，除了生理功能、心理功能的衰退外，严重的社会环境障碍，或被社会排除疏离，或经济的困顿，或因家庭结构改变，使老人的社会地位也逐步低落，也使得老人特别是虚弱、卧床的老人遭遇严重伤害或潜在危险的风险增加，所以为保障老人的生存权及安定老人的晚年岁月，老人保护服务(protective service for the aged)成为老人福利工作的重要议题。因此，必须就老年人的基本权益加以思考，这也是在任何国家/地区都应受到保护和尊重的权益。老人应有的五项基本权益，如图 13 - 1 所示。

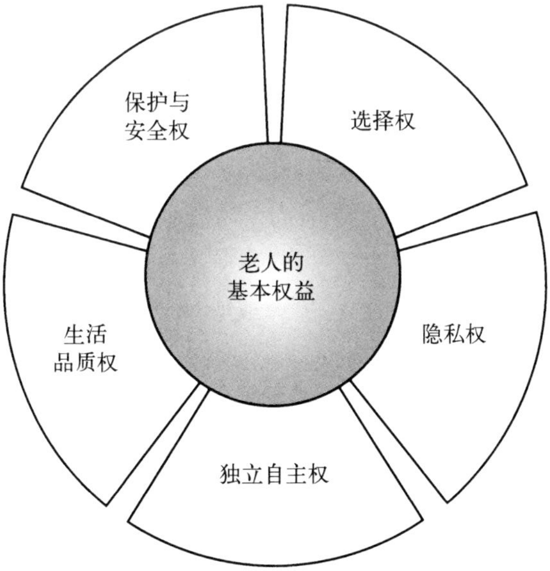

图 13 - 1　五项基本权益

当今社会人们普遍对老人存有刻板化(steotype)印象或偏见，使得老人权益问题未能获得重视。一方面，一般人对于社会频传的老人虐待事件，虽然感到无法理解及愤怒，但也只能表现出无力与无奈。另一方面，在社会工作实务中，对于老人虐待问题，社会工作的角色到底应是坚持社会正义，以公权力介入，还是应还原"当事人主义"，在尊重老人自己的决定后才表示介入的立场？这一问题的答案，至今仍有争议。

二、老人福利有关规定对老人保护的定义

台湾于 1997 年首次修正的"老人福利有关规定"最主要的特色之一，即是增列"老人保护"专章。2007 年修正的"老人福利有关规定"中将老人保护措施修正为第五章第 41 条、第 42 条、第 43 条、第 44 条及第六章罚则的第 51 条、第 52 条。老人保护工作的服务对象为各县市年满 65 岁以上的老人，有下列情形之一，以致其生命、身体、健康或自由有危难之虞者：

1. 未得到基本生活照顾或扶养者；
2. 遭受身体或精神虐待、恶意遗弃、自由限制或妨害者；
3. 独处于易发生危险或伤害的环境，且无生活自理能力者；
4. 因患病遭受意外伤害或紧急事故，需要立即救护者；
5. 其他经主管机关认定需要接受保护服务者。

第二节　老人虐待的相关理论

一、老人虐待的定义

老人虐待(elder abuse)是指在生理或心理上故意伤害老人，即使"忽视"(neglect)老人的基本需求，也是对老人的伤害，但这些通常是服务提供者"怠慢"或"无能力照顾"所引起的，而非故意的，所以要判定老人是否受到虐待或忽视其实是很困难的，而有些受虐老人也害怕揭露受虐事实后会被报复。

二、老人虐待的相关理论

了解老人虐待的相关理论，除了有助于了解老人受虐的本质和成因外，还

能进一步提供受虐当事人适切的认识与治疗、安置，并建构适当的老人社会工作模式，以预防类似问题再次发生。老人受虐的相关理论经整理如下（李瑞金，1994；李开敏 等译，1996；陈燕祯，1996；黄志忠，2002）：

（一）个人内在因素理论

个人内在因素理论（intra-individual theory）又称心理病态模式（psycho-pathology model），主要强调受虐者和施虐者具有身体上、人格上的病症或缺陷，例如毒瘾、酒瘾者；当老人年迈时，其成年子女行为无法自制或无法提供年老父母所需要的照顾，因而会施虐于老人，所以此模式强调社会工作者需了解受虐老人和照顾子女的个人内在人格特质，才能有效地进行个案评估和处理计划的拟定，以避免陷入责备受虐者的情境。

（二）外在情境理论

外在情境理论（situational aspects theory）认为老人会被疏忽、虐待是经济情况等外在环境的反映，例如老人身患疾病、人际关系不佳、生活贫苦等生活危机事件，是构成虐待的主因。老人因为衰老易病，而逐渐缺乏生活能力，造成家庭经济问题或造成照顾者工作上的压力，而这压力和负担又会降低家属照顾老人的意愿，甚而虐待老人。居住在老人机构者，工作人员的薪资过低、福利过差、工时过长、设施设备不足等外在因素，也会导致老人受虐事件。

（三）暴力循环理论

暴力循环理论（the cycle of violence）常被运用于家庭暴力的原因和过程之探讨。Walker（1979）认为暴力行为呈现阶段性发展，可以分为：紧绷期（the tension-building phase）、殴打期（the battering episode）、和解期（the reconciliation period）。而各个阶段又以周期性的方式循环出现，施暴的行为通常一次比一次加重，使受虐者常有强烈的无力感（powerless）。尤其当老人们“家丑不可外扬”的价值观根深蒂固时，对家庭成员的虐待行为就可能持续忍受而不敢揭发，因而导致受虐问题一再地循环发生。

（四）社会交换理论

社会交换理论（social exchange theory）强调人与人之间的互动，依据可能的酬赏（reward）和成本（cost）加以计算，互动的双方倾向于追求自我利益的极大化，所以当父母与子女的交换互动不成功时，握有强势资源或筹码的一方通常会控制弱势的一方，于是双方产生冲突，而冲突则会导致不当对待、疏忽、虐待的事件发生。通常老人将财产分给子女之后，若没有保留一份作为自己或配偶未来年迈或生病照顾之用时，就会成为没有资源、没有权利的弱势者，致使子女不愿多加互动，老人就越显孤立，受虐事件就容易发生。

(五) 世代冲突理论

世代冲突理论(intergenerational conflict theory)认为，当老人与成年子女无法重新定位彼此的角色时，冲突的关系就会随时产生而且更加恶化，导致产生敌意或公开暴力行为。尤其当成年子女无法应付年老父母罹患的慢性疾病时，两者之间的冲突就很可能发生。此时成年子女的压力，一方面来自要面对自己老化的过程，一方面来自要照顾下一代子女和上一代的父母的压力，在蜡烛两头烧的情况下，就产生更大的压力。因此，世代冲突的虐待事件，乃是由成年子女和老年父母之间的权利义务缺乏规范所导致的(见表13-1)。

表13-1 老人受虐的相关理论

	定　　义
个人内在因素理论	此理论又称心理病态模式，主要强调受虐者和施虐者具有身体上、人格上的病症或缺陷
外在情境理论	认为老人会被疏忽、虐待是经济情况等外在环境的反映，如老人身患疾病、人际关系不佳、生活贫苦等生活危机事件，是构成虐待的主因
暴力循环理论	暴力循环理论常被运用于家庭暴力的原因和过程之探讨。此理论认为暴力行为呈现阶段性发展，可以分为紧绷期、殴打期、和解期，以周期性、循环性的方式对老人/家人施暴
社会交换理论	强调人与人之间的互动，是依据可能的酬赏(reward)和成本(cost)计算的，互动的双方倾向于追求自我利益的极大化，故当父母与子女的交换互动不成功时，握有强势资源或筹码的一方通常会控制弱势的一方
世代冲突理论	当老人与成年子女无法重新定位彼此的角色时，冲突的关系就会随时产生而且更加恶化，导致产生敌意或公开的暴力行为

三、老人虐待的类型与指标认定

老人受虐的类型很多，定义也不一而足，大致上可以归纳为下列十项：

1. 身体的虐待；
2. 精神的虐待；
3. 疏忽；

4. 遗弃;

5. 性虐待;

6. 财务剥削;

7. 违反基本人权;

8. 环境虐待;

9. 多重虐待;

10. 自我虐待。

依"老人福利有关规定"第41条、第42条、第43条老人保护的专章和家庭暴力防治有关规定第2条的规定,家庭暴力指的是"家庭成员间实施身体或精神上不法侵害的行为"。有研究整理出台湾老人虐待分类(卓春英等,2011;见附录13-1),有关部门也提出"老人保护强制性教育执行评估指标"的说明,以作为老人保护的判定依据(见表13-2)。另外,老人社会工作者要判定老人是否处于受虐的"危险"环境中,可以参考下列六项指标(李瑞金,1994)。

表13-2 台湾老人忽视和虐待概念与定义

卫生福利主管部门
◎身体上的不法侵害指的是: 1. 虐待、遗弃、押卖、强迫、引诱从事不正当的职业或行为、滥用亲权、利用或对儿童少年犯罪、伤害、妨害自由、性侵害等 2. 包括鞭、殴、踢、捶、推、拉、甩、扯、掴、抓、咬、烧、扭曲肢体、揪头发、扼喉或使用器械攻击等方式 ◎精神上的不法虐待指的是: 1. 言词虐待:用言词、语调予以胁迫、恐吓,以企图控制被害人。例如谩骂、吼叫、侮辱、讽刺、恫吓、威胁伤害被害人或其亲人、扬言使用暴力等 2. 心理虐待:例如窃听、跟踪、监视、冷漠、鄙视、羞辱、不实指控、试图操纵被害人等足以引起人精神痛苦的不当行为 3. 性虐待:强迫进行性幻想或特别的性活动、逼迫观看性活动、色情影片或图片等

资料来源:整理自卫生福利主管部门保护服务部门(2013a)。

1. **忽视**:了解忽视的来源,可能是老人忽视自己,或是被家人、机构忽视。

2. **忽视的情况**:拜访老人时,是否发现恶臭,有跳蚤、红肿、溃烂,有无定时提供饮食,零用钱送达的方式如何等;老人衣服是否很脏;行动有无被隔离。

3. **自我危害的行为**:例如自杀、到处游荡、拒绝药物治疗。

4. **环境的危险**：要注意老人居家处有无厕所，屋子里面有无老鼠、蟑螂、猫、狗等，是否缺乏生活用品及设备，屋子结构是否安全等。此外，要了解老人是否有受到家庭关心及社会支持。

5. **智力的损伤**：与老人谈话时会发现老人语无伦次、天马行空，这代表老人的智力已经受到损伤，要注意老人对时间、地点、空间的概念是否有不适当的反应等。

6. **受人利用**：老人是很脆弱的，当别人对他好时，老人常会以物资等东西来回馈，因而常会被有心人利用。如独居老人、长期卧病者、寡妇及慢性病人等较易被人利用。

四、老人潜在被虐待的因素

除了明显的危险指标之外，老人“潜在”被虐待的因素还有很多，又可以区分为老人自己本身所造成的自我虐待和照顾者所造成的虐待（潘英美 译，1999）。

（一）老人自我部分

老人若有下列征兆，则容易造成“潜在型”的虐待：

1. 自我健康管理不佳；
2. 过度依赖成年子女；
3. 过度依赖配偶；
4. 命令、指挥或控制照顾者。

（二）照顾者部分

照顾者（配偶或子女）对老人形成虐待的“高危险因子”有很多，详列如下：

1. 儿时遭到虐待；
2. 不良的自我形象；
3. 满足自我需求的能力受到限制；
4. 酒精或药物滥用；
5. 心理上未准备好因应老人长期失能的依赖；
6. 恐惧失落或恐惧控制；
7. 对老人长期失能持完全否认的态度；
8. 否认父母或配偶的疾病；

9. 拖延父母就医；

10. 对于父母问题的严重性有不宜的反应；

11. 持续抱怨不相关的问题；

12. 拒绝同意进一步的诊断或处遇等。

多数的“虐待”及“忽视”被认为是“家庭问题”，若介入过多，会破坏其家庭关系。然而，社会有积极责任去介入老人被虐待的个案，而且政府应对家庭长期照顾者给予积极性的支持和福利，而非消极性的要求、责难及处罚，如此才有实现“零虐待”的可能。

五、老人遭受疏忽、虐待的因素

老人疏忽虐待除经常发生在家庭中外，在机构中也同样可能会发生老人疏忽、虐待事件。根据老人实务工作的整体经验和评估，我们将老人可能受虐或受忽视的因素分为五大层面进行探讨：

（一）老人本身因素

1. 生活习惯不佳。

2. 卫生习惯不良。

3. 穿着邋遢。

4. 想法固执，难以沟通。

5. 要求、意见过多(例如每天要求看医师)。

6. 人际关系差，不易与人相处。

7. 身体状况恶化，需要密集性照顾。

8. 特殊的生活习惯(例如冬天吹电风扇、所有东西都要放在床上)。

9. 喜欢抱怨、唠叨、批评、责难，说负向的话(例如嫌东嫌西、抱怨菜不好吃)。

10. 对工作人员说话的口气、态度不佳，颐指气使。

11. 贫穷。

12. 无家属、亲友。

13. 无法表达需求。

14. 罹患严重心理疾病(例如罹患容易躁动的心理疾病，制造声音而影响其他居民休息等)。

15. 说话不实、夸张、反复无常。

16. 喜欢道人长短、说人是非、挑拨离间。

17. 对工作人员毛手毛脚，好色。

18. 喜欢装病。

19. 易对来访家属哭诉。

（二）老人家属的因素

1. 对机构的要求过多。

2. 对工作人员态度不佳。

3. 长期积欠费用不缴。

4. 对老人从未理会关心。

（三）工作人员的因素

1. 工作态度不佳。

2. 对机构服务目标、理念不清。

3. 角色定位模糊。

4. 自我情绪不稳定（EQ 差）。

5. 家庭生活压力大。

6. 人格不成熟、固执，易跟老人发生争执和冲突。

7. 爱计较，喜欢道人是非、说人长短。

8. 工作负荷过量。

9. 工作人力不足。

10. 工作人员或部门之间沟通协调不良。

11. 机构的职前、在职训练和教育不足。

12. 薪资低、福利差。

13. 专业背景及知识不足或服务技巧不够。

14. 个人卫生习惯不佳。

15. 窃取老人的财物。

16. 不尊重老人的隐私权。

17. 未提供适当的医疗照顾，如老人生病延迟就医。

（四）机构管理者因素

1. 机构的管理制度不佳。

2. 管理人员无责任和担当。

3. 管理人员的指示不明确、不清楚。

4. 机构欠缺明确的管理规章、制度。

5. 临床督导不周。

6. 欠缺督导人力。

7. 管理者自以为是,以自我为中心。

8. 未依规定进行标准化的管控和预防,造成老人发生集体性的传染疾病。

9. 服务对象的情况与机构收容目标和机构功能不符。

10. 服务量超出机构原申请的服务目标量(例如超收老人)。

(五) 环境因素

1. 机构环境设施设备不佳及不足(例如缺乏无障碍空间)。

2. 活动空间不足(室内和户外空间不够)。

3. 卫生环境不佳。

六、老人保护服务的基本法律概念

任何保护服务都以两个基本的法律概念为前提:

(一) 假定受伤害者是有能力的

例如多年的失能者自然不能亲自去社会福利机构领取发放的补助金,但他不一定就是无能,无能也并不等于依赖,一个四肢麻痹的人几乎完全依赖他人维生,但不能因"四肢麻痹"而剥夺一个人的能力。

(二) 最少限制选择理论

对老人的照顾协助和介入是有远近亲疏层次的,由内而外,由亲密到陌生,以此层次向外扩展。初级关系的非正式照顾体系(亲属)若能够满足老人需求,则第二级的非正式照顾体系(邻居、朋友)就不需要了,若第二级的非正式照顾体系可以提供情感支持、金钱和物质的帮助等服务,则第三级的正式照顾体系(政府服务组织或政治、经济机构的介入)就不需要了,所以工作者必须保持给老人"最少限制"的原则,不要给老人太多的限制,让老人具有照顾的选择权(见图 13-2)。

七、台湾老人保护的现况

变迁中的老人照顾方式,将决定老人的生活品质和自主尊严。台湾的老人

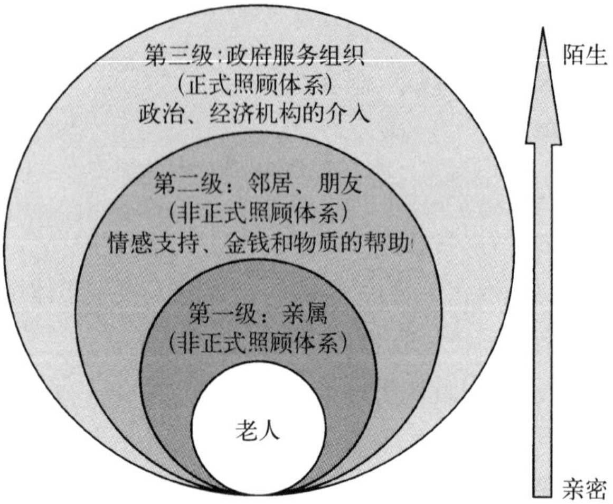

图 13－2　老人照顾的远近亲疏层次

照顾模式在经济压力和孝道文化规范的双重束缚下，从昔日的老人靠“家族力量”相互照顾，由“成年子女奉养”，转变为今日期待由“有关部门奉养”及“靠自己老本”，年老父母已不再是子女的“隐含资产”，反而可能是子女全力冲刺事业的障碍，尤其是虚弱卧床的父母，更成为子女肩膀上的重担，所以社会已出现“家有一老，必有一倒”的现象，因此“弃养”“虐待”或“忽视”父母的事件层出不穷，老人告子女不孝的司法案件也越来越多。

依据台湾卫生福利主管部门统计，2013 年家庭暴力事件通报案件统计中，通过“113”保护电话通报的件数达 30 196 件(22.49%)，其中老人虐待的事件有 3 624 件，且自 2007 年至 2013 年，老人虐待的事件累计已有 20 692 件(台湾卫生福利主管部门统计处，2013b，2014a)，而 2014 年老人保护通报专线所接获的通报中，以遭到“虐待”(abuse)的比例最高，而且“女性”老人受虐待的人数(1 359 人)比男性老人(825 人)更多(台湾卫生福利主管部门统计处，2014b)(见表 13－3)。

表 13－3　中国台湾地区老人保护网络体系服务现况

老人保护网络体系	服务人数			服务人次合计
	男	女	合计	
法律诉讼及咨询 (Litigation of Law and Counseling)	434	518	971	1 741

（续　表）

老人保护网络体系	服务人数			服务人次合计
	男	女	合计	
验伤医疗 (Medical Checkup and Treatment)	154	188	348	767
个案辅导(Specific Assistance)	1 780	1 919	3 760	8 189
个案追踪辅导访视 (Specific Assistance Followed)	2 903	3 249	6 289	15 561
问安电话(Call Inquired for Health)	1 919	1 955	4 160	8 518
委托安置(Committed Settling)	571	231	816	2 409
遗弃(Abandoned)	292	216	517	—
虐待(Mistreatness)	825	1 359	2 218	—
疏忽(Carelessness)	192	237	437	—
财务侵占(Financial Occupation)	33	18	51	—
失依陷困(Non-support)	529	217	758	—
其他	714	578	1 300	—

资料来源：引自卫生福利部统计处(2014b)。

第三节　老人保护工作的流程与面向

根据近年来有系统的老人虐待盛行率研究，有 4%～6%的社区老人曾经被通报为老人保护个案，而这个数字还可能因许多个案不愿被通报而产生被低估的现象（黄志忠，2010；Cooper，Selwood & Livingston，2008）。第二次世界大战后婴儿潮世代出生的人口，在 2010 年之后陆续进入老年，都可享有高龄的寿命，想要“活得久”又“活得好”。因此，“保护老人其实就是保护自己的未来”，现在积极推动老人保护，他日当我们老年时才能享有同样的生活安全。

一、老人保护工作介入

现今台湾老人保护工作的实务困境为：

1. 亲子关系的纠葛；

2. 对老人认知观念的偏差；

3. 老人虐待、老人保护定义的模糊；

4. 社会工作角色常陷于两难局面；

5. 老人相关福利资源不足；

6. 专业人力的不足等。

老人福利与家庭暴力防治有关规定为规范台湾老人家内受虐事件最主要的规定，目前台湾老人家内受虐防治措施大多依前述两部规定的内容来推动与执行。从台湾老人保护工作的经验中我们发现，其困境与挑战有以下几点(吴玉琴,2010)。

1. 老人保护人力配置不足。

2. 老人保护网络未建构，保护工作难推动。

3. 老人受虐问题发现不易。

4. 老人保护通报的障碍。

5. 缺乏一致性的标准作业流程供各县市参考。

6. 相关规定不足。

7. 伦理两难的议题。

8. 财产保护、民事、刑事新规定、新工作方法的挑战。

目前老人受虐防治工作陷入推动困境，如老人保护事件仍然没有制度层面的认定和评估标准、老人安置议题被视为烫手山芋、老人保护网络不够健全、加害人处遇对策有待发展等，且老人福利有关规定中保护措施的规范内容过于简略，若免除或减轻扶养义务，恐将所有扶养责任转嫁于当局等(梁欣丞,2012)。

二、老人保护工作流程

老人保护网络的建构，有赖当局有关部门与民间部门的通力合作，建立一个完善的保护网络。目前各县市有关部门所推动的老人保护工作流程因各地资源的不同而有所差异，所以老人受虐大部分是由社会支持系统网络不足或薄弱造成的。因此，社会工作者要积极推进并协助老人建立社会支持网络。

相关单位通常在老人受虐问题严重，生命受到立即伤害时予以接案，其他个案则转介至其他老人福利工作，而保护工作一般包括保护中心、紧急安置、短期安置及长期安置，而在安置之前已先做好个案辅导与个案管理工作，且转介必须有充足的后续保护系统（见图 13－3）。

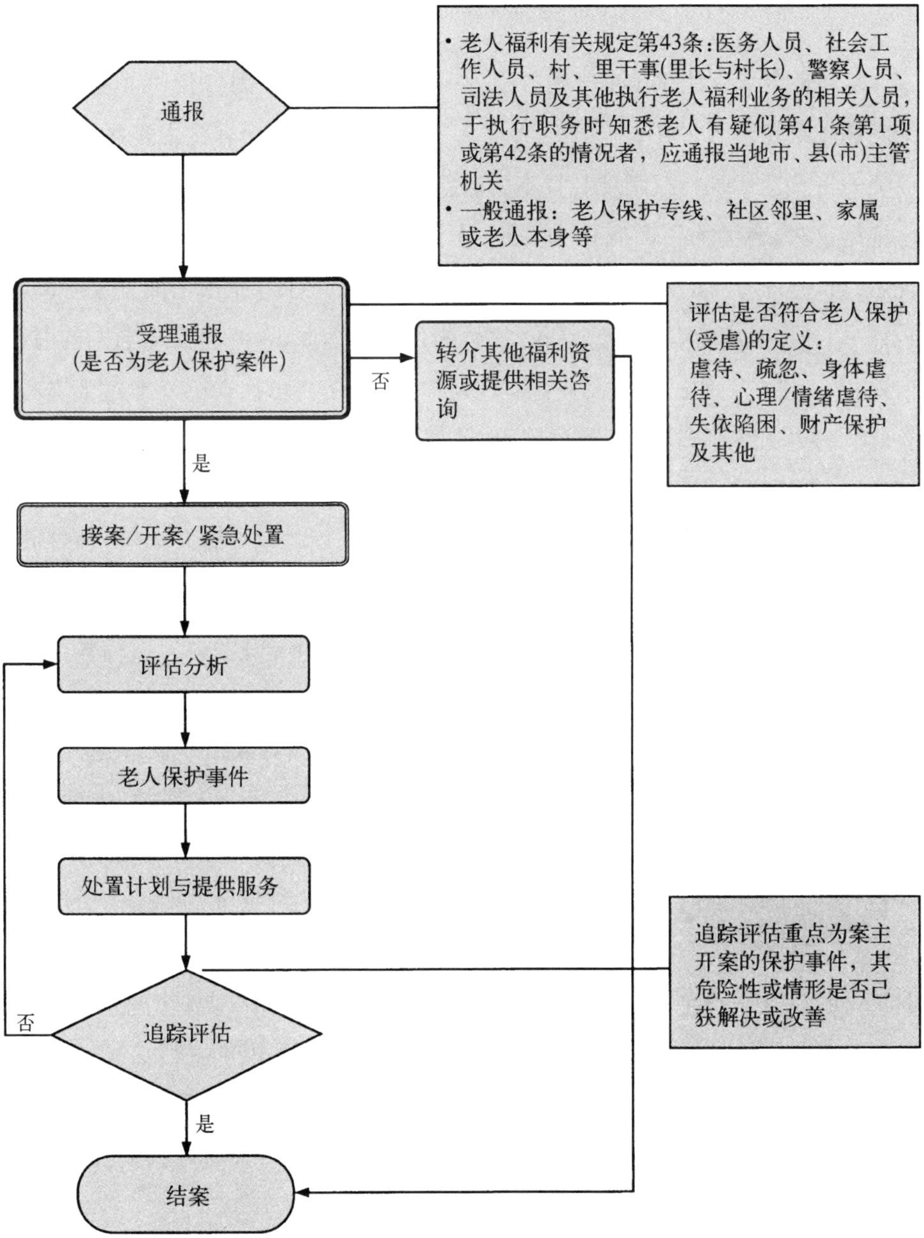

图 13－3　老人保护工作流程

第四节 老人财产信托与生前契约

从目前老人保护的实务工作中发现，不论何地，老人因“财产”而受到虐待的问题越来越严重。在财产管理方面，许多国家与地区已有行之多年的制度，英美的持续性代理授权制度与日本的成年监护制度、德国的成年照护制度等都已施行良久，台湾为了因应社会需要，于 2008 年 5 月 23 日修正公布相关监护规定，自 2009 年 11 月 23 日施行，规定扩大了保护范围，并强化地方法院的监督，以达到保障高龄者、心智障碍者权益的目的。因此，台湾已推动老人的财产信托，老人保护工作已进入专业化时代，选择财产信托可让自己晚年过上安心、有尊严的老人生活，这在发达国家/地区已被推广和接受，而台湾也于 1996 年订颁了“信托有关规定”(全文内容可上网查询)。

老人财产信托就是老人自我的保护工作，即前半辈子照顾子女，后半生由信托(银行)照顾自己。“信托”起源于英国，是一种受法律严格规范的财产管理制度，老人财产安养信托对老后的经济安全是一大保障，纵使在年老失智、失能时，财产权、生存权及生活权仍能得到应有的保障(李瑞金，2010)。今日社会已非“养儿防老”的时代，而且在老人社会实务工作中也可发现，因老人分财产或财产处理而引起的财务虐待问题越来越多。但目前多数老人大都不愿将财产交付信托，即使知道老后因身体功能退化可能会产生失智、失能现象，但老人们仍希望将财产交由自己的孩子管理(李瑞金，2000)。因此，在台湾推动老人财产信托还有一段路要走。

一、何谓“信托”

1. 将财产(金钱)交给信赖的银行，在委托人的规定条件下或期限内交给委托人要照顾的人或者单纯地替委托人管理、运用财产，收益仍属自己。

2. 委托人将财产权移转给受托银行后，受托银行会依信托契约的内容，为受益人的利益或特定目的管理或处分该笔信托财产。

3. 哪些财产可以信托？金钱、债权及其担保物权、有价证券、不动产、租赁权、地上权、专利权、著作权。

4. 信托是一种以“财产权”为中心的法律关系。

信托(trust)是一种“财产权管理制度”，所以信托规定财产权才能作为信托财产，人格权或身心权等非财产权不得为信托财产。所谓财产权，是指不与权力主体的人格、身份相关联，而具有可以金钱计算其交换价值或利用价值的权力。此外，作为信托财产的财产权，尚需受下列限制：

1. 须为积极财产；
2. 须为可以独立分离并转移的财产权；
3. 须为具有确定性的财产权。

信托的目的，是指委托人欲以信托达成的目的。信托行为系法律行为之一，其目的除了具备可能性、确定性之外，还应合法且具社会妥当性，否则信托行为无效。

新闻视窗

以信托可达到隔代继承的目的：阿土伯的小故事

阿土伯三代同堂，如果依一般遗产继承规律，先传给儿女，扣一次遗产税，再传给第三代，再扣一次遗产税，三代间的移转须扣两次遗产税，如采用生前信托的方式，由阿土伯签立以第三代孙子女为受益人的信托契约，即可达到隔代继承的目的，还节省一次遗产税。

二、老人的经济安全巢：财产信托

(一) 老人财产信托的优点

老人财产信托的优点如下所列(见图 13－4)：

1. 信托是自我照顾和自我保护最彻底的方法；

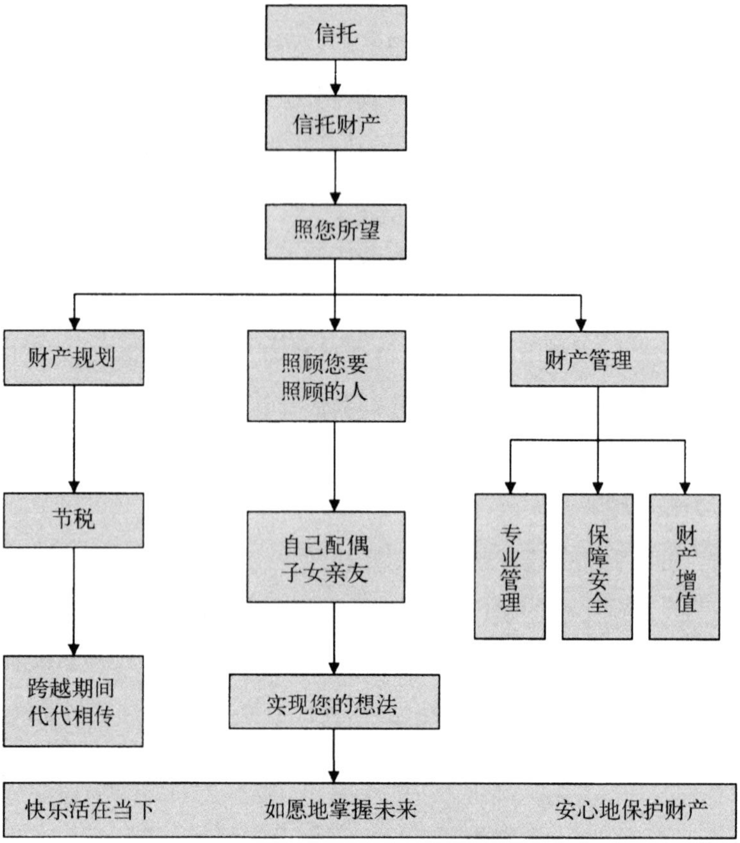

图 13－4　老人财产信托的好处

2. 财产信托可以让自己做好税务规划，也可让父母的肩膀无限延伸；
3. 越早做信托规划，养老越轻松；
4. 老人前半生照顾子女，后半生应选择“财产信托”让银行照顾，此种方式可使生活更有保障；
5. 老人财产信托是留给自己晚年生活的一个尊严。

（二）老人财产信托的内涵

老人财产信托的内涵如下所列（见图 13－5）：

1. 信托是以财产权为中心的法律关系；
2. 信托的委托人必须将其财产权移转或处分给受托人（银行）；
3. 受托人（银行）必须依照委托人设立信托的意旨管理或处分信托财产；
4. 受托人（银行）是信托财产对外唯一有管理及处分权的人；

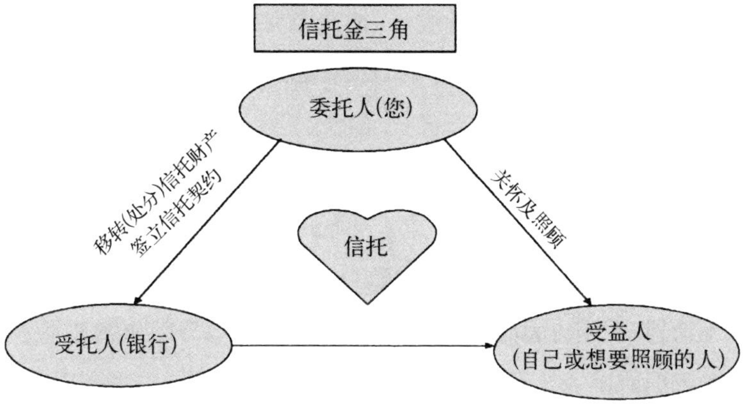

图 13－5　信托观念

5. 银行行为的三要件，包括“受益人确定”“信托财产确定”及“信托目的确定”。

三、可以信托的老人

凡有财产管理需要的人，均可以考虑以信托方式办理。信托业者在办理信托业务时会收取一定的手续费用，有心想以信托方式理财的社会大众，可以先就自己的条件预做评估，例如财产状况与经济能力等，尽早做财务规划准备，才不会在老年时成为弱势者，所以建议事先和熟悉的往来银行进一步洽询信托相关业务的处理方式和收费标准。

四、生前契约的现况

广义的生前契约包括生前信托、遗嘱、殡葬契约，其目的在于避免留给家人不可预期的财产负担和工作压力，也可使老人对老化的心情更加平静，同时自己规划人生句点，使生命得到尊严且安心的落幕(陈培豪，2002)。生前契约源自欧美发达国家，在美国已有 70 年的历史，其普及率已达 90%，同处于亚洲的日本，生前契约早已发展为企业化经营，普及率也有 70%，特别是未来趋向老年化、少子化、都市

化、专业化，在生前为自己规划身后事，已是发达国家人民的普遍做法（黄富，2010），他们以正面、积极的心态面对死亡问题，每个人把安排自己的身后事看作是完整生涯规划的一部分。

台湾地区的生前契约从 1993 年由业者引进，已有 20 多年的历史，从一开始的禁忌到现在，已渐渐被社会接受了。原因在于台湾文化向来忌讳谈死亡，对于谈论死亡有种逃避心态，再加上死亡教育和殡葬教育的缺乏，造成殡葬方面的信息不流通，费用也无法透明化，或殡葬业者的服务品质参差不齐等问题，又因为有关部门对殡葬业者的规定欠缺一定的公平性，导致不合法业者对丧家予取予求的现象一再发生，造成消费者普遍对殡葬业存有不良印象。因此，内政主管部门于 2012 年修正殡葬管理条例，并再次强化生前契约的管理规范，目前台湾符合殡葬管理条例规定“一定规模”且交付信托的生前殡葬服务契约业者已有 26 家（台湾殡葬资讯入口网，2014）。

根据统计，台湾平均丧葬费用为 37.6 万新台币，而有 40％的家庭是一时无法拿出这笔费用的，因此生前契约就是为自己的身后事做规划和安排，强调依照自己生前的期望，来决定未来的葬仪方式及内容，并借着生前和殡葬业者签订契约，以预付费用的方式进行，而殡葬业者就按当初的契约履行，以保障死者的殡葬品质与尊严（叶真，2009）。台湾生前契约已朝向企业化发展，其服务以隆重尊严的仪式进行，这在都市地区已渐渐被接受，故当局也必须倡导，让银发族群事先规划自己的身后事，才能在自己走到人生终点站时获得安宁又没有遗憾的日子，同时也让生者感到温馨与怀念（陈素敏，2011；陈燕祯，2012）。

新闻视窗

守住养老金，信托避纠纷

国泰世华银行推动“养老安养信托”替老人家守住养老的钱，这一项目主要针对担心退休金不慎被诈骗、子女不在身边、害怕老年得阿尔茨海默病后不会管钱的客群，可提早安排信托架构，用定存利息就足以支付信托管理费，为老年的资金多道把关。

国泰世华银行信托部协理张齐家表示，现在有些 50～60 岁的高资产族会担心自己10年或20年后得了阿尔茨海默病等，无法打理资金及生活，于是就事先制订养老安养信托，由配偶或小孩担任信托监察人，一旦未来发生痴呆等情况，监察人通知银行，即启动信托约定事项，每月用信托金支付安养或看护等费用。

由于是当事人委托，算是自益信托免税，签约金数千元，每年信托管理费约为受托金额的0.3%～0.5%，张齐家说，客户可以将钱交付信托后指定银行将资金放定存，目前邮局一年定存利率为1.37%，这部分钱就足以支付信托管理费。

张齐家指出，因应老年化社会，预先安排资金绝对是必要的。曾有案例客户有3个小孩，每位名下都分别拥有一些父母的资产，但当爸妈要安养时，大家都不愿意先拿出钱；也有些是由老大代管父母的钱，其他弟妹也会质疑，产生不少家庭纠纷。

因此，有些父母就趁自己还年轻时先制订养老安养信托，监察人可以是配偶、子女、亲友，有人甚至指定老人联盟等社会福利团体协助监督安养机构品质及信托的资金给付，不必担心子女争吵或钱被诈骗走等。

张齐家表示，国泰世华银行的信托部门，从三四万元到上千万元的信托架构都可承做，且在退休安养信托业务上算是发展很好的银行，未来也希望能逐步扩大老年安养的信托业务。

资料来源：彭禎伶. 守住养老金，信托避纠纷[N]. 工商时报，2013-11-27.[2014-02-20]. http://www.chinatimes.com.

第五节　老人保护个案：特殊案例研讨

一、接案信息

1. 个案来源：○○年○○月○○日新北市○○社福中心通报本单位。
2. 通报原因：案主户籍在本县，然实际居住于北部县市，○○年○○月○○日因晕倒就医，治疗后即将出院，但出院后无人照顾。

3. 服务时间：○○年○○月○○日迄今。

二、个案基本资料

（一）家系图(详见图 13-6)

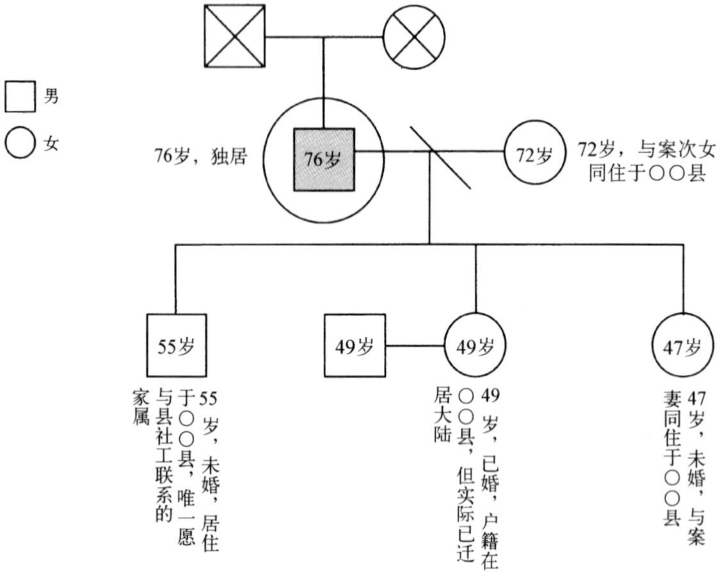

图 13-6 家系图

（二）生态图(详见图 13-7)

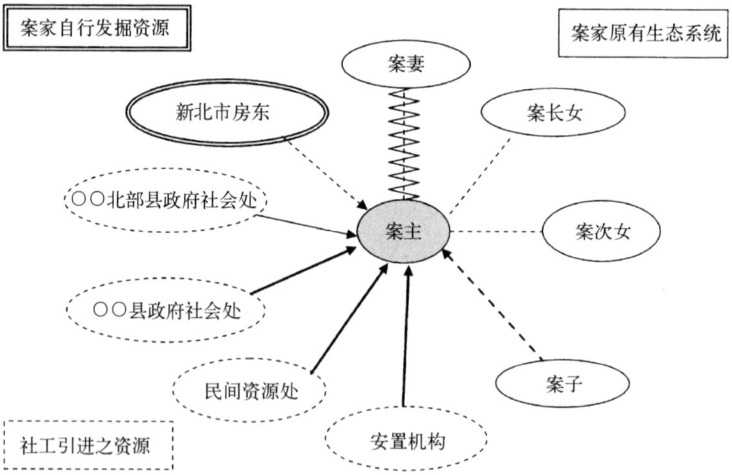

(—→用线条箭头方向代表给与取的关系；——实线代表正向关系，越粗的线代表越强的关系；----虚线代表微弱或不确定的关系；-W-斜线代表有压力或冲突的关系)

图 13-7 生态图

(三) 案家成员

1. 案主：76 岁，户籍地在中部的某一县市，但案主却实际长期居住于北部。经〇〇社福中心通报户籍地的社会处，案主因晕倒送医，经治疗后即将出院，但出院后无人照顾。从新北市社福中心的转介单内容得知，案主的基本资料为：案主已婚，与案妻育有 3 名子女，因案主赴大陆经商失败，变卖仅存房产还债，导致家人不谅解，案妻愤而带案子女离去，失联十多年。案主以前还曾沦落为游民，后经房东协助，从事送报工作。
2. 案妻：76 岁，与案次女同住。据案子表示，案妻与案主已十多年未往来，案主早年离家，是案妻辛苦地从事洗碗工作，才将案子女扶养成人，过去因法律知识不足，故案妻未与案主办理离婚。据案子表示，案妻对案主充满了怨恨，因此，完全不愿意再听到有关案主的任何信息。
3. 案子：55 岁，未婚，某公司主管。案子表示案主早年沉迷赌博，未尽父亲和丈夫的责任，与妻子常有口角争执，多年前即抛家弃子。案子曾表示对案主无任何情感，案主对其而言只是个陌生人，因基于人道考量，才愿意出面处理案主相关事宜。
4. 案长女：49 岁，已婚，已全家迁居大陆。
5. 案次女：47 岁，未婚，与案妻同住。

(四) 案家生活概况

1. 案主多年前离家与案家人无往来，曾流落街头，后来独居于新北市从事派报工作，经济状况不佳，因晕倒送医，经联络案子女皆不愿出面处理。
2. 案主下肢无力行动须以轮椅代步，生活无法自理，除一些老年退化病状外(视力、听力、记忆力稍退化)，精神状况良好。
3. 案妻早年为躲避案主的债务人，与案子女搬迁多处，目前与案次女同住。据案子表示，案妻身体状况不佳，对于案主充满怨恨，不愿处理案主相关事宜。
4. 案子女方面，案子未婚，代表案家属处理案主的相关事宜；案长女已婚，已全家迁居大陆。而案次女未婚，目前与案妻同住，经查询财税资料，得知案子女的经济状况佳。

三、主要问题分析

1. 长期照顾问题：案主因晕倒送医治疗，出院后行动不便，生活无法自理，有长期照顾需求，然而案子女却无意愿处理案主的相关照顾事宜。
2. 扶养责任问题：案主因年轻时沉迷赌博，抛妻弃子，未尽照顾家庭的责任，造成目前案家属无法谅解案主过去的行为，所以不愿意扶养案主。
3. 健保费用问题：案主因未纳入健保，所以积欠晕倒就医之医院的相关医疗费用。
4. 家庭关系问题：案主与案家属关系相当疏离且有冲突，案主虽有意愿和案家属见面，但案家属却表示无此意愿。
5. 案主“人籍不一”问题：案主户籍在中部县市，但案主居住地和当时晕倒事件发生的地点均在〇〇市，因此在个案处理和福利身份协助上存在困难。
6. 安置费用问题：因案主在〇〇市晕倒送医，因此由当地有关部门先行紧急安置，事后虽然当地社工亦找到家属，但案家属不愿出面解决医疗费用和安置事宜。

四、需求评估

1. 长期照顾需求：案主中风，目前健康状况尚可，但日常生活需要他人协助，有长期照顾的需求。
2. 扶养照顾需求：案主目前已无谋生能力，无法维持生活，依相关民事规定，案子女为案主扶养义务人的第一顺位，案子女应负起相关抚养责任。
3. 办理纳入健保：案主因未纳入健保，又无低收入户的身份，因此影响其享受就医相关权益，故必须帮案主办理健保。
4. 家庭关系改善：案家属因一直无法谅解案主过去抛妻弃子、不负责任的所作所为，因此案家属与案主关系极为疏离，而且有冲突，因此必须对案主和案家属的互动关系进行协助。
5. 司法协助：案主因未对子女善尽抚养的义务，所以案子女有意对案主提出免除扶养的诉讼，因此需提供相关信息。

五、资源评量

(一) 服务的助力

1. 在本单位社工与案子多次的联系过程中,发现案子对案主的态度有逐渐好转和理性的迹象,表示愿意代表案家属处理案主后续的照顾问题。
2. 案子女有能力自行聘请律师打“免除扶养义务”的诉讼官司,案家的其他亲属也表示愿意出面为案子女做证。
3. 案主目前已由当地主管部门社会处安置于老人机构,安置过程中提供生活照料,并关心案主的心理和社会层面的辅导。案主对于年轻时所犯下的错误已有所反省,也表示愿意面对一切。
4. 案子表示,他最后之所以会愿意出面解决问题,是因为教会牧师开导,他应面对案主的问题。

(二) 服务的阻力

1. 案子表示,案妻至今仍无法谅解案主过去的行为,甚至在得知案主的消息后情绪大受影响,因此使得案子在处理案主的相关事情时必须隐瞒不被案妻知道,避免案妻的身心再次受创。
2. 案主因未纳入健保,因此积欠一笔不小的医疗费用,且因无健保而影响其后续的就医。
3. 经本单位社工评估,若要在老人机构获得公费照顾,必须协助案主申请低收入户的福利身份,但其子女却有财产所得,因此无法取得低收入户身份。
4. 案主因居住地和户籍地不同,人籍不一,因此在福利身份取得的协助和处遇过程中存在许多困难。

六、处理目标

1. 短期:紧急安置案主,使案主可获得适当的照顾。
2. 中期:协调案家属出面负起扶养照顾之责,或是提出免除扶养义务的诉讼,让案主获得安置照顾。
3. 长期:若案主子女获判免除扶养义务诉讼的结果,即可协助案主申请低收入的身份,但若案家属败诉,则案家属必须出面解决案主的照顾问题。

七、处理过程

（一）初步通报

○○年○○月○○日接获北部某县市○○社福中心通报户籍地的承办社工，表示案主户籍在本县，因晕倒就医，目前身体状况已在恢复中，且医师已评估可以出院，但因出院后无人可接回照顾，需要户籍所在地的社政单位协助安置。经过协调后，户籍地社工先请居住地的新北市有关部门在案件发生地点协助案主紧急安置，紧急安置后，再由户籍所在地的社工接手后续的处遇工作等。

（二）访视调查

○○年○○月○○日案主户籍所在地的县有关部门社工，通过户政系统得知案家属的户籍地址，并发文给案家属户籍所在地的县有关部门，请县有关部门的社工协助访视案家属，该县有关部门处理后函复："案家属不愿接受访视，只提供案子的联络电话。"

（三）紧急安置

1. ○○年○○月○○日因案主即将出院，但因无人可提供照顾，故由○○有关部门协助先"紧急安置"于○○私立老人养护中心，养护费用由原户籍地的县有关部门支付。
2. ○○年○○月○○日○○有关部门表示，因为案主的后续处遇和医疗、养护费用等，已造成该部门和该安置机构的困扰，他们表示，希望将案主送回案主的原户籍地，由原户籍地的社工给予安置，以利后续的照顾工作。
3. 因案主长期居住在北部，因此原户籍地的县有关部门社工与案主沟通，确认其是否愿意迁移到原户籍地的中部居住等。案主虽然曾表示，希望将户籍迁至目前居住的北部，但北部紧急安置机构的社工表示，应遵照新北市有关部门的处遇回到原居住地，因此经过多次来回协调，最后让案主维持原来的户籍地。
4. 随后，县有关部门社工协助案主由新北市的紧急安置机构转回原户籍地的老人机构安置。

（四）资源联结

1. 有关积欠医疗费用的问题，县有关部门社工通过民间团体的资源联结，民间团体表示愿意协助、支持案主办理健保的费用，以及偿还医院的费用等。

2. 县有关部门社工积极协助申请案主的“低收入户”资格，以便以“公费”的身份安置于老人机构。

（五）持续与案家属联系

1. ○○年○○月○○日户籍地的县有关部门函文给案家属，请案家属处理扶养义务与责任的问题。
2. ○○年○○月○○日县有关部门社工致电案子，案子表示：案主多年前即已离家，从未尽过照顾子女的责任，因此他对案主亦无任何印象，而且案妻对这段婚姻关系是极度排斥的，因此才会拒绝处理案主的问题。
3. 县有关部门社工同理案子的感受，因此也提供给案子如何获得免除扶养义务诉讼的相关信息。

（六）家庭关系改善

1. 安置机构的社工与案主会谈的过程中，案主也表达了对年轻时不负家庭责任的行为感到愧疚，并希望能与家人见面。县府社工也就此事向案子转达案主的心愿，但案子经过考虑后却表示“尚无此意愿”。因此，县有关部门社工也不再给予勉强。
2. 大约经过半年时间，案子主动致电县有关部门社工，表示愿意与案主见面，县有关部门社工立即安排案子在案主被安置的机构见面。
3. 案子与案主见面后，彼此关系渐有改善，之后案子偶尔也会到机构探视案主。

（七）安置费用追缴

1. 县有关部门函文请家属缴纳安置费用。
2. 案子提起诉愿，表示对于该处分不服。
3. 县有关部门社工亦函文主管部门有关案子不服提起诉愿之事，并附诉愿书和县有关部门的诉愿答辩书。
4. 内政主管部门函复诉愿决定书，决定书内容如下：“案配偶部分之原处分皆撤销，因依老人福利有关规定第 41 条所定之‘直系血亲卑亲属或依契约对其有扶养义务之人’，所以不包括配偶，至于案子女部分诉愿则驳回。”由于案子女未能提出经法院判决免除其扶养义务的证明，故原处分应予维持。

5. 案子来电表示：接受诉愿结果，不再提起行政诉讼，且愿意缴纳案主的紧急安置费用，共计约新台币23万元。

（八）案家属提起免除扶养义务的诉讼

案家属向法院提起免除扶养义务的诉讼，法院开庭调查，案主则由县有关部门社工陪同出庭，案家属由律师陪同出庭，在开庭过程中，案家属陈述案主年轻即离家，从未尽到抚养子女之责等。法官亦询问案主，对于案家属的陈述有何意见，案主皆未予反驳。因此最后法院裁定“免除案家属扶养义务”。

（九）后续追踪与结案

1. ○○年○○月○○日县有关部门社工依案家属提供的法院判决的“免除扶养之裁定书”后，立即帮案主申请并通过“低收入户”资格，让案主改以“公费”身份安置在老人机构。
2. 案主安置于机构后，机构社工表示：案子偶尔会到机构探视案主，家庭关系已渐有改善。
3. 县有关部门社工追踪评估，因案主在安置机构的适应状况良好，故本案在县有关部门部分予以结案。

八、问题与讨论

（一）县有关部门社工是否有调查权或裁量权，是否有资格获得案主和案家属所提供的资料来判断案家属是否符合相关规定，以免除案子的扶养义务？还是仍必须经由民事法院判决后方可适用？若县有关部门社工有此权利，又该如何调查？或搜集哪些证据，才足以判断，以快速帮助案主？

个案研讨结果：

1. 县有关部门委托律师表示，目前内政主管部门的见解为：“未经由法院判决免除或减轻扶养义务前，尚不得请求免除扶养及负担安置费用之义务。”但本有关部门委托律师有不同的见解，他认为在权力分立观念下，行政和司法互相独立，此外，依行政程序有关规定，行政机关具有调查权，可斟酌全部陈述与调查事实和证据的结果，依伦理及经验法则判断事实的真伪。

2. 有关社工要调查的事实和证据，律师亦表示，当事人或是相关证人(如里长、亲友)的陈述，保护令或是验伤证明纸本资料等都可以作为参考，另亦可参考法院判除免除扶养义务的判决书。

(二) 案家属原本对案主的态度是负向态度，严重疏离且冲突，但社工介入后却有重大转折，到底是何种力量让案家属最后愿意与案主见面，并出面解决问题，改善彼此的关系？

个案研讨结果：

1. 案子虽然表现出对案主的反感和痛恨，并表示案主是他永远难以化解的痛等，但在社工多次访谈的过程中，觉得案子内心是充满矛盾与挣扎的，虽然社工也一直鼓励案子尝试去化解父子的矛盾，但未见太大的效果。

2. 最后发现促使案子愿意与案主见面的，是案子的“宗教信仰”。因为案子表示，他在教会牧师的劝导下才愿意出来面对案主并解决问题，可见社工介入特殊个案时，有时必须运用宗教的力量。

(三) 实务工作中经常会发生“人籍不一”的问题，此时原居住地和户籍所在地的县市该如何分工？是应该让案主返回原户籍地，由户籍地的主管机关提供协助，还是让案主变更户籍至实际居住地，才会对案主有更大的帮助？

个案研讨结果：

1. 当案主实际居住地和户籍地不同时，可召开跨主管单位的协调会，若案主身体状况许可和意识清楚，应让案主参加协调会。让案主了解现实的情况后，尊重案主的自决，以维护案主的权益。

2. 若案主身体状况不佳且意识不清，则以“案主的最大利益”为帮助的最高原则。

问题与讨论

1. 老人的基本权益有哪些？
2. 造成老人虐待的因素为何？
3. 老人虐待、忽视的类型为何？

4. 老人保护工作的现况与困境是什么？
5. 何谓财产信托？老人财产信托的好处为何？
6. 分析与讨论老人保护案例实务。
7. 请拟定自己的老年遗嘱。

参考书目

一、中文部分

亚伯拉罕·蒙克. 老人福利服务[M]. 李开敏，王增勇，王玠，等译. 台北：心理出版社，1996.

李瑞金. 婴儿潮世代经济生活安全准备：老年安养信托[C]. 2010 年两岸社会福利学术研讨会，2010：85－96.

吴玉琴. 许给老人没有恐惧的晚年[J]. 法扶会讯，2010(29).

卓春英，郑淑琪，林蕙珠. 大高雄老人保护工作模式之建构. 高雄市老人研究发展中心 2011 年度专题研究，2011.

陈素敏. 中高龄者规划生前契约决策行为之探讨[D]. 桃园：元智大学，2011.

陈燕祯. 银发照顾产业之发展趋势：整合的观点[M]. 台北：威仕曼文化事业股份有限公司，2012.

陈燕祯. 台湾地区的老人保护工作：探讨一个背后的隐藏的问题[J]. 社会福利，1996(122)：26－38.

陈培豪. 漫谈生前契约. 台北市牙医公会论文，2002.

黄志忠. 老人人身安全保护社区处遇模式建构之初探[C]. 2010 年两岸社会福利学术研讨会，2010.

黄富. 保险公司结合生前契约行销之研究[D]. 台中：朝阳科技大学，2010.

叶真. 生前契约销售特性与消费行为之研究[D]. 高雄：高雄海洋科技大学，2009.

詹姆斯·托森. 老人与社会[M]. 潘英美，译. 台北：五南图书出版股份有限公司，1999.

二、英文部分

Cooper, C., Selwood, A., & G. Livingston (2008). The prevalence of elder abuse and neglect: A systematic review. *Age and Ageing*, 37, 151-160.

Walker, L. E. (1979). *Myth and Reality: The Battered Woman*. NY: Harper & Row Publications.

附录 13－1 老人虐待分类

虐待类型	说　明	内　容
身体虐待	使用暴力致使老人身体损伤，身体功能遭受伤害或毁损	打、抓、戳、刺、击、推、撞、摇、踢、捏或使身体受伤，不适当的医疗、强迫喂食及任何形式的体罚
性虐待	任何非经老人同意之性接触、任意接触其身体、性骚扰	不适当地暴露性器、抚摸乳房、生殖器、肛门、嘴唇或企图渗透贯穿阴道。谈论性、强迫看相关图片和影片
情绪虐待	通过口语或非口语行为施加老人痛苦的感受，使其产生恐惧	暴力威胁、羞辱、逞威凌弱、责骂、恐吓、叫骂或故意排斥、孤立、隔离老人，干扰老人日常活动
财务剥削	非法地或不适当地使用老人之基金、财产或资产	不适当地使用老人之金钱、强迫老人改变遗嘱、否定老人使用个人基金之权利
疏　忽	拒绝或不履行照顾者之责任，去实践完成一个人对老人之照顾义务	不提供老人该吃的食物、衣服、住宿、医疗照顾、卫生与个人照顾或不适当使用医药等
自我疏忽	一个老人之行为足以构成危害他自身之健康与安全或生活	拒绝寻找帮助、因精神或心智障碍表现出自我放弃、自我怠慢，致无法操作日常生活
遗　弃	照顾者在一般人会继续照顾和监护之情况下放弃或丢弃照顾者之责任	侵犯人权，包括了否定老人隐私权与参与重大事件之决定权，如：有关于健康、婚姻与其他个人密切问题

资料来源：引自卓春英等(2011)。

第十四章 老人福利机构管理与评鉴

第一节　社会服务的责信时代

社会服务的责信(accountability)时代来临，机构的品质和绩效管理已成为受重视的福利焦点。而机构服务品质的确保和目标有效的达成，需依赖绩效管理系统，由此才能使机构服务品质不断提升(Paynes，1997)。特别在社会福利多元主义的潮流下，福利社区化、福利民营化已成为现阶段福利服务供给的新方式，所以绩效管理就成为社会服务机构永续生存的重要指标。加上台湾人对社会福利需求日殷，对服务品质要求日严，公、私部门在福利服务的输送过程中就必须根据评鉴制度而有严谨的管理。服务购买与供给之间，由“契约”联结的服务关系已普遍形成，尤其老人机构面临一个强调“新管理主义”与“全面品质”管理的时代，提升服务的效益，已成为机构生存及营销管理必备的基本条件(见图 14－1)。

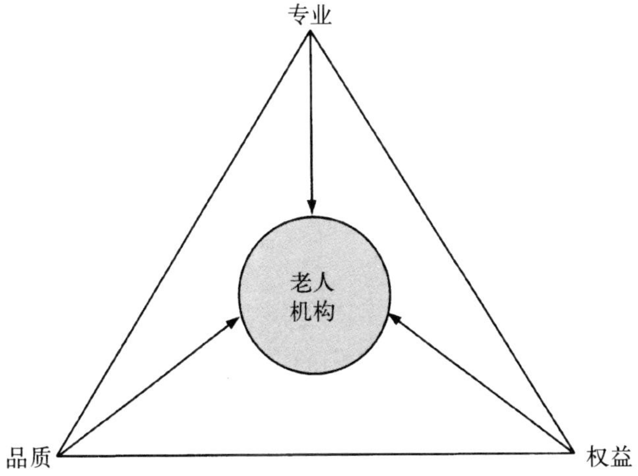

图 14－1　老人机构必备的基本条件

因为社会福利工作的特殊属性，如服务对象的需求不一且问题复杂，服务绩效的指标难以具体转换成实质价值予以测量等，致使社会福利机构一直难以有一套明确的系统来达成服务成效与机构责信保证的目标(黄源协，2014)。根据管理学的论点，任何组织即使规模极小，也都需要通过正式或非正式的渠道，执行检核控制的功能(龚平邦，1997)。社会福利组织在面对日益膨胀的服务成本输出和政府社会福利经费缩减的双重压力时，如何发挥机构的专业品质，是现阶段老人福利工作刻不容缓的任务。

第二节　老人机构管理理论

在组织管理中，不论员工个人绩效或整体组织绩效，都要求在有限的资源下获得最佳的效能、品质，尤其是非营利组织中的社会福利机构，在经常资源不足或短缺的情况下，其服务对象（案主）或社会大众的要求和期待又不断高涨，激发机构内部更多的团体动力来达成优质管理的目标是当前的要务，因此以下就激发机构员工动力的理论进行探讨。

一、工作动机理论

工作动机理论（work motivation theory）主要探讨的是为什么某些人的工作表现总是比较好，而不是探讨工作所需的能力。在某些情境下，这些理论可以预测人们选择什么样的工作，以及所投入的努力和持续的程度。假设人们有足够的能力，也不存在限制绩效表现的因素，则高动机的工作者应该会有较优的绩效表现。因此，此理论主张工作表现的优劣取决于工作的"动机"，而工作动机理论又可再分为需求层级理论、ERG理论和二因子理论。

（一）需求层级理论

Maslow（1943）的**需求层级理论**（hierarchy of needs theory）认为需求满足是生理和心理健康所必须具备的，人们的需求依照生理、社会和心理需求的层级而排列，不过需求层级论所做的研究并未获得太多支持。Locke和Henne（1986）认为，有一部分的困难是由于Maslow对其理论的陈述颇为模糊，使研究者难以设计较佳的指标进行验证，因此后来才有学者提出了ERG（生存、关联和成长）理论来进行修补。

（二）ERG理论

Alderfer（1969）提出生存（existence）、关联（relatedness）、成长（growth）的**ERG理论**（ERG theory），目的在于修补Maslow需求层级理论所遇到的某些困境，这个理论有三个连续向度（continuum）的排列需求，而不是像Maslow理论有五个层级(hierarchy)由下往上排的需求模式。此理论的焦点是，人们在不同需求类型里会产生前后移动，即某一类别的需求若是无法得到满足，将影响到另一类别的需求，然而此理论也如同 Maslow 的理论，需求类别的内容并没有被很精确地划分，在需求满足和重要性的检定方面有其困难。由于其理论的重要概念无法适当地被测量，使得实际验证也出现问题。

(三) 二因子理论

Herzberg(1968)的**二因子理论**(two-factor theory)在探讨“激励”和“心理卫生”对职场人际关系的影响。他认为工作的动机来自工作的本质，而不是工作条件之外的酬赏，人们能够从工作中获得满足的需求可分为两种类型：(1) 人类的“生物”本能；(2) 人类所独有的高心理“成长”。其中与生物性需求有关的工作层面，称为“心理卫生因子”(hygiene factors)，包括工作待遇、督导、同事和组织的政策方向；而与成长需求有关的工作层面称为“激励因子”(motivator factors)，包括成就感、受肯定、受赞赏、承担责任及工作本质。但此理论的主要问题在于，相对于不满足的二因子结构，有关工作满足并没有获得实证研究的支持。

二、增强理论

增强理论(reinforcement theory)强调在组织中“奖励”或“增强”对员工行为的影响，但它并不处理个人动机的内在部分，应属于一种“非动机理论”(non-motivational theory)。此理论认为，行为的产生是先前的酬赏经验或个人的增强作用史(reinforcement history)之结果，因此，增强理论的主要学理是“效果律”(Thorndike,1913)。它意指某特定行为的后果若伴随着奖励或增强作用，则该行为再次发生的概率就会上升；相反地，如果伴随着惩罚或忽视，行为再次发生的概率就下降。换句话说，某特定行为产生与否取决于酬偿的有无，酬赏可以是具体的如金钱，或不具体的如赞美；而在非营利的社会福利机构中，经常听到有人勉励员工要以爱心或慈悲心进行奉献，若有酬赏也仅止于无形的鼓励和赞美，然而有形的酬赏如加薪或奖金，对社会工作者而言也具有极大的吸引力，因此不可忽视。

三、期待理论

期待理论(expectancy theory)尝试从个人内在认知引发动机的角度解释奖

励对人类行为的影响。增强理论指出，增强作用会引导行为，而期待理论则解释了“何时”和“为何”会有这样的行为现象出现。因此，此理论的基础是，当人们认为行为会带给他们想要的奖励或结果时，他们将会受到激励。Vroom 最早提出期待理论，他指出动机或力量是三种类型认知的数学函数，而连接动机与认知的方程式为：

“驱力＝期待×价值×工具性”

- **驱力**：是指一个人致力于与工作绩效有关的某种行为或一系列行为的动机强度，可被视为做事的动机。
- **期待**：是指自己能完成某种行为的主观概率，这与自尊（self-esteem）和自信（self-confidence）类似，都是指一个人相信自己可以将某件事做到某个程度。
- **价值**：是指某项结果或奖励对个人的价值感，也就是个人对那样东西的渴望程度。
- **工具性**：就工作而言，金钱是最普遍的奖励工具，对不同的人会有不同的价值感。因此，在“高驱力”的分数下，人们就会有动机致力于结果的达成；在“低驱力”的分数下则缺乏动机。

在社会福利机构的管理中，已不能一味地以无形的酬赏（赞美）作为员工的驱力，在现实社会中，员工仍期待具有高报酬的价值奖励（例如金钱）作为驱力，这是发挥机构高绩效的实质激励工具。

四、公平理论

公平理论（equity theory）由 Adams 提出，他认为人们会调整自己对待其他人和组织的方式，以达到公平的状态。根据 Adams（1965）的论点，在一个组织中，员工若感到不公平，则会产生不满足感和情绪上的紧张，驱使他们设法去改善不公平的情况。这个理论明确地指出，员工若处在不公平的状态下，他们将会设法修正自己原有的行为。不公平来自员工将自己和他人“比较”之后产生的心理状态，特别是拿个人付出与所得的比值来比较。公平理论假设员工在心理上拿自己的投注所得和别人比较，也就是会评估自己从工作上所获得的（所得）与自己所贡献的（付出）之间的关系。所以这个“比较”对象可能在组织内或组织外，可能是和自己做相同工作的人，或是做不同工作的人。Adams(1965)指出，报酬偏低的不公平会造成“愤怒感”，报酬偏高的不公平会产生“罪恶感”。因此，组织重视实质性的公平，才可提升服务效率和品质。

五、目标设定理论

对组织心理学家而言，最有用的激励理论可能是**目标设定理论**(goal-setting theory)(Locke & Latham, 1990)。目标设定理论的基本想法是，人们的行为受到内在意图(intention)、目标(objectives)或标的(goals)三者所驱动，而这三者是可以互相转换的。当目标与特定行为紧密结合时，目标便是相当完美的架构。依据目标设定理论，目标是指人们有意识想要达成的事，它可以是明确的，例如下次考绩拿到甲等，但也可以是一般性的，例如在机构平时就有好的表现。Locke 和 Henne(1986)也指出，目标设定若要有效改善工作绩效，必须先具备经由目标设定来改进工作绩效的可能性，其因素有：

1. 员工接纳组织目标；
2. 目标进展需给予员工回馈互动的讯息；
3. 困难而有挑战的目标；
4. 目标必须是具体特定的。

因此，员工必须对机构目标有承诺，即员工必须接受机构的目标，只有在个人目标与机构目标一致时，目标才能激励员工的行为。目标设定理论曾经得到许多研究的支持，是目前较受欢迎的激励理论。

六、归因论

归因论(attribution theory)在于解释自己或他人行为的人格特质，但也很容易被各种影响力扭曲，而产生“归因谬误”。归因谬误高估了个人倾向，同时低估了情境对事件的影响力，尤其在归因别人的行为时，这种错误行动者的行为对观察者而言更加凸显。了解归因理论的偏误可以纾解职场上的人际冲突，彻底了解组织中个人行为的原因(Martinko,1995)。知识经济时代来临，社会福利机构追求高绩效也是大势所趋，加上“使用者为中心”“顾客至上”这些观点不断被强调，这些社会目标背后隐藏着对整个机构员工的更高期许及责任感要求，尤其担任机构主管者更需有负责任的肩膀，让所带领的员工足以依靠，所以对员工及管理者都造成了巨大的压力。而归因论如何选用适当的管理者是机构能否优质发展的重要因素。

综合上述理论，可以从不同的角度来探讨机构的绩效（见表 14－1），虽然各理论从不同的角度形成不同的工作动机，但并不互相矛盾，有些还可以相互融合。

表 14－1　老人机构管理理论之内涵

理论类型	简要内涵
工作动机理论	· 工作表现的优劣取决于工作动机 · 可以再依需求层级理论、ERG 理论、二因子理论探讨
增强理论	· 行为会受到长期增强作用的影响
期待理论	· 渴望的奖励物（奖金）引发工作动机的行为表现 · 驱力＝期待×价值×工具性
公平理论	· 人们重视公平以及组织的平等对待，而不公平的情境将驱使员工采取行动，以达到公平的状态
目标设定理论	· 人们的行为是由有意识的目标和目的所引导的 · 四个目标设定是能否改善工作绩效的重要因素
归因论	· 了解人类行为的背后原因后，可缓和并解决职场上的人际冲突

第三节　机构管理问题与服务品质

一、老人福利机构的管理问题

在老人福利机构经营中，常因机构的管理不当而产生绩效低劣的问题（见图 14－2），机构管理有时会掉入连机构经营管理者都容易忽略的恶性循环中（见图 14－3）。一般组织及员工工作绩效低劣的常见因素如下。

（一）员工服务态度不佳

社会服务机构是为照顾需要服务的人或弱势者而设立的，所以机构中的个人绩效展现就极为重要，亦即员工的态度良好与否会影响机构成败。举例而言，若员工的态度恶劣，求助者对机构的服务便会有不满的情绪产生，可能会向有关当局或媒体投诉，这将严重影响机构的声誉，所以管理者绝不可对此问题

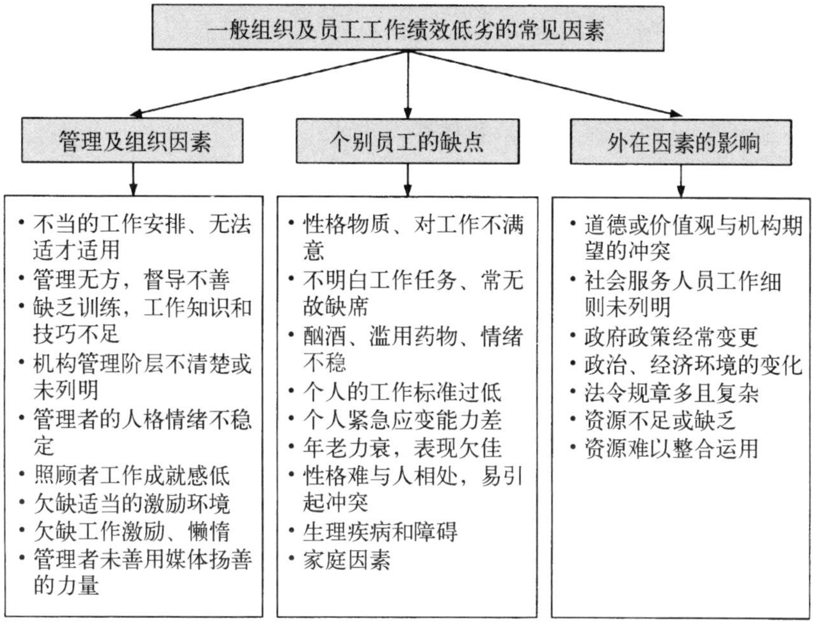

图 14－2　机构组织绩效低劣的因素

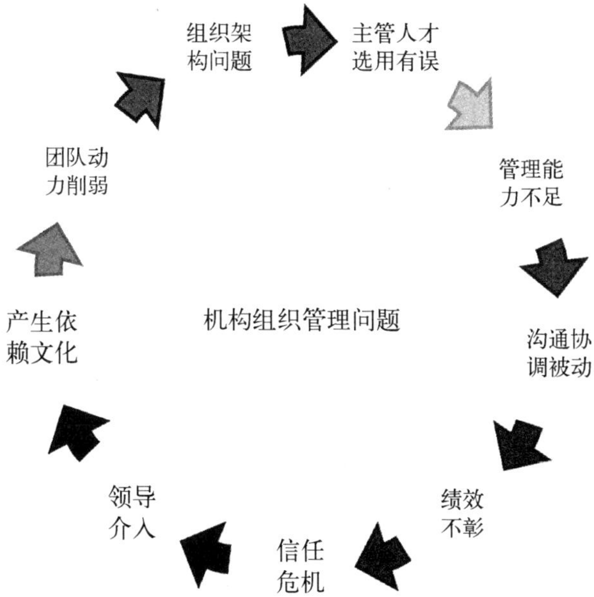

图 14－3　机构组织管理问题之循环

漠视不理。员工服务态度不佳的原因，大致有三项(陈燕祯，2004，2006)：

1. 员工对服务不佳的态度不自觉，这可能纯因其过去的人格发展而影响了现今的行为模式；
2. 缺乏督导者及适当督导，致使积习难改；
3. 员工对同事、工作或其上司有不满的情绪，而有不佳的态度或行为出现。

(二) 行政部门的协调不足

梁伟康(1990)指出，社会福利机构普遍因各机构内行政部门沟通协调不足而有下列的行政管理问题：

1. 资源运用欠缺效率；
2. 薄弱的服务质量和服务方案评估；
3. 对职员培育和发展漠不关心，或未有系统性的人力资源发展规划；
4. 管理者未善用基本的"方案管理工具"，例如目标制订、行动计划排列、优先的授权、方案监察和控制等；
5. 缺乏长远的"策略性计划"；
6. 忽略机构内部门之间的矛盾和冲突。

(三) 机构绩效管理的评估模式不佳

绩效管理基本上视机构各部门的运作为一个系统模式，即资源投入经由专业服务方案运作的输送过程，再借由管理监控，以确保服务绩效和品质(见图 14-4)。

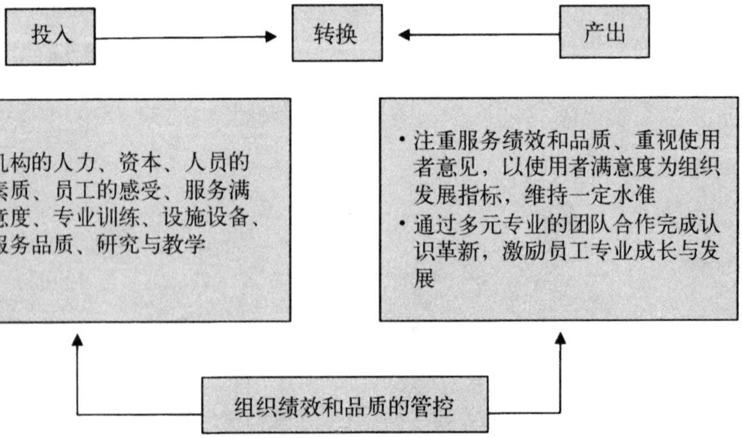

图 14-4 社会福利机构组织绩效的评估模式

二、老人机构的服务品质

（一）服务品质的定义

老人福利机构服务品质的认定，可参考企业界的品质评定模式进行，其对品质的定义如下：Zimmer(1974)认为品质是指产品的特质，是使用者以个人价值观评定其优劣；Deming (1982)则认为品质是用最经济的方式产出市场上最为有用的产品的工作表现，所以品质是制造出来的，不是检验出来的；Parasuraman 等人(1988)认为服务品质是指消费者的认知，是消费者本身期望应得到的服务与实际上感受到的服务相比较的结果（杨静芸，2002）。

（二）服务品质的特性

社会工作提供的服务本身因是一种无形的服务，有时是看不见的。它是一种人群的服务，并非实质的产品或可以清楚量化的，因此，老人机构提供的服务也常常具有下列几种特性。

1. **无法当场感受**：社会服务非如有形产品般可以用五官在当场感受，它的购买决定乃在于先前服务提供单位的口碑、形象等。
2. **不可分割性**：社会服务的产生与消费是同时进行的，本身是一种过程，同时此过程也是结果，所以具有难以切割性。
3. **无法储存**：社会服务是没有存货的，无法储藏的，因此使用者可能因无法“及时”获得服务而降低对机构服务的满意度。
4. **异质性**：服务具有高度变化，尤其社会服务的对象是“人”，因此服务提供的时间、地点、内容可能因人而异，无法用标准化的方式产生，有时使用者内心的满意或品质状态，也难以用数据或量化表示。

虽然老人福利机构的服务具有上述特性，但面临社会工作新管理主义的冲击，已被要求必须以“3Es＋1Q”为管理目标，具体内容如下。

1. **成本**(economic)：机构管理必须精打细算，尤其非营利机构的资源取之不易（多数来自善款），因此，每一分钱都必须当作十分钱使用，而该花的钱也必须谨慎地使用，才不会造成福利机构常见的沉没成本，例如购买一些不必要的设备囤积在仓库里，或仓促购买不需要的器材。
2. **效率**(efficiency)：由于多数求助者都是较弱势的老人，服务更必须发挥

“及时雨”的功效，不能以“拖字诀”来敷衍老人和家属。唯有引进企业“精益改造”(lean manufacture)的管理，才能更有效率地经营机构，即改善服务流程，才能提高效率。

3. **效能/效益**(effectiveness)：效能或效益是指除了要求提高效率外，还要追求将事情“做对”且要“做好”的目标，需根据使用者需求设计服务。

4. **品质**(quality)：在老人服务过程中，其品质来自“主观”的比较感受和感觉，而落实顾客(老人和家属)满意度的调查，可达到“客观”评估品质的目的。因此，“人性化”的机构照顾才是品质评量的重要指标。

不论是机构经营者或员工，都必须脱离传统经营形态，将昔日不计成本、无法评量绩效的情况和对案主权益漠视的状态，转变为以使用者(案主)为中心，和对大众有所“交代”的“责信”态度，应将所提供的服务摊在阳光下接受社会公评检验，以满足顾客的客观和主观感受，进而提升服务品质，也才有迈向照顾市场化的竞争空间。

三、机构服务品质的构面因素

老人必须过固定而有规律的生活，即使罹患慢性疾病、行动不便、生活无法自理，必须住进老人机构接受照顾时，也要挑选一个服务品质良好的机构。1988 年，美国学者 Parasuraman、Zeithaml 和 Berry 以广泛且深入的消费行为调查方式，发现服务品质涵盖了十个决定性的构面，分别为：接近性(access)、沟通性(communication)、胜任力(competence)、礼貌(courtesy)、信用(credibility)、可靠度(reliability)、反应力(responsiveness)、安全性(security)、有形性(tangible)、了解(understanding and knowing)顾客。这三位学者认为服务品质由消费者期望与实际服务绩效比较而来，由此形成服务品质架构，并强调顾客是服务品质的唯一决定者(见图 14－5)。

随后他们又将服务品质的决定性构面因素，由原先的十个构面浓缩为五个构面，分别为有形性、可靠度、反应力、保证性，以及同理心。而在老人机构中，机构住民(老人)就是顾客，就是消费者，我们必须善待他们，所以将上述服务品质的决定性构面加以整理，使之适用于福利机构，并方便老人服务工作者操作参考(见表 14－2)。而对老人机构服务品质的检视，主要在于服务的“过程”和“态度”层面，因此，机构品质或绩效评量必须采取多元方式进行。

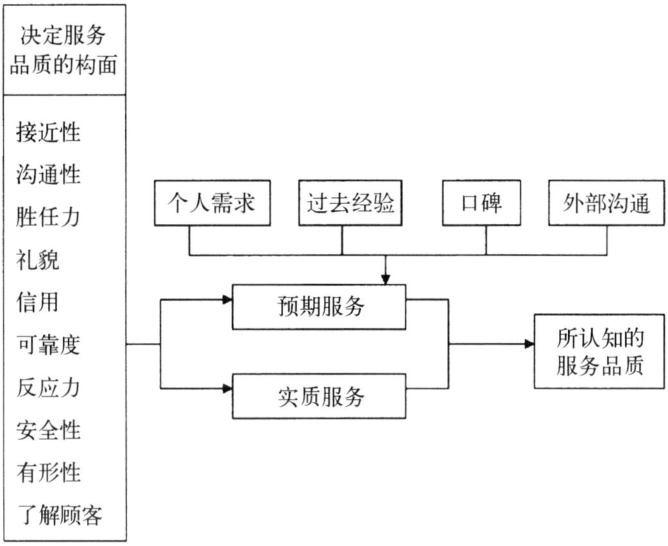

图 14－5　服务品质观念性架构与服务品质决定性构面

资料来源：Parasuramsn，Zeithmal & Berry(1985，1988)。

表 14－2　服务品质决定性构面表

品质构面(1988)	定　义	品质构面(1985)	定　义
有形性	· 指硬件设备、设施和服务人员的外貌	有形性	· 指服务的硬件部分，包括硬件设施、服务人员仪容等
可靠度	· 可靠地和正确地执行所承诺服务的能力	可靠度	· 可信任并正确地执行所承诺服务的能力
反应力	· 工作人员能及时帮助案主获得提供服务的意愿和行动	反应力	· 指工作人员协助顾客和提供及时服务的意愿
保证性	· 具有足够的知识与礼仪，以及专业的自信，以取得案主信任的能力 · 提供专案服务环境、知识与技术，以友善态度和案主沟通，借以协助案主获得最大的利益	胜任力	· 具有服务执行所需的知识、能力
		礼　貌	· 服务人员对顾客有礼貌、尊重、体贴与友善
		信　用	· 值得信赖、可靠、尊重、体贴与友善
		安全性	· 在一个没有危险的环境下提供服务

（续　表）

品质构面（1988）	定　义	品质构面（1985）	定　义
同理心	· 针对案主的需求问题，有耐心地倾听、沟通，给予应有的关心和体谅，并用案主能理解的语言给予回应 · 服务提供需考虑案主使用的方便性，并具有亲切性和安全感	接近性	· 使案主很容易就能接触和使用服务设施，包括时间、地点与方式上的便利性
		沟通性	· 以案主能了解的语言进行沟通，以及愿意倾听他们的意见
		了　解	· 了解案主的内心需求

第四节　老人机构的评鉴方式与问题

一、老人福利机构的类型

在老人福利措施中，机构照顾是一项最具规模、存在最久的措施，且因应社会福利发展的趋势，老人安养机构措施从以往救济院的慈善施舍转为专业照顾的服务方式。此外，随着人们观念的改变与生活水平的提升，收养对象从孤苦无依、无法谋生者，扩展到能自费安养者。

依 2007 年 7 月 26 日公布大修和 2014 年 6 月 4 日修正公布的老人福利有关规定，其第四章福利机构第 34 条为主管机关应依老人需要自行或结合民间资源办理下列老人福利机构：

1. 长期照顾机构；
2. 安养机构；
3. 其他老人福利机构。

前项老人福利机构的规模、面积、设施、人员配置及业务范围等事项的标准，由台湾主管机关会同目的事业主管机关确定。各类机构所需的医疗或护理服务，应依医疗、护理人员或其他医事专门职业等有关规定办理。各类机构须单独或综合办理，并就其所提供的设施或服务收取费用，以协助其自给自足。其收费规定，应报由当地县(市)主管机关核定。而有关台湾长期照护机构的分类可见表 14 - 3。

表 14-3 台湾长期照护机构分类

主管机关	长期照护机构分类名称	
卫生福利主管部门(护理及健康照护司和心理及口腔健康司)	护理机构	1. 一般护理之家
		2. 精神护理之家
		3. 居家护理机构
	精神型长期照护机构	1. 精神护理之家
		2. 社区复健中心(日间型机构)
		3. 康复之家(住宿型机构)
卫生福利主管部门(社会及家庭署)	长期照顾机构	1. 长期照护型
		2. 养护型
		3. 失智照顾型
	安养机构	
	身心障碍福利机构	

资料来源:引自陈再晋(2013)。

当局办理老人福利机构的评鉴,依据“老人福利机构评鉴实施计划”制定的评鉴指标和配分进行,而每次评鉴的项目和配分也会有所调整。接受评鉴的机构有五类——“长期照顾机构(长期照护型)”“长期照顾机构(养护型)”及“长期照顾机构(失智照顾型)”“安养机构”“综合多层级照顾机构”。

二、老人福利机构评鉴实施方式

基于台湾受评机构的家数众多,评鉴采取“三段式”办理。

1. **自评**:由受评机构依评鉴表,依考评项目填报实际情形(自行评定),再送县(市)主管机关初评。
2. **初评**:由县(市)主管机关依受评机构填写的评鉴,采用书面审查及实地访视方式办理评选,并依内政主管部门指定日期函报初评结果。
3. **复评**:由内政主管部门组成评鉴小组,采用书面审查及实地访视方式办理。

2013 年度公布的老人福利机构评鉴指标总计五大项(台湾卫生福利主管部门社会及家庭署,2013)。

1. **行政组织及经营管理**,包括:(1) 行政制度;(2) 员工制度。共计 23 项、

5个指标，占总分的20%。

2. **生活照顾及专业服务**，包括：(1) 社工服务；(2) 医护、复健及紧急送医服务；(3) 生活照顾与辅具服务；(4) 膳食服务。共计38项3个指标，占总分的40%。

3. **环境设施及安全维护**，包括：(1) 环境设施；(2) 安全维护；(3) 卫生防护。共计28项、17个指标，占总分的25%。

4. **权益保障**：共计12项，占总分的13%。

5. **改进创新**：共计2项，占总分的2%。

目前台湾当局对老人福利机构的评鉴为3年1次，由内政主管部门办理，前1年(2年1次)由地方有关部门(县市有关部门)办理，而地方有关部门办理之前会先请被评鉴的机构"自评"。经地方有关部门评鉴结果获得"甲等以上"的机构，才能推荐参加内政主管部门的评鉴，而评鉴成绩为丙等者，则必须邀请专家学者组成团队，为机构进行密集性的辅导，以改善服务品质。

三、老人福利机构评鉴结果分析

根据有关评鉴项目的平均分数，"改进创新"一项占各大项中的比例最低，这可能是因为该项是"创新"项目，对机构而言，对创新的定义尚无共识，建议未来可通过互相观摩及经验分享的方式进行改善。而在各项平均得分中，以"生活照顾及专业服务"的"社工服务"为最低，因此在未来的实务运作中，个案记录内容及特殊个案研讨会、督导工作都必须再加强，建议可以通过工作坊、教育训练、机构每月举行特殊个案研讨及外聘督导等方式改善。另外，"环境设施及安全维护"的项目平均得分最高，这和此项指标在机构申请立案时就必须审查过关有关。

依笔者多年辅导机构的经验，机构对于有关部门的评鉴也有许多心声要表达，如当局干预过多、评鉴项目多且复杂、家属与机构的照顾纠纷多、台湾的照顾服务员(看护工)不易雇用、市场削价竞争严重等等。研究指出，台北市优等小型老人养护机构的经营管理困境包括：(1) 部分规定不合时宜，或窒碍难行；(2) 机构房舍价格高昂，且未能设置于工业区；(3) 部分无障碍设施设计规范要求过严，且无权宜做法；(4) 护理师与照顾服务员招聘来源短缺；(5) 外劳(看护)的薪资过高，且擅离处置规范常致雇主困扰；(6) 机构评鉴内容年年有新增项目，且未先试行与宣导即实施等(余志松，2013)。因此，机构为了适应当局新规定及评鉴工作的繁杂，而耗费了过多的时间和人力资源，且评鉴指标经常变动，让机构措手不及，每次评鉴委员的看法不同，也造成机构无所适从(陈燕祯，2013)，无形中也影响了机构原本正常的照顾工作。

老人福利机构是台湾各类社会福利机构中最具历史性的机构类别，它的前身来自早期的“救济院”，自清朝时期就已设置(陈燕祯，2011)。有关部门的鼓励影响着老人福利机构的发展类型和方向，且目前已不再鼓励大型机构的兴建，而鼓励朝向社区化、小型化发展，机构的照顾必须是温馨类型的，以符合高龄化地区“在地老化”的目标。此外，机构必须融合于社区，发展社区外展服务(例如居家服务、送餐服务、咨询服务、社区照顾据点等)，让更多老人可以在家接受服务。

由于当前评鉴机构的指标多而复杂，一般民众确实难以判别机构的优劣。依笔者多年从事老人机构服务和接触机构评鉴的经验来看，机构除了需要“通风、采光”好，硬件设施、灯光、活动场所“感觉温馨”之外，还应符合下列三大法则，以作为一般民众选择养老机构时的参考。

- **无异味**：进入该机构时，活动空间、房间、厕所和老人的身体等没有散发异味，而异味除了臭味、尿骚味、霉味等之外，还包含机构使用的消毒水味和香水味，若无这些异味，则表示机构环境的整理和老人身体的清洁是足够的。
- **老人的笑容**：进入该机构时，居住的老人会和来访者打招呼，亲切寒暄，表示老人和机构工作者有良好的互动关系。
- **体贴性**：工作人员对老人(住民)有足够的体贴度、耐心度和亲切度(例如和老人说话的态度、喂饭动作、翻身拍背动作等)，和同事说话的口气也很和善等。

上述这三项虽看起来简单，但做起来却不易，只有真正用心经营的机构才能做得到。

第五节 老人机构的发展趋势

一、机构设计采用“连续性”照顾理念

目前有些机构设计就采用“连续性”的照顾理念，依住民的退化程度和生活

能力而规划安养，为轻度失能、失智者提供不同的照顾，并规划中度和重度失能者的养护生活区、失智症照护生活专区等不同的居住单位，以“老人住宅社区”的概念来发展广义的“终生住宅”模式（黄耀荣，2005，2006，2007）。台湾在老人长期照护工作的推动上对“多层级照护”的概念已逐渐形成共识，亦即大家认同在一个照顾环境内，可以“多层次”地提供轻度、中度、重度失能者的服务设施，让老人从健康到衰弱或失能，都能居住在原来的住宅环境中，并不需要因为衰弱失能离开原来的居住环境。

二、老人居住安排与产业服务的联结

入住老人机构或老人住宅者相当重视生活的基本服务与专业服务，希望入住的社区环境能够提供休闲娱乐、清洁打扫、餐饮服务、咨询等，并兼具环境优美适居、购物方便等综合性的物业服务供给（陈佩君，2009）。因此，未来社区老人机构或住宅的发展策略，应增加物业的软硬件设施及服务项目，例如在社区内设立“便老商店”，物品摆放在适合老人坐轮椅时拿取的高度，或将老人所采购的物品送到家，替老人领药送到家等，以推动银发产业链的市场发展，但需要有关部门的协助，才能顺应新时代的老人养护问题。

三、机构与社区的资源互动

西方国家社区照顾的出现是为了改善传统机构“控管式”“隔离式”的集体照顾之弊病，并以稳固非正式的照顾资源和网络，使照顾责任回归到社区及家庭，而福利国家积极推进社区照顾的目的就是要“去机构化”（deinstitutionalisation）或“转机构化”（transinstitutionalisation），提供更温馨的老人需求照顾，即使老人需要由机构提供照顾，也必须是在社区内的机构，所谓从“在社区照顾”（care in the community）到“由社区照顾”（care by the community），再发展到“与社区照顾”（care with the community），就是要让老人在“熟悉的故乡”“社区内”的相关机构得到照顾，并结合社区资源和志工人力来帮助老人。

台湾的长寿人口已越来越多，需要长期照护的老人也势必大量增加，因此有关部门必须重视并规划“社区照顾住宅”，使机构融入社区，才能达成“原居养老”的目标，让失能的长者仍拥有居住在自己熟悉的社区的可能。

虽然台湾目前已有照顾团队运作的概念，但形式面仍多于实质面，一方面照顾团队的专业人力不够完整，另一方面，照顾团队对鼓励案主参与或使能（enable）的促进有限，加上在服务运作机制上仍以“行政者”或“负责人”为中心，使得整体服务常呈现零碎性、片断性和不连续性的服务供给。因此，如何建构专业照顾团队，提供最有效又最温馨的“全人照护”是当务之急。

Reed 建议机构的工作人员应积极搭起一座联外的桥梁，让住在机构的老人能与社区产生较多的联结与互动（万育维，2004）。而搭起这座社区老人服务和机构老人照顾双向的互动桥梁，有下列步骤：

1. 进入安养护机构前的转接措施要做好；
2. 在安养护机构内营造出一种社区的亲切感；
3. 降低老人的无力感、无助感和脆弱感；
4. 协助老人维持原本的身份认同；
5. 维护老人、家人和社区亲密关系的联结。

第六节　在地养老与远距离医疗的优势结合

随着时代的进步和科技的日新月异，多元化的健康照护服务渐渐成为现今老人照护服务的趋势，远距医疗也因此蓬勃发展起来。根据世界卫生组织（WHO）的定义，远距医疗（telemedicine）是指“当距离是一个重要的因素时，专业医疗人员借由互动式视频及通信技术，交换足够的信息，以达到进行诊断、治疗及咨询等医疗照护行为，并增进个人与社区健康的效果”（WHO，2010）。故远距照护（Telecare）是通过电子科技与通信，希望达到促进健康的目的，但其精神与远距医疗的不同之处，在于强调有针对性地提供医疗照护，如重视老年人、行动不便者与慢性病患者等服务对象的特性（邱晓彦、陈静敏，2010）；此外，更重视“在宅/居家服务”，让服务对象在熟悉的环境中也可以享有医疗照护，以达到健康促进的目的，故远距照护的模式符合现今追求的"在地老化""就地安养"的健康管理理念。针对使用福祉科技或远距照护来达到在地老化的目的这一想法，Watson(1979)就曾提出关怀理论与远距照护理论结合的论述，他认为这样的优势最能为实务工作运用，因其除了提供信息化服务外，还能满足个别化需求，并可建立专业的信任关系(见表14－4)。

表 14－4　Watson 关怀理论与远距照护的结合优势

Watson 关怀理论	远距照护与关怀理论结合的优势
激发信心与希望	· 借由随时关怀的信息化系统，增加人寻求健康行为的能力与动力 · 让老人认为有人关心与支持，增加生活希望
发展助人及信赖关系	· 鼓励长者之间的彼此问候及关心 · 能维持老人原有的生活形态，借由定期照护让老人感受医护人员的照护诚意，达到信赖关系
增进并接受正负向感受表达	· 老人可借由零距离的信息上传，让医护人员可以掌握第一手讯息 · 让老人感到安心，也能借由照护让老人随时表达感受
增进人际关系	· 运用视频、音频及社区式照护，提供高龄者所需的资源 · 促进人际互动，避免老人因生病足不出户
提供支持性、保护性、修正性的生理、心理、社会文化与灵性	· 远距医疗让老人就医不再困难，也能借由科技提供个别化照护服务 · 让老人能借由远距医疗获得社会支持
满足人类需求	· 满足高龄者生理病情需求，方便医护人员掌握信息后提供病理协助 · 方便医护人员提供心理咨商服务及各式满足个别化需求的医疗服务
整体性照护	· 方便医护人员了解老人的生活经验及需求 · 增进医护人员与老人的互动，达到整体性的"全人照护"

资料来源：引自吴昌政等。

台湾的老人安养照顾的居住形态已呈现出多元化和市场化的发展趋势。台湾的老人机构也出现了"阳光型"的居住模式，在居住的机构内有分专区的照顾，如"安养区、轻养区、养护区、失智区"等，子女们也不必因父母身体功能的起伏变化而到处奔波寻找新的机构安置，分区照顾的专业服务也让老年夫妻可以住在同一机构中的不同专区，易于彼此相互陪伴，维持老年的生活需求和生命的尊严，让老人“有所养、有所乐、有所医、有所学、有所用、有所终”，故其最宝贵的地方是保留老人原本最熟悉的环境，满足“归属感”的需求，以达到“三失老人”（失能、失智、失依）照顾和“在地老化”（aging in place）的目标。

新闻视窗

社会观察：以房养老的窘境

当局去年推出“以房养老”的“试办”方案，但至今没有一个符合资格者，这确实是一个挫折。当初有关部门研议此方案，是为了照顾一群“穷得只剩下房子”的独老，如今台湾是没有符合资格者？还是有符合者而没有意愿？如果是前者，应该是条件过严，而条件严的背后，是因当局只有 9 000 万经费，只能容许 100 个住户加入试办。若为后者，可能是所能提供的“生活费水准”与保障的诱因不足。如果这些都不是，那么就是对当局的“信任不足”！

改变观念为要务

2005 年“社会救助法有关规定”修正后，低收入户资格需符合“所得、动产、不动产”的三个条件，此举虽然减少了“坐拥豪宅或股票”的低收入户，却增加了不少“穷得只剩下房子”而无法获得有关部门照顾的“穷人”，其中不乏没有子女照顾的长者。另外，当时尚有 10 万单身“荣民”，一辈子勤俭生活，有些虽拥有房子，往往于身后留给了当地有关部门；这些现象，当局不能坐视不顾！

有别于其他国家/地区纯作为商品，台湾的“以房养老”加入了社会福利，如前述，是有时代的意义；此外，台湾人以家户为单位的“住屋拥有率”已高达八成，这也是世界少有的现象，尽管多数人仍具“有土斯有财”的观念，但在未来几年，当战后婴儿潮世代逐步踏入老年，他们的子女少，就算照顾父母的意愿与能力没有改变，未来老年人来自子女的奉养却无疑将呈现下降情形！

对一般家庭来说，如果能把年轻时努力赚钱买的房子在年老时转变成安享晚年的生活费，不但有助于老年生活的安定，而且也可落实“在地老化”，老人住在自己熟悉的家中，有关部门还可提供其他协助与关怀；总之，此方案具有未来性，观念传散乃当前要务。

通过试办来突破

“以房养老”于2009年在行政主管部门通过。作为关怀老人的诸多方案之一，它经历了近3年的规划与讨论，至2012年内政主管部门好不容易累积争取到9 000万基金，才有“试办”的可能，并且只能在现行规章架构下，选定较无疑义的特定人口群试办。试办既然不成，当然可以转弯，甚至喊停！这本就是“试办”的本质。由于这是一项全新的理念，台湾金融保险机构尚无实务经验，参与意愿并不高，加上居民平均寿命不断提升，不动产近年来价格不停上涨，遑论相关规定，包括继承、产权移转等，这些规定都需通过试办来突破。

台湾长期照顾从2000年开始，规划研究了7年才出现“长期照顾十年计划”，2008年开始执行后即发现一些窒碍之处而需改动修正，并推出“长期照顾服务有关规定”以补不足！这说明了台湾社会变迁速度快，相关部门工作人员需要掌握变迁方向，才能了解真正的障碍，并逐步克服！（作者为台湾大学儿少与家庭研究中心主任）

资料来源：薛承泰．社会观察：以房养老的窘境，2014－02－10．

问题与讨论

1. 老人机构管理的相关理论有哪些？
2. 服务品质定义及绩效评估模式有哪些？
3. 老人机构常见的管理问题有哪些？

4. 决定机构服务品质的构面因素有哪些？

5. 老人福利机构评鉴的方式为何？

6. 讨论台湾老人机构照顾产业(市场)的未来发展趋势为何。

7. 讨论“全龄通用设计住宅”的概念为何。

8. 讨论远距照护与关怀理论结合的优势。

参考书目

一、中文部分

吴昌政，林圩铮，孙子杰. 老人关怀零距离：社区/居家远距照护之发展及应用探讨[J]. 台湾老年学论坛，2013(17).

余志松. 台北市优等小型老人养护机构经营管理特色与困境之研究[D]. 新竹：明新科技大学，2013.

何秀玲. 全龄通用设计宅 打造幸福空间[N]. 经济日报，2012－12－31. [2014－03－20]. http：//money. udn. com/.

邱晓彦，陈静敏. 资讯科技与社区护理之结合：远距护理的兴起[J]. 源远护理，2010，2(4)：5－10.

梁伟康. 社会服务机构：行政管理与实践[M]. 香港：集贤社，1990.

陈佩君. 都市更新结合物业管理发展老人住宅之研究[D]. 高雄：高雄大学，2009.

陈燕祯. 社会福利机构的绩效管理：以老人福利机构为例[J]. 玄奘管理学报，2004，1(2)：87－123.

陈燕祯. 社会福利机构经营管理之探讨：以某教养院为例[J]. 社区发展季刊，2006(115)：261－274.

陈燕祯. 台湾民间百年老人福利组织的转变与市场化发展趋势[J]. 社区发展季刊，2011(133)：160－173.

黄源协. 社会工作管理[M]. 3 版. 台北：双叶社，2014.

黄耀荣. 由终生住宅发展趋势探讨台湾的社区发展方向[J]. 2005 年老人福利论坛，2005：36－43.

黄耀荣. 实现“在地老化”之终生住宅发展形式探讨[J]. 老年医学杂志，2006，1(3)：138－150.

黄耀荣. 建立都市老人社区照顾住宅[J]. 健康台北季刊，2007(90)：48－52.

杨静芸. 老人安养护机构服务品质影响因素之探讨[D]. 嘉义：中正大学，2002.

万育维. 老人照护工作：护理与社工的专业合作[M]. 台北：洪叶文化事业有限公司，2004.

龚平邦. 管理学[M]. 台北：三民书局，1997.

二、英文部分

Adams, J. S. (1965). Inequity in social exchange. In L. Berkowitz (ed.), *Advances in Experimental Social Psychology*, pp276-299. NY: Academic Press.

Alderfer, C. P. (1969). An empirical test of a new theory of human needs. *Organizational Behavior and Human Performance, 4:142-175.*

Deming, W. E. (1982). *Quality, productivity, and competitive position.* Cambridge: MIT Center for Advanced Engineering Study.

Herzberg, F. (1968). One more time: How do you motivate employees?, *Harvard Business Review*, pp. 52-62.

Locke, E. A., & D. Henne (1986). Work motivation theories. In C. L. Cooper & I. T. Robertson (eds.), *Psychology Review of Industrial and Organizational Psychology*, pp. 1-35. Chichester. UK: John Wiley.

Locke, E. A., & G. P. Latham (1990). *A theory of goal setting & task performance.* Englewood Cliffs, NJ: Prentice Hall.

Martinko, M. J. (1995). *Attribution theory: An organizational perspective.* St. Lucie Press.

Maslow, A. H. (1943). A theory of human motivation, *Psychological Review*, 50: 370-396.

Parasuraman, A., Zeithmal, V. A., & L. L. Berry (1985). A conceptual model of service quality and its implications for future reseach, *Journal of Marketing*, 49:41-50.

Parasuraman, A., Zeithmal, V. A., & L. Berry (1988). SERVQUAL: A multiple-item scale for measuring consumer perception of service quality, *Journal of Retailing*, 64:13-40.

Paynes, E. J. (1997). *Human resources management for public and nonpoofit organizations*. SF: Joseey-Bass Puboishers.

Thorndike, E. L. (1913). *Educated psychology: The psychology of learning*, (Vol, 2).

NY: Teachers College Press.

Watson, J. (1979). Nursing : The philosopy and science of caring. Boston: Littlt, Brow and company.

WHO (2010).Telemedicine: opportunities and developments in Member States: report on the second global survey on Health. *World Health Organization,* 2010.

Zimmer, M. J. (1974). Quality assurance for outcomes of patient care, *Nur-sing Clinics of America*, 74(9): 305-311.

V

第五篇

中国香港地区、中国大陆的老人福利

第十五章

中国香港地区的老人福利

作者
徐永德　博士
· 香港大学社会工作及社会行政学系副教授

第一节　前　言

由1842年至1997年，经历150多年的英国殖民统治，香港已发展为现代化、商业化、高度城市化、受西方文化制度影响的一个资本主义社会。自1997年始成为中国的“特别行政区”，虽然经历政治上的大转型，但1997年后香港的社会经济发展基本上延续了之前的轨迹，发展成为世界金融中心，并发挥了使中国与世界接轨的桥梁作用。由于经历了长时间的英式管治，香港建立了良好的法治制度，让社会得以稳定发展。虽然民主政治的发展尚待改进，但社会整体尚算安定和繁荣。由于华人人口占整体人口的绝大多数(94%)，中华文化与西方管治产生微妙结合，而且地理位置特殊，社会经济发展亦促成东方文化与西方制度的有机结合，让它发展为中西荟萃的世界城市。但正如其他经济发达的地区一样，香港也逐渐需要面对人口老化所带来的挑战与机遇。根据联合国的资料，香港现时老年(60岁或以上)人口的比例在亚洲仅次于日本(United Nations，2012)。相较于亚洲其他华人社会包括中国大陆(8%)、台湾地区(10%)和新加坡(9.9%)①，香港是人口老化最严重的地区：65岁或以上的人口占整体人口的13%(Population Reference Bureau，2009；Singapore Department of Statistics，2010；香港特别行政区政府香港统计处，2012)。为了回应这个趋势所带来的挑战与机遇，香港社会各界包括政府、社会福利机构，乃至私人机构、个人和家庭等各方面，均需同心协力为老人谋福祉。因此，社会福利政策和服务担当着举足轻重的角色。

第二节　中国香港地区的老年人口概况②

香港已出现人口老化：65岁或以上③的人口由2001年占总人口的

① 这比例是指该年龄组别人口(约275 000人)在新加坡华人人口中的比例，不是整体人口。华人占当地整体人口约70%。

② 由于部分资料没有在人口普查中涵盖，而需引用其他研究报告，因此在本章中不时需要同时引用不同年份的调查资料和2011年人口普查的资料。

③ 香港政府统计处发放的资料一般均同时使用60岁和65岁两个年龄来界定“老人”。本章中的讨论亦会同时引用这两个年龄划分，并在相关文字中注明。

11.1%，上升至2006年的12.4%及2011年的13.4%（人口共计约92万人），并预计增加至2036年的26%（香港统计处，2007，2012），而60岁或以上的人口在2011年已达19.3%，推算到2020年将递增至199万，占整体人口的25.8%，更将在2041年上升至30%（香港统计处，2012）。整体人口年龄中位数由2001年的36.7岁，上升至2006年的39.6岁及2011年的41.7岁。老年扶养比例由2001年的154增加至2006年的168及2011年的177（香港统计处，2012）。再者，香港人的平均预期寿命亦不断延长：男性由1971年的67.8岁增加至2013年的80.5岁；女性则在近40年间由75.3岁增加至86.7岁（C&SD，HKSARG，2012）。在2011年时，香港有1 890名百岁人瑞（香港统计处，2010a，2012），这些迹象显示香港的人口老化情况已迫在眉睫。

其实，老人群体当中包含很多不同特性的人，在性别、种族、受教育程度、经济活动、消费能力、婚姻状况、家庭支援、居住安排、宗教、参加组织和各方面均有差异（Maddox，1987；Ferraro，2007），由于身心状况随着年纪增长而产生变化，老人或许会在日常生活各方面有别于其他年龄组群的人士。老人群体中的多元性和特有的需要，将影响他们对社会上的各种服务、设施和物品产生不同需求。以下将简介香港老人群体的概况。

根据2011年香港的人口普查，60岁或以上女性长者所占的百分比（52.4%）稍高于男性长者（47.6%），62.4%的长者已婚，另外，31%丧偶、2.6%离婚/分居及3.3%从未结婚；而在2011年，51.2%的长者与子女同住（当中包括29.7%与配偶及子女同住的及21.4%只与子女同住的），另有23.6%只与配偶同住；独居的长者所占的比例由2001年的11.3%上升至2011年的12.7%，而与子女同住的长者在2011年占51.2%，较2001年的56.8%为低，大部分（90.3%）的长者有子女居于香港（香港统计处，2012）。

一、老人的健康状况

香港的研究机构就香港与其他国家/地区的长者健康状况做出比较研究，结果显示，香港的长者普遍生活得健康而积极（Chau & Woo，2008）。例如香港长者患有高血压和糖尿病的比例分别为40%和16%，情况与其他国家/地区相似，患有心脏病和癌症的比例及其死亡率则比其他国家/地区为低，多发病患的情况亦比研究中的国家/地区为佳。在2008年，75.2%

年届 60 岁或以上的老人表示，他们在日常生活中不需要别人协助，绝大部分长者没有自我照顾活动能力的缺损，占所有长者的 93.1％(93.5％)，41.1％(42.3％)的长者在统计前 1 个月内曾就医(健康检查除外)，13.5％(14.6％)的长者在统计前 12 个月内曾入住医院，他们的平均入院次数为 1.6 次(1.9 次)；而患有长期疾病的长者占所有长者的 70.4％(71.6％)，当中包括高血压 62.5％(55.6％)、糖尿病 21.7％(22.1％)、关节炎 19.9％(34.9％)、眼疾 18.0％(21.8％)、胆固醇过高 16.3％(17.1％)、心脏病 14.5％(14.8％)(香港统计处，2009a)。

香港长者的身体状况相对较好，因而自我照顾能力和日常独立活动能力相对较高，他们对自我健康状况的看法都是正面的，相信这是基于社会的整体生活水平的提高，市民普遍更重视健康，以及政府提供相对便宜和方便的公共医疗服务。

二、老人的居住状况

香港是一个资本主义社会，但政府仍提供大量的资助性公共房屋(规模是全球第二位，仅次于新加坡)给市民。整体人口中的 30％住在“公屋”，老年人口中则有更高比例：38.6％居住在公营租住房屋，17.6％住在政府资助的出售单位，42.8％的长者居住在私人永久性房屋。由于社会转变，香港家庭结构亦出现了变化，子女结婚后多会搬出父母的家庭，因而造成越来越多的核心家庭，而较少三代同堂的延伸式家庭，老人独居或两老相依为命的情况亦日渐增加。60 岁或以上独居的老人占老年人口比例逐渐上升，由 2004 年的 10.7％增至 2008 年的 12.7％和 2011 年的 13％；两名年老夫妇户的比例则由 2004 年的 22.7％增至 2008 年的 24.7％和 2011 年的 24％。相反地，老人与配偶及子女同住的比例则逐渐递减，由 2004 年的 40.9％下降至 2008 年的 39.4％，更在 2011 年大幅跌至 30％。只与子女同住的由 2004 年的 22.2％跌至 2008 年的 19.8％，然后在 2011 年回升至 21％(香港统计处，2005，2009a，2012)。根据 2011 年人口普查资料，有近 12 万 65 岁或以上的老人独居，而 78 581 个“双老”住户当中有 76 158 人是年老夫妻(香港统计处，2012)。由于健康状况随年纪增加而转差，独老或两老家庭的增加亦会加重社区照顾服务的需求。

三、老人的经济状况

由于经济结构转型，香港从六七十年代的低技术制造业为主的经济，转至八九十年代至现时的以服务、金融、高科技行业为主的形态，使不少低学历、低技术的老人难以获得工作机会。2011 年，60 岁或以上的人中有 13.7%仍保持经济活跃，其余的 86.3%当中 56.0%是退休人士，26.4%料理家务，3.9%为其他类别。然而，60～64 岁组群劳动参与率则较高，且在 10 年间出现波动：2001 年为 31.3%、2006 年下降至 29.3%（共 143 859 人），但在 2011 年回升至 36.8%。65 岁或以上组别的情况则持续偏低：由 1996 年的 9.8%降至 2001 年的 7.2%，再下降至 2006 年的 7%，2011 则维持在 7.0%（共 63 791 人）（香港统计处，2007，2012）。有工作的老人在 2011 年每月主要职业收入中位数为港币 8 500 元①，较全港工作人口每月主要职业收入中位数 11 000 港元为低，这可能是由于他们受教育程度低而不得不从事低薪工作。

在 2008 年，绝大部分（95.2%）的 60 岁或以上的老人是有个人收入的，而且来自不同途径：当中 61.2%得到家人财政上的支援，12.9%通过工作获得工资，50.9%领取政府的高龄津贴，10.4%领取政府的社会保障援助。而在全部有收入的老人当中，每月入息中位数是 3 300 港元，其中有 45.2%的老人月入低于 3 000 港元，25.2%的老人有 3 000～4 999 港元，其余的 29.6%的老人则有 5 000 港元或以上（香港统计处，2009a）。

除了定期的收入之外，老人亦拥有各式资产，在 2008 年，60 岁或以上的老人中 82%有现金储蓄、7.8%持有股票或基金、27%拥有自住住房。在退休保障方面，令人忧虑的情况是，在 2008 年只有 19%的 60 岁以上人士有退休保障，虽然已较 2004 年的 14.3%比例为高，但仍差强人意。在那些有保障的老人当中，77.2%拥有公积金、25.6%有长俸/退休金。让人更为担心的是，47.3%的老人表示未曾有任何计划确保退休后的经济状况，有 41.3%的老人预计会运用积蓄度过退休生活，但亦有 20.4%表示将需要继续培养子女。这似乎反映了现时的经济情况让年轻人的工作和工资没有保证，反而需要父母财政上的支援，而非传统模式中老年父母依赖子女供养（香港统计处，2009a）。

---

① 港币 7.8 元兑 1 美元。

由于过去相当长时间内政府没有设立完善的退休保障制度，加上目前大部分老人是在四五十年代从内地移居香港从事低收入的工作的，他们难以通过收入和储蓄保障退休生活，进而导致老人贫穷问题严重。至 2013 年 12 月，香港政府综合社会保障援助(综援)计划中的 260 000 个个案中，约 151 000 个个案是由 60 岁或以上长者领取定期收入，另外有近 193 000 个个案由年龄 65 以上的老人领取政府的公共福利金，合计约占 60 岁或以上长者人口的 25%(香港政府社会福利署，2012)。

第三节　老人福利服务的现况

虽然香港并不是西方式的福利社会，但政府亦投入相当多的资源，以提供各项老人服务，包括经济援助、医疗健康服务、长期护理服务、社区支援服务和住屋服务。在 1997 年成为我国特别行政区后，政府成立"安老事务委员会"统筹各部门的老人福利工作。以下介绍这五方面的服务。

一、经济援助

虽然香港没有全面的退休保障制度，但政府仍为有经济困难的老人提供了援助。香港的社会保障制度——"综合社会保障援助计划"(简称"综援")，是全部由政府资助的非供款式计划，为那些在经济上无法自给的市民提供安全网。受助人必须是居于香港最少 7 年的香港居民并符合入息和资产审查，当然惠及低收入的长者。同时，不少老人持有"落叶归根"回乡养老的观念，会选择回到内地退休，以便在内地由亲友照顾。香港政府自 1997 年开始设有"综援长者自愿回广东省养老计划"，其后扩展至福建省，让"综援"受助长者继续享有该项现金援助。另外，政府亦设有"公共福利金计划"，为符合资产审查条件的 65 至 69 岁老人提供现金的"高龄津贴"(俗称"生果金")，70 岁或以上的老人则不需资产审查。若老人患有严重残疾亦可获得"伤残津贴"，而无须接受经济状况调查。除了政府以外，香港亦有多个慈善基金会，向有经济需要的老人捐赠现金或实物(例如食物、衣服、家具、电器等)。

二、医疗健康服务

香港政府通过独立的法定机构“医院管理局”（于 2000 年成立）统筹提供医疗服务，服务涉及门诊和住院两大块，且服务便宜并普及化。该局在全香港广设各级医院，亦设有各种老人的专门服务，包括“老人专科门诊”，设有“长者优先轮候计划”方便老人求诊；“老人日间医院”为老人提供多个专科的诊断、持续护理及康复服务；“社区老人精神科小组”为精神科老年病人提供护理及康复服务；“社区老人评估小组”评估老年病人的护理需要，以决定老人需要接受“家居”（台湾称为“居家”）或“住院”服务；外展服务为住在老人院舍的老人提供专科全面评估、治疗及转介服务，加强社区老人医疗与社会服务的联系。该小组还提供康复计划及机构职员培训，以促进社区的延续护理，而“社区健康护士”服务为离开医院的年老病人提供跟进的护理服务，亦有“疗养院”为需要长期住院的体弱老人提供医疗护理。由于有相当数量的低收入老人，这些收费低廉的公立医疗服务对经济条件欠佳的老人益处极大。

政府的“卫生署”于 1998 年成立“长者健康服务”，在全香港 18 个地区每区各设一间“长者健康中心”和一支“长者健康外展队”，平均每年招收 38 500 位长者会员（覆盖生活于社区的长者总数约 4%），为 65 岁或以上长者会员提供身体检查、健康评估、辅导、治疗，以及健康教育的服务，提升他们的自理能力，借以减少出现病患与残缺的情况。“外展队”在地区筹办健康促进活动，并提供训练给护老者，加强他们对长者护理的健康知识及技巧，亦会定期为住在老人院的老人做免疫注射。

由于不少长者仍使用中医、中药，医院管理局在全港 18 区各设立一间中医药教研中心。虽然目前在公立医院没有设立中医部门，但医管局中医部已经在超过 20 间公立医院实行中西医结合模式，此外，也有一些慈善团体提供中医的治疗与药物给贫穷长者，而私人诊所方面亦有部分执业医生提供诊金和药费的折扣优惠给老人。

政府于 2008 年，以试验形式推出为期 3 年的长者医疗券计划，为 70 岁或以上长者每人每年提供 5 张面值 50 元的医疗券，以资助他们私营基层医疗服务的部分费用。2012 将计划延长 3 年，增加金额至 500 元，再于 2013 年增至每年 1 000 元，这都将有助于纾缓对公营医疗服务的压力。

三、长期护理服务

(一) 社区照顾：后家服务

虽然绝大部分老人都是健康的，但仍有约 77 800 名在社区居住的长者日常活动有困难(香港统计处，2009a)，对于体弱及自我照顾有困难的老人，香港政府提供长期护理服务，包括社区照顾居家服务与住宿照顾服务。为了确保公共资源运用得公平及有效率，让真正有迫切需要的老人获得资助的长期护理服务，以满足逐渐增加的社区需求，政府由 2000 年开始推行"安老服务统一评估机制"，评估申请资助长期护理服务的老人，以确定他们是否符合申请资格。

香港的社区照顾居家服务包括三方面，"改善家居及社区照顾服务"(24 队)、"综合家居照顾服务"(60 队)及"长者日间护理中心/长者日间护理单位"(59 间)，分布于香港 18 区，为身体虚弱的长者提供不同种类的照顾及服务，包括个人照顾、一般肢体运动、日间到户看顾、膳食、家居清洁、洗衣、购物、送递及护送服务等，使他们获得足够技巧去适应身体状况的改变，保持适切的活动功能及独立生活能力，从而使他们能继续在熟悉的社区中生活，避免过早和不适当地接受住院服务。而考虑到家人在照顾家中体弱老人时的负担和压力，政府亦设有"护老者支援服务"，通过举办各项社交康乐活动、推动成立互助小组、设计训练课程及教育计划、提供辅导及转介服务、提供信息及借用复康器材等，协助及支援护老者在家中照顾长者。另外，亦有"暂托服务"为体弱长者提供短期或临时的日间照顾服务，让护老者在有需要时能得到歇息的机会。

自 1977 年起，香港政府一直以"居家安老"为原则来发展长者长期护理服务，近年更取用"居家安老为本，院舍照顾为后援"的政策，因为老人大多希望继续在他们的家人朋友及邻居的支援下，在自己熟悉的环境中安老。海外及本地研究(Gott，Seymour，Bellamv，Clark and Ahmedzai，2004；Lou，Chui，Leung，Tang，Chi，Leung，et al.，2009)同样证实长者大都希望在自己居所安老而非在院舍。2008 年香港统计处的调查反映出 96.4%的受访长者并没有意愿入住长者院舍接受服务，其中有 81.4%的长者希望即使身体衰老仍留在居所生活(香港统计处，2009a)。然而，相对于其他亚洲的华人社会，香港地区住在院舍的长者(65 岁及以上)比例相对较高(6.8%)，多于内地(1%)、台湾地区(2%)、新加坡(2.3%)(香港安老事务委员会，2009)，因此有必要提倡社区照顾服务。

香港政府为了提升社区照顾服务的效能，近年推行多个短期的先导计划，待成效显著后才考虑变成长期服务。例如自 2007 年起，给予非政府机构种子基金，进行“护老地区培训计划”，训练护老者及发展护老服务，当中有三分之二的参加者在完成训练后加入护老员行列，为住在邻近社区的体弱老人提供收费服务，包括短暂照顾、陪诊或护送服务、陪同长者参与户外或闲暇活动、探访和提供情绪支援等，这些服务一方面提供了就业机会，另一方面亦减轻了正规服务的压力。

2008 年在 3 个地区推行为期 3 年的“长者离院综合支援计划”，为离院长者提供 6 至 8 周的后续家居支援服务，包括促进病人及医院的沟通，鼓励长者多做运动以助康复，能提供紧急服务及查询服务给长者或家人，并为护老者提供有用的信息，减轻照顾上的负担等，该计划成效良好，且于 2011 年在全港普遍推行。另外，2011 年在 6 个地区展开为期 3 年的“体弱长者家居照顾服务试验计划”，以护士、社工、物理治疗师或职业治疗师作为个案经理，为居家和轮候护养院宿位的长者提供服务。安老事务委员会在 2008—2011 年推行的“左邻右里积极乐颐年”试验计划，推广邻里守望互助的精神，尤其是向区内独居长者提供适切的支援及协助。在全港各区共有 75 个地区计划推行，动员 12 400 名义工，超过 20 万名长者及其家人曾参与家访、外出活动和兴趣小组等活动。

由 2013 年起推行的“长者社区照顾服务券试验计划”，政府会直接资助符合资格的服务使用者，即经由安老服务统一评估机制评核身体机能中度缺损的长者，赠予每人每月港币 5 000 元，让他们选择所需服务。另外，通过“钱跟人走”的资助模式，吸引不同类型的服务提供者加入市场，从而推动社区照顾服务的进一步发展。

（二）住宿照顾服务

有些老人并不适合接受社区居家服务，例如身体健康状况较差、不能自理及不适宜在社区内生活的老人，他们将获得不同的住宿照顾、院舍服务，包括长者宿舍、安老院、护理安老院和护养院，以配合他们不同程度的护理需要。“护理安老院”为健康欠佳、身体残疾或患有轻度智障和无法自我照顾起居，且在精神上适合群体生活的长者们提供膳食、起居照顾、社会工作服务、药物服用和监管及护理服务，并有注册医生定期探访，给予诊治。而“护养院”是为健康恶化且在护理安老院不足以提供适当照顾，但却暂不需要住在医院管理局辖下的疗养院的老人而设。另外，在政府资助的安老院舍和护养院，亦设有“紧急宿位”和“住宿暂托服务”，提供短暂的住宿照顾服务给那些因家人临时无法照顾（例如需要得到暂时休息的机会）的老人。鉴于住院老人身体残弱程度日渐增加，政府分别于 1996 年及 1998 年开始，向受资助的安老院舍发放“疗养院照顾补助金”和“照顾痴呆症患者补助金”，帮助有关院舍提供更适切的照顾和训练。

政府除了资助非牟利/非营利机构之外，同时亦鼓励私人机构提供院舍服务，私营安老院舍提供约 70％的宿位，政府亦通过向私人营办的院舍购买宿位，补充资助非牟利机构的宿位。政府以发牌制度监管私营院舍的人手、设施、服务内容等，来保证服务质量。另外，由 2003 年始通过豁免发展商缴付有关院址部分地价的方式鼓励私人发展商提供安老院舍院址，以增加整体宿位的供应量。

四、社区支援服务

如前所述，绝大部分老人都是健康、行动自如并在社区中生活的，因此必须为他们提供相关的服务，好让他们能够“老有所为”。在香港，政府资助非政府福利机构开办各种中心服务，在 2011 年 2 月，全港共有 41 间长者地区中心、117 间长者邻舍中心及 53 间长者活动中心，不同规模的长者中心在地区上提供服务，共有 190 000 名长者受惠。这些长者中心设有会员制，年费适宜，以便让更多长者可使用有关服务，目的是协助长者留在社区安老，能够有健康和尊严的生活，鼓励他们积极参与社会，以及推动社会大众共同建立充满关怀的社区。服务内容包括：护老者支援服务、辅导服务、偶到服务、教育及发展性活动、健康教育、膳食及洗衣服务、发布社区信息及中介服务、外展及社区网络工作、社交及康乐活动以及义工发展。服务对象是 60 岁或以上的长者、护老者和社区人士。长者地区中心还为长者提供个案管理，设有“长者支援服务队”，主动外展到街头或长者居住的地点，接触和及早觉察有潜在需要的长者，通过定期电话探访慰问，提供情绪支援，提供有关长者福利服务的资料及在需要时转介长者到合适的服务或机构，接送往返诊所和处理简单的家务，协助建立社区网络。另外亦会招募和培训老人成为义工，以推广长者义工精神。

政府亦资助志愿服务机构设立“长者度假中心”，为长者及其护老者在郊外提供度假设施，提供包括日营及宿营服务、文化交流、健体、兴趣班及日间护理服务等，目的是鼓励老人积极参与社会。政府亦为65岁或以上的长者推动“长者咭”（即长者卡），以便他们享用社会上的各种优惠和优先服务，推动社会人士敬老的精神。亦推动“老有所为活动计划”，赞助各类团体举办活动，鼓励老人积极参与社会、经济、文化等各种活动，推广老有所为的精神，并倡导社会人士关怀长者。

五、住屋服务

虽然香港政府没有专为长者而设的房屋政策，但相当多的低收入长者要依靠政府提供低廉租金的公共房屋，因此，在公共房屋分配时实行了一些长者优先的措施，例如1979年开始推行的“共享颐年优先配屋计划”，1982年的“家有长者优先配屋计划”及“新市乐天伦优先配屋计划”，以及1985年的“高龄单身人士优先配屋计划”。另外，亦为低收入长者设了宿舍形式的“长者住屋”计划，并设有舍监照顾长者的生活所需，现时整体老年人口中有4成居住在公屋中。

另外，考虑到一些体弱老人需要使用步行辅助器具（例如轮椅），政府的房屋署已在2002年开始采用“通用设计”，例如加设屋内和社区内的扶手和斜道，使居住单位的空间和社区的设备可适合他们行动方面不同的需要。对于那些住在私人楼宇的老人，尤其在旧区楼龄超过四五十年的破旧楼宇的，他们急需进行维修保养，加上政府亦立法强制所有私人大厦业主定期检查和维修楼宇，以减少结构危险，他们需要一些支援和协助才可应付这些问题。政府部门如社会福利署自2009年始推动“长者家居环境改善计划”及屋宇署推行“楼宇安全贷款计划”，其他非政府机构如“市区重建局”及“香港房屋协会”在2011年合作推出一套统一而全面的“楼宇维修综合支援计划”，提供财政资助及技术支援，包括资助筹组业主立案法团、大厦公用地方维修津贴及免息贷款，以及家居维修免息贷款。这有助于住在楼龄高、设备差、结构残破楼宇内的低收入老人，使他们可以装修楼宇和住所，减少家居意外，减少因楼宇失修造成他人伤亡损失而导致的赔偿责任。

“香港房屋协会”参照欧美等地的“退休社区”（retirement community）概念，在2003年推出的“长者乐安居”计划，为经济条件较佳的老人提供一站式的综合医疗、个人护理、休闲娱乐等服务的住宅，此乃通过终生租住形式让老人在原居安老。而政府通过减免该会缴付给政府的土地租金，以支持这种崭新的老人房屋计划。该会还计划再推出一些更高质量和收费的长者屋，以满足未来较高阶层老人的需求。2013 年再推出“混合模式”鼓励年轻置业人士在同一屋苑内租赁另一老人服务式住宅，以体现“长幼共邻”。

“香港按揭证券有限公司”参考了外国“逆按揭”的经验，在 2011 年 7 月推出“安老按揭”计划(类似台湾“以房养老”计划)，与本地银行合作，让年老业主将自住住宅作为抵押品，向参与银行申请按揭贷款，业主仍然可继续居住于该住宅终老，同时取得每月年金，此计划可将老人的固定资产转化为流动现金，用以支付日常的生活开支。

第四节　老人福利发展的议题

面对人口老化的挑战和机遇，香港社会和政府都必须为未来做好更好的准备，而展望未来，就应该就以下几方面的发展进行研究。

一、发展医疗保险和长期照顾服务保险

虽然香港政府实行低税率，但政府在社会福利方面仍提供相当大的补贴，政府通过直接提供服务，或间接地通过资助志愿机构及社会保障制度，来提供医疗和长期护理服务，但是人口老化将会令这些服务的需求不断上升。因此，这种由公共拨款的财政模式是否可持续值得关注。另外，由于现时这些服务基本上是普及性的，政府没有执行严格的经济状况评审评估，亦未能确保最有效率及公平地运用资助服务，从长远来说，香港有必要探讨其他财政模式来提供有关服务。

香港政府考虑到人口老化和政府公营部门提供医疗服务的长远财政压力，因此积极研究医疗保险的可行性。2008 年发表的医疗改革咨询文件(香港食物及卫生局，2008)提出了六个医疗辅助融资方案，其中有三个是保险。政府同时提出医疗保障计划，提供由政府监管的私人医疗保险，考虑到长者较难受到医疗保险的保障，政府将提供部分经济支援给长者，让他们得到医疗保险的保障。然而，或许由于信息不足或部分长者经济能力有限，加上保险业界提供的保险

产品未能惠及，香港仍未有一个成熟的长者医疗和长期照顾保险市场，在2008年及2009—2010年，分别只有8.2%及10.2%年满65岁及以上的长者得到医疗保险保障（香港统计处，2009b，2010b）。对于长者来说，“治疗”（cure，医疗服务）及“护理”（care，长期照顾服务）有很密切的关系，若医疗及长期护理保险两者有好的配合和互补作用，有助于向长者提供可行的安全网，保障长者各方面的健康。长远来说，应推行更多公众教育、市场调查、产品研发和推广，以增加市民和长者对各种保险计划的性质、优点及限制的了解。

二、老人福利的人力资源

要确保老人服务的质与量，必须有充足的人力资源填补各个长者服务的岗位、提供高质量的服务，但环顾全球各个经济发达国家和地区，都出现了“护老产业”（care industry）（台湾称为“照顾产业”）的人手短缺问题，因此必须制订政策以招聘更多各级的从业员。然而，大抵与社会大众对老年人的年龄歧视，以及对相关照顾工作的刻板成见有关，特别是年轻人不愿意投身于护老行业。因此，需要宣传推广有关加入护老行业的优点和正面形象，从而吸引年轻人加入此行业，担任护士和物理治疗师等。根据国际经验，提供“实质好处”如事业长远发展前景、在职培训进修和晋升机会，有助于增强工作满足感以吸引和挽留护老照顾工作者（Kane，2003；Nakhnikian and Kahn，2004）。

香港政府在这方面做了一些工作：社会福利署在2006—2011年期间举办了8班全职护士训练课程，为社会福利界训练了930名护士。为了确保受训人员投入工作岗位，政府要求获得全额学费资助的毕业生在完成课程后，至少需连续2年任职社会福利机构，当中要加入一些长者护理工作。为了增加长者服务各种专业和辅助人员的供应，政府应该持续地增加本地培训机构的录取名额。

除了专业人士之外，护老行业是劳动密集的工作，需要大量的相对低技术的照顾人员。因此，政府“雇员再培训局”提供“起居照顾员”及“家居长者照顾员”证书课程，部分非政府机构及劳工团体亦免费提供“保健员文凭课程”，当中部分投入长者护理工作。此外，香港政府教育局于2008年推行“资历架构”，提供一个全面的学习网络并推动终身学习平台的建立，让社会人士通过进修各种有质量检定的相关课程，而获取相关的资历，从而促进从业人员持续学习及训练,并吸引更多人士加入长者护理工作,以解决人手不足的问题。

此外,或许可参考美国一些机构的策略,他们专门招聘一些“非传统”的人力资源加入长者照顾行业,当中包括刚退休或丧偶的成年人、寻找兼职或其他工作的学生、寻找更多有意义工作的零售或食品服务员,以及期望通过护理技能获得报酬的料理家务者(Stone, 2000)。由于家居服务的工作地点是在社区,而老人亦是分散居住在不同社区内,所以从事护老工作的人很容易在自己居住地点附近工作,这容许他们兼顾工作和家庭。因此,发展护老产业可以给一些低技术工人或家庭主妇制造就业机会,去赚取额外的收入。香港在发展邻里支援网络的工作上亦有成功的经验:社会福利署在2008年以试验形式推行一个为期3年的“邻里支援幼儿照顾计划”,给予邻里一些报酬而成为社区保姆,于周日和部分周末及部分公众假期为区内6岁以下幼儿提供弹性的照顾服务,服务时间为上午7时至晚上11时,方便日间上班的父母。若将这种模式运用在长者照顾方面,邻里可以到长者家中或将长者护送到自己住所进行照顾,这可以让长者于同一楼层或大厦内获得照顾,而不用长途跋涉到服务中心,减少交通上的劳累麻烦和费用。

三、为家人护老者、家庭佣工和邻里提供训练和支援

正如西方发达国家一样,香港的妇女劳动参与率相当高,亦是男女平等的体现,双职家庭的出现导致聘请外籍家庭佣工去分担,甚或取代家庭照顾长者责任现象的出现。2010年,香港约有220 200名外籍家庭佣工,大部分来自东南亚地区,如菲律宾、印尼和泰国。约有57 100名的受雇佣工家庭中,至少有1名长者,19 600名的受雇佣工的家庭成员则全为长者,可以推断其主要职责是照顾长者①,2010年外籍家庭佣工的数量已增至312 000名。社会福利署于2010年的调查发现,使用社区照顾服务而被评估为有需要入住护养院舍的长者当中,有59%雇用外籍家庭佣工在家照顾长者。虽然部分外籍家庭佣工在其家乡或到港后曾接受家务培训,但他们不一定掌握照顾体弱长者的相关知识和技巧。调查更显示,很多家人表示所雇用的外籍家庭佣工缺乏照顾长者的技巧,他们与长者亦有语言沟通的问题。因此,政府可鼓励相关部门、非政府机构及

① 资料由香港统计处通过劳工福利局在2010年8月提供给作者。

家庭佣工中介公司互相合作，为外籍佣工提供一些适切的培训课程。其实，由于外籍家庭佣工在照顾住在家中的老人上担当重要角色，香港应该参考台湾和日本，要求外籍家庭佣工接受有关照顾长者的培训，甚至考取执业牌照，以确保有足够的知识和技巧。此外，在鼓励外籍家庭佣工接受长者照顾技巧训练的同时，邻里支援网络亦应强化，即当外籍家庭佣工需要外出接受培训时，"邻居"亦能暂时担当保姆角色，确保长者安全和得到协助。

四、为新一代老人的不同需要做准备

此外，由于社会的发展和历史的变迁，将来的老人将在社会、经济、文化、人口特质和需求等方面有别于现时的老人。在2008年时，45～54岁组别当中有15.8%患有长期疾病，而65岁以上的则有56.6%认为自己健康状况差，这一状况在55～64岁组别占44%，但65岁组别的则高达60.5%（香港统计处，2009b）。这或许反映将来老人的健康状况会比现今的更佳：65岁以上自我评估的健康状况为"极佳""十分好"或"好"的，由2006年的37.6%增加至2008年的39.4%（香港统计处，2007，2009b）。在教育方面，由于香港社会整体的教育水平提高，未来的老人将比现时的老人受到更高程度的正规教育。例如未受教育或只有学前教育程度的长者所占比例由2001年的42.4%下降至2011年的31.7%，而有中学及以上教育程度的比例由2001年的18.4%上升至2011年的31.0%，持有学位的长者由2001年的3%增至2011年的5%（Census and Statistics Department，2013）。这反映未来的老人群体将会有较高的教育水平，因而可让他们更容易接收相关信息，以便他们在消费和使用服务时做出明智的选择，以确保生活的品质，同时，他们亦将更善于利用电脑等科技，这也有利于其日常生活。在2008年，只有10.6%年龄在65岁或以上的老人懂得用个人电脑，45～54岁组别和55～64岁组别则分别有72%和42%（香港统计处，2009c）。在职的老人当中，职业结构也有微妙的变化：65岁或以上作为雇主的比例由2001年的18.1%上升至2006年的21.1%，2011年则回落至20.6%（Census and Statistics Department，2008，2013）；而任职经理、行政人员、专业或辅助专业的亦按年增加，由2001年的23.8%上升至2006年和2011年的29.9%（Census and Statistics Department，2008，2013）。

未来的老人将会有较佳的经济能力（流动资金或资产），而且有较佳学历，相信他们对生活品质和各方面的要求和期望均较现今的老人更高。虽然香港政府已为老人提供了不少服务，但似乎较侧重协助经济条件较差的老人。另外，私人企业亦尚未洞察“银发市场”的潜力，没有为不同阶层的老人提供适切的服务和消费渠道。“银发市场”的概念是基于长者与其他年龄组别不同需要的，这些不同需要可能源自长者身体机能及认知能力的不同、生命中不同阶段的期望，或者因就业情况不同而造成财政能力上的转变，所以需要特别设计符合“年龄敏感”或“长者友善”原则的产品及服务，以满足他们的需要。由于长者间有着不同的特性、需要、期望及财政能力，所以“银发市场”事实上包含多个不同的市场。因而现今的消费与服务模式和质量，或许未能满足未来一代的老人。因此，无论政府、市场还是非牟利（非营利）组织等方面，均需尽快掌握有关的变化，从而做好相应的准备。

五、正视老人失智症的未来挑战

目前世界性的趋势显示，失智症的发病率随着年龄而增高，再加上人均寿命的延长，失智老人在整体老年人口中的数目和比例预计均会上升，因此，为他们提供适切的服务已迫在眉睫。2010 年，有 19 000 名已入住长期护理院舍的长者患有失智症，居于社区的患者（年满 60 及以上）有 86 000 名；推算至 2036 年，数字会分别上升至 48 000 和 225 000（Yu,et al.，2010）。另一研究指出，在 59 个受政府资助的日间护理中心，有相当高比例（44%）的使用者患有失智症（Jockey Club Centre for Positive Ageing and HKCSS，2010）。研究显示，认知缺损（包括失智症）患者的主要家人照顾者健康较差、较常看医生、感到焦虑及抑郁，以及体重下降（Ho，et al.，2009，引自 Yu，et al.，2010），他们在身心“耗尽”的情况下，唯有忍心将家中患病老人安排入住安老院舍。因此，若未能及早提供服务，不少患者将被迫进入院舍终老，为此，有需要增加和改善现今为失智老人和其家人而设的社区照顾服务。故政府在 2011—2012 年度将“照顾失智症患者补助金”的资助范围扩展至接受日间护理中心服务的患者，希望将来更可扩展至其他社区照顾服务，而这亦可参考海外经验设立专门的痴呆症日间护理中心，研发遥距形式的视像诊症和训练活动（Poon，et al.，2005；引自 Yu，et al.，2010）。

新闻视窗

长者叹银发市场未受重视

根据政府早前推算，本港于2041年，每3人中便有1人是65岁以上长者，全港更有一半人口达50岁以上。为了解长者的需要，社联于2013年12月至今年1月进行“香港银发市场调查报告”，以问卷形式访问了517位55岁以上人士，有76%的受访者认为市场上符合他们需要的产品及服务选择不多，其中56%的受访者认为医疗服务的供应不足，其次是医疗保险和护理服务，均有40%的受访者认为不足。同时，有39%的受访者认为“保障长者退休后的收入”最能促进香港长者市场发展，其次“政府推动商界增加长者优惠”则占26%。社联业务总监黄健伟表示，数据显示，长者消费需要尚未受到重视，企业迎接银发市场的意识仍有待提高。新一代长者有较高的受教育程度和消费力，企业应针对长者需要开发产品。

另外，调查又以选购健康食品为例，有56%的受访者最考虑产品的“成分、质量与效益”，同时亦有55%及44%看重“对个人健康是否必要”及“专案医护人员建议”，而价格因素只占38%。有65%的受访者表示如食品满足健康需要，都会愿意付出较一般同类食品为多的金额购买，当中有逾半受访者愿意多付5%至10%的开支。社联认为，提供针对长者而设的服务和相关产品信息，是企业开发银发市场时必不可少的策略。

资料来源：王维宝. 长者叹银发市场未受重视[N]. 香港文汇报讯，2014-03-04. [2014-03-29]. http://gx.wenweipo.com/.

六、从补救式演进至发展式的服务方向

为了应付当前的问题，如今有不少服务都带有补救式的性质，但是除解决即时的问题之外，亦需要开拓更多“发展性”的服务，以补充现有的补救性服务。“发展性”的服务包括促进老人终生学习，提升老人福祉信息科技和改善社区内交通运输，以增加老人的“可达性”。

(一) 终身学习

退休后，老人将有更多空闲时间和动力可以参与各种活动，尤其是在终身

学习方面。华人社会普遍重视教育或文化修养，尤其很多老人年轻时没有机会受正规教育，所以在退休后热切期望读书学习(Chui，2011)。香港政府在2007年推行“长者学苑”计划，以“跨界别合作”和“跨代共融”的模式运作，鼓励年轻学生参与，担当小老师，协助长者学苑的运作，借此促进年轻人与长者的交流，分享长者丰富的人生经验，促进彼此了解，达至耆青共融。至2013年，已有108间由学校及非政府机构合办的长者学苑。鉴于长者有“上大学读书”的期望，政府应连同香港的七间大专院校提供长者学苑课程，让他们可以在大学校园上课。

(二) 老人福祉科技

科技的发展亦有助于老人的福祉，因为可通过如互联网等让长者获得讯息。2009年，香港政府委托非政府服务机构设立“长青网”(http://www.e123.hk/)，通过互联网提供信息，结合政府部门、私人企业及长者服务机构的力量，为长者及其家人提供一个集信息、社交及长者服务为一体的一站式专门网站，鼓励更多长者能善用信息科技来改善生活及积极参与网上社交活动，从而扩大生活圈，不过，由于过去教育未能普及，故现今的老人教育水平偏低，使用电脑的人数亦有限，长者使用互联网的比例(约10%)仍然偏低(香港统计处，2009c)。因此，必须努力投放资源教导老人使用信息科技，让他们尽快掌握有关知识、技巧。另外，由于家居电话的覆盖率较高，政府可考虑进一步为一般市民提供热线电话服务，为长者开设专门“一站式”的长者信息查询平台。

有家社会企业开办了“家居紧急呼援”服务，通过电话接驳服务台，让老人在家中亦可联络驻守服务中心的接线员，以获取讯息或做出求助呼唤；这个机构亦与医院管理局合作传送电子病历至急诊室，方便医生尽早诊断入院老人的病症，服务台还可召唤救护车和警方、通知紧急联络人、跟进入院后情况、预约提醒、电话慰问、义工探访及陪诊、爱心讯息提示、情绪辅导、电话预约门诊、转介社区资源(如家居及健康护理等服务)(长者安居协会网页，2012)。另外，有一家电信公司亦提供家居“视察易”服务，可即时遥距视察或在指定时间内摄录家中情况，或预约动作侦测摄录功能，以便上班的家人可观察在家老人的情况，在紧急情况下召援或返家照顾老人(电讯盈科网页，2012)。另有一家社会企业与社会服务机构合作，开设网上老人购物平台，提供一些适合老人特殊需要的产品，例如步行辅助器、为手指或关节劳损或欠灵活的老人而设的筷子、穿衣鞋的装置等，而且价格适宜，适合一般普罗大众的老人使用（好好生意网页，2012）。

（三）长者友善社区

为了促进老人的“积极老年”，必须改善老人行动的活动性，提升长者的可达度及社区参与，这方面应该改善社区的基础建设和交通运输服务。香港长者及身体残障的人士可租用受资助服务机构的复康巴士，但由于使用人数众多，服务需求庞大，导致轮候时间很长。因此，应检讨此资助服务提供的情况，考虑是否需要专为“年长者”而设交通服务。

第五节　结　　论

香港虽然在经济上有相当的发展，在社会福利服务的规模和水平上也可算达到国际水准，但在过去相当长的时间内，香港的老人福利服务多依靠公立部门，而私营部门在提供老人服务方面的发展相对缓慢。面对人口老化，政府和有关团体，以至社会整体均应找寻适当的措施做好准备。这些都涉及长远的规划，在融资、服务模式、培训、公众教育，以至立法和政策等多方面做出配合和推动。同时，亦应推动“服务整合化”，应涉及“跨界别”（例如政府、私人企业和非牟利社区机构）、“跨专业”（例如医疗、护理、社会工作等）和“跨部门”（例如医疗卫生、房屋、社会服务、劳工、教育、文化、金融、零售、个人服务等）的合作（Chui，2012）。若情况许可，更应发展一些综合服务平台，让使用者得到“一站式”服务，以避免服务分割。希望香港老人福利在各方面的共同努力下，能真正践行健康晚年、活跃晚年、积极老年、成功晚年和老有所为等概念，造福今日和未来的老人。

参考书目

一、中文部分

香港特别行政区政府食物及卫生局. 医疗改革咨询文件，2008.

香港特别行政区政府统计处. 修读高等教育的情况、长者的社会与人口状况、健康状况及长期护理的需要[EB/OL]//主题性住户统计调查第二十一号报告书. [2012－04－23].

http：//www. censtatd. gov. hk/.

香港特别行政区政府统计处. 香港居民的健康状况、就医情况、入住医院情况、接受牙医诊治情况、雇主或机构提供医疗福利予雇员、及受个人购买的医疗保险保障的情况、居于院舍人士的健康状况及其使用医护服务的情况[EB/OL]//主题性住户统计调查第三十号报告书. [2012－04－20]. http：//www. censtatd. gov. hk.

香港特别行政区政府统计处. 中期人口统计主题性报告长者[EB/OL]. [2012－04－30]. http：//www. bycensus2006. gov. hk.

香港特别行政区政府统计处. 长者的社会与人口状况、健康状况及自我照顾能力[EB/OL]//主题性住户统计调查第四十号报告书. [2010－09－30]. http：//www. censtated. gov. hk.

香港特别行政区政府统计处. 主题性住户统计调查第四十一号报告书[EB/OL]//香港居民的健康状况、就医情况、入住医院情况、接受牙医诊治情况、雇主或机构提供医疗福利予雇员、及受个人购买的医疗保险保障的情况、对健康检查的认识、态度及行为. [2010－09－30]. http：//www. censtatd. gov. hk.

香港特别行政区政府统计处. 主题性住户统计调查第四十三号报告书[EB/OL]//资讯科技的使用情况和普及程度. [2012－04－30]. http：//www. statistics. gov. hk.

香港特别行政区政府统计处. 香港人口生命表 2004—2039[EB/OL]. [2010－09－30]. http：//www. statistics. gov. hk.

香港特别行政区政府统计处. 主题性住户统计调查第四十五号报告书[EB/OL]//香港居民的健康状况、就医情况、入住医院情况、接受牙医诊治情况、雇主或机构提供医疗福利予雇员、及受个人购买的医疗保险保障的情况、执行赡养费命令的情况. [2012－04－30]. http：//www. statistics. gov. hk.

香港特别行政区政府统计处. 2011 普查结果主要统计表[EB/OL]. [2012－04－12]. http：//www. census2011. gov. hk.

香港特别行政区政府安老事务委员会. 就长者住宿照顾服务所进行的顾问研究最后报告[EB/OL]. [2011－05－25]. http：//www. elderlycommission. gov. hk.

香港特别行政区政府社会福利署. [2012－04－30]. http：//www. swd. gov. hk/tc/index/site_pubsvc/page_socsecu/sub_statistics/.

香港房屋协会. 长者乐安居计划[EB/OL]. [2012－04－30]. http：//www. hkhs. com/sen_20040903/index2_chi. htm.

好好生意. [2012－05－14]. http：//goodgoods. hk.

长者安居协会. [2012－05－14]. http：//www. schsa. org. hk/b5g/service/pel. php.

电讯盈科. “视察易”服务[EB/OL]. [2012 - 05 - 14]. http：//www. pccweasywatch. com/con_service_zh. html.

二、英文部分

Census and Statistics Department, Hong Kong SAR Government. (2012). *Hong Kong Population Projections 2012-2041* (press release). Hong Kong.

Census and Statistics Department, Hong Kong SAR Government. (2013). *Hong Kong 2011 Population Census Thematic Report: Elderly Persons*. Hong Kong.

Chau, P. H., & J. Woo (2008). *How Well Are Seniors in Hong Kong Doing? An International Comparison.* Hong Kong: The Hong Kong Jockey Club.

Chui, E. (2011). Elderly learning in Chinese communities-China, Hong Kong, Taiwan and Singapore. In Boulton-Lewis, Gillian; Tam, Maureen (Eds.), *Active Ageing, Active Learning: Issues and Challenges*. (pp.141-62) Dordrecht, Heidelberg, London, New York: Springer.

Chui, E. (2012). Caring for our seniors-private issue or public? The Asian scene. *Journal of Asian Public Policy* 5(1): 51-70.

Ferraro, K. F. (2007). The gerontological imagination. In Wilmonth, J.M. and Ferraro, K. F. (Eds.), *Gerontology: Perspectives and Issues* (pp.325-42). New York: Springer.

Gott, M., Seymour, J., Bellamy, G., Clark D., & S. H. Ahmedzai (2004). Older people's views about home as a place of care at the end of life. *Palliative Medicine, 18*(15), 460-467.

Jockey Club Centre for Positive Ageing and the Hong Kong Council of Social Service (2010). *Report on Survey on Usage Pattern of Day Care Service by Dementia Clients in Hong Kong*. Hong Kong.

Kane, A. (2003). Human resources for long-term care: Lessons from the United States. In Brodsky et al. (Eds.), *Key Policy Issues in Long-Term Care*, 191-224. Geneva: World Health Organization.

Lou, W. Q. V., Chui, W. T. E., Leung, Y. M. A., Tang, K. L., Chi, I., & W. K. S. E., Leung (2009). *A Study Investigating Factors that Affect Long Term Care Use in Hong Kong*. Submitted to Food and Health Bureau Government Secretariat The Government of the Hong Kong Special Administrative Region. Hong Kong.

Maddox, G. L. (1987). Aging differently. *The Gerontologist, 27*(5), 557-564.

Nakhnikian, E., & K. Kahn (2004). *Direct care workers speaking out on their own behalf*, Institute for the Future of Aging Services.

Population Reference Bureau. (2009). Population Age 65+(%). PRB 2009 World Population Data Sheet. 檢索日期：2010.09.30。網址：http://www.prb.org/Datafinder/Topic/Bar.aspx? sort=v&order=d&variable=119.

Singapore Department of Statistics. (2010). *Monthly Digest of Statistics Singapore, February 2010*. 檢索日期：2010.09.30。網址：http://www.singstat.gov.sg/pubn/reference/mdsfeb10.pdf.

Stone, R. (2000). *Long-term care for the elderly with disabilities: Current policies, emerging trends, and implications for the Twenty-First Century*. Washington, DC: American Association of Homes and Services for the Aging (AAHSA).

United Nations (2012). *Population Ageing and Development 2012*. New York: Department of Economic and Social Affairs. 檢索日期：2013.09.30。網址：http://www.un.org/en/development/desa/population/publications/pdf/ageing/2012Pop AgeingandDev_WallChart.pdf 7.

Yu, R., Chau, P. H., McGhee, S. M., Cheung, W. L., Chan, K. C., Cheung, S. H., & J. Woo (2010). *Dementia Trends: Impact of the Ageing Population and Societal Implications for Hong Kong*. Hong Kong: Hong Kong Jockey Club.

▶▶ 第十六章

中国大陆的老人福利

作者

丁华　博士

- 香港大学社会工作及社会行政博士
- 北京大学中国社会科学调查中心助理研究员

第一节　前　　言

在世纪之交，有近 13 亿人口的中国迈入老龄化/高龄化国家的行列。老龄人口总量巨大、老龄化速度快、高龄化问题突出、人口老化程度地区不平衡、农村地区老龄化程度相对严重等，已成为中国进入老龄化国家的显著特点。面对汹涌而来的“银发浪潮”，政府在 2001 年《中华人民共和国国民经济和社会发展第十个五年计划纲要》中，明确提出重视人口老龄化趋势，鼓励家庭养老，加强老年人服务设施建设，发展老龄/高龄事业和产业的要求。并且在 2006 年《中华人民共和国国民经济和社会发展第十一个五年规划纲要》中再次强调老龄化问题，提出为老年人营造老有所养、老有所乐、老有所为的社会氛围，发展面向老人的医疗救助、家庭病床等养老服务业，实施爱心护理工程等构想。2011 年在《中华人民共和国国民经济和社会发展第十二个五年(2011—2015 年)规划纲要》中，重点提出要加快发展社会养老服务，培育壮大老龄事业和产业，加强公益性养老服务设施建设，鼓励社会资本兴办具有护理功能的养老服务机构，每千名老人拥有养老床位数达到 30 张(床)。拓展养老服务领域，实现养老服务从基本生活照料向医疗健康、辅具配置、精神慰藉、法律服务、紧急援助等方面延伸，增加社区老年活动场所和便利化设施。根据政府规划，相关部门在近几年也开展了一系列面向老年人的保障和服务计划，老年社区服务和机构服务得到了一定的发展，但是面对“未富先老”的现实经济状况、地区间经济和人口老化发展不平衡的形势，以及存在半个多世纪的城乡二元体制，如何提高老年人的生活品质、满足老年人的养老需求，如何消除城乡老年人福利待遇上的差别，已成为亟须解决的重要问题。

第二节　人口老龄化与老年问题

一、人口老化的现状和未来趋势

根据国家统计局的资料，中国已在 1999 年 10 月进入“老龄化社会”，成为世界上老年人口最多的国家。2010 年第六次全国人口普查资料显示：全国 60 岁及以上老年人口已达 1.776 5 亿(177 650 000 人)，占总人口的比例达 13.26%，与 2000 年第五次全国人口普查相比，上升了 2.93%。全国 65 岁及以上老年人口达 1.188 3 亿(118 830 000 人)，占总人口的 8.87%。目前中国是世界上唯一老年人口超过 1 亿的国家(全国老龄工作委员会办公室，2011)。中国老龄化进程与其他国家相比，呈现出七大方面的主要特征：

(一) 老年人口总量巨大

中国预计到 2015 年，中国 60 岁及以上老年人口将达到 2.16 亿，约占总人口的 16.7%，年均净增老年人口 800 多万，超过新增人口数量(穆光宗，2011)。据预测，2026 年中国老年人口将达到 3 亿，2037 年将超过 4 亿，2051 年将达到峰值 4.37 亿，之后将一直维持在 3 亿～4 亿的规模。

(二) 人口老龄化的速度快

中国从 2001 年到 2020 年的快速老龄化阶段，将平均每年增加 596 万老年人口，年均增长速度将达到 3.28%，将远远超过年均 0.66%的总人口增长速度①。此外，中国人口老龄化进程明显较快，65 岁以上老年人占总人口的比例从 7%上升至 14%，在发达国家大多花了超过半个世纪的时间，其中，法国用了 115 年，瑞典 85 年，澳大利亚和美国经历了 79 年左右(夏颖，2004)，而中国预计只需用 27 到 28 年就可以完成这个老龄化的历程，并且在今后很长时期内将继续保持很高的增长速度，由此我国将成为老龄化速度最快的国家之一。

(三) 重度老龄化和高龄化问题突出

随着生活水平和医疗水平的提高，中国高龄老人数量和比例将逐渐增大。从 1990 年到 2000 年，中国 80 岁以上的高龄老年人口从 768 万增加到了 1 199 万，年平均增长速度达到 4.56%，远远高于中国老年人口和总人口的年平均增长率。到 2015 年，80 岁及以上的高龄老人将增加到 2 400 万人，约占老年人口的 11. 1%，年均净增高龄老人 100 万。预计到 2050 年，中国高龄老人的数量将从目前的 0.3 亿增加到 1 亿人以上，占老年人口的比例由 9%上升到 25%(周清、刘谦，2005)。

---

① 除了特殊标注之外，文中的最新统计数字均来自全国老龄工作委员会办公室于 2006 年发布的《中国人口老龄化发展趋势预测研究报告》(2006 - 02 - 24)。

（四）“空巢”家庭数量增长迅速

根据全国第五次人口普查资料显示，2000 年平均每个家庭的人口为 3.44 人，比 1990 年第四次全国人口普查的 3.96 人减少了 0.52 人，而有 65 岁以上老年人的家庭户占全国家庭户总数的 20.09%，其中，空巢家庭户占 22.83%（中华人民共和国国家统计局，2001）。随着城市化的发展和人民生活方式的变化，“空巢”家庭的比例将进一步增加，按照人口学家最近做出的家庭人口预测，到 2015 年，65 岁及以上空巢老年人口将超过 5 100 万人，约占老年人口的四分之一（穆光宗，2011）。

（五）未富先老

中国是在经济不发达的情况下进入老龄社会的，属于“未富先老”。据统计，发达国家进入老龄社会时其人均国内生产总值（GDP）大多数为 5 000～10 000 美元，而中国在 2000 年 65 岁及以上人口比例达到 7%时，人均 GDP 只有 850 美元（李建新，2005）。这意味着中国要在并不富裕的前提下，照顾数量巨大的老年人，并在发展经济和提高社会福利之间寻求平衡。

（六）东西部地区人口老化程度差距明显

东部沿海经济发达地区人口老化程度明显快于全国平均水准，更高于西部经济欠发达地区。东部发达地区的大中城市已相继成为人口老龄化城市。上海早在 1979 年就进入老龄型城市，而最迟进入老龄型城市的宁夏也在 2012 年进入了老龄化城市行列，前后时间差距长达 30 多年。

（七）农村老龄化程度高于城市

2000 年，农村 65 岁以上人口的比例达到 8.1%，高于城市的 6.7%（丁仁船，2005）。同年，农村 60 岁及以上老年人口占全国老年人口总数的 65.82%，根据预测，这种状况将一直持续到 2040 年（见表 16－1）。到 21 世纪后半叶，城镇的老龄化水准才将超过农村，这是中国老龄化进程的一个显著特点。

中国老年人口基数大，发展速度快，高龄老人的增长速度快，人口老化速度与经济发展速度不平衡，空巢家庭数量增长迅猛，人口老化地区发展不平衡，老龄化程度方面，东部地区高于中西部地区、汉族高于少数民族、农村高于城市，这些都是中国人口老化的明显特征。这些独特性的特征受许多历史因素的影响，例如城乡二元体制、计划生育、人口流动等，同时，也对当前的经济社会文化等方面带来冲击。

表 16－1　2001—2050 年 60 岁及以上老年人口和老龄化程度预测

年　份	60 岁以上人口数/亿		人口老龄化程度/%	
	(1)	(2)	(1)	(2)
2001	1.33	1.33	10.34	10.33
2005	1.45	1.45	10.98	10.94
2010	1.71	1.71	12.57	12.48
2014	2.04	2.04	14.62	14.48
2015	2.13	2.13	15.17	15.00
2020	2.43	2.43	16.96	16.72
2025	2.96	2.96	20.42	20.07
2030	3.55	3.55	24.46	23.93
2035	3.97	3.97	27.45	26.71
2040	4.11	4.11	28.63	27.70
2045	4.25	4.25	30.07	28.92
2050	4.50	4.50	32.73	31.27

资料来源：全国老龄工作委员会，http：//www.cnca.org.cn。
注："(1)"为按 TFR＝1.7 计算的；"(2)"为 TFR＝1.8 计算的。

二、人口老化带来的问题

老年人口是一个生理功能处于下降阶段的群体，在经济社会发展水准相对较低的情况下，汹涌而来的"银发浪潮"对退休保障、医疗保障及社会养老服务各方面都造成了很大的挑战。

首先是退休保障压力的加重。人口年龄结构老化对经济发展和社会进步的负面影响，主要表现在加重国家财政负担及家庭的养老压力上。2010 年，中国基本养老保险全年支出总额达到 10 555 亿元，同比增长 18.7%。各级财政补贴基本养老保险基金攀升到 1 954 亿元。此外，随着老年人口的不断增加，社会负担日趋加重。2010 年第六次全国人口普查资料显示，中国 65 岁以上老年人口扶养比为 11.9%。根据测算，到 2050 年，中国每 100 个劳动年龄人口要负担 48.5 个老年人，这意味着劳动年龄人口对老年人的赡养负担加重("中国人口老龄化问题与对策"咨询组，2002)。

其次，老年人口医疗消费支出的压力加大。根据中国老龄科研中心1992 年的调查，60 岁以上老年人在余寿中有三分之二的时间处于"带病生存"。老年病多为肿瘤、心脑血管病、糖尿病、老年抑郁症和精神病等慢性病，此类疾病花费大、消耗卫生资源多（“中国人口老龄化问题与对策”咨询组，2002）。根据中国卫生部统计，老年人消耗的卫生资源是全部人口平均消耗水准的1.9倍（全国老龄工作委员会办公室，2006a）。基本医疗保险基金支出之所以高速增长，人口迅速老龄化是重要原因之一。

再次，老年社会服务的需求迅速增长，养老服务压力增大。中国约有3 250多万老年人需要不同形式的长期护理，占老年人口总数的四分之一，但是以养老机构和床位数来看，截至2010年底，全国共有各类老年福利机构39 904家，床位314.9万张，收养老年人242.6万人，平均每千名老人占有床位仅17.9张，与发达国家平均每千名老人占有养老床位50～70张的水准相差甚远（全国老龄工作委员会办公室，2011）。其他生活照料、精神慰藉等许多为老服务也都存在发展缓慢的问题，并不能满足老年人群急速增长的需求。

此外，农村老年人养老问题日益突出。截至2010年底，全国有27个省、市、自治区的部分区县开展了国家新型农村社会养老保险试点，参加新型农村社会养老保险人数10 277万人（全国老龄工作委员会办公室，2011）。从覆盖面上来看，仅包括15%左右的农村人口，且参加养老保险的主要为经济较为发达地区的、生活较为富裕的农民。从保障水准上来看，中央确定的基础养老金标准仅为每月人民币55元，远远不能应对老年阶段的各种危机和相应需求。因此，伴随农村人口老龄化而来的各种问题将更复杂、更严重、更紧迫，而农村新型合作医疗制度目前还处在试点阶段（成文时间为2012年），农民的养老、医疗都缺乏必要的社会保障。随着人口老龄化进程加快，农村的养老、医疗等方面的压力相对城镇将更加突出。

第三节　老年人的基本状况分析

一、老年人的健康状况

国家统计局最新统计资料显示，以2000年进行的第五次全国人口普查资料测算，目前中国人口平均预期寿命已经达到71.40岁，其中男性为69.63岁，女性为73.33岁，但人口平均预期寿命的增长，并不意味着健康寿命的延长。老年人与其他年龄组的人群相比，其是健康状况最脆弱的人群，各种疾病的患病率高、病程长且病情严重。因此，伴随人口老龄化、高龄化而来的是健康问题的增多，因疾病、伤残、身体机能衰退而失去生活自理能力的老年人的比例也显著增加。根据中国卫生部统计，60岁以上老年人慢性病患病率是全人群的3.2倍，人均患有两至三种慢性疾病，其中患一种及以上对日常生活有影响疾病者，占66.8%（全国老龄工作委员会办公室，2006a；丁润萍，2001）。2004年国家统计局的全国人口抽样调查专门针对老年人的生活自理能力进行了调查，共调查了152 055名60岁以上的老年人，结果显示：2004年，老年人中生活能够自理的占91.1%，不能自理的占8.9%，而绝大多数老年人在日常生活上并不依赖照料，但需要照料的老年人总量已经超过1 200万人（杜鹏、武超，2006）。

除此之外，老年人的精神健康状况也令人忧虑。资料显示，65岁以上的老年人中约有15%患有某种精神疾病，其中以抑郁症、焦虑症、失智、神经症、疑病症、偏执较多，并且老年人自杀的危险性明显高于年轻人，每10万人中因各种原因自杀的，年龄在65～70岁和75岁以上的分别高达45.5人和54.5人。北京安定医院曾对北京10万人进行调查，60岁以上患有各种精神疾病的老人，占老年人总数的5.17%，其中以抑郁症、焦虑、失智和脑动脉硬化性痴呆为主（雷茂林、杨华美，2004）。

二、老年人的医疗保障状况

老年人属于生理性弱势群体，随着身体功能的衰弱、机体抵抗力的下降，患病率明显提高，并且大部分为“慢性病”。因此，老年人的医疗需求量相对较大，医疗费用支出也较其他年龄群体为多。调查显示，医疗费用支出已成为老年人消费支出中最主要的部分，平均占每月消费的40%左右，而且平均医疗费用支出会随着老人年龄的增长而增多，目前针对老年人的医疗保障尚不完善和全面。根据统计，截至2004年底，全国参加医疗保险的人数为12 404万人，而老年人只有2 000多万，约占城镇老年人口的55%（中华人民共和国劳动和社会保障部，2005），而同期老年人年均医疗费用大幅增长，这直接影响了老年人患慢性病后接受及时诊断和适当治疗的机会（郭平、程建鹏、尚晓援，2005）。

我国医疗保障制度实行“低工资、高福利”政策，城镇离退休老年人的医疗费用基本上完全由公费医疗或劳动保障医疗解决，故老人的基本医疗需求都能得到保障，中华人民共和国成立以后，政府在农村实行了“合作医疗”。合作医疗制度是在各级政府支持下，按照参加者互助共济的原则组织起来，为农村社区人群提供基本医疗卫生保健服务的医疗保障制度。合作医疗在社区参与、风险分担和向农民提供基本医疗服务方面发挥过重要作用，但自20世纪80年代初进行经济体制改革以来，农村集体经济在很大程度上被削弱或瓦解，依赖集体经济支持而生存的合作医疗体制，也相应地在大部分农村地区被解体。第三次国家卫生服务调查的结果显示，2003年，农民未获得任何社会医疗保障的比例高达96.9%（中华人民共和国卫生部，2004；黄海霞，2005）。2002年10月，国务院在北京召开第一次全国农村卫生工作会议，对建立“新农合”制度做出重要部署，会议中要求进一步建立和完善“新农合”制度、医疗救助制度，是帮助农民抵御重大疾病风险的有效途径，各地要在政府的引导和支持下，以大病统筹为主，发展多种形式的农民互助合作医疗，重点对大额医疗费用或住院费用给予适当补助。从2003年起，各地要选择若干县进行“新农合”制度的试点，取得经验并逐步推广；全国农村卫生工作会议召开后，“新农合”试点工作在多数省（区、市）启动，各地拉开了“新农合”制度建设的序幕。截至2010年底，全国有2 678个县（区、市）实施新型农村合作医疗，参加人口约8.36亿人，达96.0%。从参保比例上看，近些年新农村合作医疗取得了巨大成就，但在筹资渠道、补偿比例等方面仍存在很多问题，目前新型农村合作医疗的筹资水准不足城镇职工医疗保险的1/13，城镇职工医疗保险待遇水准明显比城镇居民和农村的保险待遇更好（袁晶，2012）。

医疗保障与养老保障体制一样，中华人民共和国成立以来，政府在医疗保障制度安排上实行“城乡二元模式”。根据统计，全国80%的卫生资源集中在城市，而占总人口近70%的农村只有20%的卫生资源，政府投入不足，且农村集体经济基础薄弱，造成农村医疗卫生资源无论在数量上还是质量上，都与现实需求存在巨大距离。此外，更严重的是，近年来医疗费用上涨过快，特别是进入20世纪90年代以来，医疗费用迅速攀升，超过了实际平均收入的增长幅度。1990—1999年，农村平均纯收入由人民币686.31元增加到2 210.34元，增长了3.2倍，同期卫生部门统计的每人次平均门诊费和住院费用，分别由10.9元和473.3元增加到79.0元和2 891.0元，增长了6.2倍和5.1倍，大大超过了农民的收入增长(陈佳贵,2001)。老年人对医疗资源使用的负担能力下降,直接影响到农村老年人的健康状况,“因病致贫”“因病返贫”的比例逐年上升(王鸿,2005)。因此,医疗保障对老年人是非常重要的。

三、老年人的居住状况

在中国大陆的城市中,对于住房的所有权一般有两种情况,即国家(单位)所有和私人所有,也就是通常所谓的公房和私房。2000 年,中国城市老年人家庭户均拥有住房 3.32 间,户均住房面积达 70.3 平方米,90.5%的老年人有自己的单独住房。住房制度改革后,66.8%的城市老年人对自己的住房拥有所有权;而农村老年人家庭平均住房 4.02 间,户均住房面积达 85.7 平方米,90.3%的老年人有自己的单独住房(熊必俊,2005)。

随着工业化和城市化的发展,老年人的居住安排已经发生了较大的变化,其基本趋势是,老年人口中有越来越多只与配偶居住在一起,或者是独居,而不是与子女在一起生活,此一趋势在过去二十年中发展较快:1982 年人口普查资料显示,有 22.8%的老人不与子女一起生活,这个比例到 1990 年人口普查时,已经增加到 25.3%;2000 年的资料显示,65～79 岁男性老人和女性老人与子女同住的比例比 1990 年分别下降了 12.7%和 8.8%(曾毅、王正联,2004)。老年父母与成年子女同住的传统家庭结构比例,在近十年来大幅下降,在快速的社会经济发展和城镇化之下,家庭结构和老年人的居住安排都发生了变化,同时,在市场经济基础上实行的住房改革使得以前严重的住房短缺逐渐得到缓解,更多的年轻人选择与父母分开居住,而且不断增长的人口流动率也使得更多的老年父母与成年子女分开居住,由此也产生了独居老人的照顾问题。

在老年人居住安排的城乡比较方面,2000 年 65 岁以上男性老人与子女同住的比例在农村和城镇分别为 62.1%和 55.8%,65 岁以上女性老人的相应数值分别为 70.9%和 64.4%。显然,农村老人更倾向于与子女同住。中国社会科学院经济研究所收入分配课题组,在 1988、1995 和 2002 年所做的 3 次大样本住户调查资料显示,在 1988 年,将近 95%的 60 岁及以上农村老年人选择与子女同住,到 2002 年,这个比例下降到 84%(爱德华·帕默、邓曲恒,2005)。

四、老年人的经济保障状况

随着工业的发展，我国社会逐渐形成了工农业并存、城乡分割的二元经济和社会体制。在这种制度之下，城镇离退休人员的主要收入来源为离退休金，而农村老年人口除极少数退休人员和"五保供养老人"①享受社会保险和社会救济外，绝大多数老年人的收入来源于自己的劳动收入、积蓄、子女和亲属支持。

具体来说，城市老年人的经济来源主要有三种，分别是离退休工资、子女及亲属的非制度性支持和个人的劳动所得。根据中国国家统计局 1994 年进行的人口变动抽样调查资料显示，中国老年人的主要经济来源中，子女或其他亲属所提供的经济资助占其总收入的 57.1%；其次是老年人的劳动收入，占 25.0%；第三是离退休金，占 15.6%；社会保险与救济等其他收入来源只占 2.2%（杜鹏、武超，2006）。这表示老年人经济来源少且收入低，大部分收入要依靠亲属供给，而一旦亲属面临经济困境，他们也将陷入窘境。2000 年，中国城乡老年人口状况一次性抽样调查资料分析显示，城市老年人口中，以离退休金为第一收入来源的占 72.2%，其他（包括从未工作过）老年人占 26.9%，这部分老年人不能享受退休金，基本上依靠家庭养老；农村老年人口的养老主要依靠家庭保障，享受退休金的老年人只占 5.5%，因此，有 48.8%的农村老年人继续从事生产劳动（中国老龄科学研究中心，2003）。这些数据都意味着有相当多的老年人尤其是农村老年人缺乏基本的养老保障。

2000 年，中国老龄科学研究中心对全国老年人口状况抽样调查的结果显示，全国有 9 362 万老年人口没有退休金收入，有 1 000 万老年人口由于无退休金和最低收入保障而陷入贫困（黄海霞，2005）。而农村老年人的贫困状况更为严重，他们大都没有经济累积和财产，其收入甚至不足以维持基本的生活需求。目前学者对于最低生活保障资料的分析，无论是采用农村贫困线、农村最低生活保障线，还是世界银行的一天 1 美元标准，得到的资料都显示——中国农村老年贫困人口的规模在 1 400 万人以上。采用城镇最低生活保障资料，无论是以最低生活保障作为"贫困线"标准，还是采用世界银行的一天 2 美元标准，估

① "五保供养老人"是指村民中符合下列条件的老年人：无法定扶养义务人，或者虽有法定扶养义务人，但扶养义务人无扶养能力的、无劳动能力的、无生活来源的。

算的城镇老年贫困人口的规模在300万人左右，这样中国老年贫困人口的总体规模近1 800万人，老年贫困发生率超过10%（杨立雄，2011）。

此外，老年人口内部收入水准的城乡差异尤为显著。2000年城市老年人口年平均收入为人民币8 496元，农村老年人口为2 232元，农村老年人的收入略高于城市老年人的四分之一（中国老龄科学研究中心，2003）。城乡老年人口收入水准也存在着差异，这在长期的城乡二元经济体制中是不可避免的，但是令人担忧的是，这种差距有扩大的趋势，农村老人在分享经济发展成果中持续处于弱势地位，这对于改善老年人的生活状况，尤其是占全部老年人口大多数的农村老年人的生活质量而言，是极为不利的因素。

五、城乡“三无”老人的供养状况

城乡“三无”老人是指“无劳动能力、无生活来源、无法定赡养人”的城乡老年人。由于其情况的特殊性，“三无”老人的供养方式，不同于城市中普遍依靠退休金的老人，也不同于大部分依靠家庭养老的农村老人。1951年8月，政府发布了《关于城市救济福利工作报告》，报告要求由政府民政部门负责保障无依无靠的城镇孤寡老人、孤儿、弃婴、残疾人的生活。在城市中，政府为“三无”老人提供最低生活保障，或者送有需要的老人入住福利机构。根据中国民政部统计，2005年，全国共有2 234.2万城镇居民得到了最低生活保障，在这其中有“三无”人员95.8万人（中华人民共和国民政部，2006）。

在农村，1960年4月，第二届全国人大二次会议通过了《1956—1976年全国农业发展纲要》，其中第30条明确规定要对农村中的孤寡老人、残疾人、孤儿、弃婴等实行“五保”（保吃、保穿、保住、保医、保葬）的供养制度。“五保”供养制度是中国农村最基本的社会保障制度，根据农村五保供养工作条例，农村五保供养的内容包括：供给粮油、副食品和生活用燃料；供给服装、被褥等生活用品和零用钱；提供符合基本居住条件的住房；提供疾病治疗，对生活不能自理的人员给予照料；办理丧葬事宜。截至2010年底，全国农村共有五保供养对象534.1万户，计556.3万人，全年各级财政共发放农村五保供养资金人民币98.1亿元（全国老龄工作委员会办公室，2011）。在农村，对“三无”老人的供养主要采取两种方式。一种是集中在“敬老院供养”：进入敬老院的老人，由乡村集体提供吃、穿、住等生活安排，并由工作人员负责日常照顾。另一种供养方式是“分散供养”：这是由村级组织负责，由邻里照顾，并由集体提供口粮、住房、烧柴等必要生活资料。2010 年，农村“五保”集中供养 177.4 万人，集中供养年平均标准为人民币 2 951.5 元/人；农村“五保”分散供养 378.9 万人，分散供养年平均标准为 2 102.1 元/人。

第四节　老人福利服务及最新进展

一、家庭照顾：传统占主导地位的养老模式

家庭养老，通常认为是指家庭所具有的让老年人通过家庭，特别是子孙后代的赡养，以安度晚年的功能（杨善华、贺常梅，2004）。在中国，“家庭”长期以来承担着老人的经济支持、日常生活照顾和精神慰藉等主要功能和责任。而政府通过的《中华人民共和国老年人权益保障法》，就是在形式上将老年人养老主要依靠家庭、成年子女对老人的赡养义务和照顾责任，予以明确法律规定和强调。大量研究证明，家庭仍然是目前中国老年人供养和照顾的基本单位，绝大多数的老年人倾向于选择“家庭养老”，这是中国几千年传统文化积淀，并潜移默化影响人们观念的结果。中国古代社会的家庭结构建立在小农经济基础上，长者在生产及生活经验上占有绝对优势地位，使得“尊老、孝亲、养老”成为子女必然的责任和理所当然的事情，并作为家庭的伦理而延续下来。

许多统计资料显示，大部分老年人，尤其是年纪较轻、身体状况良好的老年人，倾向于选择家庭养老，这种养老方式的选择在农村地区尤为明显。2000 年，对浙江、吉林、湖北、广东、甘肃等省进行的“计划生育对家庭的影响”调查资料表明，高达 94.2％的农村老人选择“在家养老”（张俊良、俞德怡，2002）。然而，值得注意的是，随着老年人年龄的增长和自理能力的减弱，选择在家养老的老人面临着很多现实困难，因为随着生活节奏的加快和生存压力的加大，作为主要赡养者的成年子女承受了更多养老压力。北京市老龄委在 1993 年的一项调查就显示，89.8％的中青年人在照料老人方面存在困难（王梅、夏传玲，1994）。加上子女白天上班，家中无人照料年迈的老人，这种“空巢”情况使子女对老人的日常生活充满忧虑。

尽管家庭成员在扶养责任上应当承担照顾年迈父母的责任，但是家庭对老人的照顾也需要社会方面的支援和补充。尤其在现实情况下，体弱老人的家庭照顾和全面护理对于家庭无疑是巨大的压力和负担，如果没有专业服务的介入，这种照顾将是难以为继的，虽然政府大力提倡“家庭养老”，但是实质上政府对于配合家庭照顾的支持和投入极为缺乏。梁祖彬认为，中国的家庭照顾政策并没有得到来自政府的具体家庭支持方案以及资源的配合(Leung，1997)。虽然在一些大城市的社区里，“家庭病床”和“钟点工服务”(在台湾称“居家服务”)已经开始对在家养老的老人提供“有偿”(付费)的服务，但对于大部分城市和社区而言，这种服务尚未开展。随着老龄化的迅速发展，老人对居家养老的各种配套服务的需求将会快速增加，这对于尚处于起步阶段的居家养老服务而言无疑是很大的挑战。

二、社区老年服务:“星光计划”模式

虽然目前中国仍以家庭养老为主，但是平均预期寿命的延长、家庭结构的变化、经济体制的改革使得社区照顾、机构照顾等养老模式变得越来越重要。高龄老人患各种慢性疾病的概率较大，生活自理能力差，常年居家照料存在很多困难，非常需要服务机构的专门治疗和护理(杨团，2001)。从家庭结构方面看，从 20 世纪 70 年代末实行计划生育以来，中国的家庭结构逐渐向核心家庭转变，“四二一”的家庭结构，决定大部分的人将要面对 1 对夫妇照顾 4 位老人和 1 个孩子的局面，这无疑给家庭养老的传统提出了挑战。此外，城市化的进一步发展、社会改革的深入进行使得城市结构发生了深刻的变革。企业已经将很多提供福利的功能转向社会福利，企业由以前的包办职工福利、兴办各种福利设施、提供各种福利服务的“单位办福利”的模式转向“社会福利”。这一方面促使社会建立和健全福利服务体系，使职工由单位福利转向社会福利；另一方面，个人也要由“单位人”的观念向“社会人”的观念转变，更多的人向社会服务机构寻求福利服务。

伴随着经济体制改革和单位福利的弱化，在 1983 年召开的第八次全国民政会议上，民政部首次提出民政工作要以社区服务为切入点展开工作。在 1986 年的沙州会议上，民政部正式确定了发展社区服务工作的方向。从这一年起，中国的大中小城市全面铺开了社区服务的试点和推广工作。

在尝试推动社区建设和老年人社区服务的领域，“社区老年福利服务星光计划”无疑是一个重点。为了配合《关于加强老龄工作的决定》和《中国老龄事业发展‘十五’计划纲要（2001—2005 年）》中所提出的“建立健全社区管理和社区服务体系，发展老年服务事业，并且需有计划、有步骤地推动老龄事业持续健康发展”的要求，民政部决定，从 2001 年起，在随后的两到三年内，从中央到地方，通过发行“福利彩票”筹集的福利金，绝大部分（约人民币 40 亿～50 亿元）用于资助城市社区的老年人福利服务设施、活动场所和农村乡镇敬老院的建设。由于这项计划立足社区、面向老人、方便实用、小型分散、星罗棋布、形成网络，所以命名为“星光计划”。从“星光计划”实施方案中可以看出，“星光计划”政策的主要目标是，以满足社区老年人的需求为出发点，挖掘社区资源，建立和完善社区老年福利服务网络，为居家养老提供支援，为社区照料提供载体，为老年人活动提供设施和场所（中华人民共和国民政部，2001）。

研究发现，“星光老年之家”的设施整体利用率低，服务功能发挥较差，有些老年之家已经出现亏损、关门的现象，故有些学者将这种服务设施闲置、居民参与服务项目少的状况称为“星光计划”项目的“空壳”现象（高灵芝、杨洪斌、胡旭昌，2003）。中国社区老年服务的“星光计划”模式的初衷，乃试图在最贴近老年人的社区为老年人提供最便捷的服务和照顾，以星罗棋布的“星光之家”的广泛建立作为服务单位和寄托，的确为社区服务搭建了很坚实的平台。然而，近两年的发展显示，“星光之家”的运营存在着很大的问题，方案中设想的覆盖居家养老、家务整理、生活照料、送餐服务、陪护服务、紧急援助、日间照料、保健康复、文体娱乐等多种服务项目，并没有完全得到实施。此乃因经营机制的僵化、资金的短缺、专业服务人员的缺失等，使得旨在为老年人提供居家养老支援和社区服务的“星光计划”黯然失色。

“星光计划”模式，在中国社区老年服务发展中的尝试和实践，虽然不能算得上成功，但是在一定程度上补充了养老服务设施不足的现状，并且为将来社区服务的改善提供了很多有益的借鉴。

三、机构养老服务：“社会福利社会化”发展模式

20 世纪 90 年代以来，随着计划生育政策效果的显现和平均预期寿命的延长，中国老龄化程度不断加深。人口老龄化、家庭小型化、经济市场化、农村城

市化和消费结构多元化的发展，形成了对老年福利事业的巨大需求。老年人对机构照料的需求近年来一直在增加，而现有的供给却非常有限，国家投入已经不足以将福利服务供给维持在原有水准之上，亦无法满足新产生的对机构照料的需要（尚晓援，2001）。面对这个形势，推进社会福利社会化，广泛动员社会力量发展养老事业势在必行。基于此背景，民政部门设计了社会福利机构的改革政策。

早在20世纪80年代中期，民政部提出“社会福利社会办”的方针，经过十几年，尤其是近五六年的探索，基本上已形成了一套社会福利社会化的思路，出台了一批相应的政策。2000年4月中旬，中国民政部召开了全国社会福利社会化工作会议，会议正式提出了“社会福利社会化”，要求政府在宣导、组织、支援和必要的资助下，动员社会力量建设社会福利设施，开展社会福利服务，满足社会对福利服务的需求。这些政策旨在扩大民政工作的社会基础，即工作对象从过去的弱势群体扩大为全部城市人口，同时动员新的经济资源用于福利服务（尚晓援，2001）。另在机构养老方面，社会福利社会化的表现是，政府办养老院向社会老年人开放，而随着改革的深化，动员各方面力量兴办养老机构，已开始成为一项重要的决策。

社会福利社会化自20世纪90年代提出到现在，已经有十几年的时间了，这个内涵究竟是什么呢？2000年，中国民政部等11部委在《关于加快实现社会福利社会化的意见》中，明确提出推进社会福利社会化的总体要求，包括：(1) 投资主体多元化，采取国家、集体和个人等多方筹集资金的方式，形成社会福利机构多种所有制形式共同发展的格局；(2) 服务对象公众化，社会福利机构在确保满足国家供养的“三无”对象、孤老、孤儿等特困群体需求的同时，为社区居民提供有偿或低偿服务；(3) 运行机制市场化，按照产业化思路和市场规律发展社会福利事业；(4) 服务方式多样化，要充分利用家庭、社区福利服务网络和社会福利机构等载体，因地制宜地开展集中、分散、上门包户等多种形式的福利服务，形成完整的社会福利服务体系；(5) 服务队伍专业化和社会化，要制订社会福利服务岗位专业标准和操作规范，开展系统的专业教育和职业培训，建立职业资格和职称序列等级的管理制度，提高服务队伍的专业化水准。从以上这些内涵中，可以比较清楚地看出福利社会化的具体思路和发展方向。尽管不同的学者和政府工作人员对于社会福利社会化的内涵及其运行机制有不同的阐释，但是发展和资助民间力量兴办福利事业和改革国有福利机构的管理机制，却是改革过程中共同的关注点。

社会办养老机构[1]的迅速崛起和发展，在很大程度上减轻了政府兴办福利机构的压力和负担。目前在社会办养老机构中，接受服务的老人数量接近全部机构养老老人的四分之一，在一些大城市，例如北京、上海，这个比例已经超过了三分之一。这意味着这种充满活力和生机的新型服务组织在多方面、多层次上，为满足日益增长的福利服务需求起到了关键作用，并且在将来将发挥主要的机构养老功能。

除此之外，在2006年初，全国300多个市级以上的大中城市，一批为城市高龄老人提供专业护理服务的“爱心护理工程”启动，这和社会办福利机构一样，爱心护理院走的仍然是社会力量兴办、自主经营、自负盈亏的道路。目前，全国“爱心护理工程”试点单位已发展到60家。爱心护理基金也已经启动，并在几个月时间募集基金2 000多万元。中国实施“爱心护理工程”受到国家领导人的重视，并且已经写入国家“十一五”规划纲要(韩忠智，2006)。

在鼓励民间组织和社会力量投资社会福利服务事业、增加服务供给的同时，为了加强对福利机构的规范和管理，民政部也于1999年12月颁发了《社会福利机构管理暂行办法》，确立了民政部门与养老服务机构的行政法律关系，明确养老服务机构的执业登记、年检制度、管理和法律责任。此外，为了逐渐规范福利机构，提高福利机构水准和服务质量，相关部委还颁布了一系列行业标准和职业标准，例如《老年人建筑设计规范》《老年人社会福利机构基本规范》《养老护理员国家职业标准》等。从政策上来看，中国已经形成了一套比较完整的服务机构管理和监督体系，但在实施上，由于政策的非强制性和民间服务机构的特殊性，使得这些保证服务质量、维护服务使用者权益的政策的实际效果并不理想。而且对于服务品质的管理也还停留在“结构”和“过程”层面，服务使用者的声音和观点尚未得到关注和重视，这与民间福利服务机构发展尚处于初期阶段，服务机构还处于量的增长时期有一定的关系。

---

① “社会办”养老院是就兴办主体而言的，是相对于“政府办”(民政部门、街道、乡镇办)的养老院而言的。简言之，“社会办”养老院是指民政部门以外的主体兴办的老年服务机构。另一种划分方法是以资产性质为标准，把养老院分为民办养老院和国办养老院，前者是指资产属于私人、集体的养老院，后者是指由民政部门、卫生局等兴办的资产属于国有的养老机构。

新闻视窗

上海亲和源

亲和源股份有限公司在上海市浦东新区康桥镇投资近6亿元，建成中国第一个老年人会员制养老社区——“亲和源会员制社区”。社区占地面积8.4公顷，建筑面积10万平方米。

亲和源会员制社区是在中国人口老龄化程度加剧，养老需求日益多样化的背景下，顺应社会发展及市场经济的规律，以实现健康、快乐的老年新生活为目标而建设起来的与上海国际大都市相匹配的中、高档的养老社区。社区内无障碍化设计的高标准全配置的公寓楼和生态型的户外环境，为老年人提供了安全舒适的居住和活动空间。专业的护理医院和颐养院，功能齐全的健康会所、配餐中心、老年大学，宽敞的图书馆、文体活动室，舒适的茶憩栈、咖啡厅，标准的门球场、迷你高尔夫……为实现“健康、快乐”的老年新生活奠定了坚实基础；专业对口、训练有素的“秘书”，视会员为亲人，“代子女尽孝、替父母分忧”，尊重和保护会员的私密、自由，提供最人性化的生活、健康、娱乐领域的照料和服务；引进美国爱玛克、香港美格菲、上海曙光医院等著名的公司和单位，分别提供物业、餐饮、健身、医疗服务，更将现代服务业融入传统的养老业中，使养老在传统意义上实现了质的飞跃。

亲和源会员制社区绝非一般人所熟悉的传统的养老院、福利院，而是一个文明社会用年轻的心态孝敬老年人的场所，是老年人享受自由、悠闲和从容的理想之地，更是追求健康、快乐的必然去处。

第五节　养老服务的未来发展方向

一、完善城乡养老保险制度

半个世纪以来，中国城镇养老保障经历了“单位保障到社会统筹，再由社会统筹和个人账户结合”的发展过程。1951年国务院颁布《中华人民共和国劳动保险条例》,规定对城镇职工实行养老保险,保险的全部费用由财政或者企业负担。1984 年开始以退休费用社会统筹为主要内容的养老保险制度改革试点,由专门的机构统一筹集、管理和调集使用退休费用。1991 年国务院颁布《关于企业职工养老保险制度改革的决定》,确定改变养老保险完全由国家和企业包下来的办法,企业职工的养老保险制度由国家、企业和职工个人合理负担。1997 年国务院颁布《关于建立统一的企业职工基本养老保险制度的决定》,规定了基本养老保险结合企业交款和个人账户的具体办法,推行"统账结合"的模式。由此,城镇统一的养老保险模式开始实施。

养老保险制度的改革弥补了现收现付资金筹集模式的缺陷,但是在实行过程中也暴露了很多问题。由于中国过去的养老保障实行的是"受益基准制",养老金现收现付,而改革时已经离退休的职工没有养老金的累积。按照旧体制下的低工资、高福利政策,他们的养老金已通过"预先扣除"转化为政府投入,并凝固在国有资产当中,政府应对他们承担养老保障义务。然而在制度设计中,政府回避了对老职工偿还隐性养老金债务的责任,乃采取由企业和在职职工缴费解决的做法。事实上,在职职工的缴费率根本无法满足退休人员的养老金需求,而且在职职工的个人账户也因为被挪用或者历史账务原因,而成为事实上的"空账"。

针对老职工的隐性养老金债务和个人账户的空账问题,学者提出由政府归还历史债务的建议(葛延风,1998)。此外,要真正做实个人账户,对于新制度下的在职职工,其个人和企业缴纳的保险费应全部纳入个人账户。除此之外,要进一步扩大养老保险的覆盖面,逐步将城镇个体工商户、农民工、灵活就业人员全部纳入到养老保险体系之中。另外,完善养老保障三个支柱的作用,在社会养老保障之外,鼓励企业建立补充养老的保险,为职工提供更多的保障选择。而个人也要强化自我保障的意识,有选择性地参加个人储蓄式的商业养老保险计划。虽然城市职工已普遍享有退休金保障,但仍有处于体制外的经济困难老人,因受经济条件的限制而无力购买养老服务,就这部分老年人而言,可以借鉴香港的做法,由政府按照一定的标准给予资助或给予相对的老人服务。

就养老保险而言,直到 20 世纪 80 年代中期,政府才开始了建立农村养老社会保险的探索。到 20 世纪 90 年代初,民政部开展农村社会养老保险的试点工作，并制定了《县级农村社会养老保险基本方案》。该方案确定了开展农村社会养老保险所应遵循的个人缴纳为主、集体补助为辅、国家予以政策扶持的基本原则，以及自助为主、互济为辅、个人自愿参加的原则。该方案的确立和推行，使中华人民共和国成立以来一直空白的农村社会养老保险领域有了突破性的进展，但实际实施效果却不甚理想。首先是低缴费标准造成基本保障得不到确保。其次，农村养老保险没有体现社会保险"互助共济"的原则，每个参保者只有个人积累账户，没有像城镇职工一样的社会统筹基金。此外，农村的养老保险没有体现国家和集体的责任和义务，保险基金几乎全部由农民个人缴纳，也就不具备社会保险的意义。

二、完善城乡老年医疗保障制度

1998 年国务院下发了《国务院关于建立城镇职工基本医疗保险制度的决定》(以下简称《决定》)。该《决定》指出，基本医疗保险基金由统筹基金和个人账户构成。新的医疗保险制度以"低水准、广覆盖"为原则，"低水准"的体现是筹资比例的相对下降和"封顶线"的设定。按现行基本医疗保险制度的规定，超过封顶线(职工年平均工资的 4 倍)以上部分的医疗费用，社会医疗保险不予支付。事实上，由于身体机能的衰退和患病概率的增加，老年人群患病后出现超过封顶线的高额医疗费用的比例很高。在这种情况下，"封顶线"的设置对老年人群非常不利。除了社会医疗保险之外，政府鼓励个人参加商业补充医疗保险计划，但是现实情况是，以赢利为目的的商业保险公司极不愿意为老年人代理保险，而且一些重大疾病长期保险的投保年龄都限制在 65 岁或 60 岁以下，根本无法满足老年人的医疗需求。

相对于城市的社会医疗保险，农村的社会医疗保障显得更加落后。由农村村民按照自愿原则组建的农村合作医疗制度，从 20 世纪 70 年代末起随着人民公社制的瓦解而逐渐衰退。自 2003 年重新恢复在农村地区开展新农村合作医疗试点以来，农村地区的医保覆盖率有了明显提高，但在筹资渠道和参保比例上，仍然存在许多问题，即使是参加自费医疗，农村地区的医疗资源也要远远落后于城镇地区。

针对老年人医疗保险体制的种种问题，国家应该确立专门的老年医疗保障制度，建立老年人医疗救助机制和医疗救助基金。农村地区要逐步建立和完善新型合作医疗救助制度，并在条件允许的地区，尝试建立城乡统一的医疗体制。除此之外，政府更应加大对老年人医疗保障的投入，对老年人这一特殊身体机能的弱势群体予以更多的照顾，承担更多的责任，对于未能被医疗保险制度覆盖的老年人，或是贫困老人，应给予优惠或者免费的医疗服务。另外，要充分发挥商业保险的补充功能，政府应该给予商业保险企业支援和优惠政策，并且通过政策或资金支持老年人参加商业保险。

三、积极发展居家服务和社区养老服务

中国的社区建设和社区服务已经有 20 多年的发展历史，社区为老服务也相应地有了一定发展。以老年活动中心、文化娱乐、医疗保健和生活照料为主的养老服务构建了社区为老服务的主要格局。2001 年到 2004 年在全国范围内实施的“星光计划”，使社区服务的开展有了设施和场所的准备。虽然老年社区服务一直受到政府的重视和关注，但真正的发展结果却不尽如人意。尤其在中国绝大多数老年人选择居家养老的情况下，加强和完善社区养老服务已成为迫切的老人问题。

造成社区服务发展落后局面的原因大致有三个方面：一是政府资金和政策扶持不到位，现有的服务项目多是依靠服务单位的收费服务支撑，难以维持持续健康的发展；二是缺乏主导的组织和管理部门，目前出现多个部门搞社区服务，但相互之间没有资源分享和优化配置，造成资源的浪费；三是服务人员素质不高，多数服务人员没有受过基本的培训，难以满足老年人的护理需求，此种状况也进一步造成了老年人对社区服务的不信任。针对现有社区服务的弱势和缺陷，政府应当在给予足够重视的同时，对目前混乱的社区服务进行统一规划和设计，整合包括民政、卫生、教育等部门的社区服务项目，并根据社区老人的需求统筹规划服务内容，充分发挥各部门的作用，并且实现资源的优化组合。同时，政府应该向为老服务项目提供资金和技术支援。

四、提升养老品质和整合养老资源

政策在鼓励民间组织和社会力量投资社会福利服务事业，增加服务供给的同时，如何对服务机构的品质进行评估和监督也必然成为需要关注的问题。借鉴西方国家服务品质内涵和评估的理念和实际经验，在服务机构发展的初期阶

段，应该优先完善外部评估和监督体制以及内部监察体制，只有这样，服务机构才能在关注机构效益的同时加强对品质的管理，才能有改善服务品质的初步动力，管理部门也才能重视对养老服务品质的监督。

尽管目前中国的老年服务体系仍处于构建阶段，无论是社区服务还是院舍服务都在扩大和发展过程中，但服务的整合问题仍然需要重视。从香港地区的经验来看，服务组织的大量扩张极易导致福利项目的重置，也容易导致福利资源的浪费，并引发不同服务之间的断裂。对老年人而言，服务的非连续性和非整合性，可能会影响他们对服务的适当选择。因此，在服务体系的搭建和设计时，应考虑到各种服务项目之间的配合和合作，以优化福利资源，为老年人提供适切、连续和完整的服务。

此外，应加强相关政府职能部门之间的合作和配合，为老年人搭建起包括经济、医疗、居住、养老服务、休闲和个人发展等各方面的保障和服务体系。因此，保障部门、卫生部门、民政部门、教育部门等要紧密配合并各自发挥优势，设计并实施适合老人的一系列服务。此外，由于中国尚处于发展养老服务业的初期阶段，在老年服务部门和设施的配置上应该有整合的、全局的观念，并且在发展过程中，要充分动员社会各种力量参与、支援老年服务事业的发展，以充分调动社会财力和人力资源为老年服务。

第六节　结　　论

随着我国老龄化程度的加深，老年福利和老年服务开始受到政府和相关部门的重视和关注。养老保障和医疗保障体制在20世纪90年代都进行了改革。在政策的支持下，针对老年人的社区服务计划在近几年取得了较大进展，在“星光计划”的带动下，老年保健医疗、老年娱乐、老年教育服务等方面都有了很大的进展。虽然老年服务事业在近些年发展较为迅速，但总体来说，整个老年服务业的发展尚处在起步阶段，在政策发展、服务项目规划、部门合作、服务人员培训等方面都存在很多不足。

针对目前养老行业存在的问题，在借鉴和吸取发达国家和地区经验的基础上，政府应该着手整顿和完善老年福利和老年服务。面对城市老年人退休金偏低、农村老人普遍缺乏养老保险的现实，政府应该加大对老年人群体的资金支援，建立扶持困难老人群体的专项救助基金，或在现行的救助体系中，根据老年人的身体和生理特点给予特殊照顾。此外，由于老年人在身体机能上处于弱势地位，医疗保障难以满足老年群体的特殊需要，政府应该在医疗保险中充分考虑老人的需求，并且完善老人医疗救助体系，让更多的老人享受有品质的晚年生活。

新闻视窗

儿女来电话品质低，四成空巢老人不开心

“很多儿女内心是希望与老人多交流的，只是不会沟通，找不到表达的方式。因为子女平时电话少，品质不高，即说不到老人心里去，造成四成以上的老人寂寞不开心。”29岁的志愿者张强说。张强和14名志愿者将义务服务于沈阳太原街街道联营社区的2名八旬空巢老人，直到他们生命的终点，其服务内容之一就是每隔1天与老人电话沟通1次。

志愿者每天给老人打1次电话

张强有过5年的老人服务方面的经验，他所在的公司是一家老年人服务机构。公司有30多名志愿者，平时也到一些敬老院做义工。“我们感觉服务群体针对性不强，有点走形式，所以和联营社区研究，专门针对个体进行长时间的义务服务。”具体要做到：每隔1天与老人电话沟通1次；每周登1次门；每月1次安全隐患排查；每年为老人过1次生日；为老人建1份医疗档案；为老人提供法律援助等。对于每隔1天与老人电话沟通1次，张强认为十分重要，并对首批服务的15名志愿者进行排班。

儿女电话说不到老人心里去

“我在平时与老人的接触中发现，四成以上的老人并不开心，尽管儿女差不多每周都会打电话，但就是品质不高，说不到老人心里去。”他说，一些老人春节还没过完就急忙打电话说，你们啥时上班啊，在家太寂寞了。

他说，这不是说儿女不孝顺，而是沟通的问题。儿女打电话多是问答式，问得最多的是“身体怎样”“钱够花吗”“家里缺啥”等，三言两语就收线。

让渴望电话的父母心里得不到安慰。老人常常嘴里说着“不用担心我，你们工作最重要”，可转过脸就开始偷偷抹眼泪，有时把电视机声音开得很大，好像家里还很热闹似的。

要多聊老人感兴趣的话题

张强说，儿女给老人打电话应该多从老人的兴趣出发。我们了解到即将服务的这两位老人都爱好京剧，我与他们通电话，事先准备了一个京剧段子，我会唱给老人听。

老人喜欢聊过去的事情，儿女就要甘当一名倾听者，这样老人会觉得子女重视他们。可是现在有多少儿女能做到倾听听过了无数遍的事情？还有不要总跟老人说“家里缺钱吗”这样的话，老人的自尊心都很强，应该多在精神上关心他们。老人喜欢去公园散步，可现在儿女陪老人一起散步的有几个呢？儿女的关心和牵挂才是安慰空巢老人最好的“心灵鸡汤”。

给父母打电话说什么？

1. 介绍一下近期的情况。向父母详细介绍一下学校、单位的情况，还可以拍些照片给父母看。
2. 经常向父母汇报自己的每一点进步。子女的每一点成绩，父母都会视为珍宝。
3. 多向父母讨教为人处世之道。“家有一老，如有一宝。”
4. 个人的感情问题，要多请教父母。
5. 多提“情”字，少提“钱”字。

资料来源：王志东. 儿女来电话品质低，四成空巢老人不开心[EB/OL]. 2012-06-27. [2014-02-10]. http://liaoning.nen.com.cn.

参考书目

一、中文部分

丁仁船. 老龄化有弊也有利[J]. 科学决策，2015(10).

丁润萍. 论城市家庭养老方式的转变[J]. 山西青年管理干部学院学报，2001，14(1).

中国老龄科学研究中心. 中国城乡老年人口状况一次性抽样调查资料分析[M]. 北京：中国标准出版社，2003.

“中国人口老龄化问题与对策”咨询组.台湾人口老龄化的若干问题和建议[J].中国科学院院刊,2002(5).
中华人民共和国国家统计局.第五次全国人口普查公报(第1号),2001.
中华人民共和国劳动和社会保障部.中国劳动和社会保障年鉴[M].北京：中国劳动社会保障出版社,2005.
中华人民共和国民政部.“社区老年福利服务星光计划”实施方案,2001.
中华人民共和国民政部.2005年民政事业发展统计报告,2006.
中华人民共和国卫生部.第三次国家卫生服务调查主要结果,2004.
王鸿.农民社会保障权益缺失问题研究[J].学术探求,2005(1).
王梅,夏传玲.北京中青年家庭养老现状分析[J].人口研究,1994(4).
杜鹏,武超.中国老年人的主要经济来源分析[J].人口研究,1998,22(4).
全国老龄工作委员会办公室.回良玉副总理在全国老龄委第八次全体会议上的讲话,2006-01-19.
全国老龄工作委员会办公室.中国人口老龄化发展趋势预测研究报告,2006-02-24.
全国老龄工作委员会办公室.2010年度中国老龄事业发展统计公报,2011.
李建新.国际比较中的中国人口老龄化变动特征[J].学海,2005(6).
杜鹏,武超.中国老年人的生活自理能力状况与变化[J].人口研究,2006(1).
周清,刘谦.人口老化与空巢家庭挑战和谐中国[J].学习月刊,2005(6).
尚晓援.从国家福利到多元福利：南京市和兰州市社会福利服务的案例研究[J].清华大学学报：哲学社会科学版,2001(4).
高灵芝,杨洪斌,胡旭昌.“星光计划”项目“空壳”现象分析[J].社会福利,2003(4).
袁晶.基本医保制度整合研究[J].四川理工学院学报(社会科学版),2012(1).
夏颖.中国老年社会保障对策研究[J].西北人口,2004(1).
张俊良,俞德怡.台湾农村家庭养老方式变动趋势研究[J].农村经济,2002(12).
陈佳贵.中国社会保障发展报告[M].北京：社会科学文献出版社,2001.
郭平,程建鹏,尚晓援.中国城乡老年人健康状况与卫生服务利用的差异[J].市场与人口分析,2015(增刊).
曾毅,王正联.中国家庭与老年人口居住安排的变化[J].中国人口科学,2004(5).
黄海霞.对建立老年人医疗保险制度的设想[J].卫生经济研究,2005(9).
雷茂林,杨华美.老年人心理健康状况成因分析及对策探讨[J].卫生软科学,2004(6).
葛延风.改革与发展过程中社会保障制度的建设问题(上)[J].社会学研究,1998(1).
杨善华,贺常梅.责任伦理与城市居民的家庭养老：以“北京市老年人需求调查”为例[J].北京大学学报(哲学社会科学版),2004(1).
杨团. 社会福利社会化：上海与香港社会福利体系比较[M]. 北京：华夏出版社,2001.
杨立雄. 中国老年贫困人口规模研究[J]. 人口学刊,2011(4).
韩忠智. 温总理关心“爱心护理工程”[N]. 中国老年报,2006－03－09.
熊必俊. 关于台湾老年人口收入的研究[J]. 市场与人口分析,2005(增刊).
穆光宗. 老龄研究的新探索[N]. 中国人口报,2011－12－19(003).
爱德华帕默,邓曲恒. 中国经济转型对老年人收入的影响[J]. 中国人口科学,2005(6).

二、英文部分

Leung, C. B. (1997). Family support for the elderly in China: Issues and challenges. *Journal of Aging & Social Policy, 9 (3)*, 87-91.